Joachim Eibach
Fragile Familien

Joachim Eibach

Fragile Familien

———

Ehe und häusliche Lebenswelt
in der bürgerlichen Moderne

DE GRUYTER
OLDENBOURG

ISBN 978-3-11-074937-3
e-ISBN (PDF) 978-3-11-074949-6
e-ISBN (EPUB) 978-3-11-074956-4

Library of Congress Control Number: 2021950667

Bibliografische Information der Deutschen Nationalbibliothek
Die Deutsche Nationalbibliothek verzeichnet diese Publikation in der Deutschen
Nationalbibliografie; detaillierte bibliografische Daten sind im Internet über
http://dnb.dnb.de abrufbar.

© 2022 Walter de Gruyter GmbH, Berlin/Boston
Coverabbildung: Joseph Hartmann: Forstmeister Wilhelm Heinrich Seyd und Familie (1845);
Hessisches Landesmuseum, Darmstadt.
Druck und Bindung: CPI books GmbH, Leck

www.degruyter.com

———

Keine Frage.
Für Anna, Ferdinand und Luise

Inhalt

1 Fragile Familien? Stilvolle Inszenierung und alltägliches Durcheinander

Auf den ersten Blick sehen wir eine lichte und harmonische Welt. Das Gemälde des hessischen Porträtmalers Joseph Hartmann aus dem Jahr 1845, Öl auf Leinwand, zeigt eine bürgerliche Familie im Biedermeier-Interieur.[1]

Abb. 1: Joseph Hartmann: Forstmeister Wilhelm Heinrich Seyd und Familie (1845); Bildquelle: Hessisches Landesmuseum, Darmstadt.

Der Forstmeister Seyd, in dessen Wohnzimmer das Auge fällt, hat es mit seiner Frau und den drei Kindern zu geschmackvollem Wohlstand gebracht. Obwohl der Status eines Forstbeamten nicht gerade im Olymp bürgerlichen Strebens situiert war[2], bot sie finanzielle Sicherheit und die Möglichkeit zur Einrichtung eines kultivierten Habitats. Das Bild macht ein Statement. Die Kleidung der Familienmitglieder ist sauber und ordentlich. Durch das offene Fenster fällt Sonnenschein in den häuslichen Binnenraum. Das Familienidyll wird nicht durch Bedienstete oder Besucher gestört. Der Umstand, dass die kleine Tochter den Hund der Familie neckt, stellt keine Gefährdung des Familienfriedens dar, wenngleich der ältere Sohn dies offenbar zum Anlass nimmt, um seinen jüngeren Bruder zu ermahnen. Die Szene zeigt auch eine Geschlechterordnung. Das hübsche Töchter-

---

1 Vgl. zum Maler Zeeb 2010; zur Familie als Motiv Hammer-Tugendhat 2019; zum Familienbild im Biedermeier Lorenz 1985, v. a., S. 139 f.; ferner Dorgerloh 2008, S. 434; Koschorke u. a. 2010, S. 21–28.
2 Krünitz, Oekonomische Encyklopädie, Art. Forst-Bediente, Bd. 14, 1773, S. 525–30: www.kruenitz1.uni-trier.de (30.10.2021).

https://doi.org/10.1515/9783110749496-001

chen wird auf dem Schoß der ihm zugewandten Mutter liebevoll gehalten. Die beiden Söhne sind dagegen wie Erwachsene gekleidet. Über die Familie erhoben, wenngleich etwas abseits, steht dunkel gewandet der Vater, der sich die Pfeife stopft und ein ernstes Gesicht macht. Doch die Familie ist um den Wohnzimmertisch vereint und Konflikte oder Schwierigkeiten sind nicht auszumachen.

Die bürgerliche Kernfamilie wird auf diesem und vielen weiteren Gemälden der Zeit als sittlich-zivilisatorische Errungenschaft inszeniert. In Georg Wilhelm Friedrich Hegels 1820 publizierten *Grundlinien der Philosophie des Rechts* wird so auch die Ehe, die zentrale Beziehung in der Familie, als „das unmittelbare sittliche Verhältnis" verstanden.[3] In Hegels Spur argumentierte der politisch tonangebende Liberalismus. Die Liberalen verwiesen naturrechtlich auf ein allgemeines „Sittengesetz" und „die überall unter den civilisierten (...) Völkern herrschende Idee der Würde, ja Heiligkeit, der Ehe". Die Familie galt damit als „die Grundlage alles edlern menschlichen und bürgerlichen Lebens, alles menschlichen und bürgerlichen Glücks".[4] Bekanntlich wurden Gegenwart und Zukunft dabei nicht geschlechtsneutral, sondern zuvorderst als eine „Gesellschaft selbständiger Hausväter" entworfen.[5] Konservativen Kritikern wie Wilhelm Heinrich Riehl hingegen missfiel das von Hartmann und anderen Malern ins Bild gesetzte neue Familienverständnis – die privatisierte bürgerliche Kernfamilie ohne Gesinde, auffällig herausgeputzt, weder bodenständig noch altdeutsch – extrem. Riehl sah keine Sittlichkeit, vielmehr Sittenverfall und eine fatale Auflösung althergebrachter häuslicher Familienbande, für die er das neue städtische Bürgertum als treibende Kraft verantwortlich machte.[6]

Historisch informierten Leserinnen[7] muss man nicht näher erklären, dass die elysische Welt im Kleinen, für die auf Hartmanns Porträt geworben wird, im Jahr der Entstehung alles andere als gesichert war. Es ist eine Zeit grassierender Armut. Nur ein Jahr später sollte es zu einer großen Hungerkrise in Europa kommen, drei Jahre später zur Revolution. Kurz darauf lief in Mitteleuropa die Hochindustrialisierung an, deren umstürzende Folgen auch die familiäre Lebenswelt und ihre Beziehungen direkt betrafen. So herrschten faktisch vielerorts prekäre Wohnverhältnisse. Als einer der ersten berichtete darüber Friedrich Engels in seinem Re-

---

3 Hegel, Grundlinien der Philosophie, zuerst 1820, 3. Teil, 1. Abschnitt: Die Familie, A) Die Ehe, § 161: www.zeno.org/Philosophie/M/Hegel,+Georg+Wilhelm+Friedrich/Grundlinien+der+Philosophie+des+Rechts/Dritter+Teil.+Die+Sittlichkeit/Erster+Abschnitt.+Die+Familie/A.+Die+Ehe (30.10.2021); vgl. zu Hegels Eheverständnis und zum Folgenden Gestrich u.a. 2003, S. 381f.
4 Alle Zitate von Rotteck 1837, S. 386f.
5 Gall 1993b, S. 27.
6 Riehl 1862 (zuerst 1855), S. 145–65, v.a. S. 145, 150, 153–59.
7 Wenn Männer wie Frauen gemeint sind, alterniert die Anwendung des Genus in diesem Buch.

port über *Die Lage der arbeitenden Klasse in England*, der ebenfalls 1845 in Druck ging.[8] Schon vor der Industrialisierung umfasste das Bürgertum, das sich gern porträtieren ließ und dessen Familienmodell – gleichbedeutend mit einem bestimmten Lebensstil – viele Maler propagierten, nur eine Minderheit der Gesellschaft. Indes entfaltete dieses Modell des Zusammenlebens über Jahrzehnte hinweg und bis weit ins 20. Jahrhundert hinein große Strahlkraft. Die Bürgerlichkeit endete nicht in jeder Hinsicht mit ihrer ‚Blütezeit‘ im 19. Jahrhundert.[9] Und ob die Kinder und Kindeskinder der 68er, die zum Ballett oder in die Klavierstunde gehen, womöglich recht bürgerlich um die Ecke kommen, muss hier nicht diskutiert werden.[10] Der Punkt ist vielmehr, dass in der schönen Szenerie auf dem Ölgemälde der Familie Seyd kaum etwas unsicher oder gefährdet erscheint und dass damit wichtige Aspekte des häuslich-familiären Zusammenlebens ausgeblendet bleiben.

In diesem Buch geht es um Familien, die sich bei näherem Hinsehen als fragil erweisen. Aber was meint hier ‚fragil‘ und warum sind Familien im 19. Jahrhundert fragil? Das Adjektiv verweist im Deutschen wie auch in anderen Sprachen auf etwas, das sowohl gefährdet als auch wertvoll ist. Der Duden nennt als Bedeutungen ‚zerbrechlich‘ und ‚zart‘, als Synonyme ‚feingliedrig‘ und ‚grazil‘. Das Oxford Dictionary gibt ‚easily broken or damaged' und ‚thin or light and often beautiful' an. Der französische Larousse definiert: ‚peu stable, éphémère, précaire‘. Manche Historikerinnen werden sogleich an Arlette Farges Klassiker *La vie fragile* denken, in dem die prekären Lebensverhältnisse der Pariser Unterschichten des 18. Jahrhunderts beschrieben werden.[11] Fragilität meint auch Wichtiges und Bedeutsames: je größer der Lobpreis im Diskurs, desto tiefer die Fallhöhe im Alltag. In diesem Sinne waren Haus und Familie längst vor der bürgerlichen Moderne fragil. Schon für Luther und die Reformatoren begann alle christliche Gesellschaft im Haus und der ‚häusliche Stand‘ sollte ein Hort der Frömmigkeit, eine Kirche im Kleinen sein.[12] Um Stand, Ansehen und auch Eigentum zu erlangen, war die Eheschließung in der Frühen Neuzeit fast unab-

---

8 Engels 1973; zu den Etappen der Industrialisierung Wehler 1995, Bd. 3, S. 66 ff.; zur Entwicklung der Wohnverhältnisse in Deutschland Reulecke 1997; v. a. von Saldern 1997; zum Folgenden Kocka 1995, S. 10.

9 Budde 2009, Titel; vgl. Hettling / Hoffmann 2000; zuletzt Dejung u. a. 2019, S. 2; zum Bürgertum nach 1945 Budde 2010.

10 Vgl. die Diskussion um die neue Bürgerlichkeit in Bude u. a. 2010; v. a. Reckwitz 2010.

11 Farge 1989. Im Deutschen gehört der Begriff zur gehobenen Sprache, im Englischen findet sich der Ausdruck ‚fragile‘ auch in Popsongs unterschiedlicher Genres, z. B. in der Textzeile „Precious and fragile things need special handling" in *Precious* von Depeche Mode (2005), höre auch *Fragile* von Sting (1987).

12 Th. Kuhn 2015; vgl. den Klassiker Roper 1995 mit dem treffenden Titel *The Holy Household*.

dingbar. Zudem waren Ehe und Familie als Institutionen aber rechtlich festgezurrt. Mit der schrittweisen Liberalisierung des Rechts ab dem Zeitalter der Revolution erhielt das Prinzip der Freiwilligkeit – sei es bei der Eheschließung, sei es
bei der Ehescheidung – mehr Geltung. Dabei zeigt sich in der Praxis, dass bei
Entscheidungen zur Heirat auch während des 19. Jahrhunderts häufig weitere
Akteurskreise inner- und außerhalb der Familie sowie auch Ämter und Behörden
mitredeten.[13] Davon abgesehen sorgte die enorme Emphase, mit der vor dem Liberalismus bereits der Pietismus und die Romantik familiäre Innerlichkeit und
Liebe zum Programm erhoben, für neue Diskurse, die auch die Erfahrungen und
Praktiken der Handelnden prägten. An die Stelle des frühneuzeitlichen ‚Ar-
beitspaars‘ (H. Wunder) traten das ‚Liebespaar‘ (Trepp) und das bürgerliche ‚Bildungspaar‘ (R. Habermas). Allerdings ist unklar, was nach 1800 eigentlich aus
dem Arbeitspaar wurde und ob der Haushalt nicht weiterhin – für Frauen wie für
Männer – auch in der bürgerlichen Ära ein Kontext der Arbeit blieb.[14] Mit dem
normativen Diskurs, der sich konkret etwa in puncto Erziehung und Bildung sowie auf einen Habitus der ‚Sittlichkeit‘ auswirkte, wuchsen die Erwartungen an
die Familie. Während klassische Werke der Familiengeschichte mit eman-
zipatorischem Duktus von einer funktionalen Entlastung und Freisetzung der
modernen Familie um 1800 ausgingen, lassen sich während der Sattelzeit auch
Aspekte einer Verhäuslichung beobachten.[15] Denn in mancher Hinsicht gewann
das Haus als familiäre Sphäre, sozialer Kontext und Bühne der Interaktion an
Bedeutung.

Dieses Buch möchte hinter die Fassade auf das Durcheinander des häuslichen
Alltags schauen. Die Akteure entstammen dabei nicht nur genuin bürgerlichen
Kontexten. Man wird das Bürgertum kaum aus einer Geschichte der Familie
herausschreiben können. Es ist aber ein Desiderat der Forschung, auch andere als
prototypische Bürgerfamilien in die Geschichte hereinzuholen. Die Akteurinnen
in diesem Buch erscheinen nicht im Sonntagsstaat, sondern in Alltagskleidung.
Sie durchleben Krisen und Konflikte, werden herausgefordert und wirken mitunter heillos überfordert. Es stellt sich zunächst eine ganz einfache Frage: Wer
machte was wie mit wem? Dabei ist es wichtig, nicht von vornherein vom Modell
der Kernfamilie auszugehen, sondern von der Häuslichkeit als facettenreiche

---

13 Vgl. im Überblick Ehmer 2006; jetzt Haldemann 2021; zu Scheidungen Blasius 1987; Arni 2004.
14 Ågren 2017a; dies ist die Leitfrage des ‚Gender and Work‘-Forschungsprojekts an der Universität Uppsala unter Leitung von Maria Ågren: www.gaw.hist.uu.se/what-is-gaw/research
+project/ (30.10.2021).
15 Mitterauer / Sieder 1991, v.a. S. 100 ff.; vorsichtiger Gestrich 1999, S. 69–71; Eibach 2015,
S. 22–25, zur Verhäuslichung ebd., S. 29; vgl. zum Stand der Forschung insgesamt Eibach /
Lanzinger 2020a.

Sphäre realer Interaktion, die nicht nur Eltern und Kinder, sondern noch weitere Personenkreise umfasste.[16] Dieser Ansatz ermöglicht es, Vergesellschaftung von einem inneren Kern aus zu untersuchen. Denn im alltäglichen Durcheinander spiegeln häusliche Verhältnisse doch allgemeine Entwicklungen. Zwischen Familie, häuslichem Mikrokosmos und Gesellschaft bestanden und bestehen enge Verbindungen.

---

16 Näher zum Konzept der ‚domestic sphere' jetzt Eibach / Lanzinger 2020; vgl. zur auffälligen Diskrepanz zwischen Normen und „Selbstdefinitionen" und „tatsächlichen Praktiken" bereits R. Habermas 2000, S. 11.

2 Forschung und Quellen

Gegenwart und Geschichte der Familie

Eine Familiengeschichte haben wir so oder so alle – und in der Regel erscheint sie uns speziell, einmalig, sonderbar. In Paarbeziehungen, die zu einer Ehe oder dauerhaftem Zusammenleben und später vielleicht wieder zu einer Trennung führen, werden ebenso wie in Eltern-Kind- oder in Geschwisterbeziehungen persönliche Erfahrungen gemacht. Von innen betrachtet, sind die vertrauten Umgangsweisen in der Familie – mögen sie angenehm sein oder nicht – das ganz Eigene, von außen gesehen wirken sie eigen*artig:* mal romantisch, mal tragisch, mal komödiantisch, oft mit Zug zum Dramatischen. Ganze Heerscharen an Expertinnen versuchen Ordnung in Gegenwart und Geschichte der Familie zu bringen: Politiker und Juristinnen, Mediatorinnen und Psychiater, Psychologen und Pädagoginnen, Historikerinnen und Soziologen; ganz zu schweigen von Ratgeberinnen aus dem Freundes- oder Verwandtenkreis. Allen geht es zunächst einmal darum festzustellen, was in Familien überhaupt passiert und wie familiäre Beziehungen verbessert werden können. Das Schrifttum über die Familie ist enorm und wächst beständig. Dies gilt nicht nur für heute. Schon die Eherichter und Geistlichen der Frühen Neuzeit beklagten das verbreitete ‚Übelhausen‘ und verfolgten das Ziel einer Verchristlichung familiärer Beziehungen, was faktisch indes oft nicht mehr als die Wahrung des ‚Hausfriedens‘ bedeutete.[1] Eigene Ideen und neue Vorstellungen von der Familie entwickelten dann utilitaristisch denkende Berater von Fürsten, Aufklärer und Pietistinnen, Liberale und Romantikerinnen, restaurative Geister nach 1945, 68er-Kommunarden und Gender-Theoretikerinnen. Aus der gewaltigen Menge an Diskurs kann man zweierlei schließen: erstens, das Geschehen im häuslich-familiären Bereich ist über Epochengrenzen hinweg bis heute wichtig; zweitens, die Familie als Institution ist historisch veränderlich.

Entgegen vieler Voraussagen hat die Familie überlebt. Offensichtlich ist sie aber fragil und auch nicht so einfach definierbar. Jede Gesellschaft handelt aufs Neue aus, was Familie eigentlich heißt. Diese Erkenntnis macht die Annahme einer anthropologischen Konstante für Historikerinnen und Historiker wenig überzeugend. Schlägt man in Handbüchern der Familiensoziologie nach, so stößt man auf die für die meisten Gesellschaften valide Definition „der für Familien typischen, auf Dauer angelegten und auf gemeinsamem Wirtschaften aufbauen-

---

1 Schmidt-Voges 2015; vgl. auch Westphal u. a. 2011; zur Kontrolle des Hausens und Haushaltens mit weiteren Literaturhinweisen Schläppi 2017.

https://doi.org/10.1515/9783110749496-002

den, Frau-Mann-Dyade mit einem oder mehreren Kindern".[2] In der dürren Begrifflichkeit der Systemtheorie figuriert die moderne Familie als funktional ausdifferenziertes „gesellschaftlich spezialisiertes System mit einer spezifischen Sinn- und Handlungslogik".[3] Zu den basalen Funktionen der Familie gehören demnach die biologische Reproduktion und die Sozialisation der nächsten Generation; dazu kommen bestimmte Rollenmuster und Formen der Kooperation. Einerseits machen gesellschaftliche Rationalisierungsprozesse nicht vor dem familiären Zusammenleben Halt, andererseits wird der Familie der Gegenwart als zentrale Funktion die „psychische und physische Regeneration und Stabilisierung aller ihrer Mitglieder (jung bis alt)" zugeschrieben.[4] Eine derart diesseitige Beschreibung dürfte den Reformatoren des 16. Jahrhunderts, die Ehe und Familie als ‚erste Ordnung Gottes' auf Erden verstanden haben wollten, seltsam vorgekommen sein.[5] Für alle erwähnten Eigenschaften der Familie gilt: Sie wurden und werden kulturell verschieden ausbuchstabiert, so dass sich bei genauerem Hinsehen große normative und erst recht lebensweltliche Unterschiede ergeben. Wer ein zu enges und einsinniges Konzept der Familie zugrunde legt, wird nicht nur in der pluralen Realität der Gegenwart, sondern auch beim Rückwärtsschreiten durch die Geschichte rasch auf ungeahnte Alteritäten stoßen. Zumindest die fragile Familie der Moderne hat viel mit Emotionen zu tun. Moderne Familien sind auf Dauer angelegte Sorgegemeinschaften. Sorge meint hier Gefühle der Verantwortlichkeit, Vertrauenskommunikation und erwartbare materielle Unterstützung. Gefühle sind, wie die Emotionsforschung festgestellt hat, historisch veränderlich und kulturell geformt. Die Familie produziert und lehrt ein bestimmtes Gefühlswissen, zudem ist sie aber auch ein Soziotop, in dem Gefühle – keineswegs nur positive – direkt und kontinuierlich ausgelebt werden.[6]

Tatsächlich gab es bereits während der Frühen Neuzeit aus demografischen und ökonomischen Gründen sehr variable Formen des Zusammenlebens unter einem Dach. Und während der letzten Jahrzehnte ist die Familie in Europa von einer sozialmoralisch verbindlichen Institution zu einer optionalen Lebensform geworden.[7] Die rechtlich-soziale Entreglementierung von Ehe und Familie hat zu

---

2 Hill / Kopp 2015, S. 9.
3 Nave-Herz 2014, S. 2; zum Folgenden konzis dies. 2015, S. 992.
4 Nave-Herz 2015, S. 994.
5 H. Wunder 1992, S. 67; zum Diskurs während der Reformation Burghartz 1997 und 1999; zum Haus Th. Kuhn 2015; vgl. allgemein zu Diskursen über die Ehe in der Vormoderne Schnell 2002.
6 Zur Veränderlichkeit von Gefühlen Frevert 2014; dies. 2020, S. 8 – 14; zu Vertrauenskommunikation in der Moderne dies. 2013, v.a. S. 15 – 17, zu Liebe und Familie ebd., S. 8, 212 – 14; zur modernen Familie als emotionale Sphäre zuletzt Opitz-Belakhal 2020.
7 Vgl. Schneider 2015, S. 21; zum Wandel seit dem 19. Jahrhundert kursorisch Wienfort 2014.

lebensweltlicher Vielfalt geführt. Neben dem weiterhin häufigen Typ der biologischen Zwei-Elternfamilie lassen sich unterschiedliche Beziehungsmuster konstatieren: Alleinerziehende mit Kindern, Patchwork-Familien, ‚Living Apart Together‘, Haushalte mit verheirateten Kindern und Regenbogenfamilien. Wer im Einzelnen als Mitglied der Familie gilt und wer nicht, ist faktisch Sache des Empfindens der Beteiligten.[8] Der normative Rahmen für das Aushandeln familiärer Beziehungen ist zweifellos breiter und liberaler geworden. Dabei können die in den westlichen Gesellschaften von Mitte der 1960er Jahre bis in die Anfangsjahre des neuen Millenniums gestiegenen Scheidungsraten als Krisensymptom der Familie verstanden werden. Aber dies wäre aus zwei Gründen eine oberflächliche Diagnose. Zum einen unterschätzt sie die Fragilität der Ehe auch in der Hochzeit des moralisch festgefügten bürgerlichen Ehemodells, als Ehekrisen versteckt wurden und Scheidungen ein ‚No-Go‘ waren. Zum anderen deutet die Tatsache einer Scheidung paradoxerweise gerade auf harmonische Zweisamkeit als Ideal der Ehe hin, das jedoch im Ehealltag nicht oder nicht mehr ausreichend Resonanz fand. Viele Geschiedene heiraten ein zweites oder drittes Mal. Bereits um 1900, als die Scheidungsraten schon einmal nach oben schnellten, blieb das „Kleinfamilienglück" laut zahlreichen Tagebüchern aus bürgerlichen und unteren Schichten ein zentrales Lebensziel.[9] Und bei aller Pluralität der Lebensweisen heute belegen europaweite Umfragen, dass die aus einem Elternpaar und Kindern bestehende Familie weiterhin ein attraktives Modell darstellt.[10] Die Familiensoziologie tendiert insgesamt zu der Einschätzung: Die Familie erlebt gegenwärtig keine neuartige Krise, erfährt aber – als Historiker möchte man ergänzen: wieder einmal – eine Phase beschleunigten Wandels. Gesichert und ungetrübt war familiäre Gemeinschaft nie, höchstens als psychisches Bedürfnis oder als heilige Erinnerung.

Haushalt und Familie gehören zu den Themenfeldern, die jede Historikergeneration mit neuem Akzent bearbeitet. Überraschen kann dies nicht. Seit Max Weber wissen wir, dass veränderliche Kulturwertideen Einfluss auf unsere Fragestellungen haben. In diesem Sinne fällt auf, dass viel rezipierte Konzepte der Familiengeschichte vor dem Hintergrund eines als krisenhaft oder aber wünschenswert erfahrenen Wandels der Familie formuliert wurden. Dies gilt schon für das 19. Jahrhundert, als die modernen Geschichts- und die Sozialwissenschaften entstanden. Wilhelm Heinrich Riehl in Deutschland und Frédéric Le Play in

---

8 So konzeptionell Widmer 2010; inspirierend auch J.-C. Kaufmann 1994.

9 Bänziger 2020, S. 387; vgl. zur ersten Krisenzeit der modernen Ehe um 1900 Arni 2004.

10 Hill / Kopp 2013, S. 272; Nave-Herz 2015, S. 993 f.; zum Folgenden Burkart 2008, S. 13; vgl. zum Paradox des anhaltenden modernen Krisendiskurses über die Familie auch Koschorke u. a. 2010, S. 12–14.

Frankreich beschworen das vom Untergang bedrohte patriarchalische ‚ganze Haus' bzw. die ‚Stammfamilie' angesichts der durch die Industrialisierung in Gang gesetzten gesellschaftlichen Dynamik.[11] Um 1900 diskutierten Sozialwissenschaftler im Kontext der aufkommenden Kritik am Historismus das Phänomen der Hauswirtschaft seit der Antike. Otto Brunner ging es dann in der restaurativen Stimmung nach 1945 um die Wiederbefestigung der bürgerlichen Familie mit ihrer väterlichen Dominanz und um die Zurückweisung staatlicher Regulierungsansprüche, indem er eine abendländische Kontinuität patriarchalischer Herrschaft vom antiken ‚Oikos' bis ins 18. Jahrhundert behauptete.[12] Demgegenüber setzten sich die quantifizierenden Entwürfe der Sozialgeschichte ab den 1960er Jahren mit den tonangebenden Modernisierungstheorien auseinander und konstruierten nüchtern unterschiedliche Modelle der nun als ‚household' oder ‚coresident domestic group' beschriebenen Familie in der europäischen Geschichte.[13] Peter Laslett warnte mit Blick auf vergleichbare Phänomene in der Geschichte der vormodernen Familie vor einer Dramatisierung „der gegenwärtig so häufig bedauerten Abweichungen von den Normen des Familienlebens", nämlich außereheliche Lebensgemeinschaften, Ehetrennungen und Homophilie.[14] Michael Mitterauer und Reinhard Sieder ging es dann 1977 mit dem emanzipatorischen Postulat *Vom Patriarchat zur Partnerschaft* nicht zuletzt darum, die mit einer konservativen Familienpolitik verbundenen Vorstellungen von der Großfamilie und einem jungen Heiratsalter in vorindustrieller Zeit zu widerlegen.[15]

Selbstverständlich stand und steht auch die kulturhistorische Familienforschung seit den 1990er Jahren in einem politischen Kontext. Während Karin Hausens mittlerweile klassischer Text zur Konstruktion quasi-natürlicher „Geschlechtscharaktere" im 19. Jahrhundert von 1976[16] lange Zeit solitär aus der deutschen Forschungslandschaft ragte, kam es ab etwa 1990 durch die Liaison der Mikrogeschichte mit feministisch inspirierten Genderkonzepten zu einem Aufschwung der Familiengeschichte. Bei nachlassender Strahlkraft der französischen Annales-Schule kamen die Orientierung bietenden Pionierarbeiten aus England. In der Regel arbeiteten sie mit Gerichtsakten oder Selbstzeugnissen.[17] In

---

11 Riehl 1862 (zuerst 1855); zu Le Play Wall 2009; zum Folgenden Weiß 2001.
12 Brunner 1968 (zuerst 1956); vgl. zur Entwicklung der deutschen Forschung nach 1945 Hahn 2015.
13 Laslett 1972, S. 1.
14 Laslett 1997, S. 41.
15 Mitterauer / Sieder 1991 (zuerst 1977), Titel; vgl. auch Rosenbaum 1996 (zuerst 1982).
16 Hausen 1976; vgl. dazu auch dies. 2012.
17 Roper 1995 (zuerst 1989); Davidoff / Hall 1991 (zuerst 1987); vgl. zur englischen Forschung insbes. Vickery 1998 und 2009; Tosh 1999; resümierend Shoemaker 1998; Maynes 2002.

der deutschsprachigen Forschung folgte eine Welle an Studien, die ebenfalls anhand von Justizakten und Selbstzeugnissen die Geschichte der Familie als Geschlechtergeschichte mit Akteurinnen schrieben.[18] Die Koinzidenz der Erfolge der Frauenbewegung, des dynamischen Neudenkens der Familie als Beziehungsform jenseits des patriarchalischen Modells und des Aufschwungs der kulturhistorischen Familienforschung ist selbstredend kein Zufall. Als Resultat der genannten Entwicklungsschübe hat sich die Familiengeschichte mittlerweile etabliert, institutionalisiert und in verschiedene Richtungen ausdifferenziert.

Kontexte: Familie, Haus und Häuslichkeit

Wer die Geschichte der Lebenswelten, des scheinbar Selbstverständlichen, schreiben will, kann das Thema Familie nicht ausklammern, und familiäres Leben ist in der Regel – wenn auch nicht immer – in Häusern bzw. häuslichen Kontexten situiert.[19] Der Fokus auf Formen des häuslichen Zusammenlebens ermöglicht es, historische Gesellschaften von innen heraus zu rekonstruieren und dabei Mikro- mit Makroperspektiven zu verbinden. Möglicherweise wirkten nicht nur Prozesse von außen auf Haus und Familie ein, sondern auch umgekehrt: Weitreichende Transformationen nahmen und nehmen von der häuslichen Sphäre ihren Ausgang. Dies sei kurz an drei Beispielen erläutert. Erstens: Die Genese der Aufklärung als soziales Phänomen ist untrennbar verbunden mit den Versammlungen von Lesegesellschaften – aber auch informellen Treffen von gelehrten Männern und Frauen – in Privathäusern. Für Christopher Clark sind solche häuslichen Zusammenkünfte von Adligen, Staatsdienern und Bürgerlichen, darunter auch Juden, wie in der Berliner Mittwochsgesellschaft zum Zweck von Lektüre und Diskussion ein zentraler Faktor bei der Entstehung der modernen Zivilgesellschaft.[20] Zweitens: Die Genese der bürgerlichen Gesellschaft gehört zu den Standardthemen in historischen und soziologischen Seminaren. Aber wie lief das konkret ab? Soziale Beziehungen entstanden und entstehen nicht zuletzt aus Heiratsbeziehungen. David Sabean hat ausgehend von seiner Forschung zu einem

---

18 Vgl. zu Gerichtsakten: Möhle 1997; Burghartz 1999; Arni 2004; Schmidt-Voges 2015; Lanzinger 2015; Haldemann 2021; zu Selbstzeugnissen Budde 1994; Trepp 1996c; R. Habermas 2000; B. Kuhn 2000; Saurer 2014.
19 Vgl. zur Geschichte des Hauses im Überblick Sarti 2002; Eibach / Schmidt-Voges 2015; mikrohistorisch Hochstrasser 1993; zuletzt Schillig 2020; zur Geschichte des Selbstverständlichen jetzt Eibach 2020b.
20 Clark 2007, S. 295–99; vgl. zur Entstehung des bürgerlichen Publikums klassisch J. Habermas 1990, S. 107–16.

Dorf in Württemberg aufgezeigt, dass sich in der Transformationsphase vom 18. zum 19. Jahrhundert die Beziehungsmuster dergestalt änderten, dass Eheschließungen und Patenschaften im weiteren Verwandtenkreis in auffälliger Weise zunahmen. Gegen alle Modernisierungstheorie verlor Verwandtschaft nicht etwa an Bedeutung, sondern erweist sich als ein wichtiger Faktor bei der Formierung neuer sozialer Milieus der bürgerlichen Gesellschaft.[21] Drittens: Für die Erlernung und Einübung eines Habitus spielte und spielt die Sozialisation in Haus und Familie eine erstrangige Rolle. Das Modell der bürgerlichen Ehe fußte auf Geschlechterrollen, die an die Kinder weitervermittelt wurden.[22] Der frühneuzeitliche Haushalt mit seiner familiarisierten Arbeitstätigkeit und auch die spätere Arbeiterfamilie, in der Frauen wie Männer einer Erwerbsarbeit außer Haus nachgingen, machten andere Absprachen und Zuteilungen notwendig als die bürgerliche Familie. Nicht zuletzt ging es bei solchen Arrangements immer auch um ein kleines Stück Macht im Alltag. Die informelle Macht der Hausmutter in der Frühen Neuzeit war größer, als es der patriarchalische Rechtsrahmen eigentlich erwarten lässt.[23] Inwieweit die Praktiken in Haus und Familie im 19. Jahrhundert der dichotomischen Konstruktion der bürgerlichen Geschlechterrollen entsprachen, ist jedoch eine weiterhin offene Frage.

Das große Potenzial der Familiengeschichte zeigt sich in deren Anschlussfähigkeit an ganz verschiedene theoretische Konzepte. So kann man familiäre Kommunikation mit Verweis auf Niklas Luhmanns Systemtheorie als selbstreferentielles System analysieren oder auch als Subsystem, das in Austausch mit anderen Subsystemen der Gesellschaft wie Schule, Wirtschaft oder Wissenschaft steht.[24] Mit Pierre Bourdieu lässt sich die Spur verfolgen, dass der ‚Habitus' eines Menschen eine dauerhafte Prägung im ‚Habitat' des Hauses erhält. Denn: „De facto verortet Bourdieu (...) die primäre Habitusgenese im familiären Umfeld".[25] Man kann im Haus bzw. in der Wohnung einen mit einer spezifischen Kultur und Atmosphäre ausgestatteten sozialen Raum sehen. Die Quellensprache des 19. Jahrhunderts nannte dies ‚Häuslichkeit'. Im Zuge des ‚spatial turns' und des ‚material turns' lässt sich das Haus als Akteur verstehen, der auf Beziehungen und Befindlichkeiten Einfluss nimmt.[26] Zweifellos spielen der Wohnort und die

---

21 Sabean 1992 und 2007.

22 Vgl. zur Praxis Budde 1994; Trepp 1996a, b und c; R. Habermas 2000.

23 So bereits H. Wunder 1992.

24 Nave-Herz 2014 und 2015; vgl. allgemein Luhmann 1997.

25 So über Bourdieu A. Lenger u.a. 2013, S. 23; zu Haus, Habitat und Lebensstil, zunächst strukturalistisch, bereits Bourdieu 2012 und ders. 1987, Kap. 3.

26 An Konzepte von Bourdieu und Anthony Giddens anknüpfend Gieryn 2002; vgl. zu Dingen als ‚Aktanten' die Akteur-Netzwerk-Theorie von Latour 2014.

Raumarrangements mit Zugangs- und Sichtbarkeitsregeln für die Beziehungen zur sozialen Umwelt eine große Rolle.[27] Industrieller Wohnungsbau mit standardisierten Mieteinheiten stellt ein historisch relativ junges Phänomen dar. Der familiäre Alltag ist in einem räumlichen Setting situiert, was in der kulturhistorischen Familienforschung bislang zu wenig thematisiert wurde. Indes werden die Thesen von der Genese der modernen Familie als Intimfamilie mit emotionalisierten Beziehungen in einem von der Außenwelt abgegrenzten, historisch neuartigen Privatraum und der Herausbildung geschlechtsspezifisch getrennter Sphären – Frauen im Haus, Männer in der Öffentlichkeit – kontrovers diskutiert.[28]

Die Geschichte der Familie gleicht einer Wundertüte. Denn die Vielfalt der Themen in der internationalen Forschung scheint unerschöpflich.[29] Was ist also noch von einem neuen Buch zur Geschichte der Familie zu erwarten? Anliegen dieser Monografie ist es, die Geschichte von Haus und Familie in der Ära der bürgerlichen Moderne anhand signifikanter Fallbeispiele aus verschiedenen Milieus zu rekonstruieren. Dabei gilt es zugleich der kulturellen Hegemonie des Bürgertums ab Ende des 18. Jahrhunderts Rechnung zu tragen wie aber auch den Fokus dezidiert auf andere, bislang wenig beachtete, Kontexte auszuweiten. Der Ausgangspunkt ist die communis opinio der Forschung, dass mit dem Übergang von der Stände- zur bürgerlichen Gesellschaft die moderne Familie entsteht. Vielleicht geht man jedoch fehl, von *der* großen Veränderung um 1800 auszugehen, die quasi die moderne Familie freisetzt.[30] Denkbar sind auch Kontinuitäten aus der Frühen Neuzeit oder aber fortgesetzte Transformationsschübe, die die Familie betreffen: Aufklärung und Pietismus, Liberalismus und Romantik, Hochindustrialisierung ab 1850 und Reformideen um 1900. Innovative und restaurative Phasen könnten dialektisch aufeinander folgen und der Begriff ,*die* moderne Familie' sich letztlich als grobe Vereinfachung erweisen. Der Wandel des familiär-häuslichen Zusammenlebens ist jedenfalls ein empfindlicher Sensor für historische Entwicklungen. In Austauschprozessen mit der Außenwelt wurden im häuslichen Alltag immer wieder neue Beziehungsformen ausgehandelt und erprobt.

---

27 Zum Konzept Eibach 2011 und 2015, S. 25 ff.; am Beispiel der Geschichte der Tür aufschlussreich Jütte 2015.
28 Vgl. Hausen 1992; Vickery 1993; Tosh 1999; Flather 2013; Sarti 2015; jetzt Opitz-Belakhal 2020.
29 Vgl. nur die Überblickswerke: Gestrich 1999; Gestrich u. a. 2003; als Resümee der englischen Sozialgeschichte Maynes 2002; zum Kinship-Ansatz: Sabean u. a. 2007; zum Haus Eibach / Schmidt-Voges 2015; zur ,domestic sphere' Eibach / Lanzinger 2020b.
30 Vgl. dazu genauer Eibach 2015, S. 19 ff.; zu Kontinuitäten auch Eibach / Lanzinger 2020; zur Periodisierung der Familiengeschichte Mathieu 2019.

Zwar geht es in diesem Buch um die Ehe sowie um Eltern-Kind- und Geschwisterbeziehungen. Aber die Geschichte wird nicht auf die Kernfamilie reduziert. Ausgehend von der ‚heterogenen Haushaltsfamilie' und dem lebensweltlich ‚offenen Haus' am Ende der Frühen Neuzeit soll der soziale Aspekt der häuslichen Sphäre nach 1800 neu gewichtet werden.[31] In rechtlicher Hinsicht ist die moderne Familie zweifellos anders verfasst als das ‚Haus' der Ständegesellschaft. Aber eine Verengung des Blicks auf die Kernfamilie würde einige Personen übersehen lassen, die auch nach 1800 präsent sind: Verwandte und Bedienstete, sogenannte Schlafgänger, Freundinnen und Hausfreunde, Gäste und andere Besucherinnen. Neben der dauerhaften Koresidenz muss der Faktor der zeitlich variablen Kopräsenz in der häuslichen Sphäre Beachtung finden. Die historische Hausforschung hat langfristig wirkende Trends in Richtung Intimisierung und Privatisierung festgestellt.[32] Nur mit Blick auf die häusliche Praxis sind genauere Aussagen zum Thema Privatheit und Intimität versus Offenheit und Zugänglichkeit möglich.

Im Vordergrund stehen die ‚doings and sayings', alltägliche Praktiken und Wahrnehmungen. Im Rahmen dieses praxeologisch informierten Ansatzes sind die Handlungsmuster der Akteurinnen und Akteure im sozialen Raum relevant. Es geht also um die Art und Weise, wie Familie und Häuslichkeit gedacht und gelebt wurden: der Usus und das Besondere, Routinen und Rituale der Interaktion.[33] Vielleicht ist es dabei kein Zufall, dass im deutschen Sprachraum auch im 19. Jahrhundert noch ‚Haus' als Quellenbegriff neben und alternativ zu ‚Familie' verwandt wurde.[34] Als Gebäude wie als Imagination vermögen Häuser Identität – gefühlte Zugehörigkeit – zu stiften. Man kann sie als ‚zweite Haut' des Menschen verstehen. Dabei muss vor einem allzu festgefügten Vorverständnis des Hauses gewarnt werden. Alle im Folgenden betrachteten Akteurinnen und Akteure wechselten mindestens einmal, manche mehrmals, ihre Behausung.

---

31 Vgl. zur Frühen Neuzeit Tadmor 1996 und 2001; zum ‚offenen Haus' Eibach 2011; jetzt Sarti u. a. 2021; Maurer 1996, S. 518, konstatiert bzgl. der bürgerlichen Familie im 18. Jahrhundert als Typus eine „große Haushaltsfamilie".
32 Vgl. zu Etappen der Entwicklung konkret etwa Kaspar 1998; Heyl 2004; Spohn 2015; im Überblick Sarti 2002; die Beiträge in Reulecke 1997; klassisch Ariès / Duby 1999; up to date Eibach / Schmidt-Voges 2015.
33 Zu alltäglichen Interaktionsritualen pionierhaft Goffman 2010; zu Definitionsfragen in der Ritualforschung Stollberg-Rilinger 2019, v. a. S. 7–17; zum ‚performative turn' Martschukat / Patzold 2003.
34 Vgl. zur Begriffsgeschichte jetzt Mathieu 2020.

Menschen: Akteure, Subjekte und Habitus

Im Fokus stehen also Menschen, die in ihrem häuslichen Alltag handeln, und Autorinnen, die über sich und ihre sozialen Nahbeziehungen subjektiv reflektieren. Denn das Quellenkorpus besteht aus Selbstzeugnissen. Dies wirft Fragen nach den Begriffskategorien auf. Von Beginn an war es das Anliegen der neuen Kulturgeschichte, die ‚Gesichter in der Menge' zu identifizieren. Einen zweiten Referenzpunkt bietet der ‚Doing Gender'-Ansatz, der Geschlechterdifferenzen als Resultat von Inszenierungen und sozialer Interaktion im Alltag versteht.[35] Historische Prozesse weisen immer Akteure beiderlei Geschlechts mit eigenen Geschichten auf, aber als solche existieren diese nie ohne ihre soziokulturellen Kontexte. An der Bestimmung des Verhältnisses zwischen Akteur und Kontext – sei dieser Struktur, Diskurs oder System genannt – arbeiten sich bekanntlich multiple theoretische Entwürfe ab. Neuerdings wird eine Rückkehr des ‚Subjekts' diskutiert, aber Subjekte nicht mehr im Sinne von ‚heroischen Individuen', die autonom handeln und sich über ihr Denken und Tun gänzlich bewusst sind.[36] Solche Helden-Subjekte bildeten seit den klassischen Werken über die Renaissance einen Fixpunkt der westlichen Meistererzählung und fanden viel Resonanz im Geschichtsdenken des 19. Jahrhunderts. Beim revidierten Subjektverständnis geht es um etwas Anderes. Im Kontrast zum Akteursbegriff werden weiblichen und männlichen Subjekten einige Nuancen mehr an Agency, also eigene Handlungsspielräume und Deutungsmuster, zuerkannt.[37] Vielleicht hilft das folgende Bild zur Erläuterung: Die Personen verfügen wie Akteurinnen in einem Spiel oder Theaterstück über ein Skript mit Rede- und Bühnenanweisungen, zugleich aber auch über Freiheiten, dieses Skript zu deuten, auszulegen, um- oder weiter zu schreiben.

Ein attraktives Modell bietet die von Andreas Reckwitz unter dem Titel *Das hybride Subjekt* vorgelegte Theorie der Subjektkulturen der Moderne. Reckwitz verweist bei seiner Konzeptualisierung des Subjektbegriffs durchgängig auf den Habitus-Begriff Bourdieus und auf Foucaults ‚Technologien des Selbst'.[38] Das Subjekt wird demnach – im Kontrast zu kanonisierten Ideen der alten Geisteswissenschaften – „in Alltagspraktiken hervorgebracht, trainiert und stabilisiert",

---

35 Einflussreich die Konzeptualisierung bei Butler 2014, S. 190–208; im Überblick Opitz-Belakhal 2010, S. 27–30.
36 Vgl. eine glückliche Formulierung von Fabian Brändle aufgreifend Jancke / Ulbrich 2005, S. 21; die ältere Forschungstradition fortführend van Dülmen 1997 und 2001a.
37 Füssel 2003, S. 151; Deines u. a. 2003; vgl. zur *Kunst des Handelns* De Certeau 1988.
38 Reckwitz 2020, S. 23, 25, 29, 41, 45, 54, 71 f., 166 ff.

und zwar nicht zuletzt in „Praktiken persönlicher und intimer Beziehungen".[39] Moderne Subjekte handeln und denken laut Reckwitz nicht einheitlich oder widerspruchsfrei, sondern hybrid, indem sie Codes verschiedener kultureller Herkunft – anders gesagt: unterschiedliche Sinnmuster – miteinander kombinieren und koppeln. Dieser Aspekt mag für Leserinnen und Leser, die mit dem kulturwissenschaftlichen Theoriediskurs unvertraut sind, schwer verdaulich sein, wird aber im Verlauf dieses Buchs deutlicher werden. Man kann ebenso gut von gelebten „kulturellen Mehrfachzugehörigkeiten" sprechen.[40] Konkret heißt dies zum Beispiel, dass Bürgerinnen und Bürger gern nach Ordnung und Moralität streben und alles Maßlose ablehnen, zugleich aber Aspekte einer kreativ-ästhetischen Individualität des romantischen Subjekts inkorporieren. Reckwitz konstruiert die bürgerliche und die romantische Subjektordnung zunächst idealtypisch als Antagonismen und die Romantik als Gegenbewegung zur dominanten Bürgerlichkeit, was in mancher Hinsicht, schon mit Blick auf die Periodisierung, fraglich ist. Aber das Romantische kann dann im Verlauf des 19. Jahrhunderts vom bürgerlichen Subjekt in moderaten Formen in Denk- und Handlungsweisen adaptiert werden.[41]

Der Leitbegriff der Hybridität lässt an postkoloniale Theoriebildung denken, aber Reckwitz geht es bei seiner Analyse der Mischungsverhältnisse in modernen Subjektkulturen um die europäisch-westliche Kultur ab dem 18. Jahrhundert. Die Zeit vom ausgehenden Ancien Régime bis um 1900 figuriert in seinem Entwurf als die Subjektordnung der Bürgerlichkeit, die dann von der Ära des Angestelltensubjekts und ab den 1960er Jahren von der sich formierenden postmodernen Subjektkultur abgelöst wird. Hier interessiert nur die Subjektordnung der bürgerlichen Moderne. Die Aspekte, die Reckwitz als Praxisfelder bürgerlicher Subjektivität definiert, sind im Einzelnen nicht neu. Es geht um die Selbstständigkeit des arbeitenden Berufssubjekts, Praktiken der Selbstformung sowie um Abgrenzungen vom amoralischen Adel und den Unterschichten. Typisch für das bürgerliche Streben nach Souveränität ist die Affinität zu Bildung und Selbstreflexion. Und von konstitutiver Bedeutung für das bürgerliche Subjekt sind Praktiken persönlicher, privater und familiärer Beziehungen: Ehe, Familie und Freundschaft.[42] Dies gilt für Frauen wie für Männer. Familiäre Praktiken sind also nicht nur einfach eine weitere Spielart der Bürgerlichkeit, sondern ein maßgeblicher Faktor für die Hervorbringung des bürgerlichen Subjekts. Reckwitz versteht dieses Subjekt als ein „Intimitätssubjekt" und betont die „Ausbildung der bürgerlichen

---

39 Ebd., S. 29; zum Folgenden v. a. ebd., S. 31–34.
40 Medick 2012, S. 181; vgl. mit Bezug auf Reckwitz' praxeologischen Ansatz Böth 2018, S. 254.
41 Reckwitz 2020, S. 213 f.
42 Ebd., S. 145–51; vgl. zur Formationsphase des deutschen Bürgertums v. a. Maurer 1996; zur Frage des Fortwirkens in der Postmoderne auch Reckwitz 2010, S. 175 f.

Intimsphäre" bzw. „die bürgerliche Intimkultur".[43] Dementsprechend gilt die dem Freundschaftsmodell folgende bürgerliche Ehe und Familie als „größtenteils eine exklusive, ‚private' Praxis *à deux*" mit Kindern und Bediensteten im Hintergrund.[44]

Reckwitz' Subjekte haben einiges mit Bourdieus Habitus gemein, wobei Bourdieu stärker die soziale Klasse als Faktor des Lebensstils hervorhebt. Der Habitus, definiert als „das inkorporierte Soziale", ist für beide Autoren eine dauerhafte Disposition des Akteurs und der Akteurin, und er ist laut Bourdieu träge, das heißt mit einer gewissen Beharrungskraft ausgestattet.[45] Subjekte werden zu solchen im Habitat von Haus und Familie, und Haus und Familie sind umgekehrt für den bürgerlichen Habitus ein zu bespielendes Feld. Die Selbstzeugnisse, die diesem Buch als Quellen zugrunde liegen, verweisen sowohl auf kulturelle Formungen als auch auf individuelle Deutungsmacht. In den einzelnen Kapiteln wird eingangs immer das Subjekt – oder vorwissenschaftlich gesagt: die Persönlichkeit – des Autors bzw. der Autorin der Hauptquelle vorgestellt, ansonsten aber der Akteursbegriff bevorzugt.[46]

Selbstzeugnisse: mehr als Bürgerlichkeit

Wie kaum eine andere Quellengruppe ermöglichen es Selbstzeugnisse, Blicke in den häuslich-familiären Alltag, auf persönliche Beziehungen und auch die subjektive Reflexion darüber zu werfen. Als Selbstzeugnis wird hier im weiteren Sinne „das Schreiben über das eigene Leben" verstanden.[47] Relevant sind in erster Linie Tagebücher, aber auch Briefe und in zwei Fällen Autobiografik. Hier stellt sich noch einmal die Frage nach dem Verhältnis zwischen vorgegebenem Skript und Deutungsmacht, Diskurs und Erfahrung, Schreibkonventionen und Subjektivität. Ohne Frage wird auch ein Tagebuch nicht voraussetzungslos geschrieben und die

---

43 Alle Zitate Reckwitz 2020, S. 145–47.

44 Ebd., S. 153, Kursivierung im Original; vgl. insgesamt den Abschnitt ebd., S. 151–66.

45 Bourdieu / Wacquant 2017, S. 168; s. auch ebd. S. 161: „der Habitus als das Körper gewordene Soziale"; zum Folgenden ebd., S. 158–60, 164, relativierend S. 167; zur Frage der Dauerhaftigkeit A. Lenger u.a. 2013, S. 24 f.; vgl. die Anwendung auf die französische Klassengesellschaft: Bourdieu 1987, v.a. Kap. 3 und 5.

46 In den Kapitelüberschriften wird immer die das Selbstzeugnis schreibende Hauptperson namentlich genannt, der Ehepartner bzw. die Ehepartnerin hingegen nur, wenn er/sie als Subjekt näher fassbar wird.

47 Jancke / Ulbrich 2005, S. 12; vgl. ebd., S. 17 ff.; vgl. zu Selbstzeugnissen v. a.: Brändle u. a. 2001; Messerli 2001; Baur 2001; Jancke 2002; Kormann 2004; Piller 2007a; Hämmerle 2009; von Greyerz 2015; Hatje 2016a und b; Böth 2018; grundlegend zur Autobiografie im 18. Jahrhundert Niggl 1977.

Kontexte diaristischen Schreibens veränderten sich im Verlauf des 18. und 19. Jahrhunderts beträchtlich. Regelmäßiges Schreiben über sich selbst und das eigene Leben konnte sehr unterschiedlichen Zwecken dienen: Beichte und Gewissensprüfung vor Gott, chronikalische Dokumentation für die Nachwelt oder eine rein diesseitige Orientierung des fragilen Ichs über sich und seine soziale Umwelt. Nicht nur gedruckte, sondern auch unredigierte und unveröffentlichte Tagebücher haben Adressaten: Gottvater im Himmel, Familie und Nachwelt oder das eigene Spiegelbild als ‚alter ego'.

Die ab dem 18. Jahrhundert zahlreicher werdenden Selbstzeugnisse sind im Sinne von Michel Foucault und daran anknüpfend Reckwitz ein Medium der Subjektformung: eine ‚Technologie des Selbst'. Foucault hat spezifische, über einfache Ge- und Verbote hinausgehende Mechanismen als „certain modes of training and modification of individuals" seit der griechisch-römischen Antike skizziert. Er konstatiert dabei im Hinblick auf Praktiken wie die Beichte, den Brief an Vertraute und auch das Tagebuchschreiben zwei übergreifende Prinzipien: „to know yourself" und „to take care of yourself".[48] Konstitutiv für das Diarium, das in der christlichen Tradition primär als Gewissensprüfung fungierte, ist der Zusammenhang von Introspektion, Schreiben über sich und Selbstformung. Das Ziel der Übung ist die Läuterung und Besserung des Ichs. Erneut ist es eine Frage der Akzentuierung, ob man den Aspekt des Selbstzwangs oder die quasi-freie Verfügungsmacht der schreibenden Akteurinnen betonen möchte. Auch die ‚Technologien des Selbst' haben eine Geschichte. So erkennt Foucault im 18. Jahrhundert eine relevante Verschiebung: „From the eighteenth century to the present, the techniques of verbalization have been reinserted in a different context by the so-called human sciences in order to use them without renunciation of the self but to constitute, positively, a new self."[49] Die Wurzeln des Textgenres als religiös-introspektive Praxis und das Ziel der Läuterung des Selbst bleiben in der Moderne spürbar. Aber Tagebuch zu schreiben bedeutete im bürgerlichen 19. Jahrhundert – inhaltlich wie als Habitus – nicht mehr das Gleiche wie in der Aufklärung oder im Pietismus, als die Gattung bereits florierte.[50] Nach 1800 ging es nicht mehr um Entsagung, sondern eher um persönliche Entwicklung.

Unabhängig von Pietismus, Pädagogisierung und Romantik: Zweck und Adressat eines kontinuierlich geführten Selbstzeugnisses können im Verlauf der Jahre oder sogar von Eintrag zu Eintrag durchaus wechseln. Anders als Vernehmungsakten der Ehejustiz enthalten die Quellen nicht nur rechtsrelevante Aus-

---

48 Foucault 1988, S. 18 (erstes Zitat) und 20 (zweites und drittes Zitat).
49 Foucault 1988, S. 49.
50 Vgl. zur Relevanz des Tagebuchs für den „pietistischen Subjektentwurf" v. a. Gleixner 2005, S. 394; zum Folgenden Bänziger 2020, S. 21–27.

sagen. Der Reiz von Tagebüchern für eine Geschichte der Familie besteht gerade darin, dass sich der Inhalt nicht völlig aus Kontexten und Schreibkonventionen erschließt. Vielmehr gibt es bei der Lektüre immer wieder Zufallsfunde und Überraschungseffekte, und gerade das nebensächlich Bemerkte kann wichtig sein. Denn manchmal überlisten die Optionen, die das Medium Tagebuch bietet, die eigentliche Intention der Autorin. So notiert die Baselbieter Pfarrfrau Ursula Bruckner-Eglinger, die ihren Ehemann Adam Bruckner gewöhnlich sehr geneigt und respektvoll erwähnt, am 1. Mai 1832 nach einem Ehedisput über den künftigen Schulbesuch ihres Sohnes Eduard mit einer Prise Ironie: „Jetzt in dieser Nacht gereute es m[einen] Mann & er fieng erst an die nöthigen Schritte zu tun; échauffierte sich aber so entsetzl[ich] durch s[ein] Lauffen & Rennen dass er, sodann durch s[ein] zweistündiges Weilen in d[er] Kirche sich eine starke Verkältung zuzog, u. gar nicht wohl ward als er heim kam."[51] Der Hamburger Jurist Ferdinand Beneke beklagt in seinem Tagebuch des Öfteren Klüngel und Patronage in seiner Stadt. 1816 hofft er, nach langen Jahren finanzieller Unsicherheit zum Syndikus des Rats der sogenannten Oberalten ernannt zu werden. Zu den einflussreichen Oberalten zählt allerdings auch sein Schwiegervater. Im Tagebuch stellt Beneke „die Wahl des Tüchtigsten (...) Gott u. dem Gewißen anheim"; zugleich erwägt er jedoch seine Chancen gegenüber anderen Kandidaten, nicht zuletzt aufgrund der guten Beziehungen der Wahlberechtigten zu seinem Schwiegervater. Wenige Jahre vorher hatte er sich noch über die „alte Ochsen-Heerde der Oberalten" lustig gemacht.[52]

Tagebücher enthalten mehr Informationen als Autor und Autorin wissen und wollen. Für eine Historie der Familie als Geschichte des Selbstverständlichen sind Tagebücher wie auch Briefe eine hervorragende Quelle.[53] Doch sollte man sich nicht der Illusion hingeben, dass das Selbstverständliche ohne Filter berichtet würde. Es gibt Tabus und für das schreibende Ich Uninteressantes, das aus heutiger Sicht durchaus spannend ist. So bleiben oft gerade die Beziehungen der Eheleute etwas konturlos; es sei denn, sie büßen durch temporäre Trennung, Krise oder andere Unsicherheiten ihre Selbstverständlichkeit ein. Dennoch: Aus dem Blickwinkel von Tagebüchern und anderen Selbstzeugnissen ergeben sich faszinierende Einsichten in verborgene Bereiche der Geschichte der Familie. Familiengeschichten sind besonders, aber nicht zufällig. Die Herausforderung besteht darin, das Nicht-Zufällige zu destillieren. Ein mikrohistorischer Ansatz, der nicht punktuell auf ein einziges Fallbeispiel rekurriert, sondern mehrere Familien

---

51 Bruckner-Eglinger (ediert von Hagenbuch), 1.5.1832, S. 511.
52 Beneke, Tagebücher, 5.1.1816, III/2, S. 350 (erstes Zitat); 5.5.1807, II/2, S. 457 (zweites Zitat).
53 Vgl. zu Briefen als Quellengattung mit weiteren Literaturangaben Dobson 2009.

und verschiedene Kontexte der Häuslichkeit über einen längeren Zeitraum hinweg analysiert, bietet Chancen für neue Einsichten.

Die Recherche für dieses Buch in Archiven und Bibliotheken war aufwändig. Während sich aus der Zeit um 1800 und dem letzten Drittel des 19. Jahrhunderts zahlreiche Tagebücher finden, ist im Hinblick auf die mittleren Dekaden des Säkulums eine Baisse festzustellen. Die letztlich ausgewählten, inhaltlich besonders ergiebigen, Selbstzeugnisse stammen zu etwa gleichen Teilen von Frauen und Männern. Um die markante Überrepräsentation des Bürgertums in der Forschung zu konterkarieren, wurde bei der Zusammenstellung des Quellenkorpus darauf geachtet, Selbstzeugnisse aus unterschiedlichen Milieus zu verwenden. Tagebuchschreiben hatte im 19. Jahrhundert einen bürgerlichen Touch, aber nicht nur Menschen mit Besitz und Bildung führten ein Journal. Dieses Buch vereint Perspektiven von Menschen aus der ländlichen Gesellschaft, städtischem Patriziat, Bildungsbürgertum, Handwerk, Arbeiterschaft und Künstlertum. Die Quellen stammen aus verschiedenen Regionen und Konfessionsgebieten im deutschsprachigen Mitteleuropa und verteilen sich in etwa – wenn auch nicht perfekt – gleichmäßig über die Jahrzehnte des Untersuchungszeitraums. Die Selektion der Quellen verdankt sich nicht zuletzt uneigennützigen Hinweisen von Kolleginnen und Kollegen, die zu ähnlichen Themen arbeiten.[54] Insofern ist die Korpusbildung hier nicht eine rein individuelle Forscherleistung, sondern das Ergebnis eines fachlichen Diskurses auf Tagungen sowie auch von Flurgesprächen.

Ausgangsfragen

Grau ist die Theorie, aber was passierte ‚auf dem Platz'?[55] Wie haben Familien ihr alltägliches Durcheinander arrangiert und gelebt? Auf allgemeiner Ebene stellen sich kursorisch zusammengefasst folgende Ausgangsfragen: Welche Akteurinnen und Akteure interagierten in puncto Haus und Familie in welcher Weise miteinander? Lässt sich, angefangen bei der Eheanbahnung, im langen 19. Jahrhundert ein Wandel der Vorstellungen, Praktiken und Beziehungsmuster feststellen? Wie hängen Ehe, Familiengeschichten und allgemeine Geschichte zusammen?

Mit Blick auf die internationale Forschung hilft es, an folgende Aspekte zu erinnern. Die Dichotomie romantische ‚Liebesehe' versus standesbezogene

---

54 Vgl. dazu die Danksagung am Ende dieses Buchs.
55 Präzise formuliert als Fußballweisheit: „Grau is alle Theorie – maßgebend is auffen Platz." Die viel zitierte Bemerkung wird dem in den 1950er Jahren aktiven Borussia Dortmund-Spieler Adi Preißler zugeschrieben: https://gutezitate.com/zitat/266304 (4.9.2021).

‚Konvenienzehe' ist Gegenstand konträrer Interpretationen.[56] Anknüpfungspunkte bieten die klassischen Thesen der Gender History von der Ausbildung
spezifischer Geschlechterrollen und von ‚getrennten Sphären' der Geschlechter
mit dem Übergang zur bürgerlichen Gesellschaft.[57] Die Forschung interessiert sich
dabei längst nicht mehr nur für eheliche, sondern auch für Eltern-Kind- und
Geschwisterbeziehungen.[58] Im Zuge der Transformation von der Stände- zur
bürgerlichen Gesellschaft gewannen familiäre und verwandtschaftliche Beziehungen an Bedeutung.[59] Die alte Lehrformel vom 19. Jahrhundert als ‚goldenem
Zeitalter' des Privaten ist nicht mehr sakrosankt, die Veränderungen gegenüber
dem ‚offenen Haus' der Frühen Neuzeit sind aber ungeklärt.[60] Was waren die
Essentials der emphatisch idealisierten Häuslichkeit? Ausgehend von Westeuropa, erfand das urbane Bürgertum seit dem 18. Jahrhundert einen bestimmten
Habitus der Lebensführung, der die Bürgerin und Bürger als solche erkennbar machte
und viel mit der Präsentation von Haus und Familie zu tun hatte.[61] Mit Reckwitz
kann man von einer bürgerlichen Subjektkultur sprechen, die mit der erstrebten
Moralität der liebevollen Familie verschwistert war.[62] Ein Problem dabei: Liebe
wie Moral ist fragil.

---

56 Borscheid 1983; R. Habermas 1997; Trepp 2000; Wienfort 2014, S. 20 f.; Saurer 2014, S. 21 ff.;
Reckwitz 2020, S. 161 f.
57 Hausen 1976 und 2012; Davidoff / Hall 1991; kritisch zu den ‚separate spheres' Vickery 1993;
Shoemaker 1998; zuletzt Joris 2020.
58 Zu Geschwistern Johnson / Sabean 2011a und b; Davidoff 2012; Ruppel 2006; Labouvie 2009;
jetzt A. Kaufmann 2021; zur Kindheit Budde 1994; Jarzebowski 2018.
59 Grundlegend Sabean u. a. 2007; insbes. Sabean 2007.
60 Klassisch, aber konzeptionell unklar Ariès / Duby 1999; Perrot 1999; vgl. Tosh 1999; zum
‚offenen Haus' im 19. Jahrhundert Eibach 2015 und 2020; zur Öffentlichkeit im Privaten Mettele
1996; Trepp 1996c; R. Habermas 2000; Vickery 1998 und 2009.
61 Vgl. die Definition der Bürgerlichkeit bei Kocka 1995, S. 17 f.; ebenso Budde 2009, S. 13 f.; in
globaler Perspektive Dejung u. a. 2019, S. 2 und 9, zu Geschlecht und Familie S. 11; auch Hettling /
Hoffmann 2000.
62 Reckwitz 2020, S. 29, 111, 118 f.; zum Fortwirken bis in die Postmoderne ders. 2010.

3 Die Liebe und das eigene Haus: Der Bauernsohn Ulrich Bräker sucht eine Frau

Toggenburg (1754–1798)

Ulrich Bräker stammte aus einem Milieu, das nicht viele Selbstzeugnisse hinterlassen hat. In seiner ab Beginn der 1780er Jahre verfassten Lebensgeschichte erklärte er, an seine Kinder gerichtet: „All unsre Freunde und Blutsverwandte sind unbemittelte Leuthe, und von allen unsern Vorfahren hab' ich nie nichts anders gehört."[1] Soweit er es wusste, hatte auch noch kein Bräker jemals studiert. Für Ahnenstolz sah der am 22. Dezember 1735 in einem abgelegenen Weiler im St. Gallischen Toggenburg geborene Bauernsohn also keinen Anlass. Da er seinen Kindern mit der Vorlage seines Lebensberichts Bescheidenheit und Rechtschaffenheit anempfahl, stellte dies aber gar keinen Nachteil dar. Vielmehr verstand er Armut, die „ehrlich und redlich" war und also ohne Betteln auskam, als Tugend.[2] Der *Arme Mann im Tockenburg*, der schon mit dem Titel der ersten vollständigen Ausgabe von 1789 als solcher vorgestellt wurde, versteckte seine Mittellosigkeit nicht. Dabei kokettierte er nicht mit Meriten, die ihm nicht zustanden. Wegen hoher Schulden musste sein Vater Johannes Bräker, ein acht Kühe besitzender Bauer, Tagelöhner und Pulvermacher, 1754 Haus und Hof verkaufen und mit seiner Frau und den acht Kindern in die Ortschaft Wattwil ziehen, wo die Familie zur Pacht wohnte. Drückende Schulden und die Sorge um das tägliche Auskommen der Familie blieben auch von der Jugend bis zum Tod im September 1798 ein Grundtenor der Existenz Ulrich Bräkers. Obwohl es ihm mittels Kredite gelang, noch vor der Eheschließung ein Bauernhaus zu errichten, sollte er ebenso wenig wie sein Vater jemals wieder das angestrebte Leben eines Vollbauern führen. Abgesehen von einem Intermezzo als Diener eines Werbeoffiziers sowie als unfreiwilliger preußischer Söldner zu Beginn des Siebenjährigen Kriegs ernährte sich Bräker mühsam als Salpetersieder (Pulvermacher), Garnhändler, Baumwollweber und Selbstversorger in seinem heimatlichen Tal. Den sozialen Hintergrund seiner Geschichte bildete das dauerhafte Bevölkerungswachstum während des 18. Jahrhunderts, das dazu führte, dass die herkömmliche

---

1 Ulrich Bräker, Lebensgeschichte und Natürliche Ebentheuer des Armen Mannes im Tockenburg (im Folgenden annotiert: Lebensgeschichte), S. 364 f.; vgl. zu den Lebensdaten und zur Biografie Bräker, Sämtliche Schriften, Bd. 5, 2010, S. 1024–29; Böning 1998; Böning 2007; Wegelin 1978; die Beiträge in Messerli / Muschg 2004. Die Tagebücher Bräkers beginnen erst im Jahr 1768, einige Jahre nach der Eheschließung: Bräker, Sämtliche Schriften, Bd. 1, 1998.
2 Lebensgeschichte, S. 365.

https://doi.org/10.1515/9783110749496-003

Landwirtschaft keine ausreichende Existenzgrundlage mehr bildete und die Menschen in ländlichen Gebieten dazu zwang, in die textile Protoindustrie oder andere Tätigkeiten auszuweichen. Neben der Leinenweberei wurde im Toggenburg ab Mitte des 18. Jahrhunderts die Herstellung von Baumwolle immer wichtiger. Die dörfliche Siedlung Wattwil, Wohnort des jungen Bräker, sollte in den 1820er Jahren bereits über 4.000 Einwohner zählen.[3]

Der schreibende Bauer

Ulrich Bräker verfasste nicht nur einen autobiografischen Text, sondern auch Aufzeichnungen über das Wetter, Theaterstücke, Kommentare zu Shakespeare und nicht zuletzt Tagebücher. Zweifellos ist der ‚schreibende Bauer' Bräker – der präziser formuliert der bäuerlichen Unterschicht zuzurechnen ist, als Kind nur jeweils im Winter einige Wochen die Schule besuchte und seine Kenntnisse durch Selbststudium erwarb – ein ungewöhnlicher Fall, wenn nicht sogar sensationell. Aber von einem Zufall wird man nicht sprechen können. Es war zunächst eine Erziehung im Geist des Pietismus, die den jungen Bräker zur Lektüre der Bibel und zahlreicher Erbauungsschriften ermunterte. Sodann war es das erklärte Ziel der Aufklärung, ihr Nützlichkeitsdenken, ihre Moralvorstellungen und ihre ökonomischen Reformprojekte auch der verarmenden Landbevölkerung zu vermitteln.[4] Vielleicht lässt sich das Vordringen aufklärerischer Ideen in ländliche Kontexte in keinem Land Europas besser verfolgen als in der Schweiz. So wurde Ulrich Bräker von dem Wattwiler Schulmeister Johann Ludwig Ambühl ‚entdeckt' und 1776 in die Toggenburgische Moralische Gesellschaft von Lichtensteig aufgenommen. Er hatte damit Zugang zu einer Bibliothek, partizipierte an der aufklärerischen Konversation und war Teil des sich formierenden Publikums, das Immanuel Kant 1784 in seinem berühmten Text *Was ist Aufklärung?* als Voraussetzung für deren Wirksamkeit beschwor. Durch einen Brief des Wattwiler Pfarrers wurde der Zürcher Verleger Johann Heinrich Füßli auf Bräker aufmerksam und publizierte 1789 dessen Lebensbericht. Das in der Begrifflichkeit von Reckwitz ‚hybride Subjekt' Ulrich Bräker kombinierte Aspekte des Pietismus und der Aufklärung mit dem während seiner Kindheit und Jugend selbstverständlichen Erfahrungshorizont der bäuerlichen Gesellschaft.

---

3 Hans Büchler, Art. Wattwil, in: HLS, hls-dhs-dss.ch/de/articles/001387/2016–11–23/ (30.10. 2021); Hans Büchler, Art. Toggenburg, in: HLS, hls-dhs-dss.ch/de/articles/007642/2017–03–16/ (30.10.2021).
4 Vgl. Gerber-Visser 2012; zur Aufklärung in der Schweiz allgemein Zurbuchen 2003.

Anders als im Fall des der kontinuierlichen Introspektion dienenden pietistischen Tagebuchs[5] ist die Intention von Bräkers Bericht eine vorläufige Lebensbilanz, die er Gott zum Lob, seinen Kindern zur Lehre und dem Lesepublikum zur Erkenntnis vorlegt.[6] Handelt es sich dabei um Geständnisse wie bei den etwa zeitgleich verfassten *Les Confessions* von Rousseau? Ja und Nein! Mit der Publikation einer Autobiografie befindet sich der Bauernsohn in den 1780er Jahren in bester Gesellschaft. Zwar geißelt Bräker eingangs der Vorrede die eigene „Eitelkeit" und „Schreibsucht". Die „mannigfachen Vergehungen" im Verlauf seines Lebens werden hier jedoch nur nachgeordnet als Beweggrund erwähnt.[7] Eines der letzten Kapitel des Buchs ist explizit „Meine Geständnisse" betitelt.[8] Über weite Strecken wichtiger erscheint dem Autor des Lebensberichts jedoch die „unschuldige Freude (...) und ausserordentliche Lust", die Stationen seiner Biografie – und dabei vor allem „die Tage meiner Jugend" – noch einmal durchzugehen.[9] Der Charme des Bräker'schen Textes liegt in einem Duktus lebensnaher Naivität, in dem berichtet wird, und in dem fortgesetzten Eigen-Sinn (Lüdtke) des Akteurs[10], den der Autor Bräker als ‚Uli Bräker' beschreibt. Dabei bedient dieser Autor durchaus auch Erwartungen des aufgeklärten Moraldiskurses und gibt der Leserschaft en passant mit der Erwähnung aktueller Autoren wie Lavater, Goethe oder Jung-Stilling sowie Anspielungen auf Bibel und Antike Hinweise auf seine Bildung. Er nutzt das Genre der Autobiografie, um seine Erfahrungen mit einer Prise Schalk in ein diskursives Gewand zu kleiden. So nennt Bräker seine (zukünftige) Ehefrau Salome mehrfach „meine Dulcinea"[11], womit er auf die Geliebte und angebliche Edeldame, die aber eigentlich aus bäuerlichen Verhältnissen stammt, in Miguel de Cervantes' *Don Quijote* anspielt – und sich selbst damit zu einem Don Quijote macht. Es geht Bräker um eine aus seiner Sicht ehrliche Darstellung seines Lebens im Rahmen sprachlich-moralischer Konventionen. Als tief gläubiger Mensch mit ausgeprägtem Sündenbewusstsein – bei gleichzeitiger Sympathie für die Ideen der Französischen Revolution – muss er um Wahrheit, anders gesagt die unfrisierte Wiedergabe seines Lebenslaufs unter Einschluss

---

5 Vgl. zu Prinipien des pietistischen Tagebuchs mit weiteren Literaturangaben die Beispiele Henriette Stettler-Herport und Ursula Bruckner-Eglinger in diesem Buch.
6 Lebensgeschichte, Vorrede des Verfassers, S. 363 f.; vgl. zu den individuellen Voraussetzungen von Bräkers Autorschaft v. a. Bürgi 2004 und die anderen Beiträge in Messerli / Muschg 2004.
7 Alle Zitate Lebensgeschichte, S. 363.
8 Lebensgeschichte, S. 515. Allerdings will Bräker von einem Vergleich seines Werks mit demjenigen Rousseaus nichts wissen: S. 514.
9 Beide Zitate Lebensgeschichte, S. 363.
10 Vgl. zuletzt die Anwendung des Konzepts von Alf Lüdtke auf Eheschließungen durch Haldemann 2021.
11 Lebensgeschichte, S. 474 („Dulcinee"), 525.

seiner ‚Vergehungen', bemüht sein.[12] Selbstverständlich handelt es sich dabei um eine subjektive Wahrheit. Zudem bleibt der Text an manchen Stellen auffallend lakonisch.

Werbung und Eheanbahnung im Dorf

Ulrich Bräkers *natürliche Ebentheuer* (Abenteuer) geben Einblicke in die Abläufe bei Werbung und Eheanbahnung im dörflichen Milieu. Der erzwungene Umzug der Familie von einem Einödhof in die dörfliche Ortschaft Wattwil erweist sich für den 18jährigen als Glücksfall. Denn es eröffnen sich nun Möglichkeiten, Gleichaltrige kennenzulernen, ‚Burschen' wie auch ‚Mädchen'. Die Kontaktaufnahme zwischen den Geschlechtern vollzieht sich in aller Öffentlichkeit und im Kontext einer eng gestrickten sozialen Kontrolle, die in Blicken, Mimik und spöttischen Kommentaren Ausdruck findet. Bräker erwähnt Begegnungen mit dem anderen Geschlecht bei kollektiven Spielen am arbeitsfreien Sonntagabend, auf dem Jahrmarkt, und auch „Jn der Kirch' sah' ich sie mehr als den Pfarrer".[13] Ein zweiter Schritt ist die Einladung auf ein Glas Wein zu zweit im Wirtshaus, gefolgt von der Begleitung an ihre Haustür. Ein wesentlicher dritter Schritt der Beziehungsanbahnung besteht im Eintritt in das Haus, das heißt genauer einem intimen Treffen des Paars in der Kammer, und zwar wohl in der Regel in ihrer Kammer. Die Funktion des wachsamen ‚Dorfauges' wird konkret von Frauen der Nachbarschaft ausgeübt. Bräker erinnert sich: „Die ganze Nachbarschaft, und besonders die Weiber, gafften mir, wo ich stund und ging, ins Gesicht, als ob ich ein Eisländer wäre: ‚Ha, ha Uli!', hieß es dann etwa, ‚du hast die Kindsschuh' auch verheyt.'"[14] Wichtiger noch als die Kontrolle durch die nachbarschaftliche Öffentlichkeit sind aber die Reaktionen der Eltern des Paars. Wie Bräker erkennen lässt, ist eine Eheschließung ohne elterlichen Konsens unter bestimmten Bedingungen – nämlich ökonomische Unabhängigkeit des Paars – zwar denkbar, aber nicht tunlich. Dieser Aspekt spielt in seiner Geschichte eine wichtige Rolle.

---

12 So insistiert Bräker am Ende: „Das kann ich vor Gott bezeugen, daß ich die pure lautere Wahrheit schrieb": Lebensgeschichte, S. 514.

13 Lebensgeschichte, S. 408.

14 Ebd., S. 406; ‚verheyt': abgetragen, zerrissen; vgl. zur Nachbarschaft als weiblicher Kommunikationsraum Capp 2003; zu Funktionen der Nachbarschaft in puncto soziale Kontrolle Eibach 2011, S. 626–28; zur Geschichte der Nachbarschaft allgemein Wrightson 2007; zur Kontrolle der Eheanbahnung Lischka 2006, S. 133 ff.

In seinem 20. Lebensjahr entwickelt sich ein mehrmonatiger Kontakt zwischen Ulrich und der Nachbarstochter Anna Lüthold[15], genannt: ‚Ännchen'. Das Kennenlernen folgt den skizzierten Stationen. Mit Erving Goffman kann man von Interaktionsritualen sprechen: von ersten schüchternen Blickwechseln in der Öffentlichkeit von Markt und Kirche bis zu gemeinsam verbrachten Nächten in ihrer Kammer, für Bräker rückblickend „gewiß nicht nur die seligsten, sondern – auch die schuldlosesten Nächte meines Lebens!"[16] Die Beziehung zwischen Ulrich Bräker und Anna Lüthold ist – so erinnerungsselig sie geschildert wird – in mehrerer Hinsicht interessant und aussagekräftig. Durchgängig ist es nicht der ledige junge Mann, der die Initiative ergreift, sondern die etwa drei Jahre ältere Frau. Sie nimmt ihn buchstäblich bei der Hand und fordert ihn auf, ihr ein Glas Wein zu spendieren. Sie lädt ihn zu sich nach Hause ein. Sie lässt ihn warten und bestimmt, wann die richtige Zeit für den Austausch von Küssen und Körperkontakt gekommen ist.[17] Dabei lässt der Blick durch das Schlüsselloch, den Bräkers Bericht gewährt, überhaupt nichts Außergewöhnliches erkennen. In protestantischen wie in katholischen Regionen führten die Werbepraktiken junger Leute – das ‚Kilten' und ‚Fensterln' – häufig zum ‚Bettfreien' bzw. ‚keuschen Bettlager', zu dem das Paar abends oder nachts zusammenfand. Sexuelle Praktiken minderer Art waren dabei zulässig und üblich, nicht aber der Beischlaf, der das gegenseitige Eheversprechen des Paars voraussetzte.[18]

Die im Jahr 1755 situierte Episode hat alle emotionalen Zutaten, um – wenigstens, was den zunächst schüchternen Bauernknecht und Salpetersieder Bräker angeht – von Liebe sprechen zu können. Dies lässt sich auch mit dem Wissen konstatieren, dass Emotionen wie Liebe historisch und kulturell geformt sind, zudem um 1750 sozial anders gerahmt als heute.[19] Uli fühlt sich zu Ännchen unwiderstehlich und offenbar kaum kontrollierbar hingezogen, reagiert körperlich auf ihre Präsenz, kann sie sich nicht aus dem Kopf schlagen. Er bezeichnet seine Gefühle zu ihr selbst als „Liebe", „Entzücken" und „süsse Wohllust".[20] Ännchens Attraktivität besteht für ihn nicht zuletzt in ihrem Aussehen, treffender

---

15 Vgl. zu Anna Lüthold Bräker, Sämtliche Schriften, Bd. 5, S. 950.
16 Lebensgeschichte, S. 413; vgl. zu Interaktionsritualen Goffman 2010; zu Praktiken der Eheanbahnung und -schließung van Dülmen 1993; Lischka 2006; von Greyerz 2010, S. 141–59.
17 Lebensgeschichte, S. 403 f., 411–13.
18 Schmidt 1995, S. 177 und 202; Beck 1983, v. a. S. 122 und 138 ff.; Shorter 1983, S. 124 ff. und 147 ff.; vgl. zum Forschungsstand Guzzi-Heeb 2014, Kap. 4; ders. 2020 und 2021, Kap. 9; zur Debatte auch Lischka 2006, S. 245 ff. und 290 ff.; jetzt Hardwick 2020.
19 Vgl. Frevert 2014; dies. 2020, S. 8–14.
20 Lebensgeschichte, S. 404 f., 408, 411; vgl. zur Debatte um das Aufkommen der Liebesehe und die These von einer ‚sexuellen Revolution' ab Mitte des 18. Jahrhunderts Gestrich u. a. 2003, S. 486–88.

in ihrem Habitus. Er beschreibt sie als „schönes, schlankes, nettes Kind, in der allerliebsten Zürchbietler-Tracht!", als „das redlichste brävste Mädchen", zugleich „fast meiner Länge, so schlank und hübsch geformt, daß es eine Lust war."[21] Ihre Ausstrahlung auf ihn ist nicht von ihrer Haltung und ihrem Auftritt – „das inkorporierte Soziale" – zu trennen.[22] Deswegen verteidigt Bräker auch noch dreißig Jahre später die junge Anna Lüthold gegen ihren nicht allzu guten Ruf im Dorf.

Bräker schreibt seinen Lebensbericht nur wenige Jahre nach dem Erscheinen viel gelesener Liebesromane der Zeit: Rousseaus *Julie ou la Nouvelle Héloïse* (1761) und Goethes *Werther* (1774), allerdings deutlich vor der Romantik. Bekanntlich wird in dieser Epoche der Belletristik am Beginn der literarischen Moderne Liebe als subjektive Erfahrung in neuer Weise sagbar.[23] Dass die Emotion und auch die Art der Kommunikation, die wir heute gemeinhin ‚Liebe' nennen, Ulrich Bräker schon vor der Rezeption der modernen Literatur bekannt war, wird jedoch schwer zu bestreiten sein. Dabei ist das Milieu, in dem diese Episode situiert ist, definitiv nicht das späterhin klassische Bildungsbürgertum. Oder ist es wahrscheinlich, dass der junge Bräker seinem Ännchen nur im Nachhinein verfällt, weil er in der Zwischenzeit vielleicht Rousseau oder Goethe gelesen haben könnte? Beide Autoren werden in seinen Schriften nur selten erwähnt, Goethe lediglich einmal.[24]

Ulrich Bräker bezeichnet sein eigenes Ich, den jungen Knecht Uli, als „einen Narrn", der „Grillen im Kopf" gehabt habe.[25] In seiner Darstellung der Beziehung zur Nachbarstochter entsprechen einige Details Niklas Luhmanns Skizzierung der modernen Liebe als „ein Ausscheren aus der normalen sozialen Kontrolle" durch individualisierte Personen, was „von der Gesellschaft nach Art einer Krankheit toleriert" wird.[26] Es ist nicht zuletzt eine ausgeprägte Individualität, die Bräker zur Abfassung seines Lebensberichts veranlasst. Dabei entstammt der Bauernsohn eben nicht den – ständische Beschränkungen hinter sich lassenden – Eliten, die Luhmann, Anthony Giddens und viele andere als Vorreiter der Durchsetzung eines neuartigen symbolischen Codes der Liebe im Europa des 18. Jahrhunderts identifizieren. Wir haben es mit einem Fall von romantischer Liebe vor der Ära der

---

21 Lebensgeschichte, S. 403, 409.
22 Bourdieu / Wacquant 2017, S. 168.
23 So von unterschiedlicher theoretischer Warte Luhmann 1994, S. 123ff., pass.; Reckwitz 2020, S. 224–30; Trepp 2000; Saurer 2014, S. 47–63; kurz Wienfort 2014, S. 20f.
24 S. das Personenregister in Bräker, Sämtliche Schriften, Bd. 5, S. 933 und 964; Bräker erwähnt Goethes ‚Werther' in seiner Lebensgeschichte an einer Stelle, aber nicht mit Bezug auf Liebe sondern Suizid-Gedanken („des jungen Werthers Mordgewehr") wegen seiner Schuldenlast: S. 502; vgl. zum Einfluss der Lesestoffe auf Bräkers Reflexionen Böning 2007, v.a. S. 64; vgl. auch Guzzi-Heeb 2021, Kap. 9.
25 Lebensgeschichte, S. 405, 402.
26 Luhmann 1994, S. 31 (Zitat) und 41; vgl. zum Folgenden Giddens 1993.

Romantik zu tun. Für Uli Bräker ist es mehr als ein vorübergehendes Spiel und so stellt er sein Verhältnis zu Ännchen auch auf den Prüfstand einer möglichen Eheschließung. Spätestens an dieser Stelle meldet sich jedoch erneut das soziale Umfeld in Familie und Dorf unmissverständlich zu Wort. Zudem kennt der junge Bräker die gültigen Spielregeln der Eheanbahnung. Diese wurden in der zweiten Hälfte des 18. Jahrhunderts nicht nur vom Gesetzgeber und kirchlichen Chorgerichten, sondern auch maßgeblich von verwandtschaftlicher Seite definiert. Für Eltern und weitere Verwandte von Brautpaaren bedeuteten Eheschließungen in erster Linie eine Ressource beim Aufbau und Erhalt sozialer Netzwerke.[27]

Während die Mutter den 19jährigen Uli durchaus zur Kontaktaufnahme mit der Nachbarstochter Anna Lüthold ermuntert, ist sein Vater strikt dagegen, aus moralischen wie aus sozialen Gründen. Denn ihr Stiefvater führt einen Ausschank: „Aennchens Stiefäti war ein leichtsinniger Brenzwirth; ihm galt's gleichviel, wer kam und ihm sein Brenz absoff."[28] Brenz, also Branntwein, war der alltägliche billige Alkohol der armen Leute und sein Konsum wurde später auch von dem Berner Pfarrer-Schriftsteller Jeremias Gotthelf scharf verurteilt.[29] Doch Bräkers Vater schimpft nicht nur „auf dieß verdammte Brenznest" und die „liederliche Dirn'" aus diesem Hause[30], sondern gibt offen zu erkennen, dass sein ältester Sohn besser eine Bauerntochter, „ein braves Bauermädle", heiraten soll. Er solle fleißig arbeiten und beten, dann würde aus ihm noch „ein Mann in's Feld".[31] Mit einiger Wahrscheinlichkeit hat der polternde Johannes Bräker nicht die erst ein Jahr zurückliegende Schmach, seine soziale Degradierung durch Aufgabe des überschuldeten Bauernhofs, verwunden. Das Klassenziel hatte nur derjenige erreicht, der als Bauer einen eigenen Hof bewirtschaftete. Dieses Ziel konnte auch durch Einheiraten erreicht werden. Neigungen und andere Emotionen hatten sich aus dieser Perspektive der Priorität von Statuserwerb und -sicherung unterzuordnen. So scheint Ulrich Bräker gegenüber der Autorität des Vaters auch nie seine Gefühle für Anna Lüthold als Argument geltend gemacht zu haben. Dass er sich nicht um die Schimpfpredigten des Vaters schert, die vom alten Bräker lancierten Bekanntschaften mit anderen Frauen abbricht und insgeheim weiter sein Ännchen trifft, spricht erneut für seine Affinität zu ihr. Indes ist auch der junge Bräker nicht blind für ökonomische Aspekte. Zwar gab es in der Zeit des Ancien Régime im unweit gelegenen Kanton Bern viele Fälle, in denen

---

27 Vgl. dazu zuletzt Haldemann 2021, Kap. B 2.2.
28 Lebensgeschichte, S. 408.
29 Siehe Gotthelfs Erzählung *Wie fünf Mädchen im Branntwein jämmerlich umkommen. Eine merkwürdige Geschichte*, Bern 1838.
30 Lebensgeschichte, S. 409.
31 Ebd., S. 410.

heiratswillige Paare ihren Ehewunsch gegen elterliche Einsprüche vor einem Obergericht durchsetzten.[32] Diese Option scheint Bräker jedoch nie in Betracht gezogen zu haben. Eheanbahnung und Eheschließung sind hier in mehrerer Hinsicht mit Ehrvorstellungen verkoppelt. So erklärt er seiner drei Jahre älteren ‚Dirn' mehrdeutig:

> du weist wahrlich nicht, wie Weh's mir thut; aber du siehst wohl, mit Ehren könnten wir's so nicht mehr lang aushalten. Und ans Heurathen darf ich itzt nur nicht denken. Bin noch zu jung; du bist noch jünger [sic], und beyde haben keines Kreutzers werth. Unsre Eltern vermöchten uns nur nicht, ein Nestlin zu schaffen; wir gäben ein ausgemachtes Bettelvölklin.[33]

Animiert von einem, wie sich herausstellen wird, dubiosen Bekannten seines Vaters, entwickelt Bräker den Plan, das Tal mit seiner aussichtslosen Wirtschaftslage zu verlassen, durch Arbeit im Ausland zu Vermögen zu kommen und dann nach einigen Jahren „mit Ehr' und Gut beladen" heiratsfähig zurückzukehren.[34] Inwieweit dieser Plan mit seinem Ännchen definitiv abgesprochen ist, erwähnt Bräker nicht ausdrücklich, legt es aber nahe. Letztlich ist es der Versuch, die Faktoren Liebe, Ehre und Ökonomie im Hinblick auf eine langfristige Existenzsicherung zusammenzubringen.[35] Doch die Geschichte dieses Paars wird dann letztlich anders verlaufen. Nach dem Abschied aus Wattwil im September 1755 überlässt der väterliche Bekannte den 19jährigen in Schaffhausen gegen Geld einem preußischen Werbeoffizier. Bräker erlebt in der Folgezeit einige ‚Ebentheuer', landet als Rekrut bei der preußischen Armee in Berlin und desertiert schließlich ein Jahr später während der Schlacht bei Lobositz. Nachdem er sich nach Hause ins Toggenburg durchgeschlagen hat, erfährt er Ende Oktober 1756 schon auf der Brücke vor dem Ort von einem Bekannten, dass sein Ännchen inzwischen vergeben ist. Anna Lüthold hat am 23. März 1756 Ulrich Bräkers Cousin Michel Bräker, einen Bauern, geehelicht. Sieben Monate nach der Hochzeit ist sie bereits Mutter eines Kindes, was auch in protestantisch-reformierten Gebieten dem erlaubten Usus entsprach, sofern sich das Paar vor dem ersten Beischlaf die Ehe versprochen hatte.[36]

---

32 So der Befund der Dissertation von Haldemann 2021.
33 Lebensgeschichte, S. 418.
34 Ebd., S. 416.
35 Vgl. zum sogenannten Heiratsgutmechanismus bei der Übergabe von Höfen Breit 1991, S. 60 – 66; Schmidt 1995, S. 182; allgemein zur Bedeutung von Vermögen für familiäre Beziehungen in der Frühen Neuzeit Lanzinger 2020.
36 Lebensgeschichte, S. 469; zu den biografischen Angaben Bräker, Sämtliche Schriften Bd. 5, S. 918 und 950; vgl. Schmidt 1995, S. 177; Beck 1983, S. 122.

Laut Bräkers Bericht beruhte die emotionalisierte Interaktion des unverheirateten Paars, die sich in puncto Körpernähe steigernden Praktiken zwischen Uli und Ännchen, auf Gegenseitigkeit. Dabei war es – noch einmal – für ihn kein Spiel, für sie vielleicht schon eher.[37] Ihre Heirat des ein Jahr älteren Bauern Michel Bräker entsprach jedenfalls der Konvenienz, dem Regelwerk des Milieus, das mit der Eheschließung ganz unromantisch die Aussicht auf sicheres Auskommen und sozialen Aufstieg verband.

Vernunft und Ehefähigkeit

Uli Bräker ist tief enttäuscht, fängt sich aber schnell. Trotz seiner weiterhin prekären wirtschaftlichen Lage scheint der aus dem Ausland zurückgekehrte Soldat, der nun aufrecht geht, seine Frisur pflegt und die preußische Uniform, „mein ganzes Vermögen", im Tal spazieren führt, eine attraktive Erscheinung gewesen zu sein: „Mein Aeusseres hatte sich ziemlich verschönert."[38] Es folgt eine Phase wechselnder Bekanntschaften mit ledigen Frauen aus dem Toggenburg oder dem benachbarten Appenzell. All diese Beziehungen stehen für ihn unter dem doppelten Betreff der gegenseitigen Neigung und der Frage der Ehefähigkeit. Bräker erwähnt in dem langen Abschnitt ‚Meine Geständnisse' und an anderer Stelle nicht ohne Vergnügen – und übrigens ohne jegliche pietistische Selbstformung – ein Lisgen von K., die Tochter einer katholischen Witwe namens Marianchen, dazu noch Kätchen, Mariechen, Ursel sowie eine reiche Rosina. Ernst wird es mit einem „Mädchen", das ihm beim Verrichten seines Salpeterhandwerks, welches ihn von Hof zu Hof führt, und in der Kirche auffällt: Salome Ambühl. Sie ist ein knappes Jahr älter als er und wie gewünscht eine Bauerntochter.[39] Nach einer Phase des gegenseitigen Beobachtens lässt der 22jährige Ulrich relativ bald seine Heiratsabsichten erkennen, die für sie wohl nicht unerwartet kommen, jedoch offenbar keine Euphorie oder andere Emotionen entfachen.

Von Beginn an entwickelt sich die nüchterne Beziehung zu Salome Ambühl völlig anders und als Gegenmodell zur Ännchen-Liebe. Und diese Opposition ist auch so vom Autor gewollt. Die Umworbene stellt zwei Bedingungen für ihre Einwilligung zur Ehe: Bräker soll sein schmutziges Gewerbe als Salpeterer – das für die Herstellung von Schwarzpulver notwendige Salpeter wurde aus Urin-Ab-

---

37 Vgl. zu vorehelichen Beziehungen als ambivalentes Spiel der Geschlechter R. Habermas 1997.
38 Beide Zitate Lebensgeschichte, S. 519.
39 Ebd., S. 473; zu den biografischen Angaben von Salome Ambühl Bräker, Sämtliche Schriften, Bd. 5, S. 910.

lagerungen in Tierställen gewonnen – aufgeben und stattdessen einen Garn-handel betreiben. Quasi als Startkapital bietet sie ihm dafür Geld an. Bräker lässt sich zu dem Berufswechsel überreden. Salome Ambühls zweite Bedingung für ihr Ja-Wort wird in die Frage gekleidet: „Aber wo hausen und hofen?" Mit einer Wohnung zur Miete ist sie nicht zufrieden und lässt ihn unmissverständlich wissen: „,in meinem Leben nehm' ich keinen, der nicht sein eigen Haus hat'!"[40] Auch mit dieser Forderung findet sie bei Bräker Gehör. Beide Aspekte – sauberes Gewerbe und Hausbesitz – korrespondieren eng mit Status-Vorstellungen und symbolischem Ehrkapital im bäuerlichen Milieu. Deswegen überrascht es weder, dass die umworbene Braut sie geltend macht, noch dass der Bewerber, für den beides bis dahin unerreichbar war, darauf eingeht. Als sich Ulrich Bräker ent-schließt, ein Grundstück auf der Hochsteig nahe Wattwil zu kaufen, um dort ein eigenes Haus zu bauen, bietet sie dafür erneut finanzielle Hilfe an. Auch Bräkers Vater, der gegen diese Verbindung nichts einzuwenden hat, sagt seine Unter-stützung zu. Bräker gelingt es schließlich 1761 in einer Phase wirtschaftlicher Prosperität mittels seiner Einkünfte aus dem Garnhandel, durch Beistand von seiner und ihrer Familie, Nachbarn und allerdings auch der Aufnahme von Schulden, die er nicht mehr loswerden wird, ein Wohnhaus zu errichten. Im selben Jahr, beträchtliche vier Jahre nach dem Kennenlernen, erfolgt die Hochzeit.

Mit bemerkenswerter Offenheit bekennt der alternde Ulrich Bräker, „daß mich eigentlich bloß politische Absichten zu meiner Heurath bewogen haben; und ich nicht jene zärtliche Neigung zu ihr verspürt, die man Liebe zu nennen gewohnt ist." Salome Ambühl sei für ihn „weit die tauglichste" gewesen. Mit direktem Bezug auf zentrale Begriffe der Aufklärung ergänzt er: „meine Vernunft sieht es ein, daß mir keine nützlicher seyn konnte".[41] Für diese Frau sprechen – auch im Rückblick – Stand, Herkunft und Familie, was insgesamt auf die für die Gründung eines Haushalts notwendige ökonomische Sicherheit hoffen ließ. Den jungen Bräker beeindruckt auch die Bildung seiner Braut. Anders als im Fall von Anna Lüthold erfährt man wenig über ritualisierte Praktiken der Werbung, abgesehen davon, dass sich Uli und Salome an Tagen, an denen sie sich nicht sehen, Briefe schreiben. Da ihre Briefe an ihn in Versform formuliert sind, glaubt ,der lesende Bauer' Bräker „eine vortrefliche Dichterinn an ihr zu haben". Doch dann stellt sich heraus, dass seine „verschmitzte Dulcinee meisterlich zu betriegen wußte". Denn sie kann weder lesen noch schreiben und lässt ihre Briefe von einem „vertrauten Nachbar verrichten".[42] Zwischen beiden entwickelt sich von Anfang an eine

---

40 Beide Zitate Lebensgeschichte, S. 476.
41 Alle Zitate Lebensgeschichte, S. 480.
42 Alle Zitate ebd.

Abb. 2: Ulrich Bräker und Salome Ambühl; Bildquelle: Bernisches Historisches Museum, Bern.

Streitbeziehung, was er nicht zuletzt an ihrem Unverständnis für sein Interesse an Dichtung und Literatur auf Kosten von Erwerb und Arbeitszeit festmacht. Aus den beiden sollte kein ‚Bildungspaar' werden.

Die Gegenüberstellung von Liebe und Vernunft, der intensiven ‚Neigung' zu Ännchen und der ‚nützlichen' Ehe mit der strengen Salome, wirkt literarisch konstruiert. Entscheidend ist, dass Bräker und seine implizite Leserschaft diese Unterscheidung selbst vornehmen. Wäre der Gegensatz nur ein literarischer Topos, so hätte es der Autor dabei bewenden lassen können. Aber die Ännchen-Geschichte wiederholt sich während der sich anbahnenden Verbindung mit der späteren Ehefrau Salome noch einmal. Uli Bräkers Liaison mit einem Kätchen im appenzellischen Herisau – nicht zufällig außerhalb des Sichtfelds des heimischen Dorfauges gelegen – ist in ihrer spontanen Emotionalität erneut verblüffend. Sie begegnen sich zum ersten Mal zufällig auf der Straße nach Herisau und gehen laut Bräkers Bericht schon „bald Arm an Arm (...) unter Singen und Schäkern". Im Ort angekommen, will sie nicht von ihm nach Hause begleitet werden, um Ärger mit den Eltern zu vermeiden. Stattdessen verabreden sie sich in einem Wirtshaus, wo Bräker eine Stunde auf sie wartet. Um keinen Verdacht zu erregen, erscheint Kätchen, die sich nun als „ein Töchtergen aus einem guten Kaufmannshaus, und ungefehr sechszehn Jahr alt" herausstellt, mit einer kleinen Schwester auf dem Arm. Der Wirt stellt ein Zimmer zur Verfügung, wo das Paar nun einige Stunden allein in einer – gezielt formuliert – „süssen, zärtlichen, aber schuldlosen Vertraulichkeit" zubringt.[43] Uli ist so beeindruckt von der jungen Frau, dass er seinen Aufenthalt in Herisau um mehrere Tage verlängert, bis ihm das Geld ausgeht. Der Abschied ist tränenreich. Anschließend schreibt sie ihm einen Brief, den er nicht beantwortet und damit die Beziehung beendet. Warum, das weiß er zwar selbst in seinen ‚Geständnissen' nicht genau zu sagen. Bräker legt aber nahe, dass die Kaufmannstochter für den Bauernsohn in den Zwanzigern, der sich auf der Suche nach einer Heiratspartnerin befindet, erstens zu jung und zweitens sozial außer Reichweite scheint. Er kann sich nicht vorstellen, „daß ich jemals zu ihrem Besitz gelangen könnte".[44] Bei Ulrich Bräker gehen viele Geschichten nicht gut aus. Zwanzig Jahre später wird der verheiratete Ulrich noch einmal seinen „Herisauer-Schatz" besuchen, den er offensichtlich ebenso wenig wie Anna Lüthold vergessen kann. Kätchen ist mittlerweile Wirtin in Herisau geworden, jedoch „in sehr ärmlichen Umständen", mit einem „brutalen und dabey lüderlichen Mann" verheiratet, der bald darauf bankrottgeht. Sie ist Mutter von zehn Kindern. Die Wiederbegegnung der beiden Verheirateten geht „bis späth in die Nacht hinein" und endet nicht ohne den Austausch von Küssen.[45] Sie stirbt vier Jahre später im Alter von etwa vierzig Jahren. Bräker trauert.

Ein prekärer Ehealltag

Ulrich Bräker lässt sein Leben nicht ohne Intention Revue passieren, sondern mit deutlichen Bezügen auf den Tugend-Diskurs der Zeit, zum Zweck der moralischen Belehrung seiner Kinder und des Lesepublikums. Die Berichte über Ännchen und Kätchen einerseits, Salome andererseits beschreiben Typen der Werbung und Eheanbahnung wie auch Beziehungsmuster zwischen den Geschlechtern. Am Ende wird die Geschichte von der Suche nach dem rechten Weg in die gute Ehe jedoch für Bräker selbst nicht aufgehen. Anders gesagt, die erfahrbare Realität,

---

43 Alle Zitate ebd., S. 520 f.
44 Ebd., S. 521.
45 Alle Zitate ebd., S. 522; weitere biografische Angaben zu Kätchen (Cäthchen) von Herisau konnten bisher nicht ermittelt werden; s.: Bräker, Sämtliche Schriften, Bd. 5, S. 944.

deren Aufarbeitung sich Bräker verschrieb, erwies sich als komplexer als eine einfache Typenlehre. Nicht nur das ‚Hausen', das im 18. Jahrhundert das Ziel wirtschaftlicher Stabilität mit einer Moral des Haushaltens verband[46], sondern auch der Ehealltag blieb in Bräkers Leben prekär. Guten Gewissens kann er seine eigene, die real existierende Ehe mit Salome Ambühl dem Publikum nicht als vorbildlich verkaufen. Deswegen unternimmt er – obwohl er auf gewisse Vorzüge ihrer Persönlichkeit hinweist – diesen Versuch gar nicht erst. Direkt und indirekt werden bei der Schilderung seiner Ehe Kriterien für eine ideale Ehe formuliert. Bräker gesteht, dass wenn er die strikten Grundsätze seiner Frau befolgt hätte, er wohl „nie in dieß Labyrinth" der Schulden „gerathen wäre".[47] Aber früh muss er feststellen, dass „unsre Seelen eben nicht gleichgestimmt waren".[48] Stattdessen ist die Ehe von Anfang bis Ende von Streiterei geprägt, wobei sie ihn tadelt, kritisiert, bloßstellt und zu dominieren versucht, auch „wenn ich ihr hundertmal sage, das Lautschreyen nütze nichts".[49] Als Kontrast zur Misere der eigenen Ehe wird die Ehe eines Freundes erwähnt, die auf Einvernehmen und gegenseitigem Verständnis basiere und in der Meinungsverschiedenheiten auf „eine liebevolle Art" geklärt würden.[50] Die Ehe Ulrich Bräkers mit Salome Ambühl gründet definitiv weder auf Gefährtschaft noch auf gegenseitiger Neigung, wie er es sich wünscht und seiner Leserschaft empfiehlt. Dabei betont er durchaus eine Bindung mit seiner Ehefrau und die Ehe bringt nicht weniger als sieben Kinder hervor. Die geschäftstüchtige Salome übernimmt phasenweise den Garnhandel von ihm. Zusammen bilden sie ein ‚Arbeitspaar', wie es für Eheleute in der Frühen Neuzeit charakteristisch ist.[51] Leider ist ihre Sicht der Dinge nicht überliefert, wir sind also allein auf sein Urteil angewiesen. Die veröffentlichte Darstellung des krisenhaften Ehealltags wird Salome Ambühl sicher nicht gern gelesen bzw. davon vernommen haben.

Sprachlich wie faktisch ist die auf ‚Tauglichkeit' und ‚Nützlichkeit' ausgerichtete Allianz dieser Eheleute in wesentlichen Aspekten mit dem Haus verknüpft. Die umworbene Bauerntochter macht wie gesehen das ‚Hausen und Hofen' in eigenen vier Wänden zur Bedingung für ihr Ja-Wort. Erst als das Haus

---

46 Sabean 1990, S. 102–07; Beck 1992, v. a. S. 150–56; vgl. allgemein zum Haushalten Schläppi 2017.
47 Lebensgeschichte, S. 524.
48 Ebd., S. 474; zum Folgenden v. a. S. 524–28.
49 Ebd., S. 528.
50 Ebd., S. 525. Sowohl dieses Beispiel als auch Bräkers Vorstellungen von einer guten Ehe machen es fraglich, von der „ehelichen Lieblosigkeit" als Normalfall in der Frühen Neuzeit auszugehen, so aber Shorter 1983, S. 78; vgl. dagegen H. Wunder 1992, S. 262–66.
51 H. Wunder 1992, S. 266.

steht, erfolgt die Hochzeit. Seine Braut bezeichnet Bräker als „junge Hausehre",
seine Ehefrau als die andere „Haushälfte".[52] 1792 errichtet Bräker für seinen Sohn
Johannes und dessen Frau einen Anbau am Haus auf der Hochsteig.

Abb. 3: Heinrich Thomann: Bräkers Haus mit Anbau, Hochsteig bei Wattwil; Bildquelle:
Toggenburger Museum, Lichtensteig.

Die Investition lässt zwar den Schuldenpegel steigen, die Stube des Anbaus bei
der vertrauten Schwiegertochter ist dem schreibenden „Freygeist", der auch im
Dorf zunehmend isoliert wirkt, aber von nun an „ein Zufluchtsort" vor seiner
Ehefrau „bey xantipischen Winterstürmen"![53] Dennoch scheint ihm der Ehealltag
im Alter unerträglich geworden zu sein. Zwar eröffneten das revolutionäre Recht
in Frankreich und das Allgemeine Landrecht in Preußen von 1794 den Untertanen
erstmals die Möglichkeit der Scheidung von zerrütteten Ehen, aber die soziale
Umsetzung dieses Prinzips, das mit einer umstürzenden Säkularisierung der
Ehevorstellung einherging, brauchte Zeit.[54] In der Helvetischen Republik wurde
kein entsprechendes Scheidungsrecht eingeführt. Die kirchlichen Ehegerichte der
Frühen Neuzeit gestatteten die – formalrechtlich nicht mit der Scheidung zu
verwechselnde – ‚Trennung von Tisch und Bett' nur im Fall schwerer Vergehen
oder ausufernder häuslicher Gewalt. Stattdessen hatten Pfarrer und kirchliche
Gerichte den Auftrag, streitende Eheleute miteinander zu versöhnen und so die

---

52 Lebensgeschichte, S. 476, 524; vgl. zur Frau, die die Ehre des Hauses verkörpert, H. Wunder
1992, S. 267.
53 Lebensgeschichte, S. 523 (erstes Zitat); Bräker, Tagebücher, Eintrag „Relation u. Beschluß des
J.1792", Bd. 3, S. 390 (zweites und drittes Zitat); vgl. Böning 1998, S. 187f.
54 Blasius 1987, S. 27–30.

Institution der Ehe als Sakrament bzw. quasi-heiligen Stand zu schützen.[55] Am 22. März 1798 verließ Bräker Haus und Hof, erklärte den Konkurs und fand Unterkunft bei Freunden und Gönnern in St. Gallen und Zürich, ehe er krank und mittellos wenige Monate vor seinem Tod doch wieder zu seiner Familie und der wenig erfreuten Frau zurückkehrte.[56]

In der Familiengeschichte gilt die Zeit um 1800 mit dem strukturellen Wandel von der Stände- zur bürgerlichen Gesellschaft als Epoche der Transformation, die die moderne Familie erst hervorbringt. Die Geschichte der Werbung, Eheanbahnung und Eheführung des Bauernsohns Ulrich Bräker aus Wattwil im Toggenburg während des Ancien Régime wirkt jedoch in einigen Aspekten erstaunlich modern. Er kennt offensichtlich die Liebe, definiert man sie nun als Emotion, als symbolischen Code oder als intime Form der Kommunikation ‚im Kämmerlein'. Mit dem Eintritt ins heiratsfähige Alter kommt es zu wechselnden Bekanntschaften, die unter den ambivalenten Auspizien der emotionalen Anziehung und der Konvenienz im Hinblick auf eine mögliche Ehe stehen. Dabei scheint es auch so etwas wie Attraktivität auf den ersten Blick gegeben zu haben, die jedoch nicht zufällig ist, sondern sich auf den Habitus – den sozialen Auftritt des Gegenübers – bezieht. Auch die Beziehung mit der späteren Ehefrau beginnt damit, dass dem unsicheren Bräker ihr strenges „Amazonengesicht" auffällt.[57] Liebe ist keine Erfindung der intellektuellen Elite oder des aufstrebenden Bürgertums.[58] Bräkers Entscheidung für die Heiratspartnerin Salome Ambühl ist jedoch wesentlich von typischen Vernunft-Gründen des bäuerlichen Milieus bestimmt. Hier liegt ein Unterschied zur Liebesehe, wie sie in der Belletristik um 1800, vor allem in der Romantik, propagiert wurde, um zum neuen Fixstern am bürgerlichen Firmament aufzusteigen. In den irdischen Niederungen bürgerlicher Lebenswelt scheint es jedoch bei der Partnerfindung ganz ähnliche Probleme und Abwägungen in puncto Liebe und Status gegeben zu haben wie im ruralen Toggenburg.[59] In einem auffälligen Kontrast zum patriarchalischen Kontext steht das dominante Auftreten der beiden wichtigsten Frauen in Bräkers Leben. Bei der vorehelichen Be-

---

55 Vgl. näher dazu Beck 1992; Eibach 2007; zu Bern Schmidt 1995, S. 251–53.

56 Bräker, Tagebücher, Eintrag „Auswanderung", 22.3.1798, Bd. 3, S. 728–30; vgl. Böning 1998, S. 213f.

57 Lebensgeschichte, S. 473.

58 Vgl. neben der bereits erwähnten Literatur die viel diskutierte ältere These Edward Shorters zur ‚Sexuellen Revolution' ab Ende des 18. Jahrhunderts: „Die große Woge des Gefühls ergreift zuerst die Städte und den Mittelstand und erst später die Landbevölkerung und die untere Schicht." (Shorter 1983, 79); demgegenüber zum aktuellen Forschungsstand Guzzi-Heeb 2021, Kap. 9: Bilan: les nouveautés du XVIIIe siècle; vgl. ders. 2020.

59 R. Habermas 1997; Trepp 1996c und 2000; vgl. das Kapitel über Ferdinand und Caroline Beneke in diesem Buch.

ziehung des schüchternen Uli mit Ännchen liegt die Initiative voll und ganz bei Anna Lüthold. Die Agenda für den Eintritt in die Ehe wird dann von Salome Ambühl bestimmt. Fatalerweise erreicht der Bauernsohn Ulrich Bräker letztlich nicht sein Ziel, Existenzsicherung und vertraute Zuneigung als Gefährtenschaft im häuslichen Alltag miteinander zu verbinden.

4 Patriziat und frommer Alltag auf der Landvogtei: Henriette Stettler-Herport

Bern (1771–1789)

Die zweite Studie behandelt eine Familie aus der politisch-sozialen Elite der Stadtrepublik Bern am Ende des Ancien Régime. Henriette Herport, am 7. April 1738 als Tochter eines Mitglieds des Großen Rats von Bern geboren, war wie ihr Mann, der sieben Jahr ältere Rudolf Stettler, und ihre gemeinsamen acht Kinder durch Herkunft sowie Patenschaften im bernischen Patriziat vernetzt. An der Geschichte ihrer Eltern ist bemerkenswert, dass deren Ehe 1737 erst nach einer von der Mutter Margaritha Im Hoof angestrengten Vaterschaftsklage gegen den heiratsunwilligen Schwängerer und späteren Vater Henriettes Johann Anton Herport zustande gekommen war.[1] Prägende Jahre ihrer Kindheit verbrachte Henriette im französischsprachigen Morges, wo ihr Vater Landvogt war und seine achtjährige Tochter zum Zweck der Erziehung durch Selbstkontrolle bereits zur regelmäßigen Führung eines Tagebuchs anhielt. Als verheiratete 33jährige Frau sollte die mittlerweile mit dem Landvogt Rudolf Stettler verheiratete Henriette dann 1771 das Schreiben eines Tagebuchs wiederaufgreifen und so ein ausführliches Zeugnis über ihren Alltag und ihre Sorgen anfertigen.[2] Vielleicht spielte dabei der Umstand eine Rolle, dass sie im gleichen Jahr mit ihrem Mann und ihren Kindern ins Amtshaus der bernischen Landvogtei Frienisberg zog und sich an den Usus ihrer Kindheit in einer solchen ‚bailliage' erinnerte. Die Stellung als Landvogt war mit sehr guten Einkünften verbunden und das Karriereziel vieler Sprösslinge aus dem bernischen Patriziat.[3] Das etwa 15 km nordwestlich von Bern gelegene Frienisberg gehörte zu den Landvogteien mit hohen Einnahmen, und Rudolf Stettler sollte auch nach Ende seiner sechsjährigen Amtszeit dort weiter Karriere machen. 1786 wurde er Mitglied des Kleinen Rats, 1792 Gesandter Berns bei der eidgenössischen Versammlung der Tagsatzung.

Henriette Stettler-Herport schrieb ihr Tagebuch zu einer Zeit, als das gebildete Europa die Eidgenossenschaft als Hort der Freiheit und natürlicher Lebensweise idyllisierte. Die Schweiz war jedoch in der zweiten Hälfte des 18. Jahrhunderts

---

1 Die beste Einführung zu Henriette Stettler-Herport bietet Schnegg 2004, hier S. 107 f.
2 Henriette Stettler-Herport, *Journal de mes actions*, Burgerbibliothek Bern, FA Stettler 12 (1–5); künftig annotiert: ‚Journal', Bandangabe, Datum des Eintrags; vgl. zu Stettler Christoph Zürcher, Art. Rudolf Stettler, in: Historisches Lexikon der Schweiz: hls-dhs-dss.ch/de/articles/007212/ 2016–09–28/ (30.10.2021).
3 Dubler 2008, S. 449.

https://doi.org/10.1515/9783110749496-004

keineswegs in jeder Hinsicht das ganz Andere in der Mitte Europas.[4] Sowohl der herrschaftliche Kontext als auch die Führung eines regelmäßigen Journals weisen verallgemeinerbare Aspekte und Verbindungslinien über die Grenzen der Eidgenossenschaft hinaus auf. Die Schweiz des Ancien Régime war zwar ein Land ohne Fürsten und ohne einen mächtigen landsässigen Adel, aber keineswegs ein Land ohne Obrigkeit. Rudolf Stettler repräsentierte als Landvogt die Herrschaft der städtischen Elite über ländliche Untertanen in der größten Stadtrepublik nördlich der Alpen. In puncto Kultur und Lebensstil orientierte sich das bernische Patriziat im 18. Jahrhundert am französischen Adel. In der Ära der Aufklärung war die Schweiz ein wichtiger Standort der europäischen ‚République des Lettres‘. Zudem hatten auch die in England und Deutschland seit dem ausgehenden 17. Jahrhundert so einflussreichen Frömmigkeits- und Erweckungsbewegungen große Auswirkungen und eine zahlreiche Anhängerschaft in der Schweiz.[5] Im Hinblick auf die Genese des neuen Bürgertums ist klar, dass dieses nicht um 1800 aus dem sozialen Nichts auftauchte, sondern Vorläufer und Wurzeln im alten Stadtbürgertum hatte. Hier sind die soziokulturellen Anknüpfungspunkte des Bürgertums in den Schweizer Städten auffällig.[6] Man kann davon ausgehen, dass auch die neuen Ideen in puncto Ehe und Familie im gebildeten Milieu der ratsnahen Elite Berns rezipiert wurden.

Das von Henriette Stettler-Herport von 1771 bis Ende 1789 geführte *Journal de mes actions* gewährt Einblick in zwei verschiedene Haushalte: bis 1777 die ländlich-herrschaftliche Lebenswelt auf dem Amtssitz einer Vogtei im Schweizer Mittelland, für die Jahre nach dem Umzug der Familie nach Bern, Ende 1777, der familiäre Alltag im Kontext der Geselligkeitskultur am Hauptort der Stadtrepublik. Hinzu kommt noch, dass die Stettler-Herports wie viele patrizische Familien Berns und wohlhabende Bürgerfamilien in deutschen Städten neben dem Hauptwohnsitz in der Stadt einen Landsitz besaßen: ein Haus in Kirchberg bei Burgdorf, 24 Kilometer nordöstlich von Bern, der von der Familie im Sommer regelmäßig aufgesucht wurde. Als Quelle für die Geschichte von Familie und Häuslichkeit hat Henriette Stettler-Herports Tagebuch bislang keine Beachtung gefunden.

---

4 Vgl. allgemein Holenstein 2014.
5 Zur Aufklärung in der Schweiz Zurbuchen 2003; zum Pietismus in Basel Hebeisen 2005 und Th. Kuhn 2021; zu Bern Dellsperger 1984.
6 Vgl. Gall 1991 und 1993a; Maurer 1996; zum Bürgertum in der Schweiz Tanner 1995; Sarasin 1997.

Pietistisches Seelenprotokoll und Formung des Selbst

Die Tatsache, dass eine Frau im 18. Jahrhundert ein Journal führt, ist für Kennerinnen der Geschichte von Frömmigkeitsbewegungen nicht überraschend. Motivation und Duktus des Tagebuchs Henriette Stettler-Herports fügen sich passgenau in die Forderungen nach religiöser Introspektion ein, wie sie von weiblichen Selbstzeugnissen auch aus der pietistischen Ehrbarkeit Württembergs bekannt sind.[7] Seit Ende des 17. Jahrhunderts waren Stadt und Landschaft Berns ein Zentrum des frühen Pietismus in der Schweiz. Neben der erwähnten kindlichen Prägung durch die Erziehungsmethode ihres Vaters und dem Umzug aufs Land war für die Berner Patrizierin wahrscheinlich die Kenntnis des von Johann Caspar Lavater just 1771 bei einem Leipziger Verlag publizierten *Geheimen Tagebuchs* der Anlass, das über viele Jahre unterbrochene Tagebuch wieder aufzugreifen. Sie selbst erwähnt die Lektüre eines auf Deutsch geschriebenen Tagebuchs, in dem der Autor die moralische Prüfung seines Verhaltens anstrebt, als Anregung, ohne allerdings den Zürcher Theologen Lavater, der sie und ihren Mann im April 1777 in Frienisberg besuchen sollte, explizit zu erwähnen.[8] Ziel und Zweck von Henriette Stettler-Herports Tagebuch sind eindeutig: Sie will durch eine systematische Protokollierung ihrer Sünden, Verfehlungen und Probleme in einer fortgeführten schriftlichen Beichte vor Gott zu einer Spiritualisierung ihres häuslichen Alltags und zu einer christlich-moralischen Perfektionierung ihrer Persönlichkeit gelangen. Beides – Alltag und persönliche Haltung – werden von ihr immer wieder als defizitär und korrekturbedürftig geschildert. Der Inhalt ihres Diariums ist insofern kein Beleg für die These, viele Frauen hätten durch den Pietismus „neben der inneren auch ein Stück äußerer Befreiung" erlebt.[9] Wie Brigitte Schnegg betont, lässt sich dieses Tagebuch sehr gut als „Technik des Selbst" im Sinne von Foucault verstehen.[10] Dies bedeutet jedoch nicht, dass die Tagebucheinträge ausschließlich Versuche einer permanenten Selbst-Konditionierung wiedergeben. So wird zwar in einer Art Vorrede eingangs des Jahres 1772 anhand von 16 ausformulierten „Régles Générales" eine Leitschnur für das tägliche Leben formuliert, wobei spirituelle Erbauung, geistliche Lektüre und Frömmigkeit im Hinblick auf Ehe, Familie, Haushalten und Erziehung der Kinder

---

7 Gleixner 2005, S. 119 ff.; zum Folgenden Dellsperger 1984; ders. 1995; vgl. auch Mettele 2009, S. 195 ff.
8 Journal, Bd. 2, 15.12.1771; zum Besuch Lavaters Bd. 4, 11.4.1777; vgl. dazu Schnegg 2004, S. 115.
9 So Dellsperger 1995, S. 609.
10 Schnegg 2004, Titel.

im Zentrum stehen.[11] Von diesem idealen Tagesablauf gibt es aber realiter immer wieder Abweichungen, die das schreibende religiöse Ich peinigen, moderner gesagt: tief deprimieren. In einem nach dem Umzug in die Stadt Bern verfassten Bericht über „meine gewöhnliche Lebens Art" macht die Autorin nicht mehr den Versuch, ihren Alltag in ein starres Zeitgerüst der Frömmigkeitsdisziplin zu zwängen. Stattdessen notiert sie nun nüchtern und lebensnah die täglichen Abläufe und ihre Wünsche für eine bessere Ordnung „im Hauswesen".[12]

Henriette Stettler-Herports fünfbändiges Tagebuch bietet der Familienforschung ein Fenster in einen durch eng gestrickte Normen und Routinen wie auch Störungen und Dissonanzen bestimmten häuslichen Alltag. Bis Anfang 1773 schreibt sie durchgängig auf Französisch. Während der folgenden Jahre changieren die Einträge zwischen Französisch und Deutsch, ehe die Autorin schließlich ganz auf die deutsche Sprache umstellt. Ereignisse der äußeren Welt wie – im Rückblick – das Erdbeben von Lissabon oder ein Besuch Kaiser Josephs II. in Bern werden nur selten erwähnt.[13] Vielmehr kreisen die Einträge ganz um das Selbst, das Subjekt, und seine Beziehungen zu Gott sowie einen Mikrokosmos, der aus Ehemann und Kindern, Bediensteten und Besuchern, Verwandten und Freundinnen besteht. Basis der folgenden Ausführungen sind vor allem die Bände drei bis fünf ab der Wiederaufnahme der regelmäßigen Einträge an Neujahr 1772. Bis Anfang Oktober 1772 schreibt die Berner Landvogtsgattin fast täglich in ihr Journal. Dann beschließt sie, sich künftig kürzer zu fassen und Nebensächliches wegzulassen, da sie ihre Einträge sonst nie wieder lesen werde, was sie dann letztlich auch nicht weiterbringe bei ihrem Ziel, „auf dem Weg der Tugend voranzukommen".[14] In den Folgejahren ist vor allem der Sonntag der Tag für die Bestandsaufnahme im Tagebuch. Während Krisenzeiten können die Einträge häufiger und länger werden. Insgesamt wird die Buchführung aber unregelmäßiger. Für ihre Schreibunlust macht die Autorin neben einem eintönigen Alltag auch gesundheitliche Probleme sowie „trägheit, und muthloosigkeit" geltend.[15]

---

11 Journal, Bd. 3, 1772, Régles Générales pour l'emplois que je propose de faire, de mon tems tout les jours.

12 Journal, Bd. 5, 18.1.1778; laut Gleixner 2005, S. 130, dient das Tagebuch als „Zwiegespräch mit Gott" im Pietismus auch „dem Abgleich von religiösem Anspruch und eingelöster Wirklichkeit, was nicht selten zum Ausdruck religiöser Verzweiflung führt."

13 Journal, Bd. 2, 28.12.1771; Bd. 4, 17.7.1777.

14 Journal, Bd. 3, 1.10.1772: „m'avancér dans le chemin de la vertu". Im Folgenden werden die französischen Zitate aus dem Text des Journals in der Regel ins Deutsche übersetzt, in der Fußnote aber in der Originalsprache eingefügt.

15 Journal, Bd. 5, 1.8.1779.

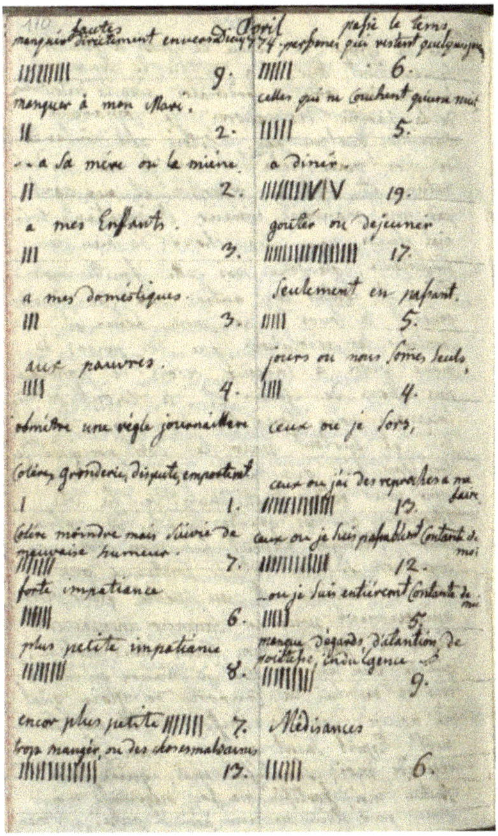

Abb. 4: Henriette Stettler-Herports Strichliste der Verfehlungen, Zeitvertreib und Gemütszustand, April 1774; Bildquelle: Journal de mes actions, Burgerbibliothek Bern, FA Stettler 12.4.

Nichts deutet darauf hin, dass sie aus ihrem Seelenprotokoll im Kreis der Familie oder in pietistischen Versammlungen vorgelesen hat.

Es ist eine bemerkenswerte Analogie zwischen Makro- und Mikrowelt, Landeskunde und Seeleninspektion, dass auf beiden Ebenen im späten 18. Jahrhundert Verfahren des Zählens und der tabellarischen Erfassung Usus wurden. Dies legt jedenfalls das vorliegende Tagebuch nahe. Denn Anfang 1772 beginnt Stettler-Herport, neben ihren ausformulierten Einträgen zunächst monatlich, dann halbjährlich Strichlisten zu führen: über ihre Sünden, Verfehlungen und

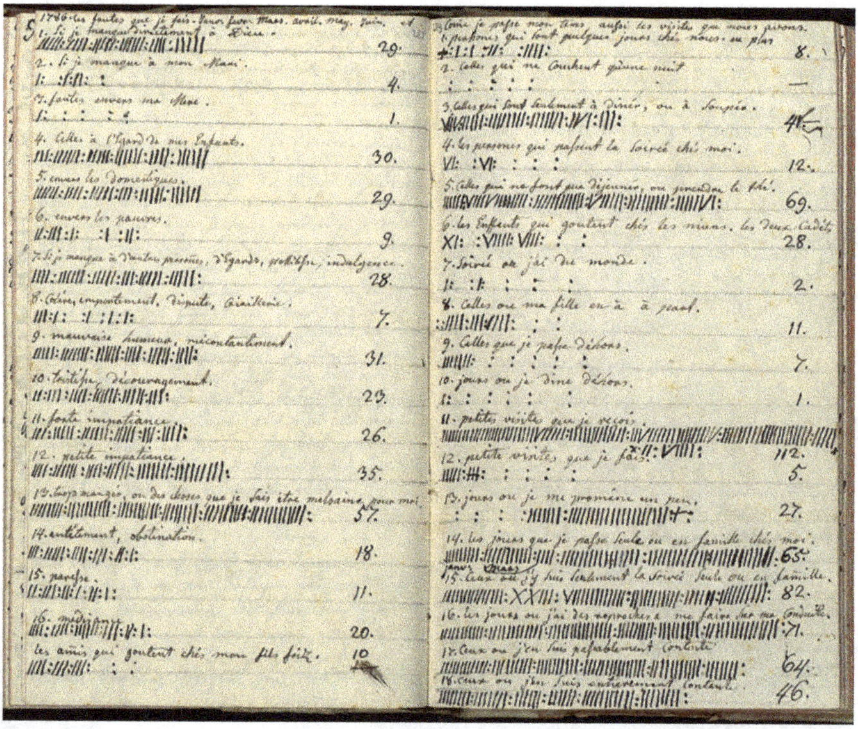

Abb. 5: Henriette Stettler-Herports Strichliste der Verfehlungen, Zeitvertreib und Gemützustand, Januar-Juni 1786; Bildquelle: Journal de mes actions, Burgerbibliothek Bern, FA Stettler 12.5.

schlechten Angewohnheiten, aber ebenso über Visiten und Hausbesuche.[16] Beides – individuelle Sünden wie bestimmte Besuchspraktiken – stehen offenbar ihrem frommen Selbstbild, anders gesagt: der Subjektformung, im Weg. Über den Zweck einer „tabellarischen Sündenbuchhaltung"[17] hinaus beinhaltet das Journal eine imposante Dokumentation der Besuchspraktiken, zuerst auf der Landvogtei in Frienisberg, ab 1778 dann im Stettlerschen Haus im Zentrum Berns sowie auf dem Landsitz bei Burgdorf.

---

16 Die erste Strichliste findet sich in Bd. 3 nach den Régles Générales vor dem Eintrag vom 1.1. 1772.

17 So treffend Schnegg 2004, S. 118; vgl. zum pietistischen Akzent auf Subjektivität auch Mettele 2009, S. 205.

Die Rubriken der Strichlisten Henriette Stettler-Herports lassen sich folgendermaßen zusammenfassen:
1. Verfehlungen gegen Gott
2. Verfehlungen gegen die Mitmenschen (vs. Ehemann, Mutter und Schwiegermutter, Kinder, Bedienstete und arme Leute)
3. Nichteinhaltung von Regeln der Lebensführung (v. a. zu viel oder ungesundes
   Essen)
4. Mangelhafte Kontrolle über Emotionen („Colére' und ‚impatiance') und
   Missachtung von Umgangsformen
5. Gemütszustand (zufriedene Tage vs. Tage mit Selbstvorwürfen / schlechter
   Stimmung)
6. Besuchspraktiken (über mehrere Tage, mit Übernachtung, zum Essen oder
   Diner, kleine Visiten etc.)
7. Eigenes Geselligkeitsverhalten (Visiten und Soireen, Spaziergänge, Tage oder
   Abende zuhause allein bzw. ‚en famille' etc.)

Tab. 1: Protokoll der Verfehlungen, Besuche und des Gemütszustands, Bern, erstes Halbjahr 1786

Meine Verfehlungen		Wie ich meine Zeit verbringe und auch die Besuche bei uns	
1. Meine Verstöße direkt gegen Gott	29	1. Personen, die mehrere Tage oder länger bei uns sind	8
2. Meine Verstöße gegen meinen Mann	4	2. Diejenigen, die nur eine Nacht übernachten	0
3. Verfehlungen gegenüber meiner Mutter	1	3. Diejenigen, die nur zum Essen oder Abendessen da sind	41
4. Diejenigen hinsichtlich meiner Kinder	30	4. Personen, die den Abend bei mir verbringen	12
5. Gegen die Bediensteten	29	5. Diejenigen, die nur zum Mittagessen oder Tee erscheinen	69
6. Gegen die Armen	9	6. Kinder, die bei meinen beiden jüngeren vespern	28
7. Meine Verstöße gegen andere Personen bzgl. Rücksicht, Höflichkeit, Nachsicht	28	7. Abende, an denen ich Gäste habe	2
8. Wut, Zorn, Zank, Gezeter	7	8. Diejenigen, an denen meine Tochter [Gäste] hat [oder] ausgeht	11
9. Übellaunigkeit, Verdruss	31	9. Diejenigen, die ich außerhalb zubringe	7

Tab. 1: Protokoll der Verfehlungen, Besuche und des Gemütszustands, Bern, erstes Halbjahr 1786 *(Fortsetzung)*

Meine Verfehlungen		Wie ich meine Zeit verbringe und auch die Besuche bei uns	
10. Betrübtheit, Mutlosigkeit	23	10. Tage, an denen ich außerhalb zu Abend esse	1
11. Starke Ungeduld	26	11. Kleine Besuche bei mir	112
12. Leichte Ungeduld	35	12. Kleine Besuche, die ich mache	5
13. Zuviel gegessen oder Sachen, von denen ich weiß, dass sie ungesund für mich sind	57	13. Tage, an denen ich ein bisschen spazieren gehe	27
14. Eigensinn, Dickköpfigkeit	18	14. Tage, die ich allein oder in der Familie bei uns verbringe	65
15. Faulheit	11	15. Diejenigen, an denen ich nur abends allein oder in der Familie bin	82
16. Üble Nachrede	20	16. Tage, an denen ich mir Vorwürfe über mein Verhalten mache	71
[17.] Freunde, die bei meinem Sohn Fritz vespern	10	17. Diejenigen, an denen ich ziemlich zufrieden bin	64
		18. Diejenigen, an denen ich ganz zufrieden bin	46

Auf einzelne Aspekte dieser Buchführung ist noch genauer einzugehen. Im Verlauf der Jahre werden die Rubriken zahlreicher und differenzierter. Frappierend ist nicht zuletzt das Nebeneinander der Auflistung individueller Verhaltensfehler und emotionaler Probleme auf der einen Seite sowie der häuslichen Besuchspraktiken auf der anderen Seite. Der Zeitaufwand durch Besuche wird von Henriette Stettler-Herport als großes Problem wahrgenommen. Denn je mehr Besucher kommen, desto weniger Zeit hat sie für erbauliche Lektüre, Erziehung der Kinder und die angestrebte Spiritualisierung des häuslichen Alltags. Folgerichtig geht es aus ihrer Sicht ohne Hiatus darum: „Wie ich meine Zeit verbringe und die Gäste bei uns".[18] Oft kamen die Besucher wohl unangemeldet und brachten damit ihre zeitlich eng ge-

---

[18] Journal, Bd. 5, Überschrift der Tabelle für das zweite Halbjahr 1786, rechte Seite: „Comme je passe mon tems et le monde que nous avons".

taktete Tagesplanung durcheinander. Solch eine fromme Zeitökonomie spielte in vielen pietistischen Diarien eine große Rolle.[19]

Die Bedeutung des Pietismus und anderer christlicher Reformbewegungen im 18. Jahrhundert für die Geschichte von Haus und Familie ist längst bekannt.[20] Stabile Grundlagen wurden bereits mit der Reformation gelegt. Für Martin Luther wie für Heinrich Bullinger war das Haus eine Kirche im Kleinen, der „Ort idealer und realer Frömmigkeit", von dem aus das reformatorische Projekt der Verchristlichung der Gesellschaft gelingen sollte.[21] Die Lehre von „rechter Christenlicher hußhaltung" fand in der Folgezeit in Predigten und Traktaten Verbreitung. Der Pietismus des 18. Jahrhunderts konnte also nahtlos an Vorstellungen der Reformatoren anknüpfen, die aber aus Sicht von Philipp Jacob Spener und anderen Pietisten eben in der Lebenswelt noch nicht verwirklicht waren. Wie der Alltag der ‚frommen Familie' in praxi aussah, darüber gibt es noch viele offene Fragen. Familiengeschichte auf der Basis von Tagebüchern ist immer auch Subjektgeschichte. Auch bei Berücksichtigung des Bekenntniszwangs in Selbstzeugnissen aus Frömmigkeitsbewegungen lohnt sich deshalb ein Blick auf das sich beim Schreiben konstituierende Subjekt der Henriette Stettler-Herport.[22]

In einigen Aspekten entpuppen sich die Selbstreflexionen der Berner Pietistin trotz ihres prioritären Ziels, eines nicht allzu fernen Tages mit Überzeugung sagen zu können, „ich sey ein wahrer Christ"[23], als bemerkenswert modern. Bei fortschreitender Lektüre des Tagebuchs zeigt sich dem Leser eine Akteurin mit ausgeprägt hybrider Subjektivität.[24] Denn Henriette Stettler-Herport ist nicht nur eine fromme Christin, sondern auch die Ehefrau eines Ratsherren und Amtsträgers sowie eine verwandtschaftlich und gesellschaftlich eingebundene Patrizierin. Ihr Diskurs greift an wichtigen Stellen auf zentrale Begriffe der Aufklärung wie ‚Moral', ‚Tugend' oder ‚Besserung' zurück. Zudem weisen einige ihrer häuslichfamiliären Ideale voraus auf Vorstellungen von der Familie in der neuen bürgerlichen Gesellschaft. Ihr zentrales Problem scheint zu sein, die verschiedenen kulturellen Identitäten unter einen Hut zu bringen. Sie selbst kommentiert nach der Erwähnung vieler demnächst anstehender lästiger Besuche niedergeschlagen: „o wäre ich doch nicht ein so sehr verkehrtes geschöpf! – ich bin von lauter

---

19 Gleixner 2005, S. 127.

20 Siehe zusammenfassend Gestrich u. a. 2003, S. 371 ff.

21 Th. Kuhn 2015, S. 726; zum folgenden Zitat ebd., S. 730; vgl. auch Gestrich 2004, S. 507.

22 Gleixner 2005, S. 394, bemerkt: „Der pietistische Subjektentwurf basiert wesentlich auf der Praxis des Schreibens und der Selbstdeutung in verschiedenen pietistisch geformten Genres."; s. auch ebd., S. 251, 267.

23 Journal, Bd. 5, 10.1.1779.

24 Vgl. zum Ansatz wie bereits erwähnt Reckwitz 2020; daran anknüpfend Böth 2018.

wiedersprüchen zusammen gesezt, unnbeschreiblich, und unnerforschlich wunderlich, ach hoffe immer auf beßerung".[25] Äußerungen dieser Art werden situationsbezogen und sprachlich variiert. Sie wirken deshalb nicht wie ein vorgegebenes, herunter geleiertes Skript.

Das nicht zur Veröffentlichung bestimmte Journal dokumentiert die Auseinandersetzung des schreibenden Ich mit einer ihm in mancher Hinsicht unerträglichen Welt. Auf der einen Seite ist da ein Wunsch nach Rückzug, Stille und Häuslichkeit. Auf der anderen Seite „mues ich viele leüte sehen, offt ausgehen, sonst sagte mann ich seye wunderlich, unfreündlich, melancolisch und was weis ich was noch mehr."[26] Nach den Jahren auf der abgelegenen Landvogtei empfindet die Patrizierin die Rückkehr in das gesellige Leben ihrer Heimatstadt nicht etwa als Befreiung, sondern als Zumutung. Die geselligen Freuden der Welt bringen sie in innere Konflikte. Indes hat ihr unmittelbares familiäres Umfeld weniger Probleme mit diesen Vergnügungen. Nach dem Besuch eines Balls in einem Berner Hotel mit ihrer Mutter notiert sie: „Dieser Tanzplatz ist schön, Pracht und Eitelkeit haben da ihren Sitz; ich werde nicht offt dahin gehen, ich finde für mich keine Freude an Pracht und Eitelkeit".[27]

Das schreibende Ich befindet sich ständig auf der Meta-Ebene der Selbstbeobachtung, nimmt dabei aber auch noch diesen Hang zur Selbstreflexion als Problem wahr: „in dem ich mir viele sachen als sehr beschwärlich, verdrießlich und traurig vorstele, mich darüber aengstige, und bekümere, die im Grunde nur Kleinigkeiten sind und nicht das geringste nachdenken verdienen."[28] Dazu werden konkrete Angaben über soziale, gesundheitliche und – in moderner Wissenschaftssprache – psychische Probleme gemacht. Das Porträt in Band 1 des Tagebuchs zeigt eine schmale, zierliche Person. Doch diese Frau managt jeden Tag einen großen herrschaftlichen Haushalt. Henriette Stettler-Herport bringt zwischen ihrem 19. und ihrem 39. Lebensjahr acht Kinder zur Welt, von denen drei das Kleinkindalter nicht überleben. Sie leidet immer wieder an Kopf- und Magenschmerzen und hat Schlafprobleme. Schon am Ende ihres vierten Lebensjahrzehnts klagt sie über Hör-, später auch über Sehprobleme. Die medizinischen Möglichkeiten sind begrenzt. Zwanzig verschiedene Mittel gegen ihre Magenbeschwerden schlagen nicht an.[29] Einer Empfehlung folgend, steckt sie sechs Tage lang Speck in beide Ohren, was jedoch das Hörvermögen nicht verbessert.[30]

---

25 Journal, Bd. 5, 2.8.1778.
26 Ebd., 4.1.1778; s. auch ebd., 29.7.1781.
27 Journal, Bd. 5, 2.1.1778.
28 Journal, Bd. 5, 4.1.1778.
29 Journal, Bd. 2, Rückblick auf 1768.
30 Journal, Bd. 5, 5.8.1781.

Ihren Gemütszustand umschreibt sie schon während der Zeit auf der Vogtei mit Adjektiven wie ‚kalt' oder ‚kaltsinnig'. Obwohl Selbstvorwürfe und Selbstunzufriedenheit ein Dauerproblem sind, über das sie auch in den Strichlisten Protokoll führt, durchlebt sie besonders quälende, niedergedrückte Phasen, die sie fürchtet: „o wann ich nur nicht wieder in die kaltsinnige gleichgültigkeit falle".[31] Indes hält das schreibende Subjekt auch immer wieder Glücksmomente fest, vor allem nach Tagen im kleinen Kreise, nicht zuletzt im Zusammensein mit Ehemann und Kindern.

Abb. 6: Henriette Stettler-Herport (Maler unbekannt); Bildquelle: Journal de mes actions, Burgerbibliothek Bern, FA Stettler 12.4.

Nach Auskunft der Strichlisten wie auch der Texteinträge erkennt Henriette Stettler-Herport ein besonderes Problem in ihrem Essverhalten. Unter ihren persönlichen Verfehlungen, die nicht auf Personen im sozialen Umfeld Bezug nehmen, finden sich in der Rubrik ‚zuviel gegessen oder ungesunde Sachen' („trop manger ou choses malsaines") immer wieder die meisten Striche, nicht selten zehn bis zwanzig pro Monat. Kann man hier von einer Essstörung oder Depressionen sprechen? Der diagnostische Blick eines Psychiaters hätte hier wohl we-

---

31 Ebd., 26.7.1778; siehe auch die Einträge: 25.12.1776, 4.1.1778, 24.12.1778, 22.8.1779.

niger terminologische Skrupel als derjenige eines Kulturhistorikers. Hinzuweisen ist jedenfalls auf die ‚Sayings', das zeitgenössische Vokabular und das gedankliche Repertoire, das der Akteurin zur Verfügung stehen. Neben frommen Geboten zur Mäßigung rekurriert die Autorin bei ihren guten Vorsätzen für die Lebensführung auf die menschliche Vernunftfähigkeit und damit auf eine Idee der Aufklärung: in puncto „zu viel Essen, ist es möglich, dass ein vernünftiges Geschöpf dermaßen abhängig von seinem Mund sein kann?"[32] Sie sieht – erneut sehr modern und aktuell – einen Zusammenhang zwischen ihrem Essverhalten, ihrer fragilen Körper- und der schwankenden Gemütsverfassung. Um ihre Gesundheit zu stärken, unterzieht sie sich – auch mal gemeinsam mit ihrem Mann und ihrer Tochter – Kuren mit Seltzerwasser. Pietismus und Aufklärung treffen sich hier in dem Bestreben, das eigene Leben einer systematischen Kontrolle, einer zugleich wertrationalen wie zweckgeleiten Optimierung zu unterziehen. Dazu passen die angestrebte Affektkontrolle und die rigide Zeitdisziplin durch einen fixen Tagesablauf. Das Tagebuch der Henriette Stettler-Herport dokumentiert einen radikalen Selbstversuch der Modellierung des Habitus.

Häusliches Management

Das häusliche Leben der Stettler-Herports bewegt sich zwischen ständisch-herrschaftlichen Anforderungen und einem Bedürfnis nach Privatheit im familiären Kreis. In diesem Sinne geht es um zwei unterschiedliche, konkurrierende Konzepte der Häuslichkeit. Werfen wir zunächst einen Blick auf Haus und Haushalt. Über das räumliche Ensemble des Amtssitzes in Frienisberg erfährt man in dem Tagebuch mehr als über das Stadthaus der Familie und die ‚Campagne' in Kirchberg. Die Kanzlei der Landvogtei liegt in einem ehemaligen Kloster.

Typischerweise befanden sich die Amtshäuser der bernischen Landvögte in alten Schloss- oder Klostergebäuden. Im Verlauf des 18. Jahrhunderts wurden sie bautechnisch modernisiert. Damit kam es zu einer stärkeren Trennung der Amtsräume vom Wohnbereich der Familie des Landvogts sowie zu einer Differenzierung von Funktionsbereichen wie Küche, Wohn- und Schlafräumen.[33] Wann genau es in Frienisberg zu einer Aufteilung der Räumlichkeiten kommt, ist unklar. Rudolf Stettler nutzt das amtliche Audienzzimmer im Erdgeschoss noch am Weihnachtstag 1774, um seiner Familie und vermutlich auch den Bediensteten

---

32 Journal, Bd. 3, 1772, Vorsätze, Pkt. 11: „c'est celle de trop mangér, est il possible qu'une Créature raisonable puisse être tellement ésclave de sa bouche?"; vgl. zum Krankheitsbild im Pietismus Ernst 2003.
33 Vgl. knapp Schweizer 2008.

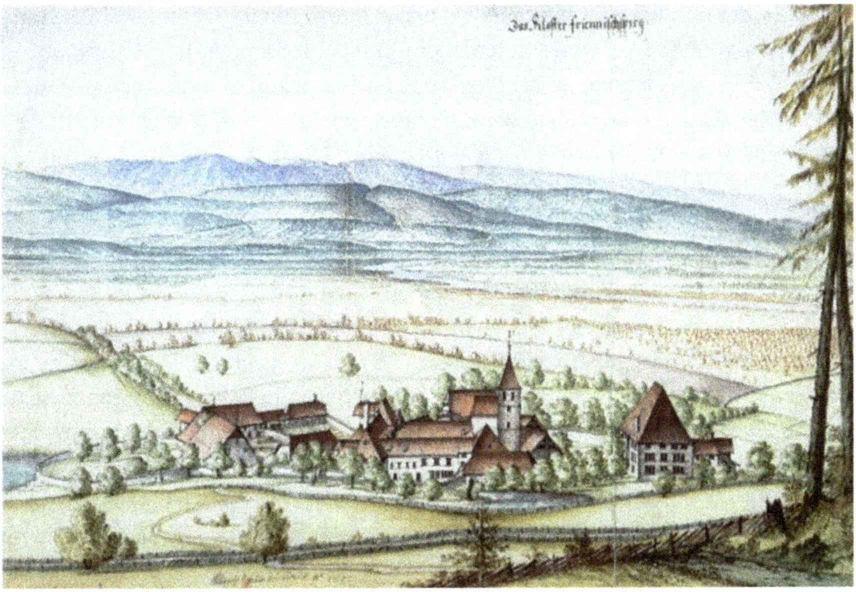

Abb. 7: Amtssitz der Landvogtei Frienisberg (Bern) um 1670; Bildquelle: Bernisches Historisches Museum, Bern.

Predigten vorzulesen.[34] Die Schlafkammern der Bediensteten liegen in den Nebengebäuden. An Zimmern besteht in dem großen Klosterareal kein Mangel. Die mit einem Ofen ausgestattete, als Stube und Gemeinschaftsraum genutzte, ‚chambre à manger' und die Schlafkammern befinden sich wahrscheinlich im gut heizbaren ersten Stock, letztere vielleicht auch im zweiten Stock. Trotzdem hat nicht jedes Familienmitglied ein eigenes Zimmer. Als nach der Geburt von Bernhard Albrecht (‚Brechtli') 1774 vier Kinder zu versorgen sind, teilt das Ehepaar eine Stube, die beiden jüngsten Kinder sind in der „kinder stuben" einquartiert, der vierjährige ‚Frizli' schläft in einer Kammer bei Henriettes Cousine, die über mehrere Monate zur Unterstützung im Haushalt und bei der Kinderbetreuung zu Besuch ist. Ein Zimmer für sich hat die 16jährige Tochter Henriette.[35] Jedoch nutzt die Frau des Landvogts das mit dem Mann geteilte Schlafzimmer tagsüber als ihr persönliches Zimmer. Im Leben von Henriette Stettler-Herport ist ‚ma chambre' bzw. ‚meine Stube' ein wichtiger, häufig erwähnter Rückzugsort, den sie zum Lesen, Beten, Schreiben von Briefen oder des Tagebuchs, für ein erholsames

---

34 Journal, Bd. 4, 25.12.1774.
35 Ebd., 14.8.1774.

Fußbad oder erbauliche Lektionen mit den Kindern nützt. Sie notiert: „Ich finde gegenwärtig mehr Freude, wenn ich allein in meiner Kammer bin".[36]

Zum Sitz der Landvogtei gehören auch eine Domäne, ein Backhaus, an dem Brot an die Armen ausgegeben wird, mehrere Scheunen und ein Pferdestall. Die agrarische Umwelt der Landvogtei wird im Tagebuch oft erwähnt. Der ganze Komplex ähnelt einem Gutshof. In den Wintermonaten werden Schweine geschlachtet, im Sommer für die Heu- und Getreideernte bis zu 70 Erntearbeiter eingesetzt, was mit einer Prise Stolz vermerkt wird.[37] Die Erträge aus der Domäne bilden einen Teil der Einkünfte der Vogtei. Dazu gibt es Hasen und Hühner.[38] Manche Besucher gehen mit dem Jäger der Vogtei auf die Jagd. Ihr Mann, vermerkt die fromme Autorin, sei zum Glück kein Jäger.[39] Für die Freizeit der Familie im engeren Sinne wird 1772 ein Garten mit Terrassen und einem Kabinett angelegt.

Aus welchem Personal bestand das relativ ‚ganze Haus' auf der Landvogtei Frienisberg? Nach dem Einzug in die Vogtei im November 1771 vermerkt die Hausmutter, wer im neuen Haushalt alles zu versorgen ist. Neben der wachsenden Familie sind dies der für die Finanzen der Vogtei zuständige Einnehmer (‚reçeveur'), ein Herr Salchli, fünf weibliche Bedienstete (‚servantes') und sieben Knechte (‚valets'). Zwei weitere Knechte essen nicht im Hause.[40] Allerdings schwankt die Zahl der Bediensteten. An Neujahr 1775 werden sieben Angestellten Geschenke überreicht.[41] Unter den Bediensteten lässt sich eine geschlechtsspezifische Aufteilung der Aufgaben feststellen: die Männer sind Kammerdiener, Kutscher, Jäger, dazu kommen später noch ein Hauslehrer und mehrere Knechte auf dem Landgut in Kirchberg; die Frauen arbeiten als Köchin, Zimmermagd und Kindermagd, phasenweise jeweils eine Magd für jedes Kind. Nach dem Umzug nach Bern wird das Personal reduziert auf eine Köchin und vier Mägde. Der weiterhin beschäftigte Hauslehrer wohnt in einer oberen Etage des Stadthauses.[42] Einnehmer und Hauslehrer begleiten das Ehepaar manchmal in den Gottesdienst oder auf einen Spaziergang. In puncto Koresidenz kommen noch weitere nahe

---

36 Journal, Bd. 3, 29.1.1772, 6.7.1772, 12.8.1772 (Zitat): „je trouve a présent plus de plaisir à être seule dans ma chambre".
37 Journal, Bde. 3 und 4, zur Erntearbeit: 13.6.1772, 13.8.1775; Schlachtungen: 13.2.1772, 30.1.1774, 14.1.1776.
38 Journal, Bd. 3, 26.8.1772.
39 Ebd., 30.7.1772; zum Folgenden 29.3.1772.
40 Journal, Bd. 2, Rückblick auf 6.11.1771. Ob Familie und Bediensteten eine Tischgemeinschaft bildeten, bleibt unklar. Bei aller notwendigen Kritik trifft Brunners Begriff des ‚ganzen Hauses' in Hinblick auf das über die Kernfamilie hinausgehende Personal in der Vormoderne einen wichtigen Aspekt; vgl. zur Forschung Hahn 2015.
41 Journal, Bd. 4, 1.1.1775.
42 Journal, Bd. 5, 18.1.1778, 31.1.1779; zum Folgenden Bde. 3 und 4, 22.1.1772, 25.12.1775.

Verwandte hinzu, die Wochen oder Monate bei der Familie im Amtshaus verbringen. Die Schwiegermutter, ‚Madame la Banderette' genannt, hat ein eigenes Zimmer, teilt weitgehend das gesellige Leben der Familie, sitzt außer beim Frühstück mit am Tisch, liest den Kindern vor und geht mit der Familie in die Kirche. Ihr Verhältnis zur Schwiegertochter ist nicht immer zum Besten bestellt, was jene in Einträgen und Strichlisten dokumentiert.[43]

Im Verhältnis zwischen der Hausmutter und den Bediensteten dominieren die Aspekte Arbeit und Moral. Nach dem Einzug in das „wohl gerathene" Stadthaus mit mehreren Etagen, das die Familie mit den Bediensteten bewohnt, wo aber die Küche stark „rauchert", wird die Stelle der Köchin, die „allzu ungeschikt" ist, mehrmals neu besetzt.[44] Bedienstete, zu denen ein persönlicheres Verhältnis besteht, wie die Zimmermagd Marion oder die Kindermagd Elseli, werden mit Vornamen erwähnt. Zu den Pflichten der Hausherrschaft gehört es, über Verhalten und Moral des Gesindes zu wachen. Henriette Stettler-Herport berichtet mehrmals davon, sie habe Konflikte unter den Bediensteten schlichten müssen und bekennt: „ich behandle sie nicht mit so vieler nachsicht, leütseeligkeit und freundlichkeit als ich sollte".[45] In ihrem Sündenprotokoll sind die Striche in puncto Fehlverhalten gegenüber Bediensteten über die Jahre hinweg sehr zahlreich. Hier und da werden Krankheiten der Bediensteten und ein abendliches Gebet mit ihnen notiert. Vergehen gegen Zucht und Moral wiegen letztlich schwerer als verlässliche Arbeit und persönliche Bindung. So wird ‚das Mädeli', obwohl sie „lieb war, gut diente", wegen „schlechter liederlicher geselschafft" und des Besuchs „unzüchtiger örter" unter dem „vorwand deß tanzens" weggeschickt.[46] Und „auch der Jean unser so gute Cammerdiener" wird nach mehreren Jahren wegen seines „Lasters der trunkenheit" schweren Herzens entlassen, selbst wenn „wir (...) niemahls einen finden [werden, J.E.] der alle gute Eigenschafften besize die er hate".[47]

Ein derart großer Haushalt mit etwa 12 bis 20 zugehörigen Personen erforderte Übersicht und Organisation. Diese fast schon betriebswirtschaftliche Aufgabe fällt der Hausmutter zu. Rudolf Stettler tritt in dieser Beziehung laut dem Journal so gut wie gar nicht in Erscheinung. Seine Gattin Henriette hat viel zu tun. Sie

---

43 Journal, Bd. 3, 17.3.1772, 31.10.1772; Rückblick auf 1771; Henriettes Schwiegervater Johann Rudolf Stettler hatte das angesehene Amt des Venners inne; sie notiert ihre Schwiegermutter Johanna Catharina Stettler-Wyttenbach durchgängig distanziert als ‚Mde. La Banderette' oder auch ‚Frau Venner'.

44 Journal, Bd. 5, 18.1.1778; Jahrgang 1778, pass.

45 Ebd., 4.1.1778 (Zitat); s. auch Bd. 3, 26.1.772, 15.11.1772, 8.1.1775.

46 Journal, Bd. 5, 24.12.1782.

47 Journal, Bd. 4, 26.7.1774.

koordiniert die Hauswirtschaft, stellt Bedienstete ein und leitet diese an, macht Einkäufe in Bern, erledigt Zahlungen und Rechnungen, ordnet die Wäsche in die Truhen usw. Dazu kommen die Kindererziehung und ihre repräsentativen Pflichten als Gattin des Landvogts, auf die noch einzugehen ist. Ein bezeichnender Satz im Hinblick auf ihr Rolle als Haushaltsleiterin findet sich bereits Anfang 1772 in den Regeln für einen idealen Tagesablauf in Frienisberg: „Nach dem Frühstück werde ich in die Küche gehen, meine Anweisungen für das Mittagessen (‚le dinér') geben und alles Benötigte herausstellen."[48] Auch nach dem Umzug in die Stadt kocht und putzt die Patrizierin nicht selbst, sondern lässt ihre Bediensteten kochen und putzen. Aufgrund der Amtstätigkeit des Manns leistet die Ehefrau, anders als Frauen in Landwirtschaft und Handwerk, zwar keinen direkten Beitrag zum Einkommen. Es bleibt jedoch auch so definitiv genug an Arbeit im Haushalt.[49] Das Tagebuch gibt Auskunft über Grundsätze des frommen Wirtschaftens. Zum einen geht es dabei um eine allgemeine Ordnung des Haushaltens („tenir mon Ménage en ordre"), zum anderen um ein Leben in Sparsamkeit und Mäßigung („vivre avec économie et sobrieté").[50] Nach dem Umzug nach Bern werden die Leitlinien des ‚Hausens' noch einmal betont und ausgeführt: Sie stehe jetzt im Winter „wegen ordnung und arbeitsamkeit im Hauswesen" vor sieben Uhr auf, „welches mir und meiner Trägheit zimmlich schwär vorkomt". Alles sei sehr teuer, doch „wir haben 6 Kinder wir wollen so gut für dieselben hausen als möglich" und dazu auch die Armen unterstützen. Mit seinen Gütern müsse man „gleich entfernt von Geiz und von Verschwendung" wirtschaften und so mit Gottes Hilfe „eine kluge abtheilung unseres einkommens machen".[51] Bemerkenswert an dieser Maxime ist, dass der Schlüsselbegriff ‚Hausen' in einer für das 18. Jahrhundert typischen Weise ökonomisch verstanden wird.[52] Zum frommen Wirtschaften gehört für Stettler-Herport darüber hinaus, dass man Gutes für seinen Nächsten tut und möglichst auch mit den eigenen Händen arbeitet.[53]

Einer der Schlüsselbegriffe des *Journal de mes Actions* ist das weit über hundert Mal verwandte Wort ‚travail' (Arbeit). Was die Autorin als ‚Arbeit' bezeichnet und was ihre konkrete Rolle in den Arbeitsprozessen ist, wird nicht

---

48 Journal, Bd. 3, Régles Générales, 1772, Pkt. 5: „après dejeuné j'yrai a la Cuisine, donner mes ordres pour le dinér, et sortir ce qui sera necessaire."
49 Vgl. zu bezahlter und unbezahlter Arbeit im Haushalt Whittle 2019; Zucca-Michelletto 2020.
50 Journal, Bd. 3., 1772, vorangesetzte Vorsätze, Pkt. 14.
51 Alle Zitate Journal, Bd. 5, 18.1.1778.
52 Vgl. Beck 1992, S. 150–56; Sabean 1990, S. 107; Schläppi 2017.
53 Journal, Bd. 3, 1772, vorangesetzte Vorsätze, Pkt. 14: „faire du bien a mon prochain, travailler de mes mains"; vgl. zum Wert der Arbeit im Pietismus Mettele 2009, S. 68.

immer klar. Primär geht es jedoch um hauswirtschaftliche Praktiken. Zeitaufwändig sind vor allem die Erledigungen der Einkäufe sowie die große und die kleine Wäsche. Nach einem Einkaufstag, der definitiv kein ‚leisure shopping' ist, dauert das Einräumen und Versorgen der Waren, gefolgt von der schriftlichen Erledigung der Rechnungen, mitunter zwei Tage.[54] Zur großen Wäsche kommen im Tagelohn bezahlte Wäscherinnen und Büglerinnen ins Haus. Die große Wäsche kann auf der Landvogtei bei dauerhaft schlechtem Wetter wie im Sommer 1772 vom Vorsortieren und Eintauchen der Wäsche bis zum Trocknen, Bügeln und Einräumen zwei Wochen in Anspruch nehmen.[55] Mit ‚travailler' meint Henriette Stettler-Herport nicht nur Anweisungen geben, Einkaufen oder Rechnungen begleichen, sondern auch Tätigkeiten, bei denen sie selbst mit Hand anlegt. Darunter fallen die Versorgung der Produkte aus der Hausschlachtung, die im Januar 1774 bei vier Schweinen eine Woche dauert und sie sehr ermüdet[56], das Sortieren der Wäsche und Kleidung und das abendliche Stricken. Charakteristisch für die Abläufe der frühneuzeitlichen Arbeitsgeselligkeit, fällt der Begriff ‚Arbeit' auch im Zusammenhang mit Plauderei: „Nach dem Abendessen haben wir geplaudert und gearbeitet".[57] Im Gegensatz zu Pflichten der Geselligkeit empfindet die Hausmutter ihre „kleinen Beschäftigungen im Haushalt" nicht als Last.[58]

Zentrale Fragen der Forschung betreffen wie skizziert die Eheleute, um die die häuslichen Verhältnisse zentriert sind: zum einen die Motive und das Procedere bei der Eheanbahnung, zum anderen das Verhältnis von Ehemann und Ehefrau zwischen Hierarchie und Gefährtenschaft, drittens die Frage der Genese von getrennten Sphären und modernen Geschlechterrollen. Die Frömmigkeitsbewegungen des 18. Jahrhunderts betonten nicht nur die Rolle des Individuums – individuelle Empfindungen und persönliches Verhältnis zu Gott – sondern auch die Bedeutung von Ehe und Familie als Vorbild und Zielfeld für eine Umgestaltung des Alltags.[59] Das Studium des Tagebuchs von Henriette Stettler-Herport zeigt allerdings auch hier, dass der diskursive Horizont des Pietismus längst nicht alles erklärt. Zudem lässt sich am Beispiel des Zusammenlebens der Eheleute, Kinder und weiterer Personen in Frienisberg und Bern diskutieren, welche Aspekte im

---

54 Journal, Bd. 4, 11.12.1774, s. auch: Bd. 3, 29.4.1772.
55 Journal, Bd. 3, 17.4.-1.5.1772.
56 Journal, Bd. 4, 30.1.1774.
57 Journal, Bd. 3, 13.3.1772: „aprés diné on a causé et travaillé"; über einen Familienabend in der Stube: „on s'est rassamblès à la chambre à mangér, mon Mari a lu, nous avons tricoté." (23.9. 1772).
58 Ebd., 17.3.1772: „petites ocupations de ménage", dies nach der Bemerkung: „j'ai eu le rare bonheur, de passér la journée suivant mon Gout".
59 Gestrich 2004, S. 507; Gleixner 2005, S. 119 und S. 210 ff.

pietistisch-patrizischen Kontext möglicherweise auf das Familienmodell des bürgerlichen Zeitalters vorausweisen.

Heiratspolitik in der städtischen Elite

Bei Wiederaufnahme ihres Tagebuchs berichtet die Bernerin im Rückblick von der Eheanbahnung zwischen ihr und dem Kommissionsschreiber Rudolf Stettler im Jahr 1755, gefolgt von der Hochzeit im Februar 1756. Zum Zeitpunkt der Eheschließung ist sie 17 Jahre, er 24 Jahre alt. Die Familien Herport und Stettler sind entfernt miteinander verwandt. Die Linien treffen sich aber erst im 16. Jahrhundert, von einer ‚cousin marriage' wird man deshalb nicht sprechen können. Der Ausgangspunkt der Beziehung, die schon nach wenigen Monaten in eine Ehe mündet, ist aus ihrer Sicht nichts Geringeres als gegenseitige Liebe: „Wir liebten uns zärtlich".[60] Ihr Vater, der Ratsherr Herport, ist zunächst gegen die Verbindung seiner einzigen Tochter, erklärt sich dann aber bereit, den Bewerber persönlich kennenlernen zu wollen, um zu sehen, ob ihre beiderseitige Neigung („inclination reciproque") ernsthaft und beständig („sérieuse et durable") sei. An Neujahr 1756 gibt Rudolf Henriette ein Geschenk, was als Eheversprechen verstanden werden kann. Wenige Wochen später schickt Henriettes Vater Rudolf eine schriftliche Erklärung seines Einverständnisses. Damit ist der notwendige Elternkonsens gegeben. Die Eheschließung ist eine Sache der beiden Familien. Es werden Verträge ausgetauscht und eine Brautmitgift festgesetzt. Nach der Hochzeit auf einem Dorf bei Bern findet ein großes Essen mit Familie und Verwandten im Haus des Bräutigams statt, am folgenden Tag dann noch ein gemeinsames Essen im Elternhaus der Braut. Bemerkenswerterweise ist in dem konzisen Bericht – anders als im pietistischen Plan der Ehefindung – weder von göttlichem Willen noch von irgendeiner Einflussnahme durch eine Gemeinde der Frommen und Bekehrten die Rede. Die väterliche Zustimmung erarbeitet sich das einander zugewandte Brautpaar beharrlich. Zwar verabsäumt es die zur Zeit der Niederschrift 33jährige Ehefrau nicht, ihrem Gott zu danken. Die Geschichte ihrer Eheanbahnung und ihres glücklichen Tages („jour heureux") wirkt jedoch insgesamt ziemlich diesseitig.[61] Religiosität und Lebenseinstellung des Bräutigams werden nicht erwähnt. Dabei folgte die Liebesheirat von Henriette und Rudolf klar dem Prinzip der sozialen Endogamie innerhalb der patrizischen Elite Berns, was keinen Wider-

---

60 Journal, Bd. 2, 28.12.[1770]: „nous nous aimions tendrement"; vgl. zu ‚cousin marriage' Sabean 1992 und 2007; Johnson / Sabean 2011.

61 Alle Zitate ebd; vgl. zu Eheschließungen im pietistischen Basel Hebeisen 2005, S. 254–64; zu Württemberg Gleixner 2005, S. 215; insgesamt Gestrich 2004, S. 505 f.

spruch darstellt. Warum Rudolf Stettler ein attraktiver Mann für sie war, das teilt Henriette ex post nicht mit. Es ist jedoch kein Zufall, dass er aus einem sozial gleichgestellten Elternhaus kam und gute Aussichten auf eine Ämterlaufbahn hatte. Damit dürfte der soziale bzw. weltlich-materielle Aspekt bei dieser Ehe von Beginn an eine Rolle gespielt haben.

Als einige Jahre später die Kandidaten für Ehen mit ihren Töchtern Henriette (geb. 1758) und Anna Maria (geb. 1772) vorsprechen, wird Frau Stettler-Herport deutlicher, was ein geeigneter Ehemann mitzubringen habe. Zwar bittet sie Gott um einen rechtschaffenen und guten Christen ("honetthomme et bonn Chrétien") für ihre älteste Tochter.[62] Standfestigkeit im Glauben und frommer Lebenswandel sind jedoch nicht ihre einzigen Kriterien. Voraussetzung für die Eheschließung bleibt die beiderseitige Einwilligung und auch die Zuneigung zwischen Braut und Bräutigam. Als 1776 ein Anwalt aus der weiteren Verwandtschaft um die Hand Henriettes anhält, bescheinigt ihm die Mutter, die von dieser Perspektive angetan ist, ein vorteilhaftes Benehmen, exzellenten Charakter und gute Meinungen. Doch als ihre 18jährige Tochter die Zuneigung nicht erwidert und erklärt, lieber frei bleiben zu wollen ("restér libre"), es könne sich ja in einigen Jahren durchaus noch eine gewinnbringende Beziehung ("un établissement assé lucratif") ergeben, ist die Sache erledigt.[63] Der nächste Kandidat bringt zwei Jahre später zwar "großer reichthum, eine angenehme familien" und "guten Moralischen Caracter" mit, jedoch auch die "(wie mann sagt) geringen geistes und verstandes gaben". Entscheidend bleibt erneut das Urteil der umworbenen Tochter, die resümiert, sie sei mit diesem Mann "sehr unglüklich", da er nicht ihre "Empfindungen" und "denkungsart" teile.[64] Dies kann möglicherweise als ein Hinweis auf Glaubensinhalte verstanden werden. Die Tochter Henriette heiratet schließlich mit 29 Jahren den langjährigen Hauslehrer ihres jüngeren Bruders Frizli, den späteren Pfarrer Sigmund Ludwig Langhans. Das Journal verdeutlicht, dass die Eltern zugleich Adressaten der Werbung wie auch Ratgeber der Tochter sind.

In Sachen Heiratspolitik agiert Henriette Stettler-Herport mehr als bernische Patrizierin denn als gottergebene Pietistin. Die Kandidaten stammen aus der Elite der Stadtrepublik. Als ihr Mann in die engere Auswahl für einen Sitz im Kleinen Rat kommt, gefällt ihr daran neben "dem großen Vortheil" dieser Berufung "für die ganze Fammillen Stettler" die Aussicht, dass die 23jährige Henriette damit zu einer "baretli tochter" werde, deren Heirat nämlich dem Bräutigam die Perspek-

---

62 Journal, Bd. 4, 5.7.1776.
63 Ebd., 26.8.1776; s. auch 2.3.1777.
64 Alle Zitate Journal, Bd. 5, 16.8.1778

tive eröffnete, einmal als Ratsherr nachzurücken.[65] Es bestand also noch Hoffnung auf eine gute Partie für die älteste Tochter. Zudem wird, wie gesehen, deutlich, dass Zuneigung als Voraussetzung für eine gute Ehe galt. Mehr noch: Die Ehe sollte nicht nur geistliches, sondern auch weltliches Glück des Paars hervorbringen, explizit „zeitliche, und ewige glükseeligkeit für diese jungen verlobten".[66]

Doch gerade in dieser Hinsicht führte das Matchmaking der Stettlers zu einem Desaster. Ende 1787 macht der 21jährige Carl Gottlieb Dachselhofer, Sohn eines Großrats, der 15jährigen Anna Maria Stettler einen Heiratsantrag. Der Antrag erfolgt nicht etwa auf direktem Weg, sondern indem die Mutter des heiratswilligen Jünglings bei den Eltern Stettler-Herport vorspricht. Carl Gottlieb und Anna Maria sind entfernt verwandt, haben sich bis dahin aber nicht ein einziges Mal getroffen. Die Tochter wird über die Heiratsabsichten zunächst im Unklaren gelassen.[67] Stattdessen treffen sich die beiden freundschaftlich verbundenen Mütter. Die Eltern wollen diese Heirat. Der Haken an der Sache ist, dass auch nach den ersten Treffen zwischen den Auserwählten „mein gutes liebes Marianne (…) noch ganz unnentschloßen" ist[68] und – wie gesagt 15 Jahre alt – zu der Eheschließung mehr oder weniger überredet werden muss. Dennoch wird nach nur etwa sechs Wochen des schüchternen Kennenlernens bereits der Ehevertrag unterschrieben. Es lässt sich durchaus von einer arrangierten Ehe sprechen. Henriette Stettler-Herport ist von der Aussicht auf diese Ehe euphorisiert. Sie notiert: „Herr Daxelhofer ist gewiß ein artiger, braver und liebenswürdiger Mann; ich hoffe sie werden in der that einander glüklich machen, sie lieben sich".[69] Diese Hoffnung auf irdisches Glück wird von einem Gebet gerahmt. Im Juli 1788 folgt die Hochzeit, im Tagebuch dann jedoch ein langes Schweigen. Erst im Dezember nimmt die Mutter den Faden ihrer Einträge wieder auf, um zu bekennen, dass die Ehe ihrer Tochter mit Dachselhofer eine Katastrophe ist. Bereits der Tag der Hochzeit sei trist gewesen. Denn bei Marianne habe sich nicht wie erwartet eine wachsende „Inclination" oder „Liebe" zu ihrem Verlobten eingestellt, sondern das genaue Gegenteil. Schließlich habe sie ihr Unglück im Gespräch mit ihrer Mutter „im Vertrauen mit

---

65 Journal, Bd. 5, 2.12.1781; vgl. zu den Berner ‚Barettlitöchtern' Wittwer Hesse 2002, S. 33; vgl. dies. 2008.
66 Journal, Bd. 5, 28.1.1788, bzgl. der Verbindung der Tochter Anna Maria (‚Marianne' bzw. ‚Mariannli').
67 Ebd., 2., 6. und 16.12.1787; Anna Maria Stettler war die 4. Cousine 2. Grades von Dachselhofer.
68 Ebd., 31.12.1787.
69 Ebd., 28.1.1788; vgl. zu Endogamie und arrangierten Ehen im Berner Patriziat Wittwer Hesse 2002, S. 30 – 40.

vielen thränen, und äußerster beklemmung" bekannt.[70] Henriette schildert ihren Schwiegersohn nun mit einer Kaskade negativer Attribute: Sein Charakter habe „nichts nachgiebiges, nichts theilnemmendes, von seinen eigenen meinnungen ganz eingennommen, hartnäkig, empfindlich, sehr sinnlich, ein hang zur übertriebenen spahrsamkeit, etwas zänkisches und wiedersprechendes".[71] Der Mutter geht es hier nicht zuerst um frommen Lebenswandel, sondern um eheliche Gefährtenschaft und das Wohlergehen ihrer nun auch schwangeren Tochter. Am Ende macht sie sich selbst Vorwürfe, da „ich ja <u>ich</u> sehr viel zu dieser heirath beigetragen".[72] Demgegenüber nimmt der Brautvater eine sehr distanzierte Haltung ein. Das schon vor dem Hochzeitstermin schwelende Problem ist eine Sache zwischen Mutter und Tochter: „und lange sagten wir seinem Papa nichts, um ihne nicht zu bekümmern".[73] Die emotionalen Probleme seiner Tochter hält Rudolf Stettler von sich fern mit dem Hinweis, man fände keinen Mann, „der Marianne so wohl conveniert als Hr. D." Für seine Frau dagegen bleibt am Ende nur noch die Bitte an Gott: „mache doch diese Ehe glüklich".[74]

Die Koordinaten der Eheanbahnung im patrizischen Milieu lassen sich folgendermaßen zusammenfassen: ausgeprägte soziale Endogamie, eine mitunter sehr kurze Phase des Kennenlernens, Konsens und Neigung zwischen den Brautleuten, Beteiligung und Einflussnahme der Eltern, als Zielvorstellung die glückliche Ehe. Indes ist im Hinblick auf die individuelle Neigung hinzuzufügen, dass man davon ausging, die Gefühle für einen standesgemäß ‚konvenierenden' Partner seien nicht unbedingt von Beginn an vorhanden, könnten sich aber mit der Zeit, im Lauf der Beziehung, entwickeln.

Die Ehe als Hierarchie und Gefährtenschaft

Ein Versuch, die Frage zu beantworten, ob die Ehe von Henriette und Rudolf Stettler glücklich war, würde über das Konstatieren eines vagen ‚mehr oder weniger' hinaus keine validen Erkenntnisse bringen. Interessanter ist es, den Praktiken und der Rollenverteilung im Ehealltag nachzuspüren. Dies ist jedoch auch bei einem phasenweise täglich geführten Diarium gar nicht so einfach. Denn Henriette nimmt zwar an der beruflichen Karriere ihres Ehemanns durchaus

---

70 Alle Zitate ebd., 5.12.1788.
71 Ebd., 31.12.1788.
72 Ebd., Unterstreichung im Original; vgl. zur pietistischen Ehe als Gefährtenschaft Gleixner 2005, S. 209–36.
73 Ebd., 5.12.1788.
74 Beide Zitate ebd., 31.12.1788

Anteil und erwähnt ihn oft als ‚mein Mann', ‚mein lieber Mann' oder auch ‚Herr Stettler'. Über weite Strecken ihres Tagebuchs bleibt aber dessen Persönlichkeit bemerkenswert blass. Obwohl die beiden mehr Zeit miteinander verbringen als die meisten heutigen Ehepaare, bei denen Mann und Frau berufstätig sind, stellt sich bei der Lektüre des Journals der Eindruck ein, dass da zwei Menschen mit unterschiedlichen Vorstellungen nebeneinanderher leben.

Wo und wie wurde diese Ehe praktiziert? Der ideale Tag beginnt und endet mit Gebet und geistlicher Lektüre. Unmittelbar verbunden mit Gebet und Erbauung ist für Henriette das Zusammensein mit Rudolf, der nach dem Aufstehen mit ihr betet und früh morgens wie abends vor dem Diner einen geistlichen Text vorlesen soll.[75] Auch abgesehen von ihren Regeln für den perfekt frommen Alltag belegen viele Einträge, dass Herr Stettler regelmäßig seiner hausväterlichen Pflicht nachkommt und seiner Frau, seinen Kindern und Verwandten aus Predigten oder auch aus aktueller Belletristik vorliest. Dies geschieht häufig am Sonntagnachmittag oder -abend. Sonntagvormittags geht der Hausvater mit seiner Familie und den Bediensteten in die Kirche, während die Hausmutter durchaus einmal zuhause bleibt. Nicht übersehen werden sollte, dass das Paar acht Kinder zeugt. Deren Erziehung und Bildung fällt vor allem der Mutter zu. Zahlreich sind die Spaziergänge der Eheleute in der Umgebung der Landvogtei. Etwas spezieller ist eine gemeinsame Wasserkur.[76] Zum Alltag des Ehepaars gehören dann auch die gemeinsamen Auftritte bei Visiten, Diners und anderen Formen der Besuchskultur. Über deren Sinn und Notwendigkeit gehen die Meinungen zwischen den beiden allerdings auseinander, was noch einen genaueren Blick erfordert. Leben Rudolf Stettler und seine Frau in ‚getrennten Sphären'? Für das Leben auf der Landvogtei wird man dies so allgemein nicht sagen können. Nach Auskunft des Journals ist der Hausvater zwar die meiste Zeit des Tages über in der familiären Sphäre wenig präsent. Er hält Gerichts- und Audienztage für die bäuerlichen Untertanen, führt Gespräche mit anderen Amtsträgern wie Vögten und Pfarrern oder ist auf Reisen. Amtstätigkeit und Familienleben finden im selben räumlichen Komplex statt, aber meistens in getrennten Sphären.[77] Rechnet man jedoch die politisch und gesellschaftlich wichtigen, halböffentlich-halbprivaten Zusammenkünfte in der Wohnstube der Familie hinzu, so sind die Lebensbereiche von Mann und Frau nicht getrennt. Henriette ist als Chefin des Haushalts und als Dame des Hauses zuständig für standesgemäße Bewirtung und gute Unterhaltung der Gäste. Die Salonkultur, die sich nach französischem Vor-

---

75 Journal, Bd. 3, Régles Générales, Pkte. 2, 3 und 14.
76 Ebd., 21.8.1772.
77 Vgl. zum Haushalt staatlicher Bediensteter in Schweden Ågren 2020.

bild im Verlauf des 18. Jahrhunderts auch in Bern ausbreitete, betonte die Rolle der Frau als Gastgeberin.[78] Im Vergleich zur Landvogtei eröffnete das spätere Leben des Paars in der Stadt mehr Optionen für eine geschlechtsspezifische Geselligkeit inner- und außerhalb des Hauses. Charakteristisch für die Frauen war neben der repräsentativen Rolle im Salon die Besuchskultur der Visiten, die Zweisamkeit unter Freundinnen und mit nahen Verwandten ermöglichte, während die Männer sich auch im Wirtshaus trafen.[79]

Machtverhältnisse in der Ehe werden im Fall des Konflikts sichtbar. In der Tradition der protestantischen Ehelehre unterstrichen pietistische Traktate das Ideal gegenseitiger Unterstützung und Seelenfreundschaft von Mann und Frau bei gleichzeitiger Hierarchie der Geschlechter. Dabei konnte, wie Ulrike Gleixner an Selbstzeugnissen von Frauen aus dem württembergischen Pietismus aufzeigt, gerade der neue weibliche Anspruch auf Autonomie in spirituellen Dingen zum Streit zwischen den Eheleuten führen.[80] Dies gilt auch für Henriette Stettler-Herport, die die Rituale religiöser Erbauung mit ihrem Ehemann wertschätzt. Rudolf Stettler erfüllt seine frommen Pflichten mit gemeinsamen Gebeten, Vorlesungen und Gottesdienstbesuch. An der patriarchalischen Hierarchie zwischen Henriette und Rudolf in religiösen Dingen wie auch sonst besteht prima facie kaum ein Zweifel. Henriettes Wunsch nach Nähe und Partnerschaft bei gleichzeitiger Anerkennung seiner Herrschaft kommt prägnant in einem Krisengespräch im Anschluss an die gemeinsame Lektüre an einem Sonntagabend Ende Januar 1774 zum Ausdruck, zufällig am Ende der anstrengenden Woche der Schweineschlachtung. Den Inhalt resümiert Henriette ausführlich. Sie und ihr Mann hätten sich über ihre Vorgehensweisen ("façons de faire") unterhalten und Rudolf sei dabei auf ihre persönlichen Fehler zu sprechen gekommen. Durch das Gespräch wird offenbar eine Zeit der Sprachlosigkeit zwischen den beiden überwunden. Wenn Henriette sich am Ende für die Korrektur durch ihren Mann bedankt, ist zu bedenken, dass ihr Adressat Gottvater im Himmel ist. Zugleich macht sie jedoch klar: Ein guter Ehemann nimmt Anteil am seelischen Wohlergehen seiner Frau und ist ein guter, zärtlicher Freund.

> Mit Freude habe ich festgestellt, dass mein Mann mich anhält, meine Fehler zu erkennen, seit langem habe ich mit Kummer festgestellt, dass er sich nicht sehr für mich zu interessieren scheint, ich fühlte durchaus, dass er oft mit mir unzufrieden war, und ich nahm sein

---

78 Schnegg 1993, S. 169; De Capitani / Schnegg 2008, S. 144.
79 Journal, Bd. 5, 26.7.1778; vgl. zu geschlechtsspezifischer Kommunikation unter Geschwistern und zur hervorgehobenen Rolle der Frauen in der „Verwandtschaftsarena" Lanzinger 2009, S. 264.
80 Gleixner 2005, v. a. S. 222, 251 und 510.

> Schweigen darüber als ein Zeichen der Gleichgültigkeit; er erscheint mir [nun, J.E.] als zärtlicher Ehegatte und wahrer Freund.[81]

Mangel an Individualität und Eigen-Sinn wird man der Bernerin, die beständig mit sich und ihrer Umwelt ringt, jedoch nicht vorwerfen können. Die Macht der Gattin des Landvogts ist teils formeller, teils informeller Art. Unter ihrem Regime steht ein großes Hauswesen. Im Bewusstsein ihres begrenzten Mitspracherechts in anderen Angelegenheiten beklagt sie sich aber in einem der ersten Einträge nach Wiederaufnahme des Tagebuchs über den Verkauf eines Grundstücks in Kirchberg durch ihren Mann, ohne angehört worden zu sein.[82] Gewöhnlich mischt sie sich nicht in die Amtsgeschäfte ihres Manns ein, während Hauswirtschaft, Kindererziehung, Kommunikation in der Verwandtschaft und Heiratspolitik zu ihren Metiers gehören. Die Separierung der Aufgaben unter den Eheleuten ist ausgeprägt und wird insgesamt nicht angezweifelt.

Haus versus Familie: zwei Modelle des Zusammenlebens

Dabei weisen die latenten Konflikte zwischen dem Landvogt und Ratsherrn Stettler und seiner frommen Frau in ihrer Bedeutung über den patriarchalischen Rahmen und das Feld des Religiösen hinaus. Sie sind ein Indikator für die Unvereinbarkeit von zwei unterschiedlichen Modellen des häuslich-familiären Zusammenlebens. Bei den Stettler-Herports gibt es einen grundsätzlichen Dissens im Hinblick auf die ausgeprägte halböffentliche Besuchskultur in der häuslichen Sphäre. Gleich in der Vorrede ihres Tagebuchs von 1772 nennt Henriette das Problem ausführlich beim Namen. Bezüglich der Pflege gesellschaftlicher Beziehungen sei ihre Meinungsverschiedenheit „ein wirklicher Kummer für ihren Mann, dessen Vorliebe ganz anders ist und es schätzt, oft Besuch zu haben". Sie sieht es als ihre primären Aufgaben, den Haushalt in Ordnung zu halten, ihre Kinder zu erziehen und die Bediensteten zu beaufsichtigen. Die fast täglichen hereinkommenden Gäste und Besucher sind ihr ein Graus, der nach Ausweis der Sünden-Strichlisten ihre Geduld extrem strapaziert. Für Rudolf Stettler dagegen gehören Visiten und Diners zu seinen Berufspflichten. Wer in der Ämterhierarchie

---

81 Beide Zitate Journal, Bd. 4, 30.1.1774: „C'est avec plaisir que j'ai vu que mon Mari cherche a me faire reconnaitre mes fautes, dépuis longtems je voyois avec chagrin qu'il ne paraissoit pas s'intéresser assé pour moi, je sentois bien qu'il étoit souvant mécontant de moi, et je prennois comme une marque d'indifférance de sa part son sillance a ce sujét; il me sembloit qu'en Epoux tendre en Ammi vray".
82 Journal, Bd. 3, 3.1.1772: „j'ai eté dans rien dire, fachée de ce marché".

des Stadtstaats Bern Karriere machen wollte, musste die sozialen Beziehungen pflegen. Er erklärt seiner Gattin, dass sie die Welt nun mal nicht ändern könne. Doch sie bittet ihn, „seine Einladungen und Bekanntschaften nicht noch mehr auszuweiten".[83] Der Dissens des Ehepaars über die Besuchspraxis bleibt jedoch über die Jahre, auch nach dem Umzug in die Stadt, ein Tenor ihres Tagebuchs. So kommentiert sie im Januar 1779 ausführlich die unvermeidlichen gesellschaftlichen Verpflichtungen in Bern:

> Eitel ist doch die heutige Welt; die lebensart gefällt mir gar nicht, beständige gesellschafften, puz, tanz, comedie ich enziehe mich so viel möglich von allem, doch da ich nahe bei 80. Visiten zu machen habe – kann ich wenig bei Hause alein sein – ginge ich an jedes ort nur ein mahl – und jede woche zu meiner Mamma, und dann die tage da ich bei hause Visiten habe so ist der winter fast gar vorbei, (...) selten kan ich lesen, meinen kindern kan ich fast keine Zeit geben, dieses alles macht mich unwillig – da bin ich muthlos, traurig – mürrisch.

Der von ihr protokollierte Ratschlag ihres Manns lautet lapidar: „herr Stettler sagt mir mann müße sich in die welt schiken".[84]

Henriette Stettler-Herports Strichlisten sind ein Dokument des ‚offenen Hauses' der Eliten, das nach anderen Prinzipien funktionierte als moderne Ideen von ungestörter Privatheit.[85] Dabei lassen sich markante Unterschiede zwischen der Besuchspraxis auf der Landvogtei und in der Stadt feststellen. Auffällig für die Zeit in Frienisberg ist die große Zahl der über Nacht oder mehrere Tage anwesenden Besucherinnen. Demgegenüber nimmt im Wohnhaus der Stettlers in Bern ab 1778 die Zahl der Visiten und Kurzbesuche, oft in Verbindung mit kleinen Mahlzeiten, und auch die Zahl der außerhalb des Hauses verbrachten Abende deutlich zu. Die Typen der Besucher auf der Landvogtei sind besser fassbar als später im Stadthaus. Im Wesentlichen sind es drei miteinander verflochtene Gruppen: Reformierte Geistliche, weltliche Amtsträger und Offiziere sowie Verwandte und Freunde. Unter den Personen, die Henriette Stettler-Herport notiert, finden sich viele bekannte Namen aus dem bernischen Patriziat wie Wattenwil, Bonstetten oder Tscharner. Nachbarn als solche spielen dagegen für den Haushalt und das soziale Netzwerk keine nennenswerte Rolle. Hinzu kommt die Präsenz

---

83 Alle Zitate ebd., 1772, vorangesetzte Vorsätze, Pkt. 14.: „un chagrin réel a mon Mari, dont le gout tout oposé est portés a avoir souvent du Monde"; „je dois tenir mon Ménage en ordre, élevér mes Enfants, les préservér des mauvais Exemples, veillér sur mes domèstiques"; „mon Mari me dit que je ne changerai pas le Monde"; „je prierai mon Mari de ne pas étendre encor plus ses invitations, et ses Connoissances".
84 Beide Zitate Journal, Bd. 5, 10.1.1779.
85 Vgl. zum Konzept Eibach 2011, zum Wandel des ‚offenen Hauses' um 1800 Eibach 2015, S. 31–34; Eibach 2020a, S. 354–59.

von Personen, die für ihre Tätigkeit im Haushalt bezahlt werden: Wäscherinnen und Büglerinnen, Schneiderinnen, ein Hauslehrer und der Cembalolehrer der Tochter. Einige Male nimmt das Paar auch vorübergehend Arme und Bettler von der Straße bei sich auf.[86] Die Besuche im Amtshaus changieren zwischen Kurzvisiten und mehrwöchigen Aufenthalten. Sie sind oft unangekündigt, was die Hausmutter als besonders störend empfindet. Besucherinnen aus der weiteren Verwandtschaft scheinen ihr nicht lieber zu sein als Amtskollegen ihres Manns.[87] Henriettes Aufgaben umfassen die Vorbereitung der Mahlzeiten und die Unterhaltung der Gäste. Mal werden die Gebäude der Landvogtei gezeigt, mal müssen die Kinder der Besucher unterhalten werden. Das typische Procedere sieht folgendermaßen aus: „Ich habe alles für das Dinér arrangiert, beginnend nach dem Frühstück, und alles Benötigte herausgestellt. Die Gesellschaft ist um 11 Uhr angekommen. Das waren der Herr Vogt Grouber aus Buchsee und Frau Major Fischer (...), wir haben geplaudert, die Unterkunft angeschaut, diniert, Kaffee getrunken, um 4 Uhr den Tee, um 5 sind sie wieder gegangen."[88]

Der Umzug nach Bern scheint das Problem für Henriette Stettler-Herport eher noch verschärft zu haben. Zwar fallen nun die Besuche von Landvögten und -geistlichen weg. Aber fortan wird ihre Teilnahme an der gepflegten Geselligkeit im patrizischen Milieu erwartet. Wenige Wochen nach dem Umzug resümiert sie frustriert ihren Tageslauf. Vormittags ginge sie selten aus, aber bereits ab

> nachmitag gibt es hin und wieder geschäffte auch eint und andere kleine visiten zu empfangen, ich mache derselben so wenig als möglich, arbeite lieber wann es sein kann biß um 4 uhr, da ich mich dann ankleide um den abend in Geselschaft zu gehen, da ich gegen 70 Häuser u wohl verwandte und bekante habe bei denen ich im Kehr den Abend zubringe und sie bei mir, so bleiben mir wenig Abende um allein bei Hause zu bleiben. (...) könte ich nach meinem geschmak leben, so gienge ich sehr wenig in große gesellschafften.[89]

Die städtische Besuchskultur begann demnach am Nachmittag. Das Geflecht der Geselligkeit reichte in der Sommersaison bis zum mehrere Kutschenstunden entfernten Landsitz in Kirchberg. Sie notiert gestresst: „wir haten viele geselschaft – es war tägliches anlangen und abreisen – etliche tage ist mir ganz übel gewe-

---

86 Journal, Bd. 3, 21.8.1772, 10.12.1782.
87 Journal, Bd. 5, 20.2.1778: „„meine Verwandten und Freunde meinen es gut, ich soll dankbahr sein... und bin offt unbillig".
88 Journal, Bd. 3, 4.5.1772: „j'ai tout arangé pour le dinér, dabord aprés dejeuné, et sortis ce qui étoit nécéssaire. la compagnie est arivée à 11. h. c'etoit Mr. le Baillif Grouber de Bouchsée et Mad. Mr. le Major Fischer (...), on à causé, regardé le logement, diné, pris le caffé, à 4. h. le Thè, à 5. ils sont repartis".
89 Journal, Bd. 5, 18.1.1778.

sen".[90] Den Konnex zwischen Besuchskultur, Karriere und Politik verdeutlicht ein Blick auf die ‚petites visites'. Die Zahlen dieser kleinen Besuche sind im Jahr 1786, in dem Rudolf Stettler nach mehreren erfolglosen Anläufen endlich als ‚Heimlicher' in den Kleinen Rat gewählt wird, gegen den Trend bei anderen notierten Besuchsformen sehr hoch. Seine Kooptation erfolgt im Mai 1786. Für das erste Halbjahr 1786 verzeichnet seine Frau 112, für das Halbjahr nach Antritt des Amts sogar 145 kleine Besuche in ihrem Haus, offensichtlich eine hektische Zeit, in der sich die Besucher im Haus des neuen Ratsherrn die Klinke in die Hand geben.[91] Der spätere Rückgang der Visiten mit Speis und Trank könnte seinen Grund in der angeschlagenen Gesundheit der Hausmutter haben.

Henriette Stettler-Herport ist keineswegs ein gänzlich unsozialer Mensch. Manche Besuche wie zum Beispiel diejenigen ihrer geliebten „Bäsi Wyttenbach" sind ihr willkommen.[92] Einige Frauen ihrer Verwandtschaft besucht sie sehr gern, manche bezeichnet sie ausdrücklich als Freundin. Ihr sozialer Kontext ist und bleibt die ratsnahe Elite Berns. Pietistische Versammlungen oder Betstunden spielen keine Rolle. Doch der Parcours standesgemäßer Soziabilität ist eine ständige Last. Die Bedürfnisse der belesenen pietistischen Patrizierin lassen sich nicht allein auf eine fragile Persönlichkeit zurückführen. Als Kontrast zur täglichen Praxis des ‚offenen Hauses' hat sie eine Idee, die vorausweist auf das Modell der Familie in einem als privat verstandenen häuslichen Raum. Der Ort, um ihre „Vorliebe für das Alleinsein (...) im Unterschied zur Leidenschaft für die große Gesellschaft" auszuleben[93], ist ihre Kammer (‚ma chambre'). Diese Privatheit soll zuvorderst der religiösen Erbauung und der Erziehung der Kinder dienen. Aber dabei bleibt es nicht. Sie wünscht sich mehr Häuslichkeit und mehr Zeit für die Familie. Nach etwa einem Jahr in Frienisberg skizziert sie ihr Programm für ein intimes Familienleben:

> Ich erwarte ungeduldig die Rückkehr meines Manns, ich möchte immer meinen Mann und meine Kinder im Haus haben, auf diese Art ruhig in der Familie leben, nur Besuche meiner nahen Verwandten oder intimsten Freunde haben und das nur einmal pro Woche, die übrige

---

90 Ebd., 6.8.1780.
91 Zur Ratswahl am 11. Mai 1786: Journal, Bd. 5, 24.5.1786; zur Zahl der Besucher bei ‚petites visites' laut den Strichlisten im Bd. 5 im Einzelnen: 92 im ersten Halbjahr 1785, 99 im zweiten Halbjahr 1785, 112 im ersten Halbjahr 1786, 145 im zweiten Halbjahr 1786; zum Folgenden ebd., 26.5. 1786 und Bd. 5, pass.
92 Journal, Bd. 5, 13.8.1780, 5.8.1781; zum Folgenden ebd., 16.8.1778, 18.1.1778, 22.8.1779.
93 Journal, Bd. 3, 1772, vorangesetzte Vorsätze, Pkt. 14: „gout pour la solitude (...) en opposition avec la passion du grand monde".

> Zeit würde ich meinem Haushalt widmen, der Bildung meiner Kinder, dem Spazierengehen,
> der Lektüre, der Arbeit, das wäre mein größtes Glück.[94]

Ein erfülltes Familienleben heißt für diese Akteurin Gespräche und gemeinsame
Lektüre, Zeit für Vergnügungen mit den kleinen und für Bildung der großen
Kinder, Spazierengehen mit dem Mann, manchmal Hausmusik. Die älteste
Tochter erhält Unterricht am Cembalo und Gesang.[95] Gelesen werden im Fami-
lienkreis nicht nur Predigten und Erbauungstexte, sondern auch die Werke von
Samuel Richardson, Johann Jakob Scheuchzer, Sophie von La Roche und Fried-
rich Gottlieb Klopstock. Das Ehepaar versucht, wenigstens die Nachmittage und
Abende an Sonntagen für diese Art der Familiengemeinschaft freizuhalten.

Die charakterliche Entwicklung der Kinder sowie die Beziehung zu und
zwischen den Kindern nehmen in den Einträgen großen Raum ein. Henriette
Stettler-Herport legt Wert auf Erziehung und Bildung, für die im Wesentlichen sie
selbst und der Hauslehrer mit festen Stunden am Vor- und Nachmittag verantwortlich zeichnen. Schließlich beginnt sie auch, Strichlisten über die Besuche
anderer Kinder bei ihren Kindern zu führen. Denn sie ist besorgt, ihre Kinder
könnten sich zu sehr auf die eitlen Freuden der mondänen Welt einlassen.[96] Heute
würde man sie vielleicht als Helikopter-Mutter bezeichnen. Zweifellos hat die viel
beschäftigte Hausmutter ein enges und emotionales Verhältnis zu ihren Kindern.
Die mit Abstand älteste Tochter Henriette wächst in die Rolle einer wichtigen
Bezugsperson und Partnerin der Mutter. Sie erfährt im Journal kaum weniger
Beachtung als der Ehemann. Hohe Erziehungsideale, Emotionen und Kontroll-
bedürfnis führen wiederholt zu Konflikten. Die Erziehungsziele werden resümiert,
als die Mutter Ende 1789 stolz vom Aufbruch ihres 19jährigen Sohns Albert
Friedrich (,Frizli') zum Studium an die Universität Göttingen berichtet: „wir haben
gott-lob die gegründeteste hoffnung von diesem lieben sohn seine grundsäze sind
edel, und gut, er studiert mit fleiß, mit eifer, mit freüde – heilig ist ihm jede pflicht,
deß christen, deß Menschen, deß Bürgers, ausschweifungen jeder art, weich-

---

94 Journal, Bd. 3, 11.10.1772: „j'atande avec impatiance le retour de mon Mari, je voudrois avoir
toujours mon Mari et mes Enfants a la maison, vivre ainsi tranquilement en fammille, n'avoir des
visites que de mes proches parants, ou amis, les plus intimmes, et cela une fois par semaine
seulement, le réste du tems je voudrois le donér a mon mènage, a l'education de mes Enfants, a la
promenade, la lecture, l'ouvrage, ce seroit là mon plus grand bonheur"; zum Folgenden 10.5.1772;
s. auch Bd. 5, 18.1.1778, 5.12.1779.
95 Journal, Bd. 3, 28.6.1772; Bd. 5, 18.1.1778; zur Hausmusik auch 1.1.1772, 22.1.1775.
96 Journal, Bd. 5, 18.1.1778; vgl. zur Geschichte der Erziehung jetzt Opitz-Belakhal / Guzzi-Heeb
2020; zur Rolle der Emotionen Jarzebowski 2018.

lichkeit, pracht, müßigang flieht er – so auch das superficiele der mode-sucht".[97] Im Duktus eher untypisch, ist dieser Tagebucheintrag eine Erfolgsmeldung. Mit dem Heranwachsen der Kinder protokolliert Henriette Stettler-Herport in ihren Strichlisten immer öfter eigene Verfehlungen gegenüber ihren Kindern und reflektiert auf diese Weise ihr Verhalten als Mutter und Erzieherin.

Die Anlässe für ihre wiederholte ‚Wut' und ‚Ungeduld' werden aus den Strichlisten nicht deutlich. Nimmt man die ausformulierten Einträge hinzu, so erweisen sich allerdings die Beziehungen in der hier in nuce zu beobachtenden Intimfamilie als überaus fragil. Bereits in statu nascendi zeigt die bürgerliche Familie ein Gesicht, das sich deutlich von ihrem harmonischen Ideal unterscheidet. Zum einen sind da permanenter Stress und Versagensgefühle der Mutter, zum anderen ein Alltag mit vielen Streitigkeiten. Sie möchte ihren Kindern „eine Lehrerin, der Tugend und Gottesforcht" sein, bangt aber, dass jene durch ihre Schuld nicht in den Himmel kommen werden.[98] Einige Jahre bevor Albert Friedrich, der später Richter und Professor für Geschichte in Bern werden wird, nach Göttingen aufbricht, beichtet die Diaristin ihrem Gott massive Störungen im Zusammenleben der Kinder. Es ist ein Bericht aus dem Durcheinander der real existierenden Familie, der das Zitieren lohnt:

> ich habe ein drükender Herzenskummer, der mich immer mehr plagt – meine jüngeren Kinder leben in beständigem streit und zangg mit einander, und schon so lange – ich hoffte mit zunnemmendem alter würde es beßer gehen, schrieb es ihrer großen lebhafftigkeit zu, vermachte sie, schmälte, machte alle mögliche vorstellungen, und ach! alles alles ist vergeblich. du weist es mein Gott!

Es folgt ein Gebet mit der Bitte an Gott, den Charakter ihrer Kinder zu bessern. „Friz [Albert Friedrich, J.E.] der so groß ist der wirklich 15 jahr alt, auch er machte nicht beßer als die jüngeren, ach! du hast durch deine Gnad ihnen so viele gute und nüzliche Gaben geschenkt, es sind hoffnungs volle kinder und alles, alles wird dadurch verderbt daß sie auf eine solche art zusammen leben". Offenbar kommen die Konflikte häufig beim familiären Ritual der gemeinsamen Mahlzeit zum Ausbruch. Bei Tisch kann man sich nicht aus dem Weg gehen:

> keines kan an dem andern das geringste leiden und vertragen, da geht es alle tage (...) – auch schlagen sie offt auf ein ander; kommen wir zum tisch, anstat liebreicher gespräche, oder sonst liebreicher, auch amüsanter unterhaltung schreit und klagt eins übers ander – da

---

97 Journal, Bd. 5, 10.12.1789.
98 Ebd., 30.8.1778.

müßen wir schmälen, werden selbst unwillig, verdrießlich, so sich unser mahlzeiten verbi-
ternt (...) – viele bitere thränen hat mich dieses schon gekostet.[99]

Das Beispiel zeigt, dass innerfamiliäre Emotionen nicht mit Harmonie oder Liebe
gleichzusetzen sind. In gut situierten Familien, die anders als im Handwerk oder
in bäuerlichen Kontexten ihren Nachwuchs nicht mit etwa 14 Jahren als Lehrling
oder Magd aus dem Haus schickten, eröffnete sich durch die längere Präsenz der
heranwachsenden Kinder ein neuartiges Konfliktfeld.

Im Kontrast zur Intimsphäre der bürgerlichen Familie gilt der vormoderne
Haushalt in der Forschung als Ort der Arbeit, nicht zuletzt weiblicher Arbeit. Es
lassen sich verschiedene Formen der Arbeit unterscheiden: Haushälterisches
Wirtschaften, Betreuung von Kindern und Alten, Leistungen der Subsistenz-
sicherung und auch bezahlte Arbeit.[100] Das Beispiel Stettler-Herport legt nahe,
einen fünften Typ der Arbeit hinzuzunehmen, bei dem die Gattin und Hausmutter
eine wichtige Rolle spielt, nämlich Repräsentationsarbeit. Das Repräsentieren,
Bewirten und Unterhalten der zahlreichen Gäste im Haus bedeutet für die Frau
des bernischen Amtsträgers Arbeit, nämlich Aufwand und Einsatz, der mit Unlust
und geringer Motivation verbunden ist. Mit dieser Art der Arbeit wird indes ganz
wesentlich soziales Kapital erwirtschaftet, das sich dann in Gestalt beruflicher
Kontakte und der Karriere des Manns auch in pekuniäres Kapital ummünzen
lässt.[101]

Im patrizisch-pietistischen Kontext des Hauses Stettler-Herport lassen sich
deutliche Vorzeichen einer heraufziehenden neuen Ära erkennen. Nicht zufällig
werden bei der Verabschiedung des ältesten Sohns nach Göttingen – just im Jahr
der Revolution – dessen moralische Tugenden als Christ, Mensch und Bürger
hervorgehoben. Henriettes Vorsätze für ein selbstdiszipliniertes Leben mit starker
Norm- und Leistungsorientierung sowie auch dem Ziel der Optimierung ihres
anspruchsvollen Alltags ließen sich späterhin leicht verbürgerlichen. In diesem
Sinne sind auch die Schreib- und Lesekultur, ihr Gesundheitsbewusstsein und die
angestrebte Innerlichkeit zu notieren. Vor allem aber weist ihr häusliches Familienideal mit dem starken Akzent auf der Intimsphäre voraus auf das Familienverständnis der bürgerlichen Gesellschaft. Die Rolle als Repräsentantin des
Hauses nach außen akzeptiert sie widerwillig, ohne jede Überzeugung und Leidenschaft. Ihre Kritik an Eitelkeit und Maßlosigkeit, an Einladungen und Festi-
vitäten im patrizischen Milieu korrespondiert – bei Parallelen zum republikani-

---

99 Alle Zitate ebd., 9.1.1785; s. auch ebd., 24.12.1789; vgl. zur Bedeutung der Konversation bei
Tisch Keppler 1994.
100 Vgl. zur Begriffsklärung Whittle 2019; Zucca Micheletto 2015 und 2020.
101 Vgl. die Kapitalien-Theorie Bourdieus, zusammengefasst: Bourdieu 1983.

schen Tugenddiskurs – mit der aufkommenden Adelskritik des Bürgertums.[102] Die häusliche Lebenswelt soll nach außen abgeschlossen werden, zugänglich nur noch für nahe Verwandte und Freundinnen. Angestrebt wird ein privatisierter Raum der Familie, unterstützt von einigen Dienstboten, zu denen keine persönlichen Beziehungen bestehen. Während der Ratsherr Rudolf Stettler ein älteres Modell des ‚offenen Hauses' mit herrschaftlich-repräsentativen Funktionen vertritt, will seine Frau ein Leben ‚en famille'.

---

[102] Vgl. Schnegg 2004, S. 126; dies. 1993; zur bürgerlichen Intimsphäre Reckwitz 2020, S. 145–50; zu bürgerlicher Moral und Adelskritik Maurer 1996, S. 236 ff. und 588 ff.

5 Bürgerliche Ehe und offene Häuslichkeit: Ferdinand und Caroline Beneke

Hamburg (1805 – 1816)

Über das moderne Bürgertum gehen die Meinungen seit seiner Entstehung ab Mitte des 18. Jahrhunderts weit auseinander. Für die einen ist das Bürgertum die soziale Basis aller demokratischen Bestrebungen und einer liberalen Kultur, die altständische Grenzen überwand sowie aufgeklärte Bildung, wirtschaftlichen Aufstieg und individuelle Autonomie ermöglichte. Die anderen kritisieren politisches Kompromisslertum im Ringen mit dem Obrigkeitsstaat, das Beharren auf Distinktion gegenüber den Unterschichten, einen steifen, lustfeindlichen Habitus und hierarchische Geschlechterbeziehungen.[1] Sicher ist, dass man bei einer Studie über Ehe und häusliche Beziehungen im bürgerlichen Jahrhundert das Bürgertum nicht übergehen kann. Zwischen Bürgerlichkeit und Häuslichkeit (‚domesticity‘) bestand nicht nur in Deutschland eine Wahlverwandtschaft.[2] Die Belletristik postulierte um 1800 die Liebesehe.[3] Vordenker der bürgerlichen Gesellschaft entwarfen, wie eingangs skizziert, ein Programm der Ehe als ‚sittliches Verhältnis‘ (Hegel) und Grundlage aller ‚Humanität und Civilisation‘ (von Rotteck). Die Familie ist also aus dem ‚bürgerlichen Wertehimmel‘ nicht wegzudenken. Zwar umfassten ‚die gebildeten Stände‘ bzw. die ‚Bourgeoisie‘ in allen Ländern Europas und darüber hinaus nur zahlenmäßig kleine Gruppen.[4] Doch strahlten Habitus und Lebensstil auf andere Milieus aus. Dabei war das bürgerlich-frühliberale Modell in Reinkultur, das auf Fortschritt durch soziale Ausweitung von Besitz und Bildung sowie positive Effekte von Gewerbsfleiß und Aufklärung setzte, schon vor der Revolution von 1848/49 in die Defensive geraten. Spätestens um 1900 setzten dann mit der Heraufkunft der Massen- und Konsumgesellschaft Gegenbewegungen ein, die auch in der Subjektformierung in

---

1 Vgl. aus der Fülle der Literatur insbes. Hausen 1976; Kocka 1995; Hein / Schulz 1996; Hettling / Hoffmann 2000; Studer 2000; Budde 2009; Fahrmeir 2010; Reckwitz 2010; zur Bürgerlichkeit um 1800 Maurer 1996; Bödeker 1989; mit Bezug auf Beneke zuletzt Hatje 2015 und 2020.
2 Tosh 1999, S. 4, versteht unter ‚domesticity' „not just a pattern of residence or a web of obligations, but a profound attachment: a state of mind as well as a physical orientation".
3 Trepp 2000; zur Praxis auch R. Habermas 2000, Kap. V.; vgl. zur Forschungsdebatte um das Aufkommen der Liebesehe Gestrich 1999, S. 30 – 32 und 80 f.; Gestrich u. a. 2003, S. 484 ff.; Saurer 2014, S. 47 ff.
4 Kocka 1995, S. 10; Osterhammel 2009, S. 1079 ff.; Dejung u. a. 2019, S. 1 ff.

https://doi.org/10.1515/9783110749496-005

Selbstzeugnissen Niederschlag fanden.[5] Für eine sinnvolle Auseinandersetzung ist es wichtig, den Begriff ‚bürgerlich' nicht als politischen Lagerbegriff oder umgangssprachliche Plattitüde zu verunstalten, sondern zwischen historischen Phasen der Bürgerlichkeit zu differenzieren. So war das lebensweltliche Durcheinander der bürgerlichen Familie während der Sattelzeit um 1800 möglicherweise offener und innovativer als das geordnete Familienleben in späteren Phasen der bürgerlichen Moderne.

Das bürgerlich-romantische Subjekt

In vieler Hinsicht verkörpert Ferdinand Beneke einen bürgerlichen Prototyp. Er versteht sich ausdrücklich als „Bürger, Hausvater, und Gatte" oder auch als „FamilienVater" und „Bürger".[6] Am 1. August 1774 als drittes von sieben Kindern in eine Bremer Kaufmannsfamilie geboren, gehörte er zu derjenigen sozialen Gruppe, die in vielen deutschen Städten im Wandel von der ständischen zur bürgerlichen Gesellschaft die Aufsteiger stellte.[7] Er studierte Jura und Kameralwissenschaften, was eine Karriere im Staatsdienst ermöglichte, und promovierte 1795 an der führenden deutschen Universität Göttingen. Er war ein Angehöriger der ‚gebildeten Stände' und verfügte über Kontakte zur ratsnahen Elite in den norddeutschen Hansestädten. Als Student sympathisierte er mit den Ideen der Französischen Revolution und erwog sogar, ins Land der Revolution oder nach Nordamerika auszuwandern. Unter dem Eindruck des Machtstrebens Napoleons und der französischen Okkupation wurde er aber später zu einem Napoleon-Hasser, der sich Preußen zuwandte. Statt auszuwandern oder preußischer Staatsdiener zu werden, ließ er sich 1796 als Advokat in Hamburg nieder.

Beneke agiert am Puls der Zeit. In seinem Wirken verbindet er den Patriotismus der Ära der Aufklärung mit dem philanthropischen Liberalismus des 19. Jahrhunderts, der Gutes tun will, Angehörige der Unterschichten aber bei Tumulten als „Pöbel" bezeichnet.[8] Er verfasst Memoranden über die zukünftige politische Verfassung Hamburgs, Statuten für die Bürgerwehr und eine Gemeindeverfassung für die Portugiesisch-jüdische Gemeinde. Im Zuge seines patriotischen Engagements für das Gemeinwohl bekleidet er mehrere Ämter, unter an-

---

5 Reckwitz 2020, Kap. 3, S. 282 ff.; vgl. jetzt Bänziger 2020.
6 Beneke, Tagebücher, 30.1.1811, III/1, S. 27; 13. 8.1813, III/1, S. 524.
7 Gall 1991; Gall 1993.
8 Beneke, Tagebücher, 24.2.1813, III/1, S. 369: „PöbelAufruhr"; 1. 3.1813, III/1, S. 375: „Aber seit der Pöbel die BürgerWache wieder sieht, ist an gar keinen Aufruhr mehr zu denken"; vgl. zu Beneke sehr informativ Hatje 2012a und 2012b.

derem als Armen- und Schulpfleger. Vor den Hamburger Gerichten hat der Anwalt den Ruf, gerechte Vergleiche zwischen streitenden Parteien aushandeln zu können. Nach der Annexion Hamburgs durch das Kaiserreich Frankreich lehnt Beneke mehrere ihm angetragene Ämter ab und muss vor der drohenden Inhaftierung aus der Stadt fliehen. Politischen Wandel erhofft er sich „nicht durch Staaten, – sondern durch ~~Männer~~ Völker, sobald's reif ist."[9] Am Tag vor der Rückkehr nach Hamburg notiert er Ende Mai 1814 ein Gebet: „Gieb, daß ich als ein beßrer Mensch, u. als ein heilbringender Bürger zurückkehre in meine Heimath!"[10] 1816 erlangt er – nicht ohne Mithilfe seines Schwiegervaters Otto von Axen – eine Traumstelle: Er wird zum Syndikus, das heißt zum juristischen Sekretär, des einflussreichen Oberaltenkollegiums gewählt. Beneke wird zwar nie Senator, ist in Hamburg aber ein bekannter Mann und über die Stadt hinaus gut vernetzt.

Das liest sich wie eine Erfolgsgeschichte. Aber Ferdinand Beneke lernt frühzeitig auch die Schattenseiten der Bürgerexistenz kennen, lebt mit starken inneren Spannungen und verkörpert Ambivalenzen des modernen Subjekts. So stammt er zwar aus einer wohlhabenden Familie und besucht das Bremer Domgymnasium, wird aber schon als Kind Zeuge des wirtschaftlichen Niedergangs des elterlichen Handelshauses. Als Heranwachsender muss er den Tod dreier Geschwister miterleben. Die Tatsache, dass Benekes Eltern und sein Onkel, der Hamburger Kaufmann Johann Friedrich Frederking, über eine Erbschaft in Streit und einen Prozess geraten, woraufhin der vor Gericht siegreiche, aber spielsüchtige Onkel trotzdem bankrottgeht[11], antizipiert Buddenbrook'sche Verhältnisse. Beneke selbst ist nie vermögend, sondern mehr oder weniger verschuldet und auf Kredite seiner Freunde angewiesen.[12] Vielleicht bewahrt er sich auch deshalb einen kritisch-distanzierten Blick auf Selbstinszenierungen des hamburgischen Großbürgertums. Sein Streben nach persönlicher und politischer ‚Verbesserung' korrespondiert mit einem Hang zur Skepsis und häufigen Krisen: „Der ganze Tag finster melancholisch in meinem Gemüthe."[13] Er mag keine opulenten Festbankette, trinkt Wasser und raucht Pfeife. Zu seinen „diätetischen Gewohnheiten" gehören tägliche Spaziergänge durch Hamburg bei jedem Wetter, Wanderungen im Umland sowie im Sommer Besuche im Badeschiff an der Alster.[14] Der hochmotivierte Hypochonder, der im zweiten Halbjahr 1814 nach dem triumphalen Einzug mit der Bürgergarde in Hamburg monatelang vor sich hin

---

9 Beneke, Tagebücher, 16.11.1812, III/1, S. 325 (Durch- und Unterstreichung im Original).
10 Beneke, Tagebücher, 30.5.1814, III/2, S. 113.
11 Hatje 2012a, S. 61 f.
12 Beneke, Tagebücher, 30.8.1811, III/1, S. 131; 22.6.1813, S. 470; 12.6.1814, III/2, S. 122.
13 Beneke, Tagebücher, 9.9.1812, III/1, S. 291.
14 Beneke, Tagebücher, Uebersicht des Jahrs 1814, III/2, S. 195.

kränkelt, ist universal interessiert. Geradezu manisch studiert und schreibt Beneke, wobei er wissenschaftliches Arbeiten über die Geografie und Kartografie seiner Heimat Norddeutschland und exakte Beobachtungen des Wetters in Hamburg mit romantischen Neigungen verbindet.[15] Er liest nicht nur Goethe, Jean Paul, Kleist und de la Motte Fouqué. Seine langen Spaziergänge führen den praktizierenden Romantiker auch bei Tage oder Mondschein über die Hamburger Friedhöfe, was „für mich großen Reiz (hat), besonders im Winter, wo da alles so einsam, so himmlisch melancholisch, so innig heiter ist".[16]

Beneke schreibt täglich über sich selbst und seine soziale Umwelt. Als modernes Subjekt funktioniert er selbstreflexiv. Das von ihm über mehr als fünf Jahrzehnte hinweg bis zu seinem Tod 1848 geschriebene Tagebuch und die sonstige Dokumentation des eigenen Lebens, die er schließlich seinem Sohn Otto Adalbert übergibt, erreichen ein geradezu goetheskes Ausmaß.[17] Das Tagebuch gehört zu den kulturellen Ressourcen, die es im bürgerlichen Konzept für künftige Generationen zu sichern gilt. Im Unterschied zu Goethes *Dichtung und Wahrheit* ist das Journal Benekes aber nicht von A bis Z durchkomponiert und der Stilisierung eigener Größe gewidmet, sondern erfüllt mehrere Zwecke. Es hat die Funktion eines „abwesenden Freundes".[18] Anders als im pietistischen Tagebuch geht es nicht um eine Beichte des sündigen Menschen gegenüber Gott, sehr wohl ist Benekes Journal aber eine Technik bzw. ‚Technologie des Selbst' (Foucault). Primär ermöglicht die Vertextung der Erfahrungen dem krisenanfälligen Subjekt Selbstvergewisserung. Das Subjekt strebt nach Orientierung über sich und die Welt. Für dieses „to know yourself"[19] ist kein Medium besser geeignet als das Tagebuch. Dazu kommt das Motiv der Dokumentation, wozu sowohl die ereignisreichen Zeitläufte – Beneke beginnt seine täglichen Notate drei Jahre nach dem Sturm auf die Bastille – als auch das bewegte Leben des Autors einladen. Das Subjekt Beneke verbindet bürgerliches Ordnungsstreben und romantische Kreativität, in seinem Tagebuch findet beides Ausdruck. Deshalb macht es wenig Sinn, im bürgerlichen und im romantischen Subjekt opponierende Modelle zu erblicken.[20] Bürgerliche und romantische Subjektivität sind von Beginn an miteinander verschwistert.

---

15 Zu Benekes Notizen über das Wetter und sein Befinden Bischoff 2018.
16 Beneke, Tagebücher, 30.12.1812, III/1, S. 345.
17 Vgl. einführend Hatje 2012b; zur Ressourcensicherung als bürgerliche Strategie Reckwitz 2020, S. 161.
18 Zu Funktionen und Motiven von Benekes Tagebuch Hatje 2012b, S. 18 ff., hier S. 23 (Zitat).
19 Foucault 1988, S. 20.
20 So aber Reckwitz 2020, S. 120 f.

Obwohl Beneke an manchen Stellen Codierungen benutzt, um seine Ausführungen vor unerwünschter Leserschaft zu schützen, ist sein Tagebuch weniger privat, als man annehmen könnte. Der fortlaufende Text adressiert nicht nur Benekes Alter ego, sondern enthält auch Mitteilungen an den Kreis der Vertrauten. Es kommt auch vor, dass sich Ferdinand und seine Frau Caroline (‚Karoline‘ bzw. ‚Line‘) bei der morgendlichen Kaffeestunde gegenseitig aus ihren Tagebüchern vorlesen.[21] Zu den ausgesuchten Leserinnen zählen die engsten Freunde. Und Beneke adressiert mitunter direkt seine „lieben Nachkommen! die Ihr dieses einmal leset".[22] Benekes Sohn Otto Adalbert wird bezeichnenderweise Archivar und Leiter des hamburgischen Staatsarchivs. Dass der viel beschäftigte Advokat, Amtsinhaber, Ehemann, Vater und Freund Beneke sich über Jahrzehnte hinweg Zeit nimmt, um täglich oft seitenlang über den Lauf der Dinge Buch zu führen, unterstreicht schon die Wichtigkeit des Geschäfts für ihn selbst. Hinzu kommen Jahresübersichten, in denen er gemeinsam mit seiner Frau jeweils zum Jahreswechsel das abgelaufene Jahr – vergleichbar mit der „Schlußrechnung eines Geschäftsjahrs zum kaufmännischen Journal"[23] – bilanziert und dabei die Kontakte im Familien-, Haus-, Verwandten-, Freundes- und Bekanntenkreis sortiert. Briefe, Entwürfe und auch Artefakte wie Haarlocken seiner Frau und Töchter sammelt der Verfasser in Beilagen.

In der Forschung ist Bürger Beneke kein Unbekannter. Auf der Grundlage der seit 2012 erfolgenden Edition der Tagebücher hat Frank Hatje den Akteur aus verschiedenen Perspektiven analysiert.[24] Mit geschlechtergeschichtlichem Ansatz skizziert Anne-Charlott Trepp Beneke als Vertreter einer um 1800 neuartigen ‚sanften Männlichkeit‘.[25] Gegenwärtig liegen noch längst nicht alle Jahrgänge der Tagebücher gedruckt vor, aber schon der kolossale Umfang des Vorhandenen macht eine Selektion unvermeidlich. Die folgenden Ausführungen beziehen sich – neben der Phase des Kennenlernens von Ferdinand und Caroline Beneke 1805/ 06 – primär auf die besonders dicht dokumentierten Jahre 1811 bis 1816, in denen Caroline Beneke als implizite Leserin zu verstehen ist. Dieser Zeitraum kombiniert Normaljahre des Familienlebens mit Krisenjahren. Hamburg ist seit 1806 von französischen Truppen besetzt, seit Januar 1811 Teil des Französischen Kaiser-

---

21 Beneke, Tagebücher, 19.7.1811, III/1, S. 114; vgl. Hatje 2012b, S. 12f.; die Schreibweise von Caroline Beneke, geb. von Axen, mit ‚C‘ folgt der Konvention in der Edition der Beneke-Tagebücher.

22 Beneke, Tagebücher, 31.8.1811, III/1, S. 132.

23 So treffend Hatje 2012b, S. 17; zur Mitwirkung von Caroline s. Beneke, Tagebücher, 3.1.1813, III/ 1, S. 349: „LeseMorgen mit Line; die Uebersicht des Jahrs 1812. beschäftigte uns lange".

24 Zuletzt Hatje 2020; weiterführende Literaturangaben s. ebd.

25 Trepp 1996a; dies. 1996b und 1996c.

Abb. 8: Familie Beneke, Daguerreotypie 1844; Bildquelle: Museum für Hamburgische Geschichte.

reichs und leidet wirtschaftlich unter der Kontinentalsperre.[26] Beneke praktiziert jedoch weiterhin als Advokat und ist trotz seiner antinapoleonischen Haltung als Jurist zugelassen. Der soziale Verkehr der Familie, die Ende März 1812 in ein Haus am Holländischen Brook zieht, ist nicht eingeschränkt. Zu den beiden 1808 und 1810 geborenen Töchtern Emma und Minna kommt der 1812 geborene Otto Adalbert hinzu.

Nach dem Abzug der französischen Truppen vor dem heranrückenden russischen Militär im März 1813 erarbeitet Beneke einen Entwurf für die neue Verfassung der Hansestadt. Doch die Rückeroberung Hamburgs durch die Franzosen zwingt Beneke als Major der Bürgergarde Ende Mai 1813 die Stadt zu verlassen. Auch seine Familie flieht nach Klein Flottbek. Caroline Beneke ist nicht im heutigen Sinne berufstätig. Im folgenden Jahr sehen sich Caroline und Ferdinand Beneke nur selten, sie kommunizieren mittels Briefen. Die Kinder sind bei Caroline, die an wechselnden Orten Unterkunft findet, während ihr Mann für die Hanseatische Bürgergarde und den russischen General Bennigsen agiert und auf die Befreiung Hamburgs hofft. Im Mai 1814 vereinigt sich die Familie wieder und kehrt Anfang Juni in ihr Haus zurück. Wie bereits erwähnt, gelingt es dem nach

---

26 Vgl. Hatje 2012a; zudem die Zeitleiste, in: Beneke, Tagebücher, Begleitband II.1, S. 5 ff.

Ende des Exils von „beklemmenderen Nahrungssorgen"[27] geplagten Beneke im Februar 1816 sein berufliches Leben durch die Stelle als Oberaltensekretär auf ein festes Fundament zu stellen. Die Jahre 1811–1816 bieten sich auch deshalb für eine Auswertung an, weil nicht nur Benekes Tagebuch, sondern auch der Briefverkehr des Ehepaars überliefert und so Caroline Benekes Stimme vernehmbar ist. In der durch externe Ereignisse verursachten Krise wird die Ehe auf eine Probe gestellt, und es werden Dinge angesprochen, die im Familienalltag sonst kaum ein Thema sind.

Der Haushalt und das Haus

Der Haushalt der Benekes besteht nicht nur aus der Kernfamilie. Zu den Hausbewohnerinnen am Holländischen Brook 67 zählen neben dem Ehepaar und den Kindern auch Benekes Mutter Justine Dorothea und seine unverheiratete ältere Schwester Regine.[28] Wenn Beneke dem familiären Zusammenleben eine höhere Dignität zusprechen will, verwendet er gern den Begriff ‚Haus' in verschiedenen Varianten. So rekurriert er in der Jahresübersicht zu 1812 auf „Die Geschichte unsres Hauses", „unsren kleinen Hausstaat" und die „Genoßen unsres Haus-Bundes".[29] Dazu zählen neben der im Hause wohnhaften erweiterten Familie mit Mutter und Schwester auch die „auswärtigen Genoßen", nämlich der jüngere Bruder Johann Friedrich (‚Fritz') und die Bremer Freundin Minna, sowie die „Domestica", will sagen die Dienstboten. Auch verwandte und befreundete Familien werden wie Dynastien als „Häuser" bezeichnet.[30]

Trotz anhaltender finanzieller Probleme unterhalten die Benekes zwei Dienstmädchen bzw. Mägde und einen Diener. In den alltäglichen Einträgen spielen die Köchin, das Kindermädchen und der Diener zwar keine große Rolle, werden aber en passant doch immer wieder genannt und in den Jahresberichten charakterisiert. So erwähnt Beneke in der Rubrik ‚Hausgenossen' „unsere verdrießliche, aber treue Anna" und ein kürzlich angestelltes „Mädchen" namens Friederike. Als „LohnBedienten" beschäftigt das Ehepaar den ehemaligen Bür-

---

27 Beneke, Tagebücher, Uebersicht des Jahrs 1814, III/2, S. 191.
28 Vgl. zu den Verwandtschaftsbeziehungen die Genealogien, in: Beneke, Tagebücher, Begleitband I, S. 224–30; vgl. zum Mitwohnen von Geschwistern B. Kuhn 2015; zum bürgerlichen Wohnen von Saldern 1997, S. 151ff.
29 Beneke, Tagebücher, Uebersicht des Jahres 1812, III/3, S. 368f.
30 Ebd., S. 369–71.

gergardisten Scheiffler, „ein sehr braver, und aufmerksamer Mann".[31] Als ‚Hausgenosse' wird dann auch noch „Unser alter Hund Werda" aufgeführt.[32] Die Rolle des Hundes als häuslicher Akteur wird durch Ausführungen zu dessen Beziehung zu den Kindern Minna und Otto betont. Ein Jahr später ist die Dienstmagd Anna in einen anderen Haushalt gewechselt, „hängt aber noch immer an uns, und hat auch jederzeit das Recht der Rückkehr". Scheiffler hat sich inzwischen für Beneke als „ehrlicher, aber nicht sehr brauchbarer Mensch" herausgestellt.[33] Frau Beneke hingegen sei mit ihren beiden neuen Mägden Catharine und Anna II zufrieden. Zwischen den Hauseltern und den Bediensteten besteht ein persönliches Verhältnis. Die Köchin Marie begleitet Caroline Beneke und die Kinder auf der Flucht aus Hamburg und verzichtet dafür auf ein halbes Jahr Lohn.[34] Der Hausvater wird im April 1811 Trauzeuge bei der Hochzeit seines langjährigen Dieners Joseph Gutensohn, des Vorgängers von Scheiffler, mit der früheren Beneke-Magd Marie Weseloh. Gutensohn verlässt nach der Hochzeit das Haus und zieht zu seiner Braut, „wird aber wahrscheinlich noch mein Bedienter bleiben".[35] Das Dienstverhältnis setzt nicht mehr notwendigerweise das Wohnen unter einem Dach voraus. Gutensohn eröffnet einen Laden mit Kaffee, Tee und Tabak, schaut aber noch vormittags und abends bei Benekes vorbei, ob Arbeiten für ihn anfallen. Ein knappes halbes Jahr nach der Eheschließung sind Joseph und Marie Gutensohn bereits Eltern einer Tochter. Beneke notiert dies ohne moralische Bedenken. Stattdessen wird Frau Beneke Patin bei der Taufe des Kindes. Das alte Patron-Klient-Verhältnis wirkt nach, wenn Herr Beneke resümiert: „Ich werde jederzeit eine innige Freude an dem Fortkommen dieser Leute haben".[36]

In der Stadt der Ständegesellschaft war Hausbesitz an das Bürgerrecht geknüpft und stand damit nur einer privilegierten Minderheit der Einwohnerschaft offen. Um 1800 wurde dann nicht nur das Immobilienrecht liberalisiert, mit der Schleifung der Festungsanlagen ergaben sich auch Möglichkeiten für neue Wohnquartiere außerhalb des Areals der alten Stadt und die Trennung von Berufs- und Familienleben. Die besten Wohnlagen fand man nun nicht mehr im

---

31 Beneke, Tagebücher, Uebersicht des Jahrs 1814, III/2, S. 192; vgl. zu Dienstmädchen Budde 2004.

32 Beneke, Tagebücher, ebd., S. 192; zudem wird „des guten Hauskaters" gedacht: Beneke, Tagebücher, 1.4.1812, III/1, S. 240.

33 Beneke, Tagebücher, Uebersicht des Jahres 1815, III/2, S. 336.

34 Beneke, Tagebücher, Caroline an Ferdinand Beneke, 1.7.1813, III/4, S. 285; 3.7.1813, III/1, S. 481.

35 Beneke, Tagebücher, 21.4.1811, III/1, S. 60; zum Folgenden 6.6.1811, S. 86.

36 Beneke, Tagebücher, 17.10.1811, III/1, S. 159. Gutensohn stirbt 1814 vermutlich an Fleckfieber; Beneke notiert betroffen: „Die ehrliche Seele hat immer so treu an mir gehangen!": 17.5.1814, III/2, S. 104.

Zentrum um Kirche und Marktplatz, sondern vor den Toren der Stadt, wo um Landhäuser herum Villenviertel entstanden. Ähnlich wie für Adlige und Bauern war der Besitz eines stattlichen Hauses ein symbolisches Kapital: Der selbstbewusste freie Bürger wohnte in einem freistehenden Haus. Benekes Tagebuch reflektiert diese Entwicklung:

> Hr. B. ein reicher Kaufmann hat nur sein Comtoir in der Stadt; übrigens wohnt er ganz auf seinem ungemein behaglichen Landsitze in Horn; ein elegantes, herrlich gelegenes Haus, ein geschmackvoller Garten (...) vollenden ihm die Annehmlichkeiten des Lebens, deren er in dem Besitze einer interessanten Frau, hübscher Kinder, u. großen Vermögens froh wird.[37]

Beneke war in einem geräumigen, altmodischen Anwesen im Zentrum Bremens aufgewachsen, das neben Wohnzimmer und Sälen auch das Comptoir und ein Packhaus umfasste.[38] Derart großzügig sollte er später nie wieder wohnen. In Hamburg lebt er vergleichsweise günstig zur Miete. Vor dem Einzug am Holländischen Brook wohnt die Familie über Jahre hinweg beengt bei dem Zollbedienten Johann Christian Sandberg, dessen geringe Bildung Beneke aufstößt.[39] Von dem Haus am Holländischen Brook 67, das die Benekes im März 1812 für jährlich 900 Mark Miete beziehen und das für die kommenden Jahrzehnte das Zuhause der Familie bleibt, gibt es neben einer Zeichnung der Vorderfront Schilderungen im Tagebuch. Zudem sind Fotos der Straßenzeile am Brook vor der Überbauung durch die Speicherstadt ab den 1880er Jahren vorhanden.

Im Kontext der Forschung zur Auswirkung von Gebäuden und Räumen auf soziale Beziehungen[40] lohnt sich ein Blick auf die Begleiterscheinungen des Umzugs bezüglich Benekes Gemütslage. Das neue Domizil, das von einer Kaufmannsfrau, der „Dame Herrmann", vermietet wird, hat für Beneke viele Vorteile: „Eigentlich ist es ein kleiner Pallast mit zwey Flügeln, welche einen kleinen Hof, u. Garten halbeinschließen".[41] Familie Beneke bewohnt einen der beiden Flügel, der mit zwei Wohnetagen nicht zuletzt für die Kinder viel mehr Platz als das alte Haus bietet. Das Haus am Holländischen Brook, in einer ruhigen Gasse am Wall mit Blick in das Elbtal gelegen, erlaubt größere Einladungen und macht mit der wohlhabenden Familie des halbenglischen Kaufmanns William Burrowes, die

---

37 Beneke, Tagebücher, 27.1.1813, III/1, S. 358.
38 Beneke, Tagebücher, Zeichnungen Benekes von 1792, I/4, S. 45 – 48.
39 Beneke, Tagebücher, 14.11.1811, III/1, S. 170; 9.1.1812, III/1, S. 207; 24.3.1812, III/1, S. 235; vgl. Hatje 2016, S. 43; vgl. zur ‚Erfindung' der Mietwohnung und zur Etagenwohnung Wischermann 1997, S. 347 und 353ff.
40 Gieryn 2002; vgl. zur Raumsoziologie allgemein Löw 2001; Conrad u. a. 2014.
41 Beneke, Tagebücher, 18.12.1811, III/1, S. 182.

Abb. 9: Wohnhaus der Familie Beneke (rechte Hälfte), Hamburg, Holländischer Brook 67; Bildquelle: Otto Beneke, Liederkranz zum Andenken an das alte Beneke'sche Haus, Hamburg 1849.

Abb. 10: Holländischer Brook nach Westen; Benekes Wohnhaus befand sich auf der linken Seite; Bildquelle: Bernd Nasner.

den anderen Flügel des Hauses bewohnt, „viel Lust zu guter Nachbarschaft".[42] Der südseitige Garten bietet Erholung. Beneke hat schon längere Zeit auf genau dieses Haus spekuliert, unmittelbar vor dem Umzug verfinstert sich aber sein Gemüt. Bei einem letzten „Hausvatergang" durch die alte Wohnstatt Bei den Mühren wird ihm „immer wehmütiger". In seinem nun „öden Kämmerlein" sinkt er seufzend auf die Knie, um Gott zu danken. Anschließend sagt er seinem Hauswirt und den alten Nachbarn Adieu, lässt sich dann mehrere Stunden durch die Stadt treiben, um „bey starkem Schneegestöber" das neue Haus am Holländischen Brook zu erreichen.[43] Nach der ersten Nacht am neuen Wohnort ist er weiterhin „sehr verstimmt" und notiert: „Fast widert mich das Haus, u. ich muß bangen Ahndungen Manns Kraft, u. GottVertrauen entgegenstemmen, um aufrecht z. bleiben".[44] Selbst die Aufstellung der geliebten Hausbibliothek und die Verlegung des schon eingerichteten Arbeitszimmers helfen zunächst nicht gegen das Misstrauen, das Beneke in seinem neuen Domizil überkommt.

Der Umzug in das neue Haus ist ein kleines soziales Ereignis. Am ersten Tag erscheinen enge Freunde, und Benekes stellen sich bei den Nachbarn sowie in der Nähe wohnenden Bekannten vor. Am zweiten Tag machen die „Damen" aus der Nachbarschaft einen „Gegenbesuch" bei Caroline Beneke, ihrer Schwägerin und der Schwiegermutter, die weiterhin zu den Hausgenossen zählen.[45] In den folgenden Tagen geben sich weitere Besucher aus dem Verwandten- und Freundeskreis die Klinke in die Hand. Den Höhepunkt bildet eine Festlichkeit an einem Sonntagnachmittag, knapp drei Wochen nach dem Einzug, deren Beschreibung erkennen lässt, dass Beneke langsam in seinem neuen Domizil ankommt: „Mittags (biß spät Abends) hatten wir endlich, was wir im vorigen kleinen Hause nicht gekonnt, den größeren Teil der Familie meiner Frau bey uns, die vollständigen Häuser v Axen, Westphalen, Rists, Schuchmacher". Neben diesen verwandten Dynastien (‚Häusern') sind auch Freunde aus dem gehobenen Bürgertum zu Gast: „Wehners, Dr. Chaufepié, u. Senat. Hudtwalker".[46] Der bekennende Wassertrinker und Nichttänzer Beneke betont, dass die Einladung „mit uns geziemender

---

42 Ebd., S. 183.
43 Alle Zitate Beneke, Tagebücher, 24.3.1812, III/1, S. 235.
44 Beneke, Tagebücher, 25.3.1812, III/1, S. 236f.; zwei Tage später: „Beym Zuhausegehen erstanden wieder jene bangen Ahndungen, mit welchen mich diese ersten Tage gegen das neue Haus erfüllt haben.": 27.3.1812, S. 238; 3.4.1812, S. 241: „Ich sehr verstimmt, – wie überhaupt, seit ich im neuen Hause bin."
45 Beneke, Tagebücher, 26.3.1812, III/1, S. 237.
46 Beneke, Tagebücher, 12.4.1812, III/1, S. 244. Christoph Johann Wehner war Tribunalrichter in Hamburg, seine Frau Sophie Dorothea Tochter eines Oberamtmanns (Begleitband III, S. 247); Jean Henri de Chaufepié war Arzt in Hamburg (ebd., S. 151); Johann Michael Hudtwalcker war seit 1788 Senator in Hamburg (ebd., S. 188).

Oekonomie", nämlich sparsam, ablief, aber doch so, „daß Alle recht vergnügt waren. Das schöne, große Lokal gefiel Allen, u. die jungen Leute tanzten sogar zum Klavier."[47] Der kleine Garten hinter dem Haus lässt Beneke im Frühling zum begeisterten Gärtner werden. Doch Ende Mai 1812 notiert er erneut: „Noch keine Versöhnung mit den neuen HausGöttern!"[48] Gut zwei Jahre später dann, nach der Rückkehr aus dem Exil, wird Beneke glücklich in sein „liebes Haus a. d. Holländ. Brok wieder" zurückkehren, wo, wie er emphatisch verlautbart, „mich die wirthliche, treue, freudige Gattin empfing, u. wo (...) ein Heer von großen, u. kleinen Freuden mir entgegen strömte".[49]

Die Aufteilung der Zimmer im neuen Haus ist personal und funktional ausdifferenziert. Nicht alle Stuben können im Winter geheizt werden. Um Geld zu sparen, wird in einem großen Saal, der vor allem für Festlichkeiten dient, nur an Heiligabend Feuer gemacht. Neben Saal und Wohnstube sowie Kinderzimmer gibt es auf der mittleren Wohnetage ein Arbeitszimmer für den Advokaten. Auch seine Mutter, im Obergeschoss, und Caroline Beneke haben ihre eigenen Zimmer. Die allmorgendliche heilige „Kafféstunde" des Paars findet in der Regel „auf Linens Zimmer" statt.[50] Zimmer und Stuben werden jahreszeit- und temperaturbedingt öfter gewechselt. Das Gesinde hat seine Kammern vermutlich im Souterrain, wo sich auch die Küche befindet. Die Einrichtung des Hauses beim Einzug und nach der Rückkehr aus dem Exil ist Carolines Aufgabe. Nicht unwichtig sind dem Paar die Gardinen, die Caroline mit ihrer Schwester Ida aufsteckt, um die Häuslichkeit als Privatbereich gegen Blicke von außen zu schützen.[51] Faktisch steht das Haus der Benekes in vieler Hinsicht offen. Darauf wird noch einzugehen sein. Aber eine dauerhafte Sichtbarkeit und damit verbunden eine permanente moralische Inszenierung des Familienlebens, wie sie etwa auf den berühmten Gemälden aus holländischen Bürgerhäusern des 17. Jahrhunderts vorgeführt wird, ist nicht erwünscht.[52]

47 Beneke, Tagebücher, 12.4.1812, III/1, S. 244.
48 Beneke, Tagebücher, 20.5.1812, III/1, S. 254.
49 Beneke, Tagebücher, 9.6.1814, III/2, S. 119 f.
50 Beneke, Tagebücher, 18.9.1812, III/1, S. 301; zum Saal 24.12.1812, ebd., S. 340; zum Zimmer der Mutter 3.11.1812, ebd., S. 319.
51 Beneke, Tagebücher, 23.3.1812, III/1, S. 234; 17.9.1812, ebd., S. 300; Dank an Frank Hatje für die Informationen zur Raumaufteilung im Haus!
52 Zur Häuslichkeit auf holländischen Gemälden zuletzt Hammer-Tugendhat 2020.

Warum Caroline? Komplizierte Partnerfindung

Die zentrale Achse des Haus- und Familienlebens ist zweifellos die Ehe von Ferdinand und Caroline Beneke, geb. von Axen. Als die beiden am 8. Juni 1807 heiraten, hat der 32jährige Beneke bereits eine lange, höchst wechselhafte und meistens unglückliche Zeit der Partnerfindung hinter sich. Kompliziert ist insbesondere die jahrelange Dreiecksbeziehung zwischen ihm, seinem engen Freund Johann Jakob Rambach, Arzt und wie Beneke Armenpfleger, und Charlotte de Chaufepié, Schwester eines weiteren Freundes, des Arztes Jean Henri de Chaufepié.[53] 1803 heiratet der 31jährige Rambach die 26jährige de Chaufepié. Beneke, bei dem bereits die Nachricht von der Verlobung seiner Charlotte mit Rambach eine Krise mit alkoholisiertem Absturz ausgelöst hat, ist zwar zum Fest eingeladen, erscheint aber nicht. Die Freundschaft zwischen den dreien – später mit Einbezug Carolines – überdauert jedoch diese Enttäuschung. Charakteristisch für den Akteur Beneke – hier geradezu stellvertretend für das moderne Bürgertum – sind nicht nur seine Krisen, sondern auch die Fähigkeit zur Resilienz.[54] Der Advokat ist in Hamburg geschäftlich wie privat viel unterwegs. Obwohl finanziell chronisch klamm, hat er einen Namen. Er verfügt über das notwendige soziale und kulturelle Kapital, das ihn für Töchter aus der Kaufmanns-Schicht und den freien Berufen interessant macht. Über die Jahre bezeugt das Journal etliche Bekanntschaften, die zwischen flüchtigem Flirt und aussichtsloser Anbetung changieren. Im Endeffekt zählt für Beneke die Heiratsfähigkeit, genauer gesagt: die voraussetzungsvolle Frage, ob er sich die Ehe mit der Frau vorstellen kann. Frauen aus unterbürgerlichen Schichten kommen für ihn nicht in Frage. Es lohnt sich hier, die Perspektive von Akteur und Akteurin und die Praxis des Kennenlernens im bürgerlichen Milieu am Beispiel von Ferdinand und Caroline genauer zu betrachten. Problematisch ist dabei, dass die Quellen allein aus seiner Hand stammen. Indes gibt der tägliche Protokollstil des Tagebuchs auch Dialoge mit ihr relativ direkt, ohne Überarbeitung, wieder. Zudem kann man davon ausgehen, dass Beneke diese Passagen später seiner Frau vorgetragen haben wird.

Was hat Maria Magdalena Caroline, genannt Caroline, von Axen, das ihre Konkurrentinnen, etwa die von Beneke parallel erwähnte Kaufmannstochter „Hannchen E." (Johanna Charlotte Eimbcke, geb. 1788), „eins der beßten u.

---

53 Vgl. im Einzelnen v. a. Trepp 1996c, S. 117–22; s. auch die Skizze bei Hatje 2012a, S. 86–89.
54 Dies übersieht Trepp 1996c, S. 138–44; von Trepps Sicht auf die Eheanbahnung Benekes mit Caroline von Axen unterscheidet sich die hier folgende Interpretation in wichtigen Punkten; Trepp betont das Problem der Kindlichkeit Carolines und vermutet einen Konsens der Eltern von Axen von Beginn an.

hübschesten Mädchen" der Stadt[55], nicht hat? Gleich bei der ersten Erwähnung seiner zukünftigen Frau im Tagebuch am 17. Juni 1805 spielen Habitat und Habitus Carolines eine gewisse Rolle. Beneke berichtet von einem Abendbesuch im Hause Otto von Axens. Von Axen ist ein Hamburger Kaufmann, Sohn eines Hamburger Kaufmanns, verheiratet mit einer Hamburger Senatoren-Tochter, der ab 1788 in ca. dreißig öffentlichen Ämtern aktiv ist und 1814 zum ,Oberalten' gewählt werden wird. Anwesend sind an diesem Abend auch der Theaterdirektor Herzfeld und dessen Frau sowie die Familie des Senators Jänisch. Beneke notiert kurz: „O v. Axen's älteste Tochter ist ein hübsches Mädchen. Sein Haus, u. Garten dabey ist in Hamburg durchaus einzig, ich will es einmal bey Tage sehen. Erst spät, u. ermüdet zu Hause."[56] Der periphere Wohnort Benekes – zu dieser Zeit noch Bei den Mühren, östlich des Hafens, später am Holländischen Brook am Wall – war nicht die beste Lage in Hamburg. In der vormodernen Stadt befanden sich die Quartiere der armen Leute oft zentrumsfern nahe der Stadtmauer. Von Axens prächtiges Haus dagegen stand in bester Wohnlage am Jungfernstieg. Nicht nur die hübsche Tochter, sondern auch das Habitat der von Axens machen Eindruck auf Beneke.

Zum Zeitpunkt des Kennenlernens ist Ferdinand dreißig, Caroline 16 Jahre alt. Der aus heutiger Sicht große Altersunterschied ist im bürgerlichen Milieu vor und nach 1800 nicht ungewöhnlich, zudem rechtlich unproblematisch. Das preußische Allgemeine Landrecht sah die Ehemündigkeit bei Männern ab dem 18., bei Frauen mit dem 14. Lebensjahr vor.[57] Von bürgerlichen Bräutigamen wurde berufliche Selbstständigkeit erwartet. Sie waren oft über dreißig Jahre alt und ihre Bräute zehn bis zwanzig Jahre jünger. Dennoch handelt es sich um eine asymmetrische Beziehung. Benekes Lebensalter liegt etwa in der Mitte zwischen demjenigen Otto von Axens und dessen umworbener Tochter. Er fungiert als Konsulent (Rechtsberater) ihres Vaters und pflegt mit ihm freundschaftliche Kontakte. Beneke hat studiert, an verschiedenen Orten gelebt und ist als Advokat etabliert. Die wenig standardisierte Grammatik der Briefe Caroline von Axens lässt demgegenüber auf eine nur rudimentäre Schulbildung schließen. Sie ist ein Mädchen aus gutem Hause, deren Lebensweg irgendwann in eine Ehe münden soll. Dass Beneke ihr Ehemann werden wird, zeichnet sich bei der ersten Be-

---

55 Beneke, Tagebücher, 16.1.1806, II/2, S. 205.

56 Beneke, Tagebücher, 17.6.1805, II/2, S. 84; zu Otto von Axen Hatje 2012a, S. 88, FN 85.

57 opinioiuris.de/quelle/1623 (30.10.2021): Allgemeines Landrecht für die Preußischen Staaten, 1.6.1794, Zweyter Theil, Erster Titel. Von der Ehe, § 37; vgl. zum Altersunterschied mit weiteren Hinweisen Gestrich u. a. 2003, S. 501; Wienfort 2014, S. 74 – 78; zur Selbstständigkeit Hettling 2000.

gegnung noch nicht ab. Aber ihre Erwähnungen in seinem Journal werden schnell häufiger, die Einträge länger und – Beneke-typisch – grüblerischer.[58]

Hier geht es um das Prozedere der Eheanbahnung sowie Benekes Motive, die ihn schließlich dazu bewegen, das Wagnis eines formellen Heiratsantrags einzugehen. Versteht man die Elite der Stadt Hamburg mit ihren um 1800 gut 100.000 Einwohnern als ‚Anwesenheitsgesellschaft' (Schlögl)[59], so fällt erstens auf, dass die Eltern – vor allem diejenigen der umworbenen Frau – von Beginn an involviert und meistens auch direkt präsent sind. Zweitens, sind es halbprivate bzw. halb-öffentliche Hausbesuche, die das Format für das ritualisierte Kennenlernen bilden. Besonders der von Beneke gleich zu Beginn bemerkte weitläufige Garten des Hauses von Axen am Jungfernstieg wird zu einem wichtigen Ort. Öffentlich sind die Hausbesuche insofern, als über den Kreis der Familienangehörigen hinaus oft noch weitere Besucher zugegen sind. Ferdinand Beneke erscheint also ab dem Sommer 1805 immer wieder im Hause von Axen oder zum „Thée parlant" im Garten des Hauses.[60] Die Eheanbahnung weist damit quasi voraus auf die *Buddenbrooks*. Aus dem Nichts taucht in Thomas Manns Roman der Hamburger Kaufmann Bendix Grünlich im Garten der Lübecker Kaufmanns-Familie auf, mit dem klaren Ziel, Tony Buddenbrook zu ehelichen. Aber abgesehen vom ‚locus', dem Milieu und dem Umstand der Verschuldung von Grünlich wie Beneke gibt es zwischen den beiden Geschichten auch klare Unterschiede. Solche Divergenzen sind bei einer Familiengeschichte des Bürgertums zu bedenken.

Den Auftakt der Eheanbahnung bilden Pläne Otto von Axens für eine sommerliche Lustreise, zu der ihn seine älteste Tochter und Beneke begleiten sollen. Die Reisepläne zerschlagen sich dann zwar, was Beneke, wie er betont, ganz recht ist, da er nicht zum Objekt der „Schwärmereyen" eines Mädchens werden wolle.[61] In der Folgezeit entwickeln sich dennoch Sympathien, die auf Gegenseitigkeit beruhen. Nur sechs Wochen später bekennt der Diarist nach einem Besuch bei von Axens sein „<u>eitles</u> Vergnügen", dass „Mlle. Karoline (...) sich heute erlaubte, mir zu sagen, ihre Ahndung von heute Morgen, ich würde Abends kommen, sey nun doch eingetroffen."[62] Eine weitere Woche später ist bereits von Liebe bzw. „Amor"

---

58 Hinsichtlich Kompliziertheit und Hang zur Selbstkommentierung repetierte – zufällig oder nicht – Benekes Sohn Otto rund 35 Jahre später die Geschichte der väterlichen Eheanbahnung in seiner allerdings über Jahre sich hinschleppenden vorehelichen Beziehung mit der Hamburger Bürgertochter Marietta Banks; s. dazu psychoanalytisch Gay 1987, S. 11–21 und 28–36; ferner Trepp 1996c, S. 148–60.

59 Schlögl 2004.

60 Beneke, Tagebücher, 13.7.1805, II/2, S. 96.

61 Beneke, Tagebücher, 15.8.1805, II/2, S. 114.

62 Beneke, Tagebücher, 2.10.1805 (Unterstreichung im Original), II/2, S. 155.

die Rede, die Beneke aber wegen des Alters des „wirklich recht lieblichen Mädchens" noch nicht ernst nehmen kann.[63] Ende Oktober schlägt er so auch die Einladung zu einem Fest bei von Axens anlässlich der Renovierung des Hauses und des Geburtstags von Caroline aus. Der Umstand, dass sich der nun 31jährige Advokat regelmäßig an den Jungfernstieg begibt und eine Liaison zwischen ihm und einer 17jährigen beginnt, ist in der Hamburger Gesellschaft kein Skandal. Aber Beneke wird darauf von Bekannten angesprochen und fürchtet um den guten Ruf, dessen Verlust „dem Mädchen (...) bey Andern schaden" könne.[64] Vielleicht adressiert der zögerliche Moralist hier aber vor allem sein Alter ego. Bei der Lektüre des Tagebuchs gewinnt man den Eindruck, dass alle Beteiligte – die Eltern von Axen, Benekes Mutter und auch Caroline – immer schon einen Schritt weiter sind als Beneke selbst. Ist es ein Zufall, dass Carolines Vater eine Reise zu dritt mit seiner heiratsfähigen Tochter und einem befreundeten Junggesellen vorschlägt, seine Frau Luise von Axen jedoch interveniert und eine Teilnahme Carolines an der Reise untersagt? Als Beneke sich später über die fortgeschrittene Beziehung seiner Mutter anvertraut, ist auch diese längst im Bilde.[65]

Die Stationen der Eheanbahnung müssen hier nicht in extenso rapportiert werden. Ein wichtiger Schritt ist, dass es zwischen dem Hause von Axen und dem Hause Beneke zu mitunter unangekündigten Besuchen und Gegenbesuchen kommt. Die beschränkten Wohnverhältnisse Benekes scheinen für von Axens kein hinreichender Grund zu sein, den Kontakt zu dem gebildeten Herrn sowie dessen Mutter und Schwester abzubrechen. Ferdinand seinerseits schaut „der hübschen Karoline immer tiefer in die Augen"[66] und stellt sich immer öfter die Frage, ob er diese junge Frau liebt und heiraten möchte. Bis zuletzt ist er sich auch nicht sicher, ob sie ihn liebt. Die sich über Monate hinweg aufbauende Interaktion doppelter Kontingenz – er weiß nicht, ob er ihr Verhalten richtig deutet und ob sie ihn richtig versteht wie auch umgekehrt – wird durch die Konvention kompliziert, dass offene Erklärungen der Liebe und unzweideutiger Körperkontakt lang hinauszuzögern sind. Noch wenige Tage vor der Entscheidung notiert Beneke: „Ohne objektive Veranlaßung zweifle ich schon wieder an Karolinens Zuneigung. Es kann mir auch gar nicht helfen, daß ich mir alle jene glückl. Zeichen wieder vorhalte".[67] Anders als im Fall des intimen – wenn auch wohl nicht vollendeten –

---

63 Beneke, Tagebücher, 8.10.1805, II/2, S. 157.

64 Beneke, Tagebücher, 29.10.1805, II/2, S. 167.

65 Beneke, Tagebücher, 22.5.1806, II/2, S. 262.

66 Beneke, Tagebücher, 6.12.1805, II/2, S. 185.

67 Beneke, Tagebücher, 16.5.1806, II/2, S. 255 f. Ab Januar 1806 reflektiert Beneke seine Beziehung zu Caroline von Axen ausführlich in einem separaten Tagebuch bzw. auf extra Blättern: ebd., S. 201 und 258–62.

Bettlagers, das der Bauernsohn Ulrich Bräker und die Wirtstochter Anna Lüthold fünfzig Jahre vorher miteinander eingehen, ist die bürgerliche Variante der Eheanbahnung enorm körperlos. Nicht nur für ledige Frauen, auch für unverheiratete Männer galt um 1800 das Ideal der Keuschheit, das Geschlechtsverkehr auf die Zeit der Ehe verschob. Benekes Tagebuch bestätigt diese Norm als praxisrelevant.[68] So ist es bereits eine relativ explizite Geste, wenn er ihre Hand ergreift und festhält und sie dies zulässt. Eindeutig wird die Sache in der erweiterten Form, wenn das Paar sich nämlich „in den entlegeneren Teil des Gartens" zurückzieht bzw. zurückziehen darf, wo sie ihm „mit abgewandtem Gesichte ihre Hand" reicht; „ich drückte sie mit Innigkeit an meine Brust".[69] Zwei Tage nach dieser Szene kommt es dann endlich zu einer Umarmung: Ferdinand Beneke, der Caroline von Axen liebt und um ihre Hand anhält, umarmt spontan und kurz entschlossen – wie er schreibt „hastig" – ihren Vater! Dazu ruft er aus „ich liebe Ihre Karoline!" und verlässt fluchtartig das Haus.[70] Diese überraschende Volte entspricht durchaus der Logik des Prozederes. Denn letztendlich wird es – nicht nur rechtlich – auf das Plazet des Vaters ankommen. Mit den Worten Foucaults geht es darum, das ältere Allianzdispositiv mit dem um 1800 neuen Sexualitätsdispositiv zu verknüpfen.[71]

Die Tatsache seines zuvor mittels eines schriftlichen Briefs durch ihn selbst – nicht durch einen Boten oder Mittler – überbrachten Heiratsantrags und die Erwartung der Zustimmung Carolines stimmen Beneke bereits euphorisch. Er muss die Nachricht seinen engsten Vertrauten mitteilen: seiner Mutter, der Schwester und der nach wie vor verehrten Charlotte Rambach. Eine Entscheidung über den Antrag ist da aber noch gar nicht gefallen. Carolines Eltern halten die Fäden in der Hand. Otto von Axen ist Beneke von Anfang an zugewandt. Luise von Axen ist nach Benekes Eindruck zunächst skeptisch, wird dann aber zu seiner Fürsprecherin. Bei der Eheanbahnung im Hause des Kaufmanns führt die Mutter Regie. Als Beneke mit seinem schriftlichen Antrag – wiederum im Garten – erscheint, lassen die anwesende Mutter und die Schwester der Umworbenen das Paar wie zufällig allein. Doch zum Entsetzen Benekes verweigert die 17jährige Caroline die Annahme seines Briefs mit dem erwartbaren Inhalt. Stattdessen erwidert sie: „,geben Sie das Billet meiner Mutter' – ,Wie Ihrer Mutter?' rief ich erstaunt. – ,Ja, sie weiß alles'".[72] Es kommt daraufhin zum Versuch eines klärenden Gesprächs

---

68 Vgl. Trepp 1996b, S. 79–82.
69 Beneke, Tagebücher, 21.5.1806, II/2, S. 217, 258 (Zitat) und 260 (Zitat).
70 Beneke, Tagebücher, 23.5.1806, II/2, S. 264.
71 Foucault 1983, S. 105–08.
72 Beneke, Tagebücher, 23.5.1806, II/2, S. 263; vgl. zur Rolle der Ehefrau als Gastgeberin Tolkemitt 1998.

zwischen dem Bewerber und der Brautmutter. Sie eröffnet ihm, dass ihre Tochter ihm „nichts weniger, als abgeneigt", aber zugleich „überrascht, und in großer HerzensAngst" sei. Die Frage, warum er vor dem Antrag nicht zuerst sie und ihren Mann, also die Brauteltern, informiert habe, pariert Beneke lakonisch mit dem Hinweis auf seine Ehre. Seine Befürchtung, Caroline von Axen sei „schon einem Andren versprochen", erweist sich aber als unbegründet. Insgesamt zeigt dieses Gespräch, dass es um 1800 durchaus mehrere Wege und verschiedene Praktiken gibt, um einen Heiratsantrag zu machen. Ein klärendes Gespräch vorab zwischen ihr und ihm ist nicht vorgesehen. Beneke fühlt sich durch die mehrdeutigen Auskünfte Frau von Axens durchaus bestärkt. Aber einen Aspekt spricht diese unmissverständlich an: „sie müße mir ehrlich eine Bedenklichkeit aufstellen: ob ich auch im stande seyn würde, <u>beyde</u>, – Karoline, und meine Mutter, und Schwester, – anständig durch die Welt zu bringen?" [73] Zur Frage des anständigen Unterhalts würde auch ihr Mann ihn noch sprechen wollen. Beneke willigt sofort ein. Zufällig betritt in diesem Moment Herr von Axen das Haus und es kommt zu der erwähnten männlichen Umarmung.

Auf der entscheidenden Etappe der Eheanbahnung fällt der Braut die Rolle einer Nebendarstellerin zu. Dabei ist jedoch klar, dass die Eltern von Axen ihre Zustimmung vom Ja-Wort der Tochter abhängig machen. Von einer arrangierten Ehe kann deshalb nicht die Rede sein. Ob sie ihr Plazet geben werden, bleibt aber unsicher. Einige Tage später kommen Herr von Axen und Herr Beneke zusammen. Es steht dem Brautvater zu, die finanziellen Fragen bei einer Pfeife, die er dem nervösen Bewerber anbietet, anzusprechen. Frau von Axen verlässt die Szene, die umworbene Caroline ist nicht anwesend. Otto von Axen kommt, laut dem Protokoll Benekes, sogleich auf die Essentials zu sprechen:

> Ich sey ihm lieb, – nur wünsche er meine ökonomischen Umstände zu wißen – Ich sagte sie ihm en deux phrases: steigender Erwerb, genug schon, eine ganze Familie anständig zu ernähren, u. jährlich noch ein Uebriges zu behalten, ein vollständig eingerichtetes Haus, dagegen aber noch Schulden, deren allmälige, und von mir völlig abhängige Abtragung schon seit 2 Jahren begonnen sey.[74]

Beneke erklärt, dass er „Karoline ohne alle Mitgabe wünschen könne", dass er also – im Unterschied zu Thomas Manns Figur Grünlich – auf eine Mitgift der Brauteltern verzichte. Man kommt sich näher. Anders als seine Gattin findet von Axen eine häusliche Gemeinschaft mit Benekes geschätzter Mutter und Schwester

---

[73] Alle Zitate ebd., S. 263 f. (Unterstreichung im Original); vgl. das ganz andere Vorgehen Benekes im Fall Meta von Elkings: Trepp 1996c, S. 111–15.
[74] Beneke, Tagebücher, 28.5.1806, II/2, S. 268.

„um Karolinens Glück" willen erstrebenswert. Der materielle Aspekt und auch das junge Alter der Umworbenen bleiben indes problematisch. Der Kaufmann wünscht laut Beneke, „daß wir noch ein paar Jahre warten mögten, damit ich erst meiner Schulden quit, und Karoline 20 Jahre alt würde." Nach wie vor offen ist für Beneke auch die Meinung der nicht einbezogenen jungen Frau, um die es ja eigentlich geht: „Aber nun drang ich darauf, Karolinens Gesinnung zu erfahren." Der Vater insistiert nun auf seiner Regie und „sagte, sie würde mir [Beneke, J.E.] erklären, was er ihr sagen würde, daß sie es erklären dürfe; erst müße er [von Axen, J.E.] sie also sprechen." Beneke möge bis zum Abend bleiben. Der Vater verlässt die Szenerie und überlässt den Bewerber dem Garten, wo er mit einer zufällig anwesenden Dame parlieren muss. Frau von Axen gelingt es, das Paar mit sich allein im Garten zu situieren. Hier gestehen sich Caroline von Axen und Ferdinand Beneke nun unzweideutig und sehr emotional – mit „HändeDruck" – ihre Liebe.[75]

Das ist noch nicht alles. Da die väterliche Zustimmung aussteht, kommt es am Abend in nervöser Stimmung zu einem Essen der Familie von Axen mit Heiratskandidat Beneke. Danach geht man erneut in den Garten, wo Frau von Axen dann aber genug von dem Schauspiel hat: „,wozu noch länger diese Spannung? Laßt Ihr so die schönsten Augenblicke Eures Lebens vorbeygehen?'" Erleichtert zieht sich das Paar daraufhin „in die dunkelen Gänge des Gartens" zurück, wo es endlich zwischen ihr und ihm zu anhaltender „sprachloser Umarmung" kommt. Als sie in den Kreis der Familie zurückkehren, umarmen sich alle Beteiligten. Für Beneke ist die Sache nun glücklich ausgegangen, aber noch nicht vollends geregelt. Erneut schreitet deshalb Frau von Axen ein. Ihrem Mann zugewandt, ruft sie aus: „,ich höre, es sollen noch Jahre so hingehen in dieser Spannung,' und nun breitete sie sich über die Bedenkl. Ihres Mannes [aus, J.E.], fand es unrecht, daß bey meiner anerkannten Fähigkeit, eine Frau zu ernähren, noch weitere Rücksicht auf meine Schulden genommen werden sollte, usw. – Hr. v. A. kam in einige Verlegenheit." Der Brautvater, dessen Einwilligung von Rechts wegen notwendig ist, gibt daraufhin seinen Widerstand auf, möchte aber die Verlobung seiner Tochter „noch caché halten".[76] In der Anwesenheitsgesellschaft der hansestädtischen Elite, in der es üblich ist, dass sich Ledige über Liebes- und Heiratsverbindungen Rat bei Freundinnen und Freunden holen, ist die Neuigkeit jedoch nicht mehr aufzuhalten. Ein Jahr später findet die Hochzeit statt.

---

75 Alle Zitate ebd., S. 268 f.; vgl. zur Mitgift kurz Wienfort 2014, S. 84–87.
76 Alle Zitate ebd., S. 269–71; zur Rechtslage opinioiuris.de/quelle/1623 (30.10.2021): Allgemeines Landrecht für die Preußischen Staaten, 1.6.1794, Zweyter Theil, Erster Titel. Von der Ehe, § 45; vgl. zum Folgenden Trepp 1996c, S. 110.

Versteht man diese im höheren Bürgertum situierte Eheanbahnung nicht einfach als Liebesgeschichte, sondern als Prozess des Aushandelns, sind drei Aspekte bemerkenswert: erstens, die intensive Beteiligung der Familien, vor allem der Brauteltern, ohne deren Einwilligung nichts geht; zweitens, die Erwartung, dass der Mann seine Frau und zukünftige Kinder standesgemäß ernähren kann; drittens, die hervorgehobene Rolle der Brautmutter, die als Eingeweihte und partielle Vertrauensperson ihrer Tochter die Zügel in der Hand hält und den zögerlichen Vater dominiert. Auch der Bewerber – wie fünfzig Jahre früher bereits Ulrich Bräker – kann auf die zustimmende Mitwisserschaft seiner Mutter zählen.

Es bleibt die Frage, was Caroline von Axen für Ferdinand Beneke nicht nur anziehend, sondern darüber hinaus zu einer ernsthaften Heiratskandidatin macht, zu derjenigen unter den hamburgischen Kaufmannstöchtern, die es am Ende dann auch wird. Das Beispiel von Axen / Beneke unterstreicht, dass es nicht plausibel ist, strikt zwischen Liebesehe und Konvenienzehe zu unterscheiden bzw. die um 1800 generell zunehmende Endogamie in puncto Eheschließung als Gegenteil von Liebe zu verstehen.[77] Die Person Caroline von Axen ist nicht ohne ihr Habitat, ihren sozialen Kontext, denkbar, aber Ferdinand Beneke ist keineswegs primär darauf aus, sich in der hamburgischen Elite zu platzieren oder über eine Mitgift finanziell zu sanieren. Dass es im Fall von Ferdinand um die als Liebe verstandene Emotion geht, die als Resultat von Empfindsamkeit, Sturm und Drang und Romantik so hoch am ‚bürgerlichen Wertehimmel' firmiert, zeigen nicht nur dessen variationsreiche Ausführungen, sondern auch, dass er „einen Traum von Caroline (hatte), grade wie ich ihn sonst wol von Charlotte hatte."[78] Zudem beginnt er im Januar 1806, neben dem regulären Tagebuch ein Extra-Tagebuch über seine Beziehung zu Caroline zu führen. Die privaten Ausführungen des Tagebuchs werden also noch einmal stärker privatisiert und – charakteristisch für die Liebe genannte Kommunikation – selbstreferentiell nach außen abgeschottet.[79] Der Weg zur Heirat ist nicht von Beginn an vorgezeichnet, aber aus der anfänglichen Spielerei entwickelt sich für beide eine Lebensperspektive. Das monatelang andauernde Spiel ist eigentlich ernst, und die junge Caroline erweist sich dabei als ebenbürtige Partnerin, die Widerstand leistet: „sie ist schalkhaft,

---

77 So aber Borscheid 1983; ähnlich bzgl. Beneke Böth 2018, S. 267 f.; zu „sozialer Endogamie" der Partnerwahl im Bürgertum Gestrich u. a. 2003, S. 502; Wienfort 2014, S. 49 – 52; allgemein Johnson / Sabean 2011.

78 Beneke, Tagebücher, 10. 2. 1806, II/2, S. 214; zum Konzept der Liebesehe um 1800 Trepp 1996b, S. 39 ff.; Trepp 2000; vgl. dagegen R. Habermas 1997.

79 Beneke, Tagebücher, siehe die ab 1. 1. 1806, II/2, S. 201 ff. jeweils eingerückten Einträge; vgl. zu Spezifika der Kommunikationsform Liebe Luhmann 1984, S. 177 f.; Reckwitz 2020, S. 118 und 224 – 30.

witzig, und disputirlich, wie ein junger Akademiker, und wer sie heyratet, bekommt ewigen Krieg ins Haus".[80] Vor allem das herausfordernde „Disputiren", gepaart mit ihrer Neigung zu ironischen „Paradoxen"[81], reizt Beneke. Hinzu kommt, dass die unvermeidliche Sittlichkeit, das genuin bürgerliche Denkmuster der aufzuschiebenden Befriedigung[82], der umworbenen Frau mehr Möglichkeiten eröffnet als dem initiativen Mann. Die 17jährige nutzt diesen Spielraum in provozierender Weise aus. Noch einen Monat vor der Verlobung notiert Beneke halb fasziniert, halb verzweifelt folgende Interaktion: „ich reichte ihr beym Weggehen die Hand. Neckend hielt ich sie eine Weile." Sie: „Was soll das?"" Er: „Drücken Sie mir doch die Hand einmal, Karoline!" Sie: „Nimmermehr". Er: „Wie? ihrem Freunde kein HändeDruck?" Sie: „Wenn einmal Ihr GeburtsTag ist."[83] Trotz des Alters- und Erfahrungsunterschieds ist Caroline von Axen von Beginn an kein zur Passivität verurteiltes Objekt.

Der Bürger Beneke verfällt nicht einfach dem Äußeren, sondern dem durchaus selbstbewussten Habitus der jungen Frau: „viel Grazie in der Haltung des Ganzen, das ist sie, wie sie leibt und lebt."[84] Das über den Stand hinausgehende ‚inkorporierte Soziale' (Bourdieu) ist es, was sie vor anderen begehrenswerten Frauen auszeichnet. Ferdinand wünscht sich eine Gefährtin und Freundin. Typisch für die bürgerliche Ehe ist, wie auch Reckwitz erkennt, das Konzept der Freundschaft, das an vormoderne Vorstellungen von Gefährtenschaft anschließt. Dies impliziert bestimmte Eigenschaften, die er bei ihren Auftritten sucht und findet. Dazu gehören für den Bildungsbürger Geist und Literaturkenntnis. So ist es ausdrücklich „Karolinens Geist", der ihn im Vergleich zum „reinen Frohsinn" ihrer Konkurrentin Hannchen E. beeindruckt. Sie liest den von ihm verehrten Jean Paul, obwohl der von ihren Eltern nicht geschätzt wird. Sie kann wie er selbst zeichnen und hat historische Interessen.[85] Eindeutig tritt so während des Kennenlernens nicht nur das Liebespaar, sondern auch bereits das Bildungspaar hervor. Zudem erkennt Beneke in der jungen Frau eine zukünftige Mutter und Gastgeberin. Er beobachtet, wie sie mit ihren jüngeren Geschwistern spielt und

---

80 Beneke, Tagebücher, 12.1.1806, II/2, S. 204; vgl. zum Aspekt des Spiels im Werbeverhalten R. Habermas 1997.
81 Beneke, Tagebücher, 15.4.1806, II/2, S. 240.
82 Vgl. dazu Bänziger 2020, S. 17.
83 Beneke, Tagebücher, 29.4.1806, II/2, S. 246. Beneke bezeichnet die Angebetete in diesem Zusammenhang als „die kleine Hexe" (ebd.). Doch er ist ihr längst „schon verteufelt zugethan" (12.3.1806, S. 227).
84 Beneke, Tagebücher, 29.4.1806, II/2, S. 246
85 Beneke, Tagebücher, 16.1.1806, II/2, S. 206 (Zitat, Unterstreichung im Original); 12.1.1806, S. 204; 28.3.1806, S. 232; 19.2.1806, S. 216 f.; zur bürgerlichen Ehe als „Freundschafts-Beziehung" Reckwitz 2020, S. 118.

notiert begeistert: „Am GburtsTage der Mutter machte sie die Wirthin. Und welche! So aufmerksam, so freudig gefällig, so durchaus innig froh".[86] Die 17jährige verspricht, eine gute Bürgerin zu werden.

Die Ehe jenseits stereotyper Vorstellungen

Die Ehe der Benekes eignet sich gut, um stereotype Meinungen über das bürgerliche 19. Jahrhundert in Frage zu stellen. Im Folgenden geht es vor allem um die Normaljahre der Ehe zwischen Januar 1811 und Mai 1813 und dann zwischen Juni und Dezember 1814 sowie das Jahr der kriegsbedingten Trennung von Ende Mai 1813 bis Ende Mai 1814, in dem das Paar regelmäßig durch Briefe kommuniziert. Der Fokus liegt auf Praktiken und Vorstellungen von der Ehe. Insgesamt zeigen Tagebuch und Briefe, dass hier weder von getrennten Sphären noch von festen ,Geschlechtscharakteren' gesprochen werden kann.[87] Als Anwalt empfängt Beneke seine Klienten zuhause, während sich Frau und Kinder in den benachbarten Räumen aufhalten. Er ist zweifellos ein Berufsmensch, aber dieses Attribut beschreibt nur einen Aspekt seiner komplexen Persönlichkeit. Genauso ist er ein Ehemann und Familienvater, für den das häusliche Zusammensein mit seiner Familie einen hohen Stellenwert hat. Der Akteur Beneke passt als Beispiel sowohl zu der in der englischen ,middle class' üblichen ,male domesticity' als auch zu den sogenannten ,Men at Home'.[88]

Wie sieht Häuslichkeit bei Benekes konkret aus? Nach der Rückkehr der Familie nach Hamburg an den Holländischen Brook gibt sich der um Struktur bemühte Beneke eine ideale „TagesOrdnung": um sieben Uhr Aufstehen, bis neun Uhr „Kaffé- u. FamilienStunde", neun bis drei Uhr „Geschäftsstunden" (Empfang von Klienten, Termine bei Gericht, Börse, Ämter), von drei bis vier Uhr Spaziergang (allein oder mit der Frau) oder Besuche, von vier bis sechs Uhr Mittagessen und „Familien Beysammen", von sechs bis sieben Uhr erneut „Gänge" (Spaziergang oder Besuche), bis zehn Uhr abends Arbeit am Stehpult, von zehn bis elf Uhr „bey Karoline", „dann zu Bette".[89] Selbstverständlich gibt es von dieser Norm realiter Abweichungen. Die Grundstruktur wird allerdings durchaus konstant eingehalten. Über den Tag verteilt gibt es drei fixe Begegnungsphasen der Familie,

---

86 Beneke, Tagebücher, 12.1.1806, II/2, S. 204; 8.1.1806, S. 202 (Zitat).
87 Vgl. zur Kritik an diesen beiden klassischen Thesen der Gender-Forschung v.a. Vickery 1993; Shoemaker 1998; den facettenreichen Alltag der bürgerlichen Ehe haben Trepp 1996c und R. Habermas 2000 untersucht.
88 Tosh 1999; Sarti 2015.
89 Beneke, Tagebücher, 27.6.1814, III/2, S. 131 f.; vgl. Hatje 2012a, S. 98 f.

die jeweils mit Getränken oder Mahlzeiten verbunden sind. Bedeutsam für das Paar sind vor allem die Mußestunden mit Lektüre: der gemeinsame ‚Lesemorgen‘ mit Kaffee und der ‚Leseabend‘ mit Tee. Bemerkenswert sind auch Aspekte, die Beneke unerwähnt lässt, weil sie für ihn keine Rolle spielen. Mit dem Haushalten im engeren Sinne – Einkaufen, Essenzubereitung, Waschen etc. – hat der bürgerliche Akteur nichts zu tun. Zudem lässt die ideale Tagesordnung nicht erkennen, wie häufig Besucherinnen ins Haus kommen. So notiert der Advokat aber zum Beispiel am Montag, 24.2.1812, „zwanzig, dreyzig Klienten Besuche".[90] Das (spät)abendliche Beisammensein ist oft kein Privatissimum mit der Frau, sondern eine ‚Teestazion‘, zu der Freundinnen und Freunde vorbeischauen. Haus und Familie dieses bürgerlichen Paars sind, anders als die Familiensoziologie annimmt, nicht einfach ein privater Ort des Rückzugs und der Entspannung vom Stress des öffentlichen Lebens.[91] Auffällig ist dagegen die Tätigkeiten verschiedener Art einschließende Multifunktionalität der häuslichen Sphäre. Neben dem ‚home office‘ des Anwalts und dem Haushalten der Frau ist hier erneut die Repräsentationsarbeit des Ehepaars bei Geselligkeit und Einladungen zu nennen. Indes wird wie im Fall der Berner Patrizierin durchaus auch ein Verlangen nach Muße und Privatheit als Paar artikuliert: die Sehnsucht nämlich „nach häusl. Regel u. Ruhe, nach einer stillen Morgenstunde mit Line, nach dieser süßen DoppelEinsamkeit, die in solcher Zweysamkeit liegt!"[92]

Über den Arbeitsalltag von Frau Beneke erfährt man aus dem Tagebuch ihres Gatten relativ wenig. Vor der Rückkehr im Juni 1814 notiert er: „Karoline waltet schöpferisch in unserem Hause a.d. Holl. Brok." Anders gesagt: „Karoline wirtschaftet" in Haus und Haushalt.[93] Bei formellen Einladungen fällt es ihr zu, die Gäste als „Hausfrau" zu bewirten.[94] Die Einrichtung des Hauses und das tägliche Haushalten sind ihr Metier. Über Arbeitsteilungen zwischen Caroline Beneke, ihrer Schwiegermutter, der Schwägerin und den Dienstmägden wird kaum berichtet. Generell darf die Zurückweisung des Konzepts der ‚separate spheres‘ nicht den Blick davor verstellen, dass es im bürgerlichen Haushalt geschlechtsspezifische Arbeits- und Funktionsbereiche gab. Beneke nimmt seine Frau nicht als Arbeitspartnerin oder als Chefin des zehn oder mehr Personen umfassenden

---

90 Beneke, Tagebücher, 24.2.1812, III/1, S. 227.
91 Zur „Spannungsausgleichfunktion" der modernen Familie Nave-Herz 2015, S. 994; dies. 2014, S. 17.
92 Beneke, Tagebücher, 25.5.1814, III/2, S. 110.
93 Beneke, Tagebücher, 3.6.1814, III/2, S. 117; 2.6.1814, ebd.; vgl. zur Unterscheidung verschiedener Kategorien häuslicher Arbeit Whittle 2019, S. 38; Zucca Micheletto 2020; ferner Sarti u.a. 2018.
94 Beneke, Tagebücher, 30.9.1811, III/1, S. 150; s. auch ebd., 5.2.1811, S. 31.

Haushalts wahr, sondern als Freundin, Seelenverwandte und „treue Genoßin meines Wesens!".[95]

Wo und wie wird diese Ehe praktiziert? Neben der Erziehung der Kinder und gemeinsamen Auftritten bei gesellschaftlichen Anlässen haben wie erwähnt der Lesemorgen und Leseabend für das Bildungspaar eine zentrale Bedeutung. Die ritualisierte Zweisamkeit mit Lektüre zu Beginn und am Ende des Tages hat etwas Heiliges. Das Faible der 17jährigen Caroline für Jean Paul kann man insofern tatsächlich als ein Signal auf dem Weg in die bildungsbürgerliche Ehe verstehen. Der häusliche Austausch über Literatur, Geschichte und auch politische Ereignisse ist definitiv wichtiger als der gemeinsame Besuch von Theater und Konzerten.[96] Auf der Agenda für diese Stunden der Muße steht vorwiegend deutschsprachige Belletristik, aber nicht nur: „LeseAbend mit Karoline – Shakespeare".[97] Beim Einzug in das Haus am Holländischen Brook zählt die Hausbibliothek vier- bis fünfhundert Bände. Die seit Studienzeiten gewachsene Sammlung umfasst neben Belletristik auch Kameralistik, das *Allgemeine Preußische Landrecht*, Geschichtswerke, Geografie und Landkarten. Unter Gender-Aspekten ist die andere Ausrichtung der „noch kleinen, aber recht niedlichen Bibliothek meiner Frau" interessant. Diese enthält laut Beneke „schönwißenschaftliche, pädagogische, u. oekonomische" Werke.[98] Das große Haus bietet Beneke durchaus die Gelegenheit, sich aus der Familie zurückzuziehen, auch an Sonn- und Feiertagen: „Biß elf bey familie. Dann in mein ArbeitsZimmer biß 3 1/2. – Nicht aus, aber im Gärtchen hinterm Hause, – wo ich zuweilen, vom bürgerl. Maschinen Wesen abspringend, den Gang der Natur belausche."[99] Das Arbeits- und Studierzimmer ist ein typischer Aufenthaltsort des bildungsbürgerlichen Vaters, der zwar im Haus anwesend, zugleich aber doch abwesend ist. Friedrich Schiller bewohnte in seinem Haus in Jena eine eigene Etage, räumlich getrennt von der Etage seiner Familie und den Räumen der Dienstboten im Erdgeschoss.[100]

Das Wesentliche tritt erst dann ins Bewusstsein, wenn es nicht mehr alltagsselbstverständlich ist. Diese Situation entsteht im Mai 1813, als die Beschießung und Einnahme Hamburgs durch französisches Militär zu einer rund einjährigen Trennung der Familie führen. Nach dem Einschlag einer Kanonenkugel

---

95 Beneke, Tagebücher, 6.6.1813, III/1, S. 454.

96 Beneke ist nach Theaterbesuchen oft unzufrieden: „dummes, eigentl. auch schlechtes Zeug;" (Tagebücher, 26.10.1812, III/1, S. 315).

97 Beneke, Tagebücher, 17.8.1811, III/1, S. 123.

98 Beneke, Tagebücher, 27.3.182, III/1, S. 238; ‚oekonomisch' hier wohl im älteren Wortsinn: hauswirtschaftlich.

99 Beneke, Tagebücher, 31.5.1812, III/1, S. 258.

100 www.klassik-stiftung.de/schillers-wohnhaus/ (30.10.2021)

im Nachbarhaus zieht Caroline Beneke zu ihren schon vorher in Sicherheit gebrachten Kindern nach Nienstedten an der Elbe. Ihr Mann bleibt vorerst am Holländischen Brook. Sie besucht ihn. Er wird wenige Tage später ebenfalls die Stadt verlassen und reflektiert seine eheliche Beziehung: „Diese ernsten Augenblicke sind für unsre ewige Liebe von großem Werthe. – Oft denkt Karoline auch anders, wie ich; so sehr das dann auch meine Idéen kreuzt, so höre ich doch darauf, u. achte darauf, wie die alten Deutschen auf das Wort verständiger und edler Frauen achteten".[101] Der in den Napoleonischen Kriegen aufkeimende Nationalismus, der auch Beneke erfasst und zum Verweis auf ‚die alten Deutschen' führt, interessiert hier nicht weiter. Deutlich wird erneut die Wertschätzung seiner Frau als geistig eigenständige, zum Widerspruch fähige Partnerin.

Das Jahr der Trennung im Exil wird für die Benekes teils absehbar, teils ungeahnt zu einer Herausforderung. Beneke sucht in Mecklenburg den Anschluss an andere geflohene Hamburger, plant die Reorganisation der Hanseatischen Bürgergarde und wird schließlich Adjutant des russischen Generals Bennigsen, der Hamburg belagert. Für den Hamburger und seine Mitstreiter handelt es sich durchaus um einen Befreiungskrieg. Caroline Beneke erhält mit ihren Kindern zunächst Unterkunft im Landhaus des Hamburger Nachbarn Burrowes in Nienstedten bzw. Klein Flottbek. Im Januar 1814 zieht sie mit den Kindern nach Lübeck, wo sich zu diesem Zeitpunkt auch Beneke aufhält, der aber im März nach Pinneberg in Bennigsens Hauptquartier weiterzieht. Die Vereinigung der Familie erfolgt erst wieder im Mai 1814, kurz vor dem Abzug der französischen Truppen aus Hamburg. Die meiste Zeit während dieses Jahres korrespondiert das Paar per Post, phasenweise gehen alle ein bis zwei Tage Briefe hin und her.

Die Situation der Trennung und das Medium Brief eröffnen noch einmal neue Perspektiven auf Ehe und Familie. Caroline Benekes Briefe sind trotz etwas eigenwilliger Syntax die Schreiben einer eloquenten Partnerin. Sie informiert, rät, beruhigt, fordert auf, macht Vorschläge und widerspricht. Beide – Mann wie Frau – jammern gern einmal, benötigen Trost und spenden Trost. Zu den ‚sayings' des Paars gehören auch Bekenntnisse der Liebe, Sehnsucht und Treue. Angesichts der in puncto Zukunft völlig ungewissen Lage – es herrscht Krieg – dienen die Briefe nicht zuletzt dem Austausch von Neuigkeiten zur militärischen Lage in Hamburg und Europa während der Endphase der Napoleonischen Kriege. Nicht nur er, auch sie äußert sich mit Kommentaren zur Politik wie „Zwar ist der Waffenstillstand nicht gut nach meinen Ansichten u für uns wol gar nicht, aber fürs ganze soll er glaube ich von Nutzen sein".[102] Sie bezweifelt, dass „Bonaparte ganz Deutschland

---

101 Beneke, Tagebücher, 26.5.1813, III/1, S. 440.
102 Beneke, Tagebücher, Caroline an Ferdinand Beneke, 11.6.1813, III/4, S. 207.

unterjochen können" sollte, worauf sonst Mann und Frau eben wieder „ein Sclav, mit freiem Geiste" seien.[103] Thema ist immer wieder auch das Befinden der Kinder. Bei Caroline sind 1813 die fünfjährige Emma, die dreijährige Minna und der knapp einjährige Otto Adalbert. Zwar wird sie von der Magd Anna begleitet. Dennoch ist der immense Betreuungsaufwand für die Mutter evident.

Der Briefverkehr verdeutlicht, dass sich das Paar nicht nur über gemeinsame Lektüre definiert, sondern die Kinder ein Sinnzentrum der Familie darstellen. Krankheiten der Kinder sind ein Dauerthema: Der Vater fragt besorgt nach, die Mutter antwortet beruhigend. Das liest sich dann etwa folgendermaßen. Vater an Mutter: „Die Kränklichkeit der lieben Kinder beunruhigt mich sehr. Könntest Du mich bald beruhigen! Sage aber ja die Wahrheit (...). Ich drücke Dich voll Inbrunst an mein Herz, das sich, ach! wie heftig nach Dir sehnt. Küße meine lieben lieben Kinder!" Mutter an Vater: „auf meine Ehre sei versichert Minna u die Kinder sind wahrlich recht wohl ganz gewiß".[104] Akribisch werden Entwicklungsfortschritte der Kinder notiert, Charakterzüge konstatiert und Prognosen gemacht. Dies gilt etwa für den jüngsten und ersten Sohn, der Zähne bekommt und Laufen lernt. Etwas ambivalent berichtet Caroline Beneke:

> Unser Otto wird nun wol keinem meiner Ideale recht anpaßlich aber Du solst nur sehen es wird noch ein tüchtiger Menschenbild daraus, du solst nur sehen er wird noch manchen zu schaffen machen gar trotzig, gar keck; gar vernünftig wird er werden, sonderbar sein Gemüth spricht sich noch gar nicht aus, bei den Mädchen war das viel früher, ich glaube er wird dir wahrlich auch innerlich recht ähnlich, nur glaube ich, wird er nicht so ruhig, so sanft, wie du doch im Grunde bist.[105]

Im väterlichen Tagebuch finden sich regelmäßig Beobachtungen zur geistig-körperlichen Entwicklung der Kinder.[106] Die bürgerliche Familie ist in puncto Kinder eine Emotionsgemeinschaft und zugleich ein Entwicklungsprojekt. Caroline verspricht Ferdinand, „diesen schlummernden Keim", nämlich die kindliche Fähigkeit zur Liebe, „zu erwecken, diese HimmelsPflanze zu pflegen soll meine schönste Sorge sein."[107] Dabei entspricht die Rollenverteilung bei Benekes nicht wirklich dem Stereotyp des strengen, auf Vernunft und Disziplin dringenden Vaters und der empfindsam-emotionalen Mutter. Benekes Kinder verbringen auch

---

103 Beneke, Tagebücher, Caroline an Ferdinand Beneke, 12.6.1813, III/4, S. 214.

104 Beneke, Tagebücher, Ferdinand an Caroline Beneke, 25.3.1814, III/5, S. 323; Caroline an Ferdinand Beneke, 31.3.1814, III/5, S. 408.

105 Beneke, Tagebücher, Caroline an Ferdinand Beneke, 18.3.1814, III/5, S. 251 (Unterstreichung im Original).

106 Z.B. Beneke, Tagebücher, 20.6.1811, III/1, S. 94; 30.6.1811, S. 102; 7.-11.7.1811, S. 108–10.

107 Beneke, Tagebücher, Caroline an Ferdinand Beneke, 28.7.1813, III/4, S. 362.

in Normaljahren mehr Zeit mit der Mutter als mit dem Vater. Aber Vater und Mutter spielen mit den Kindern im Sommer auf einer Wiese in Heuhaufen.[108] Als sich Beneke bei einer winterlichen Gesellschaft „inclus. Graf Westphalen bey Burrowes (...) ein wenig gelangweilt", mischt er sich statt zu konversieren lieber „nach Tische unter die Kinder, Blindekuh usw. mitmachend".[109] Bevor die Kinder 1814 in das Haus am Holländischen Brook zurückkehren, ist es der Vater, der ihnen mit Erinnerung an „Trähnen der Wehmut" ihren Tisch mit den Spielsachen aufbaut und einrichtet.[110]

Ein wichtiges Thema sind im Jahr der Flucht die fragilen Finanzen. Benekes verfügen über keine gesicherten Einnahmen. Buchhaltung und Finanzmanagement gehören offenbar nicht zu den Stärken Ferdinands. So hält ihn seine Frau, unterstützt durch den befreundeten Kaufmann Johann Andreas Schlingemann, immer wieder an, ausstehende Rechnungen aufzulisten und an seine Klienten zu schicken, um Geld einzutreiben.[111] Dabei ist ein Problem, dass Hamburgs Bürger wegen der Kontinentalsperre und der von der französischen Administration auferlegten Kontribution schlecht bei Kasse sind. Caroline Beneke schlägt in Absprache mit ihrem Vater vor, das Haus am Holländischen Brook zu vermieten.[112] Da unklar ist, ob und wann es zur Rückkehr nach Hamburg kommen wird, rät sie ihrem Mann zudem, sich beruflich auf eine Ämterlaufbahn nach Preußen oder an eine Universität umzuorientieren.[113] Die finanzielle Lage entspannt sich, als einige Klienten – nachdem sie einmal die Kostennote erhalten haben – tatsächlich ihre Schulden bei Beneke begleichen, was dessen 14 Jahre jüngere Ehefrau jedoch nur zu der erneuten Aufforderung an ihn animiert: „Vergiß nur nicht deine Rechnungen gleich in orrdnung [sic!] zu bringen"![114] Es ist Caroline, die auf Anraten Schlingemanns die Rechnungen unterschreibt. Sie erhält so auch das Geld, mit dem sie Schulden begleicht, eine Rücklage bildet und ihrer Schwiegermutter etwas für deren Lebensunterhalt zukommen lässt. Leider ist

---

108 Beneke, Tagebücher, 4.7.1811, III/1, S. 106; vgl. Hausen 1976, S. 368; zur Rollenaufteilung bei der Kindererziehung Budde 1994, S. 151–92.
109 Beneke, Tagebücher, 21.2.1813, III/1, S. 368.
110 Beneke, Tagebücher, 11.6.1814, III/2, S. 120 f.
111 Beneke, Tagebücher, Caroline an Ferdinand Beneke, 11.6.1813, III/4, S. 206; dto., 16.6.1813, S. 215; Johann Andreas Schlingemann an Beneke, 17.6.1813, III/4, S. 232.
112 Beneke, Tagebücher, Caroline an Ferdinand Beneke, 3.6. und 4.6.1813, III/4, S. 171 f. und 177.
113 Beneke, Tagebücher, Caroline an Ferdinand Beneke 3./4.6.1813, III/4, S. 179; dto., 14.6.1813, S. 219.
114 Beneke, Tagebücher, Caroline an Ferdinand Beneke, 5./6.7.1813, III/4, S. 294; s. auch Schlingemann an Beneke, 6.7.1813, III/4, S. 295; Otto von Axen an Beneke, 6.7.1813, III/4, S. 297.

seine Reaktion auf ihr Management und die Antwort auf ihre kurze Frage „ist es so recht?" nicht überliefert.[115]

Die durch Aufklärung und Revolution verursachte finale Krise der Ständegesellschaft um 1800 und die kriegsbedingte Krise der Familie Beneke ab 1813 bieten die Chance, manche Dinge neu zu denken und auszuprobieren. Caroline missfällt der Auftritt reicher Flüchtlinge aus Hamburg in Lübeck, der im Kontrast zur großen Not vieler anderer stünde. Sie meidet zunächst Tanzveranstaltungen, denn, so ihr Argument, „so lange (...) in der Burg noch so viel Elend ist, mag ich nicht den Luxus der Reichen sehen".[116] Von Ferdinand wird die Tochter aus dem Hause von Axen deswegen als dünkelhaft bezeichnet. Brisanter ist noch der Umstand, dass die Flucht auch für die Kinder eine soziale Durchmischung mit sich bringt. Caroline Beneke berichtet von ihrem Quartier in Klein Flottbek, dies sei eigentlich eine rechte „Cosacken Wirthschaft", indem nämlich jeden Tag „an 20 Bauern von der Landwehr" in das Haus einkehrten, was Lärm und Schmutz mit sich brächte. Sie erklärt ihrem Mann: „deine Kinder zumal die Emma macht sich so ungemein familiar mit den Kindern dieser Bauern, sie hat gar keinen Begriff von dem unterschied der Stände, und ich weiß wahrhaftig nicht ob es Recht ist wenn ich ihr etwas davon beibringe".[117] Solche Überlegungen vor Ort korrespondieren mit der Ständegrenzen überschreitenden frühliberalen Utopie der ‚klassenlosen Bürgergesellschaft'.

Verletzliche Liebe und wankende Geschlechtscharaktere

Trotz ihrer Kritik an Luxus und Tanzveranstaltungen nimmt Caroline Beneke in Lübeck dann doch eine Einladung zum Tanz an, was ihre Ehe in der Folgezeit auf eine Probe stellt und ein Schlaglicht auf die Beziehungen zwischen den Geschlechtern nach 1800 wirft. Zugleich zeigt sich ein Problem der Liebesehe, denn deren Fragilität wird unabhängig von der schwer einschätzbaren Authentizität des Gefühls durch die ständige Beschwörung der Liebe eher noch gesteigert. Caroline Benekes Tanzpartner in Lübeck ist der 23jährige Carl Ludwig Roeck, ein

---

115 Beneke, Tagebücher, Caroline an Ferdinand Beneke, 20.7.1813, III/4, S. 354.
116 Beneke, Tagebücher, Caroline an Ferdinand Beneke, 5.3.1814, III/5, S. 215; zum Folgenden Ferdinand an Caroline Beneke, 12.3.1814, S. 221; zuvor berichtet Caroline bereits aus Lübeck von einem Anlass mit Kaufleuten und Offizieren: „Die Gesellschaft diesen Abend war unerhört langweilig du kannst dir keinen Begriff von der Art einer solchen Gesellschaft machen immer wird platt gesprochen u was!?" (1.3.1814, III/5, S. 184).
117 Beneke, Tagebücher, Caroline an Ferdinand Beneke, 17.6.1813, III/4, S. 235; zum Folgenden Gall 1993, S. 27.

Jurist und freiwilliger Gardist, der im selben Jahr noch Senatssekretär und später dann Bürgermeister von Lübeck werden wird. Beneke, der anders als seine Freu ungern tanzt, hat ihn ein Jahr zuvor in seinem Tagebuch beiläufig als „hübschen Jüngling" erwähnt.[118] Nach dem Kennenlernen beim Tanz entwickelt sich zwischen Frau Beneke und „dem jungen Roeck" eine andauernde Beziehung.[119] Sie treffen sich – wie Caroline in ihren Briefen Ferdinand freimütig berichtet – regelmäßig zum Spaziergang oder zu Geselligkeiten im Hause Roeck. Roeck trägt zur Gitarre eigene Gedichte vor, die die gut anderthalb Jahre ältere Caroline zu Tränen rühren. Er geleitet sie abends nach Hause und – besonders auffällig – sie lesen sich aus literarischen Werken vor. Zufällig schätzt Roeck genau wie Beneke und dessen Frau die Texte von Jean Paul und de la Motte Fouqué. Ehemann Beneke reagiert zunächst gelassen, aber schon nach zwei Wochen gereizt. Er wirft seiner Frau vor, sie lege es darauf an, ihn mit Roeck und anderen Männern in Lübeck „eifersüchtiglich zu machen."[120] Noch eine Woche später nennt er Roeck dann „Deinen Liebhaber".[121] Caroline macht immer wieder Anläufe, ihrem geliebten Ferdinand die Beziehung zu Roeck zu erklären, nimmt dabei aber kein Blatt vor den Mund. Für sie sei Roeck „ein süßer Mensch", den „ich recht lieb habe", „wahrlich Mütterlich liebe", „mein recht lieber Freund", dessen „guter Engel" sie sein will.[122] Ferdinand schwankt zwischen Hinnahme dieser Beziehung und gekränktem Einspruch. In der Kommunikation der Eheleute spielt auch eine Rolle, dass Ferdinand, wie Caroline weiß, im Mecklenburger Exil selbst öfter mal ein Auge auf „hübsche Mädchen" wirft oder sein Herz einer Verehrten ausschüttet, was der Diarist auch dokumentiert.[123] So kann sie seine Eifersucht leicht mit dem Hinweis auf „deine Vielweiberei" kontern[124] und macht keinerlei Anstalten, die Beziehung mit Roeck zu beenden.

Bei dieser Episode geht es nicht nur um eine Liebelei, sondern auch um ein Austesten von Geschlechternormen, das heißt konkret den Versuch männlicher Bevormundung und gezielt eingesetzten weiblichen Eigen-Sinn. So hält Herr Beneke seine Frau immer wieder zu einem geregelten Tagesablauf und einer

---

118 Beneke, Tagebücher, 10.4.1813, III/1, S. 402; s. auch 4.11.1813, III/1, S. 621; Beneke berichtet von einem Hamburger Börsenball: „Mein Linchen erlustigte sich mit ein paar Tänzen" (6.4.1813, III/1, S. 399).
119 Beneke, Tagebücher, Caroline an Ferdinand Beneke, 5.3.1814, III/5, S. 216.
120 Beneke, Tagebücher, Ferdinand an Caroline Beneke, 16.3.1814, III/5, S. 243; s. auch 14.3.1814, S. 241 f.
121 Beneke, Tagebücher, Ferdinand an Caroline Beneke, 22.3.1814, III/5, S. 273.
122 Beneke, Tagebücher, Caroline an Ferdinand Beneke, 8.3.1814, III/5, S. 219; 13.3.1814, S. 228; 18.3.1814, S. 251; 26.3.1814, S. 366; 13.4.1814, S. 470.
123 Beneke, Tagebücher, 2.7.1813, III/1, S. 480 (Zitat); 9.8.1813, S. 521; 25.8.1813, S. 532.
124 Beneke, Tagebücher, Caroline an Ferdinand Beneke, 8.3.1814, III/5, S. 219.

frühen Zubettgehzeit an. Sie kümmert sich einfach nicht darum und schreibt ihre mit Uhrzeit versehenen Briefe – darunter auffällig viele mit Erwähnung des neuen Freunds – gern spät abends.[125] Auf seine Eifersucht auf den 16 Jahre jüngeren Mann reagiert sie ebenfalls gereizt, manchmal spitz. In der elaborierten Briefkultur der Zeit ist es ein Affront, wenn sie ihn mit „Mein alter guter Mann" anredet oder nach Erwähnung Roecks schlicht mit „Adieu alter" schließt.[126] Sie lässt Roeck Texte und Briefe von Ferdinand lesen. Besonders verletzend muss es für den Ehemann und Vater sein, kurz vor der Rückkehr der Familie nach Hamburg in einem Brief seiner Frau zu erfahren, seine vierjährige Tochter Minna habe einen Brief an seinen Nebenbuhler geschrieben und „ihm aufgetragen für mich zu sorgen, für mich auf ihre Kosten eine freundliche Wohnung vor dem Thore zu miethen (...), überhaupt solle R[oeck, J.E.] für meine äußere Lage sorgen. ist sie nicht ein wahrer Engel?"[127] Für Ferdinand Beneke, der sich zwischenzeitlich mit der Präsenz des jungen Manns im Leben seiner Frau arrangiert hat, ist damit eine Grenze überschritten. Kurz vor der Rückkehr zum Familienleben in Hamburg pocht er auf männliche Dominanz und weiblichen Gehorsam. So glaube er zwar, dass ihr das „selbstständige Seyn" im Lübecker Exil gut getan habe; „freilich werde ich zu thun bekommen, wenn ich nun die durch eignes Wollen verwöhnte Gemalin erst wieder unter meine Zucht bekomme, wo sie ihren Willen gehorsamlich unter die ihres Herrn, und Gemahls fügen, u. beugen muß."[128] Er flankiert diese Ankündigung mit der Bemerkung, er habe gerade seine alte Liebe Sophia Emilia von Ehrenstein wieder getroffen, die übrigens auch seine Frau zu einem Besuch einlade, zudem mit süffisanten Grüßen an Roeck. Zwei Tage später folgt dann allerdings eine zerknirschte Liebeserklärung an Caroline, „Du Geliebte!"[129] Wie reagiert Caroline Beneke? Die Einladung zu der adligen Dame, Ehefrau eines Gutsbesitzers, lehnt sie – auf bürgerliche Adelskritik anspielend – rundweg ab: denn „ich mag sie nicht, sie ist eine schlechte Mutter." Ansonsten aber gibt sie klein bei und akzeptiert damit die Geschlechterhierarchie in ihrer Ehe. Sie habe ihre „Freiheit" zwar „genossen", aber ihr Leben in Lübeck habe doch nicht „der Natur des Weibes" entsprochen. „Nein nein mein Ferdinand, es wird mir wohl thun, zumal mich ruhiger machen, komme ich wieder in meine

---

125 Beneke, Tagebücher, Ferdinand an Caroline Beneke, 14. 3. 1814, III/5, S. 241: „Ich finde in Deinem Briefe noch immer, liebe Geliebte, daß Du so spät zu Bette gehst. Da Du mir die Liebe nicht erzeigen kannst, das Gegenteil zu thun, so laße michs wenigstens künftig nicht lesen."
126 Beneke, Tagebücher, Caroline an Ferdinand Beneke, 21. 3. 1814, III/5, S. 315; 18. 3. 1814, S. 252.
127 Beneke, Tagebücher, Caroline an Ferdinand Beneke, 18. 4. 1814 („Abends spädt"), III/5, S. 489 f.
128 Beneke, Tagebücher, Ferdinand an Caroline Beneke, 24. 4. 1814, III/5, S. 493.
129 Beneke, Tagebücher, Ferdinand an Caroline Beneke, 27. 4. 1814, III/5, S. 503.

engern häußlichen Grenzen."[130] Die Zuspitzung des Streits um Carolines Freiheiten liest sich wie ein Echo auf die hierarchischen Geschlechtervorstellungen
der Liberalen, für die Forderungen nach rechtlicher Gleichstellung der Frau eine
Bedrohung der natürlichen Grundlagen bürgerlicher Existenz darstellten.[131] Der
Alltag der Beneke'schen Ehe ist indes weniger hierarchisch als das wütende Insistieren des Hausvaters auf Gehorsamspflichten vermuten lässt, stattdessen von
Partnerschaft und Respekt geprägt.

Ist Caroline Beneke naiv oder raffiniert? Diese selbstbewusste Frau nimmt
sich Freiheiten und weiß zugleich um ihre Grenzen. In vieler Hinsicht ist sie von
Jugend an viel selbstständiger, dazu mit klarem Vernunftdenken, provozierendem
Eigen-Sinn und Durchsetzungsvermögen ausgestattet, als es ihr bürgerlicher
,Geschlechtscharakter' erwarten ließe. Ferdinand Beneke wiederum zeichnet sich
durch angeblich weibliche Eigenschaften wie hohe Emotionalität und – in der
Diktion Karin Hausens – einen gewissen „Wankelmut" aus.[132] Das Ehepaaar
vereint das bürgerliche Identitätsprogramm der Zeit, das gemeinsame Projekt der
Kindererziehung und auch die fragile Emotion der Liebe, die allerdings im Alltag
erst einmal auf Dauer gestellt werden muss. Leidenschaftliche Dreieck-Bezie-
hungen der skizzierten Art sind um 1800 nicht ungewöhnlich. Ihren vorläufigen
Abschluss findet die Geschichte mit Roeck durch Carolines vielsagende Mitteilung
an Ferdinand: „ich will Werthers leiden [sic!] lesen" bzw. drei Tage später „lese
Werthers Leiden"; allerdings, so fügt sie hinzu, „was das schlimmste ist [,]
schreibe Briefe an Roeck".[133] Die Paarbeziehung hielt das aus. Benekes blieben
mit Roeck in Kontakt.

Die häusliche Sphäre als soziales Relais

Der Fokus allein auf klassische Themen der Familiengeschichte der skizzierten Art
würde den häuslichen Mikrokosmos der Benekes nur unvollständig wiedergeben.
An einigen Stellen wurde bereits deutlich, dass die Häuslichkeit am Holländischen Brook nicht mit der Privatheit eines modernen Eigenheims zu verwechseln
ist. Sozialhistorisch gesehen, liegt weder eine Kern- noch eine Kleinfamilie,
sondern eine ,Erweiterte Familie' mit Verwandten vor. Dazu kommen die Dienstboten, zu denen Benekes persönliche Beziehungen entwickeln. Zentral wichtig

---

130 Beneke, Tagebücher, Caroline an Ferdinand Beneke, 27.4.1814, III/5, S. 509 (alle Zitate).
131 Siehe den von dem führenden Frühliberalen Carl Theodor Welcker verfassten Artikel über
,Geschlechterverhältnisse' im Staatslexikon von 1838, zit. bei Hausen 1976, S. 375 f.
132 S. die Gegenüberstellung bei Hausen 1976, S. 368; vgl. die Kritik an Hausen bei Trepp 1996a.
133 Beneke, Tagebücher, Caroline an Ferdinand Beneke, 17.5.1814, III/5, S. 533; 20.5.1814, S. 539 f.

für den bürgerlichen Kontext ist darüber hinaus eine bestimmte Kultur der Soziabilität. Bereits Jürgen Habermas hat in seinem klassischen Werk zum *Strukturwandel der Öffentlichkeit* darauf hingewiesen, dass das bürgerliche Publikum zuerst als literarische Öffentlichkeit im Privatraum des Hauses entsteht.[134] Familiengeschichte ist Sozial- und Politikgeschichte. Die Milieus der bürgerlichen Gesellschaft formieren sich, wie auch David Sabean betont, durch gesellige Kommunikation[135], und diese findet sehr wesentlich in Privathäusern statt. Neben dem Assoziationswesen bilden Praktiken der häuslichen Geselligkeit den zweiten Nukleus der neuen Gesellschaft. Auffällig ist also ein enormer Kontrast zwischen der Idee der Privatheit als abgeschlossenes ‚häusliches Glück' und der real existierenden Offenheit des Hauses. Diese Diskrepanz und die daraus erwachsenen Spannungen bildeten, wie gesehen, ein Leitmotiv des Journals der Patrizierin Henriette Stettler-Herport. Ein Blick auf die mit Selbstzeugnissen aus der Schweiz, Nord- und Süddeutschland arbeitende jüngere Forschung bestätigt den Befund.[136]

Das Beispiel der Benekes unterstreicht die „Vereinbarkeit von *Familiarität und Soziabilität*".[137] Ein herausragender Aspekt des Tagebuchs ist die Dokumentation von Treffen und Kontakten. Über die Jahre hinweg notiert Beneke tausende Namen von Menschen, mit denen er auf unterschiedliche Weise in Beziehung steht. Sehr oft fungiert dabei das Haus als Ort direkter Interaktion. Die unzähligen Besuche und Gegenbesuche machen das Haus zu einer sozialen Drehscheibe. So kommt dem Anwalt sein enges Mietshaus 1811 „wie ein GastHof" vor.[138] Dabei ist die Häuslichkeit der Benekes kein Sonderfall. Ein Kommen und Gehen herrscht wie gesehen auch bei von Axens am Jungfernstieg und wohl ganz ähnlich bei Chaufepiés, Schlingemanns und in den anderen Häusern Hamburgs, die Beneke regelmäßig aufsucht. Beneke empfängt jeden Tag Klienten, die, wenn sie von auswärts kommen, auch einmal bei ihm übernachten.[139] Bereits 1805 legt er Sprechstunden fest, um nicht ständig gestört zu werden. Hinzu kommen wechselseitige Besuche von Freunden, Freundinnen und Bekannten der Familie, selbst am späten Abend. Zwischen beruflichen bzw. öffentlichen Anlässen und rein freundschaftlichen Treffen lässt sich keine klare Linie ziehen. Die „HerrenGesellschaft bey uns" kann – notabene aus „Zufall, u. Politik" – enge Freunde und

---

134 J. Habermas 1990, S. 107–16; vgl. wie bereits erwähnt auch Clark 2007, S. 295–99, 309.
135 Sabean 2007, 304 f.; vgl. auch Mettele 1996; zum Hamburger Bürgertum Tolkemitt 1998; Trepp 1996c.
136 Vgl. insbes. Trepp 1996c, S. 174–80; R. Habermas 2000, S. 182–84; zuletzt Hatje 2020; Eibach 2015; Eibach 2020a; vgl. auch die englische Forschung, v. a. Vickery 1998; Vickery 2009.
137 Trepp 1996c, S. 174 (Kursivierung bei Trepp).
138 Beneke, Tagebücher, 7.5.1811, III/1, S. 65.
139 Beneke, Tagebücher, 13.2.1813, III/1, S. 365; zum Folgenden Hatje 2015, S. 515 und pass.

hochstehende Amtsinhaber der Hansestadt zusammenführen.[140] Zur Erinnerung: Die Beziehung zu seiner späteren Frau entsteht bei Besuchen als Rechtsberater Otto von Axens. Leichter fällt die Unterscheidung zwischen großen Feierlichkeiten wie Bällen und Diners mit formeller Einladung und usuellen, oft spontanen Zusammenkünften. Eine Bemerkung Benekes im Rückblick auf das Jahr 1816, in dem er zum Oberaltensekretär ernannt wird, lässt die Verschränkung öffentlicher und privater Sphären erkennen. Beneke konstatiert, bedingt durch neue Geschäfte und Kränklichkeit, „bin ich mit meinem Privatleben fast ganz aus dem öffentlichen verschwunden."[141] Erwartet wurde also eigentlich die Verbindung des privaten mit dem öffentlichen Leben. Er führt aus, er habe im abgelaufenen Jahr „beharrlich alle Einladungen zu den jetzt mehr als je überhandnehmenden Leib Herz, und Geist tödtenden (...) Galla Schmausen abgelehnt". Seine knappe Zeit wolle er lieber „mir und den Meinigen" widmen.[142] Zu diesem Kreis der Meinigen oder, wie formelhaft vermerkt, ‚unter uns' bzw. ‚entre nous' zählen nicht nur die Mitglieder der Kernfamilie, sondern auch nahe Verwandte sowie intime Freundinnen und Freunde. Bezeichnend eine Formulierung wie: „Mittags entre nous bey Schuchmachers".[143] Auch Sonntage sind bei Benekes nicht reine Familientage, sondern prädestiniert für Treffen mit den engsten Freundinnen und Freunden, Verwandten und Seelenverwandten.

Benekes Journal lässt das Haus weniger als Ort der Privatheit denn als Raum einer ausgeprägten Kopräsenz erkennen. Diese Kopräsenz ist alles andere als zufällig beschaffen. Es lassen sich über das dauerhafte Mitwohnen von Bediensteten und oft auch nahestehenden Verwandten[144] hinaus spezifische Funktionen und Anlässe unterscheiden. Erstens, sind hier berufliche Kontakte zu nennen. Nicht nur im Handwerk und in der Landwirtschaft, sondern auch in den freien Berufen des Bürgertums wird im 19. Jahrhundert regelmäßig zuhause Erwerbsarbeit geleistet. Zweitens, ist ein facettenreicher Bereich der Besuchskultur zu konstatieren, der zwischen usueller Geselligkeit und formellen Ereignissen, Geburtstagsvisite und Stelldichein der Verwandten, Lesegesellschaft und politischer Konspiration, spontanem Vorbeischauen und vereinsartiger Dauerhaftigkeit changiert. Nicht zu vernachlässigen ist in Kriegszeiten wie 1813/14, drittens, die

---

140 Beneke, Tagebücher, 30.9.1811, III/1, S. 150.
141 Beneke, Tagebücher, Uebersicht des Jahres 1816, III/2, S. 480.
142 Beide Zitate ebd.; vgl. zum Folgenden am Beispiel der Münchner Familie Roth R. Habermas 2000, S. 223 f.
143 Beneke, Tagebücher, 21.1.1807, II/2, S. 422. Johann Diedrich Schuchmacher war Kaufmann in Hamburg; s.: Begleitband II.1, S. 264; Dank an meine Studentin Sibylle Kappeler (Bern) für den Hinweis!
144 Vgl. dazu B. Kuhn 2000, S. 293 ff.; dies. 2015.

durch Einquartierungen und Gewährung von Zuflucht für Flüchtlinge verursachte Kopräsenz. Zudem können Typen der Besucherinnen und Besucher unterschieden werden: der Freund, der Nachbar, der Heiratskandidat, der Kondolierende, der wöchentlich zum Essen erscheinende Hausfreund („Mittag unter uns incl. Unsers Dingstags Kostlings")[145], die Herzensfreundin, die Lieblingscousine, die angesehene Dame, Besucherinnen am Wochenbett etc. Ein Teil dieser Besuchskultur ist geschlechtsspezifisch separiert: „Mittags Herren-Gesellschaft" und nachmittags „TheeVisiten (...) bey den Damen".[146] Der größere und aus Sicht der Benekes wohl auch wichtigere Teil der Geselligkeit erlaubt aber die Teilnahme von Frauen und Männern. Caroline und Ferdinand Beneke agieren als Paar in einem weit gespannten sozialen Netzwerk, dessen Knotenpunkte Privathäuser sind.

Die faktische Offenheit des Hauses in dem beobachteten bürgerlichen Milieu steht im krassen Widerspruch zu eingeschliffenen Vorstellungen vom 19. Jahrhundert als dem „goldenen Zeitalter des Privaten".[147] Im Hinblick auf die Geschichte des Bürgertums ist zu fragen, ob beim pauschalen Hinweis auf das Familienideal als zentraler Säule des bürgerlichen Lebensstils nicht zu bedenken ist, dass Ehe und Häuslichkeit in der formativen Phase sowohl des Bürgertums als auch der modernen Familie sehr viel offener gelebt wurden als gedacht. Dabei unterscheidet sich die offene Häuslichkeit der bürgerlichen Elite in wesentlichen Aspekten durchaus vom ‚offenen Haus' in Stadt und Land während der Frühen Neuzeit.[148] Obwohl mit William Burrowes auch ein direkter Nachbar bei Benekes ein- und ausgeht und Caroline Beneke mit den Kindern 1813 in dessen Landhaus Zuflucht findet, hat die Nachbarschaft nicht mehr die gleiche Funktion wie in der Ständegesellschaft. Dies gilt für Unterstützungsleistungen wie auch für die Ausübung von sozialer Kontrolle.[149] Der Kaufmann Burrowes agiert als Freund und nicht als Nachbar. Benekes Freundinnen und Freunde kommen nicht aus dem sozialen Nahraum der Nachbarschaft, sondern wohnen über die Stadt verstreut. Es handelt sich insofern eher um ein modernes horizontales soziales Netzwerk. Auffällig ist dabei, dass dieses Netzwerk, das reihum in den Häusern zusammenkommt, nicht ‚klassenlos', sondern an bestimmte kulturelle Regeln und

---

145 Beneke, Tagebücher, III/1, 5.2.1811, S. 31; gemeint ist der regelmäßig dienstags zu Tisch erscheinende Jurist Georg Friedrich Nolte.
146 Beneke, Tagebücher, 9.10.1811, III/1, S. 155; 28.10.1811, S. 162.
147 So etwa Perrot 1999, S. 8.
148 Vgl. ausführlicher dazu Eibach 2011, 2015 und 2020; vgl. zur Frühen Neuzeit grundlegend Jancke 2013.
149 Vgl. zur Geschichte der Nachbarschaft mit unterschiedlichen Akzenten Capp 2003; Wrightson 2007.

emotionale Voraussetzungen gebunden ist. Ausgesprochen relevant ist für beide Benekes reziprok-vertrauensvolle, auf Geistes- und Seelenverwandtschaft aufbauende Freundschaft. Als elektive Verwandte stellen Freundinnen und Freunde das Bindeglied zwischen Familie und Milieu her. In diesem Sinne überlegt Beneke nach dem Ableben seines engen Freunds Rambach und dem Wegzug anderer Freunde aus der Stadt, was denn eigentlich Freundschaft ausmache. Dazu gehöre „ein Zusammentreffen vieler äußerer Umstände mit inneren Eigenschaften". Er führt aus:

> denn nicht bloß in relig. sittlicher, u. intellektueller Bildung, nicht bloß in Gemüth, u. SinnesArt, u. Richtung des Wesens, – sondern auch in Lebens Art, u. Ansicht, in allerley äußerer Neigung, und in bürgerlichen Beziehungen muß zwischen befreundeten aus vielen Personen bestehenden Familien ein gewißes Maaß der Verhältniße stattfinden, wenn aus freundschaftlichen Gesinnungen ein inniger Umgang, u. Verkehr entstehen soll.[150]

---

150 Beneke, Tagebücher, Uebersicht des Jahres 1815, III/2, S. 337; vgl. zum Freundschaftsbegriff um 1800 van Dülmen 2001b; Wydler 2019; allgemein Kühner 2016.

6 Das Pfarrhaus als Labyrinth:
Ursula und Abraham Bruckner-Eglinger

Basel (1819 – 1833)

Pfarrhäuser hatten Vorbildfunktion.[1] Vor allem in ländlichen Gebieten hoben sich der protestantische Pfarrer und seine Frau durch Status und Bildung, zudem als Wächter über Moral und Lebenswandel von der der dörflichen Lebenswelt ab. Als Geistliche waren Pfarrer in der Frühen Neuzeit Angehörige einer ständischen Elite. In der Forschung gelten evangelische Geistliche zwar nicht wie Kaufleute, Unternehmer, Ärzte oder Richter als Prototypen der neuen Bürgerlichkeit, werden aber trotz eines ständischen Vorbehalts meistens zum Bildungsbürgertum gezählt.[2] Das Pfarrhaus lag gewöhnlich gut sichtbar in der Mitte des Dorfs. Es wurde erwartet, dass seine Angehörigen Familie modellhaft vorlebten. Der Erwartungsdruck von Seiten der Kirche wie auch der Untertanen schuf eine besondere Situation, umso mehr, wenn der Pfarrer und seine Frau als ‚Gefährtin‘ und ‚Mitregentin‘ (Schorn-Schütte) den moralischen Leistungsauftrag verinnerlichten. Die vorgegebene und oft auch angenommene Zielvorgabe lautete: der vorbildliche Haushalt und die ideale Familie. Bereits diese Konstellation lässt Diskrepanzen zwischen Norm und Praxis, zwischen frommer Utopie und irdischem Alltag, erwarten.

Ursula Eglinger, die Protagonistin dieses Kapitels, wurde am 21. Oktober 1797 in Liestal bei Basel als zehntes Kind in eine Pfarrerfamilie geboren und heiratete 1819, 22jährig, Abraham Bruckner, der in der Gemeinde Binningen vor den Toren Basels als Pfarrer amtierte.[3] Über Verwandt- und Bekanntschaften waren sie eng mit dem Basler Bürgertum vernetzt: mit den Familien Brenner, Bernoulli, Burckhardt, Sarasin und Stähelin usw.[4] Eng verwoben mit dieser städtischen Elite war auch die Herrnhuter Brüdergemeine. Sowohl die Bruckners als auch die Eglingers waren Angehörige dieser pietistischen Gemeinschaft. Dabei handelte es sich längst nicht mehr um eine Abspaltung oder gar eine Sekte in Frontstellung zur kirchlichen Orthodoxie wie noch Mitte des 18. Jahrhunderts. Zu Beginn des

---

1 Greiffenhagen 1984; Schorn-Schütte 1991; zum Pfarrhaus als Gebäude Spohn 2000; kurz Ricker 2017.
2 So bei Gall 1993, S. 34; anders bei Kocka 1995, S. 9 f., der explizit aber nur katholische Geistliche ausschließt.
3 Zum Lebenslauf die Einleitung der Edition von Hagenbuch 2014, S. 10.
4 S. die Namen im Familienregister bei Hagenbuch 2014, S. 549 – 51; vgl. allgemein Heer u. a. 2009; Hebeisen 2005.

https://doi.org/10.1515/9783110749496-006

19. Jahrhunderts war der Pietismus dieser Spielart in der Mitte von Kirche und Gesellschaft angekommen. Diese Entwicklung lässt sich in der Schweiz an keinem Ort besser verfolgen als in der prosperierenden Stadt am Rheinknie, die mal abschätzig, mal bewundernd das ‚fromme Basel' genannt wurde.[5] Der Einfluss des Pietismus und auch anderer Glaubensrichtungen war kein Überbleibsel aus dem Ancien Régime, wie man von modernisierungstheoretischer Warte aus meinen könnte. Vielmehr prägten spezifische Glaubensvorstellungen bis weit ins 19. Jahrhundert in der Schweiz und darüber hinaus die entstehenden liberal-konservativen Milieus.

Seit ihrem 19. Lebensjahr (Juli 1816) schrieb Ursula Eglinger regelmäßig Tagebuch. Die meisten Einträge fallen in die Zeit der politischen Windstille während der 1820er Jahre, als Ursula dem Pfarrhaushalt von Binningen vorstand und fünf Söhne gebar, von denen der erste eine Totgeburt war. Ursulas Eltern hatten noch fünf ihrer insgesamt elf Kinder im frühkindlichen Alter verloren. Aus den Jahren 1821–1823 sind keine Einträge überliefert. Das Journal der Pfarrfrau endet abrupt Ende März 1833 während der revolutionären Unruhen im Kontext der Basler Kantonstrennung. Die ‚Basler Wirren' zwangen die mehrheitlich konservativen Landpfarrer – unter ihnen zahlreiche Herrnhuter wie Abraham Bruckner – aus der politische Gleichstellung und Partizipation fordernden Basler ‚Landschaft' in die Stadt zu flüchten.[6] Das in Deutschland wie in der Schweiz zu beobachtende Aufflammen protorevolutionärer Proteste im Gefolge der Pariser Juli-Revolution von 1830 zeigte, dass die Restauration nach 1815 nur eine scheinbare gewesen war. Die Transformation von der Stände- zur bürgerlichen Gesellschaft ließ sich nicht mehr durch Beschlüsse im Geheimen Kabinett aufhalten. Indes stellt sich die Frage, wie dieser Makro-Wandel im häuslichen Raum gelebt und gestaltet wurde. Wie bereits im Fall von Henriette Stettler-Herport bemerkt, bildete der Pietismus einen wichtigen Kontext für die Ausbildung neuer Vorstellungen von familiärer Innerlichkeit.[7] Wo sollte das Reformprojekt der ‚praxis pietatis' ansetzen, wenn nicht im eigenen Haus: im Kämmerlein beim Selbst, bei den Beziehungen der Eheleute, im Alltag mit Kindern und Bediensteten?

---

5 Th. Kuhn 2000 und 2021; Hebeisen 2005; zur Herrnhuter Brüdergemeine allgemein Mettele 2009.

6 Vgl. zum Ablauf der Unruhen in Binningen und zur Ortsgeschichte von Scarpatetti u. a. 2004, S. 125–32; die Gemeindeversammlung hatte sich für den Verbleib Bruckners ausgesprochen: ebd. S. 312.

7 Hebeisen 2005, S. 205, bemerkt im Hinblick auf Basel, dass „die gefühlsbetonte herrnhutische Frömmigkeit speziell für Frauen attraktiv gewesen sei."; vgl. auch ebd., S. 208 ff.; ferner Gleixner 2005, S. 209 ff.

Soziabilität und Selbstanklagen

Der religiöse Ausgangspunkt ist also vergleichbar mit dem Journal Henriette Stettler-Herports fünfzig Jahre vorher. Ursula Bruckner-Eglinger nutzt ihr Tagebuch – meistens mehrere Zeilen pro Tag, aber nicht täglich geführt, nach Pausen und Unterbrechungen im Rückblick ergänzt – als Beichte und Bekenntnis ihrer Verfehlungen. Das Subjekt will sich bessern. Die Basler Pfarrfrau ist mit den Jahren zunehmend verzweifelt über ihren Gemütszustand und appelliert deswegen an ihren Herrn und Heiland. In mehrerer Hinsicht ist der von Bernadette Hagenbuch edierte Text aus dem Nachlass der 1876 verstorbenen Pfarrfrau jedoch nicht einfach als Ausdruck pietistischer Rhetorik oder erwartbarer Selbstanklagen zu verstehen.[8] So dient das Tagebuch zuerst der ledigen Pfarrerstochter, dann der verheirateten Pfarrfrau auch als eine Art Buchführung über ihre zahlreichen Besuche und Zusammenkünfte mit Freundinnen und Verwandten. Mit heiterem Duktus werden vor allem in den ersten Jahren dutzendfach ,Visiten' und Spaziergänge in Gesellschaft festgehalten. Auch Bet- und Singstunden, Arbeiten im Haushalt und soziale Ereignisse, nicht zuletzt Hochzeiten, in der Verwandt- und Bekanntschaft werden notiert. Stützpfeiler der beschriebenen Soziabilität sind der des Pietismus unverdächtige Spaziergang – als solcher, als Ausflug, ,Partie', ,Promenade' oder ,Lustwandeln' erwähnt – und die Kommensalität bei Tisch.

Der Charakter eines Seelenprotokolls mit dem Akzent auf subjektiver Erfahrung verdichtet sich erst mit fortdauernder Zeit, als der Akteurin die alltäglichen Lasten und die unerfüllten Ideale über den Kopf wachsen. Die Beschreibungen des eigenen Gemütszustands wirken aber auch dann weniger als Prozeduren eines formelhaften Diskurses, sondern als Versuche, Erfahrungen mit ihrem Selbst variantenreich in Worte zu fassen. Das liest sich in einem Eintrag vom 16. August 1830 so:

> Schon um 3 Uhr erwachte ich, u. konnte leider nicht mehr einschlafen, denn die qualvollen Gedanken kamen in so hohem Grade dass ich nicht mehr wusste wo aus noch an. Beten konnte ich auch nicht, gleich waren diese Gedanken wieder verdrängt. O liebster Hld! willst Du mich noch durch diese schwere Geduldsschule durchführen, dass ich Gemüths krank werde; ach bewahre mich doch in Gnaden nur davor.[9]

---

8 So allerdings die Argumentation von Hagenbuch 2014, S. 20 und 34.
9 Die folgenden Annotationen aus dem Tagebuch Ursula Bruckner-Eglingers orientieren sich mit Datum und Seitenangabe an der Edition von Bernadette Hagenbuch, hier: 16.8.1830, S. 423; vgl. zu pietistischer Gefühlskultur und subjektiver Erfahrung neben Gleixner 2005 und Hebeisen 2005 auch Mettele 2009, S. 205.

Weder das Gebet noch der Kirchgang – in Binningen, wo immerhin ihr Mann den Gottesdienst versieht – bietet in solchen Situationen sichere Hilfe. „Denn m[eine] Nerven", so am 12. Mai 1831, „sind so sehr angegriffen dass ich die Kirche des Morgens beynahe nicht ertragen kann." Befreiend wirkt dagegen am selben Tag, Christi Himmelfahrt, ein Wetterumschwung. Der Eintrag geht weiter: „Heute haben wir seit langer Zeit wieder den ersten schönen Tag. O wie wohl thuts einem doch wieder nach d[em] vielen Regen."[10] Zudem setzt die mit sich ringende 33jährige Pfarrfrau ihre Hoffnung nicht nur auf Zwiegespräche mit Gott oder Erbauungslektüre, sondern sucht am folgenden Tag einen Arzt auf, der ihr zur Beruhigung „Paldrian u. Schneckenbrühe trinken" empfiehlt.[11] Das Tagebuchschreiben lässt sich gerade im pietistischen Kontext als ritualisierte Praxis beschreiben: als wiederholter Dialog mit Gottvater. Aber die Möglichkeiten des Mediums übermächtigen quasi das schreibende Ich. Dies gilt hier für zwei unterschiedliche Aspekte. Das Ritual kann zum Zwang werden. So bekennt Ursula Bruckner-Eglinger nach einer längeren Pause, sie müsse ihr auf Kontinuität angelegtes Tagebuch „nach(...)holen, worauf mir schon so lange gegraut hatte."[12] Zudem enthält der Text mehr Informationen, als die Autorin eigentlich intendiert hat. Hier wird das Journal dann auch als Quelle der Haus- und Familiengeschichte interessant.

Ein Heiratsantrag aus dem Nichts und doch erwartbar

Die Eheanbahnung der 21jährigen Akteurin erfolgt aus dem Nichts und ist doch eine in etwa vorhersagbare Angelegenheit. Anfang März 1819 lässt Abraham Bruckner der sieben Jahre jüngeren Ursula Eglinger über Mittler, ein Pfarrerehepaar aus Baselland, einen schriftlichen Heiratsantrag überbringen. Ursula und Abraham kennen sich beiläufig. Zehn Monate zuvor hat sie kurz den Besuch eines Herrn Pfarrer Bruckner notiert.[13] Anders als bei Caroline von Axen und Ferdinand Beneke gibt es keine Phase des Kennenlernens oder des Austauschs, weder öffentliches Promenieren noch geheime Rendezvous. So bemerkt sie auch, dass sie von dem Antrag „sowenig ahnete als einem Kinde."[14] Danach geht es schnell.

---

10 Alle Zitate Hagenbuch, 12.5.1831, S. 466. Sofern nicht durch den Zusatz ‚J.E.' kenntlich gemacht, stammen die Einfügungen in eckigen Klammern von der Herausgeberin Hagenbuch.
11 Hagenbuch, 13.5.1831, S. 466.
12 Ebd., 14.6.1829, S. 375.
13 Ebd., 25.5.1818, S. 125; die erste ganz nebensächliche Erwähnung erfolgte sechs Monate vorher: 24.11.1817, S. 119; vgl. zum Folgenden die Bemerkungen von Hagenbuch 2014, S. 46–50.
14 Ebd., 4.3.1819, S. 137.

Vermutlich im Rückblick mit etwas zeitlichem Abstand fasst sie das für sie bedeutsame Geschehen Tag für Tag zusammen. Am Donnerstag, 4. März, erscheint ein Pfarrer Meyer im Hause Eglinger und überbringt den Brief im Auftrag von Bruckner. Am Freitag tendiert sie bereits dazu, ihr Jawort zu geben. Am Samstag bekräftigt sie ihr Jawort, woraufhin der Vater dem Ansucher per Brief antwortet. Zur Unterstützung treffen die ältere Schwester und eine Cousine bei Eglingers ein. Am Sonntag erfolgt dann schon „der erste Besuch meines gel[iebten] Bräutigams."[15] Es folgen erste Glückwünsche von Seiten Dritter. Am Montag erscheint der Bräutigam mit dem Verlobungsring. Das Paar besucht das Binninger Pfarrhaus, den künftigen Haushalt der Braut, und die Verwandtschaft des Bräutigams in Basel. In den folgenden Tagen und Wochen kommt es zu weiteren Treffen von Braut und Bräutigam und zu Visiten in der Verwandtschaft.[16] Drei Monate später, am 8. Juni 1819, erfolgt die Trauung durch ihren Vater. „Die Kirche war ganz gepfropft von Zuschauern", aber das anschließende Festmahl ist mit 22 Gästen familiär und schlicht. Um halb zehn Uhr abends verlässt man die Tische und geht zu Bett. Zur Nachhochzeit, bei der Geschenke überreicht werden, erscheinen am nächsten Tag immerhin 46 Gäste: „Freunde u. Verwandte" sowie „die Beamten der hiesigen Gemeine".[17]

Ursula Eglinger kennt ihre Aufgaben und weiß, wie sie am Tag der Entscheidung notiert, was sie zu wollen hat: „nur den Willen dessen erfüllen (...) dem ich Leib u. Leben schuldig bin."[18] Dennoch ist die Eheanbahnung kein Selbstläufer und es gibt für sie durchaus die Option einer Ablehnung des Antrags, zumal ihr die Eltern bei der Entscheidung freie Hand lassen. So handelt sich auch ihr jüngerer Bruder Emanuel Eglinger, ebenfalls Pfarrer, einige Jahre später bei einem Heiratsantrag zuerst eine Absage ein, was ihn schwer enttäuscht.[19] Der Entschluss zum Ja erfolgt zwar bemerkenswert schnell, kostet Ursula Eglinger aber viele Tränen und etliche Gebete. In der Nacht vor dem Hochzeitstag wird sie dann von „einem grossen Unbehagen" erfasst.[20] Sie muss sich übergeben, woraufhin man den Arzt holt. Diese Auskünfte passen wiederum nicht unbedingt in den pietistischen Matchplan. Die Eheschließung ist für die Beteiligten enorm wichtig und transzendental aufgeladen, was aber eben nicht gegen die Relevanz sozialer

---

15 Ebd., 7.3.1819, S. 138.
16 Ebd., 17.3.1819, S. 138.
17 Alle Zitate ebd. 8.-9.6.1819, S. 143.
18 Ebd., 5.3.1819, S. 137.
19 Ebd., 29.4.1832, S. 510; 13.5.1832, S. 512; 3.6.1832, S. 512; auch bei der von der Freundin Rosine Gessler berichteten Ausschlagung eines Antrags (19.8.1832, S. 518) könnte es um einen Heiratsantrag gehen.
20 Ebd., 8.6.1819, S. 142.

Kontexte spricht. Der Heiratsantrag des Herrnhuter Pfarrers Bruckner an die Adresse der Herrnhuter Pfarrerstochter entspricht im doppelten Sinne – sozial wie religiös – dem Muster der Endogamie.[21] Es ist eine typische Verbindung innerhalb des Milieus. Durch Gespräche, Besuche und Aufträge wurde meistens schon vor Beginn einer Ehe das direkte soziale Umfeld eingebunden. Bei einer solchen Eheschließung ging es nicht um Liebe im heutigen Sinne, aber sehr wohl auch um Emotionen, nämlich eine notwendige Sympathie und Zuneigung. In diesem Fall kleidet die umworbene Ursula Eglinger ihre Entscheidungsfindung schließlich ebenso nüchtern wie lapidar in die Worte, sie habe „weder Ursache noch Neigung zum Nein sagen" gehabt.[22]

Der perfekte Haushalt als chronische Überforderung

Auf ihre Zukunft als Mutter, Haushälterin, eheliche ‚Gehülfin' und Gefährtin ist Ursula Eglinger im Elternhaus, in der Kirchengemeinde sowie bei einem mehrjährigen Aufenthalt in dem pietistischen Töchterinstitut Montmirail bei Neuchâtel vorbereitet worden. Durch die Heirat eines Herrnhuter Pfarrers tritt der gewünschte Idealfall ein. Wie sind das Haus und der Pfarrhaushalt in dem etwa 800 Seelen zählenden Dorf Binningen bei Basel konkret beschaffen?[23] Das im Jahr 1705 im Stil eines barocken Herrenhauses etwas unterhalb des Binninger Schlosses gebaute Pfarrhaus ist ein großzügiges zweigeschossiges Gebäude mit hohen Decken, großen Fenstern und teilweise vertäfelten Räumen.[24]

Zur Zeit der Bruckner-Eglingers gehören zu dieser herrschaftlichen Anlage auch Ökonomiegebäude und ein stattlicher Pfarrgarten. Dem Betrachter präsentiert sich von außen eine glänzende Szenerie. Das Haus ist von einer Mauer umfasst. Wer eintreten will, muss an der Eingangstür eine Klingel läuten. Vor Einblicken von außen schützen auch Vorhänge. In dem geräumigen Gebäude gibt es neben Küche und Bad mehrere Stuben und Kammern. Die Küche verfügt neben einer Kochstelle über einen Ofen zum Backen von Brot und Gebäck. Dass eine Besucherin „unser Gemach zum Baden" nutzen will, empfindet die Hausherrin als unpassend und im Hinblick auf ihre Privatsphäre „sehr unangenehm".[25] Das Pfarrhaus umfasst eine große untere Wohnstube und eine obere Studierstube,

---

21 Mit Blick auf pietistisch-bürgerliche Eheschließungen in Basel Hebeisen 2005, S. 254–57.
22 Hagenbuch, 4.3.1819, S. 137.
23 Vgl. zur Geschichte Binningens von Scarpatetti u. a. 2004, zur Einwohnerzahl S. 125 und 158 f.
24 Vgl. zum Folgenden Steiner 1939; die Ausführungen zu den Räumlichkeiten beziehen sich auch auf en passant gemachte Bemerkungen im Tagebuch.
25 Hagenbuch, 4.8.1829, S. 379.

Abb. 11: Emanuel Büchel: Schloss und Pfarrhaus (Nr. 3) Binningen 1738; Bildquelle: Staatsarchiv Basel-Stadt, Bild_Falk._Fb_2,7.

Abb. 12: Anonymus: Pfarrhaus Binningen 1842; Bildquelle: Kantonsmuseum Baselland, Liestal.

dazu Kinderstuben und Schlafkammern. Die Mägde haben wohl ihre eigenen Kammern, wobei sich die Kindermagd ein Zimmer mit dem jüngsten Kind teilt. Auf das Haus als Arbeitsort des Pfarrers verweisen dessen große Studierstube und das „Unterrichtsstübchen".[26] Nicht nur der Pfarrer, sondern auch seine Frau haben als Rückzugsort im Haus eine eigene Stube: „mein liebes Stübchen".[27] Zwischen der warmen und der kalten Jahreszeit und umgekehrt wechseln die Hausbewohnerinnen die Schlafkammern. Obwohl Ursula zu ihrer Stube eine Neigung entwickelt, werden Stuben und Kammern auch unabhängig von der Saison – im Hinblick auf die Erfordernisse der Kinderbetreuung, bei Besuch oder Einquartierung – öfter getauscht. Feste Zimmer, die persönlich und individuell gestaltet werden, scheint es nicht gegeben zu haben. Manche Einträge lassen sich sogar so lesen, als wenn das Ehepaar nicht ein Schlafgemach teilt, jedenfalls nicht ständig. Denn Ursulas Notizen zu ihren Umzügen im Haus betreffen nur sie selbst, so im März 1828: „Des Morgens machte ich die Veränderung mit d[en] Betten u. zog wieder ins Schlafstübchen"; dann im November 1829 „bezog ich m[ein] Winter Quartier welches mich dieses Jahr mit ganz eigenen Gedanken erfüllt".[28]

Der zum Haus gehörende Pfarrgarten ist keine Nebensache. Das Areal verbindet zwei unterschiedliche Zwecke: Versorgung des Haushalts mit Agrarprodukten und bürgerliche Erholung. Wie im 16. Jahrhundert das Wittenberger Hauswesen des Martin Luther und seiner Frau Katharina oder gegen Ende des Ancien Régime die Landvogtei im bernischen Frienisberg hat sich der Pfarrhaushalt Mitte des 19. Jahrhunderts noch nicht völlig aus agrarischen Kontexten verabschiedet. Von Selbstversorgung wird man dabei auch nicht ansatzweise sprechen können. Vielmehr ist die eigene kleine Landwirtschaft als ein Aspekt des frommen Haushaltens zu sehen. Mit den Mägden pflanzt und erntet die Pfarrfrau Kartoffeln, Gemüse, Salat und Obst. Zum Anwesen gehört auch ein Hühnerstall. Die Vorräte werden auf dem Dachboden versorgt. Erwähnt wird auch das Dörren von Obst, Saftpressen und Buttereinsieden.[29] Der von Gärtnern bearbeitete andere Teil der Anlage zeigt demgegenüber das bürgerliche Gesicht des Gartens. Hier liest und strickt die Ehefrau mit Blick auf gepflegte Beete. Auf den Wegen geht das Ehepaar abends spazieren und hat dabei „eine recht liebliche vertrauliche Herzensunterredung".[30]

---

26 Ebd., 31.10.1831, S. 488.
27 Ebd., 19.4.1830, S. 410 (Zitat); 13.5.1830, S. 413.
28 Ebd., 21.3.1828, S. 346; 6.11.1829, S. 388; s. auch 27.11.1826, S. 297.
29 Zum Einsieden von Butter ebd., 2.2.1828, S. 341; zu Garten- und Ackerbau im Hause Luther Heling 2003, S. 33–45.
30 Hagenbuch, 12.8.1824, S. 200; 2.8.1828, S. 354 (Zitat).

Formelle Pflichten als Pfarrfrau werden im Journal Ursula Bruckner-Eglingers auffallend wenig reflektiert. Sie erwähnt zwar immer wieder Gottesdienste, Abendmahl, Betstunden, Kinderlehre, Hochzeiten und Beerdigungen, Krankenbesuche, Treffen der Pfarrfrauen sowie Pfarrerwahlen in den Gemeinden von Basel-Land. Das alles ist ihr wichtig. Aber eine Präsenzpflicht scheint es für sie bei den meisten Veranstaltungen nicht gegeben zu haben. Gezielte Versammlungsangebote der Herrnhuter Brüdersozietät für Familien spielen wohl in den 1820er Jahren keine besondere Rolle mehr.[31] Zu ihren Beschäftigungen gehören das Schreiben der Armenrechnung, das heißt die Auflistung der versorgungsbedürftigen Armen in der Gemeinde, und der sogenannte Ply, ein fortlaufender handschriftlicher Rundbrief, der von Pfarrhaus zu Pfarrhaus weitergereicht wurde. Zwar liest sie gern in diesem Rundbrief, aber mit Einsetzen ihrer psychischen Probleme wird das Schreiben darin zu einer Last.[32] Im Haus kommen der Frau des Pfarrers wie in der Frühen Neuzeit Herrschaftsaufgaben gegenüber den häuslichen Untergebenen zu. So übernimmt sie während eines sonntäglichen Schneegestöbers wie selbstverständlich die Rolle des Hausvorstands: „Jch las der sämtlichen Hausgenossenschaft während der Kirche eine Predigt vor".[33] Die Bedeutung dieser häuslichen Praxis wird durch Rekurs auf den Begriff des ‚Hauses' bzw. die ‚Hausgenossen' unterstrichen.[34] In der Regel bevorzugt die Autorin zwar den Begriff ‚Familie'. Doch soll deren höhere Dignität unter Einschluss der Bediensteten unterstrichen werden, kann durchaus ‚Haus' stehen. So notiert sie Anfang 1831 auf die Nachricht von einer drohenden Belagerung der Stadt Basel durch Revolutionäre hin: „Jch befürchtete nicht viel für d. Stadt, aber Alles für m[einen] l[ieben] Mann & unser Haus."[35]

Sehr viel Aufwand – auf der Handlungsebene wie diskursiv – betreibt Frau Bruckner-Eglinger für das Gelingen ihres Haushalts im weiteren Sinne. Ganz im Sinne des pietistischen Ansatzes ist es, vergleichbar mit Henriette Stettler-Herport, ihr Ehrgeiz, eine perfekte Ordnung im Haus mit individueller Spiritualität – konkret: dem Empfinden der Nähe zu Gott – zu verbinden. Ihr Tagebuch dokumentiert, dass sich diese Ambition und Erwartungshaltung im strapaziösen Alltag als Gebieterin über einen Neun-Personen-Haushalt als fatal erweisen sollte. Wie sah der Alltag des Haushaltens in einem Pfarrhaus der 1820er Jahre aus? Die

---

31 Vgl. dazu mit Blick auf das 18. Jahrhundert Hebeisen 2005, S. 56 und 205–08.
32 Hagenbuch, 8.10.1827, S. 327; zur Armenliste vgl. von Scarpatetti u. a. 2004, S. 312.
33 Hagenbuch, 10.1.1830, S. 396; siehe auch: 6.3.1831, S. 457: „Abends sang ich Verse mit der ganzen Hausgenossenschaft."
34 Vgl. zur Begriffsgeschichte jetzt Mathieu 2020.
35 Hagenbuch, 11.1.1831, S. 444; vgl. zum Ablauf der Trennungswirren in Binningen von Scarpatetti u. a. 2004, S. 125–30.

Aufstehzeiten schwanken zwischen vier Uhr an Backtagen und halb acht Uhr nach Festlichkeiten am Vorabend. Eine Nachtruhe um 22 Uhr ist im Sommer relativ spät. Arbeitsbedingt kann der Tag aber durchaus bis 24 Uhr dauern.[36] Die Pfarrfrau versucht früh aufzustehen, um etwas Zeit für Gebet und Erbauung zu haben. Doch es gibt viele Tage ohne Gebete und auch ohne Erbauung. Vor allem fürchtet sie die äußerst aufwändigen Waschtage. Trotz Hilfestellung durch nächste weibliche Verwandte und ihre Mägde, später auch bezahlte Wäscherinnen und Glätterinnen, dauert das Procedere vom Einweichen über die Hauptwäsche, Trocknen im Garten, Bleichen und Stopfen, Glätten bzw. Bügeln, Zusammenlegen und Einräumen der Textilien in die Schränke gut und gern über eine Woche. Von Beginn ihrer Notate über die eigene Haushaltsführung an hasst sie dieses Geschäft[37], wobei nicht nur die beschwerliche körperliche Arbeit, sondern auch das Erfordernis sauberer, ordentlicher Kleidung beim Auftritt von Angehörigen des Pfarrhauses eine Rolle spielt: „Heute legte ich ein Wäschl[i] ein, es wäre eigentl[ich] noch nicht nöthig aber ich bin froh wenn alles wieder sauber ist." Als sie auf dem Rückweg aus der Stadt ihren Mann mit den vier Kindern erblickt, ist sie stolz und „so froh dass sie nun auch vernünftig gekleidet sind, dass man sie aus dem Haus darf gehen lassen."[38]

Manche Tätigkeiten wie das tägliche Einheizen oder das Holzmachen per Tagelohn sind so selbstverständlich, dass sie nur selten oder nebenbei notiert werden.[39] Die Arbeiten im Haus sind auf das häusliche Personal aufgeteilt. Eine Magd ist für Kochen und Backen zuständig, die zweite für das Putzen, die dritte für die Betreuung der Kinder. Vor Festtagen und wichtigen Einladungen – etwa Zusammenkünfte der Pfarrerkollegen – muss besonders gründlich geputzt werden. Die ‚Regentin' des Haushalts ist oft nicht zufrieden mit ihren Mägden und legt selbst mit Hand an. Das Tagebuch enthält keine Hinweise auf die aus der Frühen Neuzeit bekannte Arbeitsgeselligkeit im Dorf, bei der die Frauen zur Wäsche an fließenden Gewässern, beim Backhaus oder zum abendlichen Spinnen zusammenkamen. Vielmehr ist das Haushalten hier in hohem Maße verhäuslicht, jedoch nicht unbedingt privatisiert. Bei zunehmender Kinderzahl kommen nicht nur Arzt und Zahnarzt, sondern regelmäßig auch Schneider und Schuhmacher ins Haus, um direkt Maß zu nehmen und Schuhzeug zu flicken. Über alle Ausgaben führt Ursula Bruckner-Eglinger ein Haushaltsbuch.[40]

---

36 Hagenbuch, 10.1.1827, S. 302; 27.1.1827, S. 304; 13.8.1829, S. 380; 13.2.1830, S. 401.
37 Ebd., 9.-28.10.1819, S. 150 f.; vgl. zur Geschichte der Wäsche Orland 1991.
38 Hagenbuch, 3.5.1832, S. 511 (erstes Zitat); 30.10.1829, S. 387 (zweites Zitat).
39 Ebd., 24.4.1826, S. 274; 23.11.1827, S. 332.
40 Ebd., 29.12.1830, S. 440; siehe auch 26.11.1824, S. 217.

Diese Form der Verhäuslichung des Haushaltens ist nicht mit der Alltags-
isolation der Hausfrau, wie sie aus der spätbürgerlichen Ära nach dem Zweiten
Weltkrieg bekannt ist, zu verwechseln. Es gibt Unterstützung und viele helfende
Hände im Pfarrhaus der 1820er Jahre. Dennoch protokolliert das Tagebuch der
Ursula Bruckner-Eglinger ungewollt eine chronische Überforderung der Hausmutter und auch eine Funktionsüberlastung der Familie. Der Haushalt und –
damit untrennbar verbunden – die häuslichen Beziehungen sind für sie ein fast
ständiger Stress, den sie wortreich dokumentiert. Immer wieder fallen die Ausdrücke ,Strubel', ,Strubeltag' oder ,Labyrinth'. Sie ist „entsetzl[ich] missmuthig"
über „die gemachte Arbeit" und „alle Abend so müde". Nach einem Tag „mit
Aufräumen" stellt sie fest: „Nichts missstimmt mich <u>so</u> als ein solches Durcheinander". An einem Samstag konstatiert sie, sie habe in der abgelaufenen Woche
nicht einmal Zeit für das Gebet gehabt, sondern „stets die Arbeit vor dem Gemüth.
Jch kam mir vor wie ein Lastthier". An anderer Stelle: Sie sei „ein volliger Sclave"
ihrer Arbeit.[41]

Die Belastungen sind ähnlich wie im Fall der Landvogtgattin Henriette
Stettler-Herport enorm. Einige Formulierungen lassen auf eine Art Depression
bzw. – in der Sprache der Tagebuchschreiberin – ein „schwer gedrücktes Gemüth"
schließen; sie habe, wie sie im August 1830 bekennt, seit einiger Zeit „auch nicht
einen einzigen freudigen Augenblick" erlebt.[42] Aber, wie noch zu zeigen sein wird,
ist Ursula Bruckner-Eglinger nicht durchgängig schwermütig. Ihre Selbstdiagnose
ist auch vor dem Hintergrund der religiösen Disposition zu verstehen. Prädestiniert für Ängste, Schuld- und Versagensgefühle sind im Wochenverlauf nicht
zuletzt Samstage bzw. Tage vor Gottesdiensten mit Abendmahl, von denen sie sich
„Frieden im Herzen u. Vergebung der Sünden" erhofft.[43] Sie erwartet nicht weniger, als dass durch die Präsenz beim heiligen Abendmahl „aus mir eine ganz neue
Kreatur werden möchte."[44] Aber der Pfarrfrau ist etwa am Ostersonntag 1832 „gar
nicht Ostermässig zu Muthe"; stattdessen beschreibt sie sich selbst als „missmuthig zerstreut & ohne Liebe. Welch ein Zustand."[45] Wiederholtes Einschlafen
während des Gottesdienstes ist nicht als intendierte Widerspenstigkeit zu deuten,
sondern schlicht als Ausdruck von Erschöpfung.[46]

---

41 In der Reihenfolge der Zitate: ebd., 13.12.1828, S. 367; 15.7.1831, S. 473; 23.10.1829, S. 387
(Unterstreichung im Original); 13.2.1830, S. 401; 11.3.1831, S. 457.
42 Ebd., 18.8.1830, S. 424.
43 Ebd., 6.9.1828, S. 358.
44 Ebd., 1.9.1827, S. 325.
45 Ebd., 22.4.1832, S. 510; s. auch: 21.5.1831, S. 467: „Es ist mir nicht recht Pfingstmässig."
46 Ebd., 17.6.1832, S. 514; 9.9.1832, S. 520.

Die hohen Erwartungen auf inneren Frieden und fromme Gemeinschaft in einem geordneten Haushalt brachen sich im Binninger Pfarrhaus an der Alltagsrealität der Familie, in der der Ehefrau und Mutter ein Aufgabenprofil zukam, das man heute gänzlich säkularisiert ‚multi-tasking' nennen würde. Erhellend ist hier ein Blick auf die zentralen ehelich-häuslichen Relationen. Ursula Bruckner-Eglinger schildert die Beziehungen zu ihrem Mann Abraham Bruckner relativ formelhaft, buchstäblich verkürzt, indem sie ihn als ‚m[ein] l[ieber] Mann', ‚m[ein] l[ieber] AB' oder schlicht als ‚AB' bezeichnet, wobei die Zusätze in den eckigen Klammern von der Herausgeberin des Journals stammen. Die Ehe ist ihr eine heilige Beziehung, über die man im Diarium nicht einfach plaudert. Dennoch erlaubt der Text Einblicke in ein komplexes Verhältnis, das Hierarchie und Gefährtenschaft, Ordnungsarrangements und Emotionalität miteinander verbindet. Insgesamt erscheint die Pfarrfrau in dieser Beziehung keinesfalls einfach als ‚Gehilfin', ebenso wenig ihr Mann als ‚Meister'. Die Geschlechterrollen bei den Bruckner-Eglingers sind ausgeprägt, aber Ursula hat Handlungsspielräume und ist in ihrem Alltagsradius definitiv nicht auf Haus und Ehe beschränkt. Vielmehr agiert sie als eine mit Macht und Rechten ausgestattete Hausmutter, dazu auch als Schwester und Freundin. Abraham ist zuvorderst Berufsmensch und Hausvater, zeigt aber durchaus auch Züge von ‚sanfter Männlichkeit'.[47] Aussagekräftig sind nicht zuletzt Kleinigkeiten. Zu ihrem 35. Geburtstag erhält Frau Bruckner-Eglinger „vom Manne Geld & eine Haube" und von „d[en] Kindern Honig & Schabkäs Schüssel", was sie „schon lange gern gehabt hätte."[48] Sie schenkt ihm zu seinem 39. Geburtstag einen Seidenhut und ein Paar Handschuhe. Neben den geschlechtsspezifischen Symbolen Hut und Haube und dem auf die Küche verweisenden Haushaltsgerät ist das Geldgeschenk als Indiz zu verstehen, dass die Ehefrau keinen direkten Zugang zum Vermögen hat. Mit der Eheschließung ging das Heiratsgut der Frau meistens in die Verwaltung des Ehemanns über.[49] Deswegen tritt auch bei der Teilung des Erbes nach dem Tod des Vaters Simon Eglinger 1826 Ursulas Ehemann in dem Moment hinzu, als es um die Verteilung der Kapitalien geht.[50]

Dass Ursula Bruckner-Eglinger ihre Ehe vorwiegend als Glück beschreibt, immer wieder aber auch Frustration durchblicken lässt, dürfte nicht besonders spezifisch sein. Mit ihren Ängsten und Nöten findet sie bei ihrem Mann durchaus ein offenes Ohr. Trotz der extrem kurzen Phase des Kennenlernens vor der Ehe

---

47 Trepp 1996c, Titel; vgl. zum Spannungsverhältnis von Hierarchie und Gefährtenschaft in pietistischen Ehekonzepten Gleixner 2005, S. 271–73.
48 Hagenbuch, 21.10.1832, S. 524; zum Folgenden 1.12.1829, S. 391.
49 So zum 19. Jahrhundert kurz Wienfort 2014, S. 85; zur Frühen Neuzeit Lanzinger 2020.
50 Hagenbuch, 23.8.1826, S. 287 f.

bauen die beiden eine auf Vertrauen basierende Beziehung auf. Größere Krisen werden nicht protokolliert. Praktiziert wird die Ehegemeinschaft, soweit fassbar, durch kleine Rituale des Alltags: gemeinsame Spaziergänge und Gespräche, bei ‚Familientagen' und anderen geselligen Zusammenkünften, nicht zuletzt aber als Glaubenspaar. Bei einem „Haus Abendmahl" zu zweit „in meinem heimlgen Stübchen" im Anschluss an den Pfingstgottesdienst, berichtet sie, „zerflossen beyde in Thränen".[51] Auch sonst zeigt Herr Bruckner mehr Emotionen, als sein bürgerlicher ‚Geschlechtscharakter' erwarten ließe. Dies gilt für „hitzige" politische Gespräche während der sogenannten Basler Wirren nach der Juli-Revolution wie für die Wahrnehmung seiner häuslichen Aufgaben. Bei einer Art Strafgebet für die Hausgemeinschaft wegen unbotmäßigen Betragens gegen die Hausmutter weinen am Ende nicht nur die Mägde, sondern auch der Hausvater.[52]

Das Glaubenspaar teilt Grundüberzeugungen über Normen des frommen Haushaltens. Wie gesehen, ist jedoch die Umsetzung im irdischen Alltag schwierig und in mancher Hinsicht geradezu prekär. Als Pfarrer verbringt ‚AB' viel Zeit im Haus. Insofern wird man nicht von getrennten Sphären der Geschlechter sprechen können. Es gibt jedoch klare Auf- und Zuteilungen. Sie ist und bleibt die Chefin des Haushalts. Er tritt gegenüber den Mägden nur dann auf, wenn es ein ernstes Wort zu reden gilt. Auch bei der Erziehung der Kinder ist er nicht so präsent, wie es sich die Mutter wünscht. Sie klagt: Er „hat immer viel zu thun u. liegt meist seinen Studien ob."[53] An Familienspaziergängen nimmt er nicht immer teil, was ihr ebenfalls missfällt. Abraham Bruckner hat Züge eines anwesend-abwesenden Vaters: eine typische Figur des bürgerlichen Manns, der innerhalb der Familie eine Rolle im Hintergrund einnimmt. Er ist zwar durchaus im Haus – genauer gesagt in seinem Studierzimmer in der oberen Etage – und bei Mahlzeiten präsent, aber in wichtigen Situationen des häuslichen Zusammenlebens nicht immer dabei. Dies gilt für das Haushalten wie für die Kindererziehung. Auch bei einer abendlichen Geselligkeit mit Ursulas Bruder Emanuel und dem Vikar Balthasar Stähelin, die zum Besuch mit Übernachtung ins Binninger Pfarrhaus gekommen sind, verdrückt sich der Hausvater lieber in sein Kämmerlein.[54] Eine charakteristische Situation ist, dass sie auf ihn wartet. Während sie das Haus hütet, geht er abends in den Pfarrverein oder in den Freundeverein, der sich reihum in den

---

51 Ebd., 7.6.1829, S. 375; vgl. zu Vertrauenskommunikation Frevert 2013.
52 Hagenbuch, 5.1.1831, S. 442; 3.9.1828, S. 357.
53 Ebd., 6.1.1827, S. 302; s. auch bzgl. der aus ihrer Sicht mangelhaften religiösen Erziehung des ältesten Sohns Theophil: 5.11.1830, S. 433: „Was meynest Du will aus d[em] Knaben werden."; vgl. zur Kindererziehung im Pietismus Gestrich 2004; zum Folgenden Hagenbuch, 29.5.1831, S. 468.
54 Ebd., 13.6.1827, S. 317.

Häusern von Basel-Stadt und Basel-Land trifft.[55] Andererseits geht der Vater auch mit seinen Kindern um das Dorf spazieren oder nach Basel und der Mutter entgegen. Sie sieht ihn gern auf der Kanzel, beharrt aber in Glaubensfragen und während der politischen Wirren der Basler Kantonstrennung auf ihrer Meinung – bis hin zum offenen Streit, was sie dann gegenüber Gottvater schriftlich beichtet.[56]

Emotionale Sorge-Beziehungen

Herausragend wichtig, sehr gefühlig und damit auch fragil sind die Beziehungen zwischen der Mutter und den Kindern. Am 20. Oktober 1820, 16 Monate nach der Hochzeit, erleidet Ursula Bruckner-Eglinger eine Totgeburt.[57] Es folgen vier gesunde Jungen: Theophil (geb. 1821), Carl Gustav (geb. 1824), Wilhelm Eduard (geb. 1825) und Emil Albert (geb. 1829). Ab der zweiten Geburt hätte sie lieber ein Mädchen gehabt. Jede Geburt – jeweils Hausgeburten, bei denen eine Hebamme, die Schwägerin oder die Magd, im Notfall auch ein Arzt helfen – ist ein dramatisches Ereignis, das Ängste und Lasten mit sich bringt.[58] Das Projekt des Wohlergehens und der Erziehung der Kinder ist ein wesentlicher Grund für Ursula Bruckner-Eglingers selbstunzufriedenen Schuldgefühle. Sie empfindet sich als „eine liederliche Mutter", die zu wenig Zeit für ihre Kinder habe, „muthlos u. ungeduldig" mit ihnen sei.[59] Noch die letzten Einträge im Tagebuch im März 1833 sind dem prekären Missverhältnis zwischen ihrem hohen Anspruch im Hinblick auf die Kinder und ihrer gereizten, schlechten Laune gewidmet, was sie letztlich dem eigenen Unvermögen zuschreibt.[60] Die Kindererziehung ist – wenigstens bis zur Einschulung der beiden älteren Jungen 1830 – eine Angelegenheit der Mutter und der Kindermagd. Die Kindermägde stehen unter besonderer Beobachtung der Hausmutter und wechseln phasenweise oft. Es entwickelt sich eine spannungsvolle Konkurrenz um die Zuneigung der Kinder. So bemerkt Ursula mit einer gewissen Eifersucht, dass der fünfjährige Theophil am Tag der Entlassung der Kindermagd Henriette still weint, und notiert einige Monate später durchaus erfreut, dass Henriettes Nachfolgerin, die grobe Salome, bei den Kindern „d. Art

55 Ebd., 1.9.1828, S. 356; 27.10.1825, S. 251; 11.3.1828, S. 345; 22.10.1829, S. 386.
56 Ebd., 18.3.1830, S. 405; 16.2.1831, S. 453.
57 Ebd., 20.10.1820, S. 165.
58 Vgl. zu weiblichen Wahrnehmungen der Niederkunft Labouvie 1998, S. 137 ff.
59 Hagenbuch, 1.5.1827, S. 313 (Zitat); 26.11.1831, S. 490 f.; 24.3.1832, S. 506 (Zitat).
60 Ebd., 24.3. und 28.3.1833, S. 531.

nicht hat ihr Vertrauen recht zu gewinnen, so habe ich ihre Herzen ungetheilt, sie lieben mich voller Zärtl[ich]keit."[61]

Die besondere Zuneigung der Mutter gilt ihrem Lieblings- und später Problemkind, dem ältesten Sohn Theophil. Es handelt sich – ablesbar auch an der Zahl der Erwähnungen – um eine Schlüsselbeziehung in der Emotions- und Sorgegemeinschaft der Familie Bruckner. Der fünfte Geburtstag Theophils ist ihr Anlass „zum innigen Danken" an den Heiland, der ihr „so unzählige Mutterfreuden" bereitet. Mit dem achtjährigen Theophil auf dem Schoß betet sie morgens und abends. Aber zu ihrem Leidwesen kennen er und seine jüngeren Brüder „viele schlimme Worte u. Ausdrücke". Die schlechte „religiöse Erziehung" des neunjährigen Theophil lässt sie ihrem Mann Vorwürfe machen und dazu Gottvater um Erbarmen bitten. Auch das mangelhafte Schulzeugnis des Ältesten gibt Anlass zu Sorge. Zu seinem zehnten Geburtstag bekommt Theophil kein Geschenk, weil er seinen Eltern „mit s[eine]m Lernen auch gar wenig Freude macht." Sein erneut schlechtes Zeugnis weist er zuhause nicht vor, weswegen er „eine ernstliche Lection u. Schläge" erhält. Weitere häusliche Strafen der Kinder sind Einsperren, früh ins Bett schicken und „nicht am Tisch mit uns speisen".[62] Theophil studiert später nicht Theologie, sondern Medizin an Universitäten in Deutschland und in Basel, wo er 1846 zum Doktor der Medizin promoviert. 1847 wandert er nach Nordamerika aus, kehrt 1856 zurück und eröffnet in Basel eine homöopathische Praxis.[63] Sein Sohn Wilhelm wird 1905 Professor für deutsche Sprachwissenschaft an der Universität Basel.

Bei aller Distanz zu weltlichen Dingen ist das pietistische Pfarrhaus keine Gegenwelt zur Gesellschaft. Abgesehen von der Vermittlung bürgerlicher Ideale wie Selbstdisziplin, Ordnung und Sauberkeit hat die Familie – verstärkt in der die Schulbildung forcierenden liberalen Ära nach 1830 – einen Auftrag. So geht es bei Familie Bruckner als Kombination mehrerer kultureller Codes nicht nur um religiöse Erziehung durch Kinderlehre, Gebet, Gesang und sonntägliches Aufsagen, was Theophil, der lieber mit der Magd ausgehen möchte, „entsetzl[ich]" hasst[64], sondern auch um weltliche Bildung und das Leistungsprinzip. Bildung fängt bei

---

61 Ebd., 26.12.1826, S. 300; 17.5.1827, S. 315 (Zitat); s. auch: 26.12.1827, S. 335; vgl. zur „emotionalen Eltern-Kind-Beziehung" im Basler Pietismus Hebeisen 2005, S. 216; zu Dienstmädchen im 19. Jahrhundert Budde 2004.

62 In der Reihenfolge der Erwähnung: Hagenbuch, 5.11.1826, S. 294 (Zitat); 25.11.1826, S. 296 (Zitat); 11.10.1829, S. 385; 30.10.1829, S. 387 (Zitat); 5.11.1830, S. 433 (Zitat); 2.9.1831, S. 481; 5.11. 1831, S. 489; 11.2.1832, S. 499 (Zitat), 8. und 10.11.1829, S. 389 (Zitat).

63 Schroers 2006, S. 18.

64 Hagenbuch, 18.4.1830, S. 410; vgl. zum Spannungsfeld zwischen Pietismus und Bürgerlichkeit Hebeisen 2005, S. 220 f.

Sprache und Auswendiglernen an. Sie umfasst auch die körperliche Erziehung: Der zehnjährige Theophil wird zeitgemäß zum Turnen geschickt.[65] Schulischer Erfolg ist bei Bruckners wichtig, schlechte Zeugnisse sind dementsprechend Ausdruck familiären Versagens. Die anstehende Wahl der richtigen Schule für den siebenjährigen Wilhelm Eduard führt 1832 wie eingangs erwähnt zu Streit und tagelangen Diskussionen der Eltern Bruckner.[66]

Die Bruckners sind nicht nur eine Glaubens-, sondern auch eine Bildungs-familie. Bereits Ursula und Abraham entdecken den bürgerlichen Bildungskanon für sich. Sie spielt zur Erholung Klavier, besucht Kunstausstellungen und ein Konzert (Haydn) der ‚Schweizerischen Musik-Liebhaber Gesellschaft' in der Basler Leonhardskirche.[67] Sie lassen sich von einem Maler portraitieren. Den Kindern wird vorgelesen und es werden gemeinsam Lieder gesungen. Ausgelassene Ge-selligkeit am Abend wird durch Hausmusik angereichert. Auch die Eltern und die nahen Familienmitglieder lesen sich vor, nicht nur Erbauungsliteratur, sondern ebenso Schillers *Kabale und Liebe*.[68] Der häusliche Alltagsstress lässt diese Praktiken zwar in den Hintergrund treten. Umso kostbarer erscheinen sie aber und auch wert, im Tagebuch festgehalten zu werden. Nicht zuletzt schlägt der Usus des Tagebuchschreibens eine Brücke zwischen pietistischer und bürgerlicher Selbstreflexion. Zwar stellt sich der Erfolg in puncto Bildung bei Familie Bruckner nicht sofort und wie gewünscht ein. Aber das ist eine Frage der Perspektive. Keiner der vier Söhne wird später Theologie studieren und in die Fußstapfen des Vaters treten, der mit ihnen gebetet und katechisiert hat. Theophil wird wie erwähnt Arzt, Carl Gustav Jurist, Wilhelm Eduard Baumeister und der jüngste, Emil Albert, Zollbeamter.[69] Nicht nur die Berufe, sondern auch die Namen der aus dem Basler Herkunftsmilieu gewählten Ehefrauen – die Schwiegertöchter Ursulas – verwei-sen auf das neue Bürgertum des 19. Jahrhunderts. Die Söhne der Bruckners bleiben insofern ihrem Milieu treu.[70]

Trotz der Intensität der emotionalen Beziehungen ginge es fehl, die Bruckners einfach als einen typischen Fall des Modells der Kernfamilie zu verstehen. Viel-mehr entpuppt sich das Binninger Pfarrhaus in wichtigen Aspekten als ein ‚of-fenes Haus'. Dies beginnt bei der dauerhaften Kopräsenz der drei Mägde, ohne die

---

65 Hagenbuch, 10.5.1832, S. 511; vgl. zum Verhältnis von Bürgerfamilie und Schule Budde 1994, S. 362–68.

66 Hagenbuch, 1.5.1832, S. 511.

67 Ebd., 14.6.1820, S. 159 (Zitat); 18. und 19.6.1826, S. 281f.; zum Folgenden 11.6.1824, S. 191.

68 Ebd., 14.2.1824, S. 174; 26.7.1826, S. 285; 9.2.1832, S. 499; vgl. zur Hausmusik Claudon 2001; Eibach 2008.

69 Dies laut den Recherchen von Hagenbuch 2014, S. 172, FN 496; S. 234, FN 825; S. 372, FN 1419.

70 Vgl. zu Kontinuitäten in der Elite Basels im 19. Jahrhundert Sarasin 1997.

der Haushalt nicht funktionieren würde. Leider bleibt unklar, ob sie mit der Familie an einem Tisch speisen. In einer Weise, die zwanghaft anmutet, arbeitet sich die Hausmutter an den tatsächlichen oder wahrgenommenen Defiziten der Mägde ab. Zur Magd Henriette, die länger als zweieinhalb Jahre nach den Kindern schaut, entwickelt sie aber eine enge Beziehung. Der Abschied Henriettes Ende 1826 fällt nicht nur Theophil schwer, sondern auch der Mutter. Zwar sei ihr, wie sie am Tag der Entlassung notiert, Henriettes „Trägheit u. Unordnung unausstehl[ich] gewesen". Keine zwei Wochen später bemerkt sie jedoch „gedrückt u. niedergeschlagen (...) was ich an H[enriette] in Ansehung der Kinder verloren habe." Noch Jahre später erinnert sie sich mit Wehmut an „die wachsame Henriette".[71] Vermutlich ist eine Barbel genannte Frau, bei der die Pfarrfrau 1832 eher unwillig Patin eines auf den Namen Anna Ursula getauften Mädchens wird, ebenfalls eine frühere Dienstmagd der Bruckners.[72]

Neben familiär-häuslichen Beziehungen dokumentiert das Tagebuch die Bedeutung von Verwandtschaft im engeren und weiteren Sinne. Emotionalisierte Sorge-Beziehungen sind nicht auf das Ehepaar und Eltern-Kind-Verhältnisse beschränkt. Auch Geschwisterbeziehungen entwickeln um 1800 in puncto Affinität und Emotionen eine neue Qualität.[73] Dabei lassen sich bestimmte Rollenmuster feststellen. Die 13 Jahre ältere Schwester Susanna (‚Susette') ist eine wichtige Bezugsperson, die immer wieder auch im häuslichen Alltag Hilfestellung bietet. Eine sehr enge Beziehung verbindet Ursula mit ihrem sechs Jahre jüngeren Bruder Emanuel. Als der 26jährige Emanuel 1829 von einem Aufenthalt in Herrnhut zurückkehrt, wird ihr „die unbeschreibliche Freude zu Theil meinen theuren Emanuel wieder zu umarmen. Jch weinte Freudenthränen bey seinem Anblick."[74] Emanuel kommt oft, um im Haus seiner Schwester zu übernachten. Es ist nicht der Ehemann, sondern Emanuel, der ihr aus *Kabale und Liebe* vorliest. Schwester und Bruder tauschen sich intensiv über ihre Probleme aus (‚Herz ausschütten'), wobei der Inhalt meistens nur angedeutet wird, und nicht zuletzt wird die ältere Schwester frühzeitig in die Heiratspläne des Bruders eingeweiht. Die Einträge Ursulas darüber kann man als mit einer Prise Eifersucht geschrieben lesen: „E[manuel] ist in diesen Tagen ganz mit s[eine]r Heirathsgeschichte erfüllt man hört von nichts anderm mehr bey Jhm."[75]

---

71 In der Reihenfolge der Zitate Hagenbuch, 26.12.1826, S. 300; 6.1.1827, S. 301; 3.4.1830, S. 407.

72 Ebd., 5.2.1832, S. 499.

73 Sabean 2011, S. 223; vgl. die Beiträge in Johnson / Sabean 2011b; Lanzinger 2009; Davidoff 2012.

74 Hagenbuch, 23.5.1829, S. 374.

75 Ebd., 14.2.1824, S. 174; 27.8.1826, S. 288; 28.5.1829, S. 374; 10.3.1832, S. 504; 29.4.1832, S. 510 (Zitat); 13.5.1832, S. 512; 3.6.1832, S. 512.

Auch mit dem sieben Jahre älteren Bruder Christoph verbindet Ursula eine intensive, jedoch wechselhafte Beziehung. Christoph hat in der Familie Eglinger die Rolle des schwarzen Schafs bzw. „den verlornen Sohn" übernommen.[76] Die Gründe werden nicht ganz klar. Aber es ist evident, dass es zwischen „unserm armen verirrten Bruder" Christoph und der Familie Eglinger über dessen Heiratspläne – mit „diesem Mädchen" – zu starken Spannungen kommt.[77] Bei Notaten zu den häufigen familiären Treffen fehlt der Name Christoph oft. Mehrmals erwähnt Ursula belastende Gerüchte über ihn, die jedoch nicht näher erläutert werden. Die Tagebuchschreiberin schützt brisante Einträge vor unerwünschter Entdeckung durch lakonische Formulierungen, Umstellen auf Französisch oder auch die Verwendung von Zeichen statt Namen. Der Name von Christoph Eglingers Frau Maria, geb. Weber, fällt nur einmal, viereinhalb Jahre nach dem ersten Eintrag zu Christophs Heiratsplänen, als Ursula ihre Schwägerin überhaupt erst kennenlernt.[78] Auch seine Hochzeit wird nicht erwähnt. Abgesehen von dieser Mesalliance ist das Verhältnis zwischen Christoph Eglinger und seinem Vater dauerhaft zerrüttet. Gebannt verfolgt die Tochter und Schwester, ob es zwischen ihrem Bruder und dem geliebten Vater an dessen Sterbebett zu einer Versöhnung kommt. Aber Christoph bleibt lange stumm, ehe er „doch etliche Worte um Vergebung bittend heraus" bringt. Vom Vater wiederum gibt es nicht nur „Worte der Liebe". Stattdessen verkündet er – von Ursula entsetzt und auch grammatikalisch verstört notiert – seinen versammelten Kindern: „Meine Söhne haben immer etwas characterisstisches gehabt. Emanuel war immer ein guter Hausfreund Ch[risto]ff hingegen war immer ein sonderbarere [sic!] Mensch dem nicht beim besten zu trauen war."[79] Bei der Erbteilung nach dem Tod des Vaters, zu der zur bösen Überraschung Ursulas auch Christophs Gattin erscheint, gibt es Streit zwischen den Frauen über die Spielsachen.[80] Abgesehen davon spielen materielle Interessen bei dem Konflikt keine erkennbare Rolle. Obwohl der ältere Bruder aus der Sicht der Schwester ein Problemfall ist und bleibt, erweisen sich aber letztlich die familiären Bande als stärker. Denn es kommt nicht zum vollständigen Bruch. Anderthalb Jahre nach dem Ableben des Vaters erscheinen beide Brüder zu einem Abend mit Übernachtung im Binninger Pfarrhaus. Die Schwester notiert: „Wir waren gar sehr vergnügt u. fröhl[ich] beysammen."[81] Ein weiteres Jahr später wird Christoph Eglinger neben Ursulas engster Freundin, der Lehrerin Rosine Gessler,

---

76 Ebd., 19.1.1826, S. 262.
77 Ebd., 29.12.1819, S. 153.
78 Ebd., 29.-31.7.1824, S. 198; vgl. Hagenbuch 2014, S. 257, FN 936.
79 Ebd., 20.1.1826, S. 262; s. auch: 17.7.1826, S. 284.
80 Ebd., 18.8.1826, S. 287.
81 Ebd., 7.2.1828, S. 341; siehe auch 10. und 11.11.1824, S. 215.

sogar Pate ihres jüngsten Sohns Emil Albert.[82] Die Familie – hier verstanden als Kernfamilie – erweist sich damit als bemerkenswert belastbar. Gegenseitige Verbundenheit und die der Familie von den Akteurinnen und Akteuren zuerkannte Bedeutung ermöglichten es offenbar, Konflikte und Spannungen auszuhalten.

Domestizierung oder ‚offenes Haus'?

Der extreme Aufwand, den Ursula Bruckner-Eglinger als Mutter, Hausmutter, Ehefrau und Hausfrau betreibt, legt nahe, dass sie im Sinne des Konzepts der ‚separate spheres' eine passive, auf den häuslichen Raum festgelegte Frau ist. Die sich im Wortlaut wiederholenden Einträge über Alltagsstress im Haushalt und aufreibende Konflikte mit den Mägden, das Insistieren auf ‚Kleinigkeiten' und fortwährende Selbstanklagen über das Verhalten der Kinder lassen – in heutiger Begrifflichkeit – an eine Art von Haushaltsneurose denken. Aber dies ist nur eine Seite ihrer Persönlichkeit. Auf der anderen Seite zeigt sich eine Frau, die immer wieder sehr vergnügt über Treffen mit Freundinnen, hunderte Besuche, Ausflüge und Spaziergänge berichtet. Diese Pfarrfrau ist mitnichten ‚domestiziert' oder sozial isoliert, sondern verfügt über ein weit gespanntes Netzwerk im Raum Basel, das sie auch pflegt. So ist ihr Tagebuch – vergleichbar mit dem Journal Benekes – nicht zuletzt das Protokoll einer spezifischen Besuchskultur. Dabei handelt es sich nicht mehr um die kollektive Arbeits- und Nachbarschaftsgeselligkeit aus der Frühen Neuzeit. Das herrschaftliche Ensemble des Pfarrhauses ist nicht von ungefähr durch eine Mauer und eine im Erdgeschoss fensterlose Straßenfront zur Nachbarschaft hin abgeschottet. Der Herrenhausstil soll Privatheit in Haus und Garten ermöglichen. Als relevant erweisen sich jedoch vor allem die familiär-verwandtschaftlichen Beziehungen. Die Zusammenkünfte sind unterschiedlicher Art: von häufigen unangekündigten Visiten über schriftliche Einladungen bis hin zu vereinsähnlichen Treffen der Männer als Pfarrverein oder Freundeverein. Die Einladung als solche muss nicht auf ein hohes Maß an Formalität hindeuten. Ursula erhält auch von ihrer Herzensfreundin Rosine „ein Billet" mit einer kurzfristigen Einladung für den Abend.[83] Vergleichsweise unpietistisch kehrt die knapp 19jährige Ursula mit ihrer Schwester und anderen Frauen in ein Wirtshaus in Baden im Aargau ein, wo sie sich „Wein u. Jambon herrl[ich] schmecken" ließen.[84] Freundschaft – als solche mit anderen Frauen – ist ihr ausgesprochen

---

82 Ebd., 8.2.1829, S. 372.
83 Ebd., 2.6.1826, S. 280.
84 Ebd., 10.9.1816, S. 101.

wichtig. Der Kreis der Bekannten und Freundinnen, mit denen sie verkehrt, speist sich dabei größtenteils aus der Verwandtschaft. So trifft sie sich regelmäßig mit ihrer Schwester, Cousinen, Cousinen zweiten Grades, der Cousine der Mutter und Schwägerinnen zum Essen oder auf einen Plausch. Eine Ausnahme ist Rosine Gessler, die nicht verwandt, aber von Anfang bis Ende zu ihren engsten Vertrauten zählt. Auch als sie längst verheiratet ist, bleibt für Ursula eine „intime Freundinn" bzw. die „wahre Freundinn" ein Bedürfnis. Noch in ihrem kurz vor dem Tod handschriftlich verfassten Lebenslauf finden die „lieben Freundinnen" Erwähnung.[85] Das um 1800 neue Konzept der Freundschaft basiert auf wechselseitiger, freiwilliger, nicht mehr korporativ gebundener Seelenverwandtschaft.[86] Indes ist Freundschaft wie Verwandtschaft in diesem Fall nicht nur mit dem Pietismus der Pfarrfamilien, sondern auch mit dem großbürgerlichen Milieu Basels verkoppelt. Eine entsprechende Formierung des Habitus erfolgt dabei nicht nur durch die pietistisch-bürgerlichen Erziehungsprinzipien. Sie lässt sich auch mit Blick auf die elterliche Organisation der sozialen Kontakte der Kinder fassen. Nicht einmal wird in dem Journal erwähnt, dass die Kinder der Bruckners mit anderen Kindern aus dem Dorf spielen oder einfach auf die Gasse geschickt werden. Stattdessen werden sie von klein auf von den Familien des Basler Bürgertums „eingeladen".[87]

Das ‚offene Haus' der Bruckners hat viele Facetten. Visiten und Vorbeischauen sind Usus und an jedem Tag möglich. Ein beliebter Besuchstag, vor allem für die Frauen, die noch nicht an dem neuen Vereinsleben partizipieren, ist der Sonntag. Nach Gottesdienst und Mittagessen bietet sich für Ursula die Möglichkeit, „in den Sonntag zu gehen", das heißt an reihum in den Basler Häusern veranstalteten Treffen der Frauen teilzunehmen.[88] Im Vergleich zur straffen Strukturierung des Sonntags mit Predigt und Liturgie am Morgen, Versammlung, Bibellesung und ‚Gemeinstunde' am Abend im Regelwerk der Herrnhuter erweist sich die reale Gestaltung dieses Tags hier als offener und liberaler. Insgesamt ist ein „heimeliger Sonntag an dem wir ganz alleine waren"[89], die Ausnahme. Ein Interaktionsritual, das familiäre Praxis, verwandtschaftlichen Bezug und häusliche Offenheit miteinander verbindet, ist der ‚Familientag'. Diese Form der Einladung findet unregelmäßig, zeitweise vierzehntägig, sonntags nach Ende des Gottesdienstes statt, häufig im Pfarrhaus von Binningen. Familientage in kleinerer

---

85 Ebd., 26.5.1826, S. 278; 23.10.1826, S. 293; zur „geliebten Rosine" auch 4.9.1832, S. 519; zum „Lebenslauf": Bruckner-Eglinger 1876, S. 8; vgl. zur Autobiografik im Pietismus Mettele 2009, S. 198–208.
86 Vgl. Reckwitz 2020, S. 145–51; van Dülmen 2001b; Kühner 2016; Wydler 2019.
87 Hagenbuch, 18.11.1832, S. 526.
88 Ebd., 21.3.1824, S. 178; s. auch 2.5.1824, S. 185; 22.8.1824, S. 202.
89 Ebd., 3.2.1828, S. 341; vgl. zur normativen Gestaltung des Sonntags Mettele 2009, S. 60.

Besetzung erwähnt die Autorin auch an Donnerstagen bei der Verwandtschaft in Basel. Die wiederholte Erwähnung sonntäglicher Familientreffen im Hause Bruckner könnte ein Hinweis auf dessen zentrale Rolle im verwandtschaftlichen Netzwerk Bruckner-Eglinger sein. Zum Familientag erscheinen die Angehörigen der Kernfamilie, Geschwister und Verschwägerte, Cousins und Cousinen. Im Einzelnen wird dies nicht ausbuchstabiert. Nicht mit am Tisch sitzen die Mägde, die helfen oder an Sonntagen frei bekommen. Nach dem familiären Zwist über seine unwillkommene Braut erscheint Bruder Christoph an einem Sonntag im Juni 1820 bezeichnenderweise zwar zum Kirchgang in Binningen, „spies aber nicht mit uns zu Mittag weil Familientag war.“[90] Kernstück des Rituals ist die gemeinsame Mittagsmahlzeit der Familie „in corpore“.[91] In charakteristischer Weise verbindet das Procedere am Familientag Formelles mit Informellem, Usus und Insze-nierung, das Öffentliche und das Private im häuslichen Kontext. Obwohl die Teilnehmenden miteinander verwandt und vertraut sind, erwähnt Ursula sie ei-nige Male als „Herren“ und „Frauen“.[92] Familientage sind für Ursula Bruckner-Eglinger eigentlich eine Freude. Wenn sie selbst als Gastgeberin verantwortlich zeichnet und etwas schief geht, ist es aber ein „Labyrinth“, so etwa am Sonntag, 19. Oktober 1828. Weil sie Fieber hat, wird ihr am Donnerstag davor „so bange wegen dem auf künftigen Sonntag angestellten Familientag.“ Am Freitag beginnt sie, mit hauseigenem Gebäck für den Nachtisch das Essen zu präparieren. Wegen der zeitintensiven Vorbereitungen, die „es giebt beym solchen Anlässen“, verlässt sie am Samstag nicht das Haus. Dann droht jedoch eine Katastrophe. Denn ihr Mann hat in der schriftlichen Einladung nicht erwähnt, dass das Essen um ein Uhr beginnen soll. So stehen die Gäste bereits um 12 Uhr vor der Tür. Und dann wird es noch „wegen d[em] Bräten später als eins“; „doch nachher gieng G[ott] L[ob] alles übrige gut.“ Sie resümiert den Tag: „Ach wie froh und dankbar war ich Abends.“[93] Trotz familiärer Vertrautheit unter den Beteiligten ist der Familientag auch ein soziales Ereignis, bei dem sich das Haus Bruckner präsentiert. Hier findet sich bereits die für die spätere bürgerlich-familiäre Festkultur typische Koinzidenz von privatem Treffen und formalisiertem Auftritt als ‚Herren‘ und ‚Frauen‘.

Wie bei der Berner Patrizierin Stettler-Herport und dem Hamburger Juristen Beneke wird im Journal der Basler Pfarrfrau ein enormer Stellenwert der Familie spürbar. Aber es gibt auch Unterschiede gerade bei einem Vergleich der Per-spektiven der beiden Frauen. Die Ehefrau des Landvogts und Ratsherrn verab-

---

90 Hagenbuch, 1.6.1820, S. 159.
91 Ebd., 13.6.1824, S. 191.
92 Ebd., 24.12.1820, S. 168; siehe auch 12.12.1819, S. 152.
93 Alle Zitate ebd., 16.-19.10.1828, S. 362; vgl. zur bürgerlichen Festkultur Baumert 2014.

scheut den obligatorischen gesellschaftlichen Verkehr und möchte sich lieber auf ihre Familie im engeren Sinne und das Haushalten konzentrieren. Rund fünfzig Jahre später nimmt Ursula Bruckner-Eglinger die Aufgaben des ‚frommen Hauses‘ zwar voll und ganz an, leidet aber klar erkennbar unter dieser Last. Besuche von Freundinnen, Geselligkeit beim Mittagessen, Visiten und Spazierengehen sind für sie eine Erholung, die sie nicht als Gegensatz zu ihren Pflichten als Mutter und Hausmutter wahrnimmt. Der alltägliche Radius der Pfarrfrau ist nicht domestiziert und sie trifft selbstständig Entscheidungen. Dennoch wird das schöne Pfarrhaus immer wieder zu einem psychischen ‚Labyrinth‘. In ihrem im hohen Alter von Hand verfassten „Lebenslauf“ wird die Pfarrerswitwe dankbar auf ein „glückliches Familienleben“ in Binningen zurückblicken.[94] Realiter dokumentiert ihr Tagebuch eher ein häusliches Durcheinander und die Verbürgerlichung des Alltagsleidens der Frau. Familie Bruckner-Eglinger liegt in zentralen Aspekten im Trend der Zeit. Dies betrifft die soziale und religiöse Endogamie des Heiratsverhaltens, die verwandtschaftliche Exklusivität der Soziabilität, die Geschlechterrollen im Haus sowie die Formierung eines bürgerlichen Habitus.

---

94 Bruckner-Eglinger 1876, S. 9.

7 Das Zuhause eines mobilen Handwerksgesellen: Friedrich Anton Püschmannn

Stollberg und unterwegs (1848–1856)

Ein Kapitel zum ‚Zuhause' eines wandernden Handwerksgesellen dürfte in einem Buch zur Familiengeschichte überraschen. Der häusliche Mikrokosmos umfasst jedoch wie gesehen nicht nur die unmittelbaren Angehörigen der Familie. Für ein breiteres Verständnis von Haus und Familie in der bürgerlichen Moderne ist es wichtig, auch die Randzonen und die Räume außerhalb der Bürgerlichkeit auszuloten. Dabei geht es hier zum einen um die Herkunftsfamilie des Gesellen Püschmann, zu der er während seiner Wanderzeit einige Male zurückkehrt, zum anderen um unterschiedliche Formen der Häuslichkeit, die er während seiner Lehrzeit und auf der Gesellentour erlebt bzw. selbst praktiziert. In welchem Verhältnis stehen die Erfahrungen eines mobilen Gesellen zum Konzept der privatisierten bürgerlichen Kernfamilie?

Friedrich Anton Püschmann, geboren am 25. Juli 1829 in Mitteldorf bei Stollberg im Erzgebirge, war das Handwerk nicht unbedingt in die Wiege gelegt. Er wuchs als zweites von acht Kindern eines sächsischen Schullehrers auf. Jedoch erreichten nur drei Kinder das Erwachsenenalter, neben Friedrich Anton der ältere Bruder Ernst und der jüngere Wilhelm.[1] Der väterliche Beruf lässt aus heutiger Sicht vielleicht finanzielle Sicherheit und Zugehörigkeit zum Bürgertum erwarten. Aber als Dorfschullehrer erhielt Johann Gottfried Püschmann das kärgliche Jahresgehalt von nicht mehr als 120 Talern, kaum genug, um damit eine Familie zu ernähren. Das Ringen um den Status als Staatsdiener, die Fixierung von Mindestgehältern sowie eine geregelte Ausbildung der Volksschullehrer waren im Übergang von der kirchlichen zur staatlichen Regie des Schulwesens im 19. Jahrhundert ein jahrzehntelang währender Prozess. Dabei erhielten Landschullehrer weniger Geld als ihre Kollegen in den Städten. Immerhin konnten die Püschmanns in dem knapp 500 Einwohner zählenden Mitteldorf mietfrei eine Wohnung in der oberen Etage des Schulhauses beziehen.[2] Nebenerwerb der Lehrer wurde

---

1 Püschmann, „Vorerinnerung" zum Tagebuch, Bd. 1, o. Dat., vermutlich Januar 1848, S. 3. Die folgenden Quellenangaben mit Datum und Seitenzahl beziehen sich auf die Ausgabe des Tagebuchs von Matthias John.
2 Zum Gehalt von Johann Gottfried Püschmann s. den Lebensbericht von Friedrich Anton Püschmanns Tochter Görnandt 2015, S. 844; zur Einwohnerzahl Mitteldorfs: Digitales Historisches

https://doi.org/10.1515/9783110749496-007

von der Regierung ungern gesehen. Um über die Runden zu kommen, waren die Püschmanns aber auf Subsistenzwirtschaft angewiesen. So gehörten zur Ausstattung ihres Haushalts auch ein Kartoffelacker und eine Kuh mit Kälbern. Im Winter und vor Familienfesten wurde geschlachtet. Selbstverständlich wurden auch im Haus Brot und Stollen gebacken, um Kosten zu sparen.[3] Den Haushalt komplettierte ein „Dienstmädchen", das Püschmann nach seiner Lehrzeit besuchte.[4] Materielle und geistige Beschränkungen des Dorfschullehrer-Daseins wurden in der schöngeistigen Literatur der Zeit, etwa in Jean Pauls *Leben des vergnügten Schulmeisterlein Maria Wutz im Auenthal*, gleichermaßen idyllisiert wie ridikülisiert. Der Versuch einer präzisen sozialen Verortung Friedrich Anton Püschmanns ist ein geeignetes Beispiel, um die Anwendung sozialhistorischer Kategorien auf individuell verschiedene Verhältnisse zu problematisieren. Als Sohn eines Schullehrers, der seinerseits aus einer Familie von Schullehrern stammte, wuchs er in materiell einfachen Verhältnissen, aber mit Zugang zu Bildungstechniken auf. So assistierte er seinem Vater frühzeitig beim Unterrichten der Dorfkinder. Ein Studium – die Tochter erwähnt im Lebensbericht den Berufswunsch Pastor[5] – kam aber aus finanziellen Gründen nicht in Frage. Sein Onkel, ein Dorfschmied, wollte ihn zum Schmied ausbilden, aber dafür war Püschmann nicht kräftig genug. Betrachtet man das soziale Umfeld der Püschmanns in den Dörfern und Kleinstädten im Erzgebirge anhand der häuslichen Besuchspraxis, so zeigt sich, dass das aus Verwandten und Nachbarn gestrickte Netzwerk der Familie schichtübergreifend Angehörige gebildeter Berufe (Schullehrer, Pfarrer), Dorfhandwerker (Schmied, Maurer) und unterbürgerliche Berufe (Strumpfwirker, Soldat, Bergmann, Dienstmädchen) umfasste.

Handwerkerehre, Bürgerlichkeit und Freizeit

Der Anton genannte Junge wird 1843 im Alter von nicht einmal 14 Jahren, mehr aus Zufall als geplant, auf die Nachricht von einer freien Lehrstelle hin, als Schriftsetzerlehrling in die Buchdruckerei ins rund hundert Kilometer entfernte Grimma geschickt. Püschmann wird also Buchdruckergeselle. Allerdings be-

---

Ortsverzeichnis von Sachsen: hov.isgv.de/Mitteldorf (30.10.2021); vgl. zum Ringen um Stellung und Lohn der Schullehrer im 19. Jahrhundert am Beispiel Badens B. Wunder 1993, S. 17–79.

3 John, 20.3.1848, S. 84; 20.6.1848, S. 204; 28.6.1848, S. 211; 21.-22.12.1849, S. 378; 1.1.1855, S. 682; 26.5.1855, S. 708.

4 Ebd., 24.6.1848, S. 208; s. auch 18.6.1848, S. 203.

5 Görnandt 2015, S. 843.

Abb. 13: Friedrich Anton Püschmann im Alter; Bildquelle: Matthias John.

zeichnet er seinen Berufsstand später wiederholt als „Arbeiter".[6] Pro forma wird man seinen sozialen Status in dieser Lebensphase *Zwischen Kleinbürgertum und Proletariat* einordnen.[7] Nach fünf Jahren Lehrzeit in Grimma geht der gerade erst 19jährige ab Juli 1848 auf die Gesellentour, mit Wanderungen, die ihn von Sachsen über das Rheinland bis nach Rostock, durch die Schweiz bis an den Genfer See und über Bayern und Österreich bis nach Wien führen, um dann bei einem Besuch zuhause im Januar 1855 resigniert einzusehen, dass das Druckergewerbe keine Aussicht auf sicheren Verdienst bietet. Mit 25 Jahren beschließt er, ermutigt von seinem Vater und Freunden der Familie, sich am sächsischen Lehrerseminar, erneut in Grimma, zum Lehrer ausbilden zu lassen und damit den Beruf seines

---

6 John, 27.8.1851, S. 511; 24.7.1853, S. 585f.; 10.9. 1853, S. 590; 29.4.1855, S. 704.
7 F. Lenger 1986, Titel; vgl. auch F. Lenger 1988, S. 70f. und 90.

Vaters zu ergreifen.[8] Während dieser zweiten Ausbildung endet das im Januar 1848, gegen Ende der Lehrzeit, begonnene Tagebuch Püschmanns.

Um die Ausführungen des Tagebuchs, die diesem Kapitel zugrunde liegen, verstehen zu können, muss erneut zuerst der Autor näher vorgestellt werden. Die Persönlichkeit des Buchdruckergesellen Püschmann vereint verschiedene Aspekte, die ihn als ein komplexes ‚hybrides Subjekt‘ (Reckwitz) erkennen lassen. Sein Denken und Handeln verbindet Codes der alten korporativen Handwerkerehre und Tugenden der Bürgerlichkeit, die in mancher Hinsicht nicht genau auseinander zu halten sind. So werden etwa Sparsamkeit und Bescheidenheit nicht nur im Rückblick von Püschmanns Tochter attestiert, sondern sind auch aus zahlreichen Einträgen des Diaristen erschließbar. Trotz langer Phasen ohne Anstellung gelingt es ihm, während seiner Walz bis zur Rückkehr nach Mitteldorf Anfang 1855 die Summe von einhundert Talern, etwa zwei Drittel des Jahreslohns eines sächsischen Schullehrers, beiseite zu legen, dazu sich „hinlänglich mit Kleidung" auszustaffieren, was dann als Startkapital und Ausstattung für die Lehrerausbildung dient.[9] Viele Einträge bezeugen einen Sinn für korrekte, saubere Kleidung, aber Kleidungsstücke wie auch Geld werden, wenn notwendig, ebenso unter den Grimmaer Lehrlingen geliehen.[10] Püschmanns Ordnungsliebe führt manchmal zu Konflikten mit Arbeitskollegen. Die Ehre der Zunft ist für ihn zwar kein Thema mehr und die korporative Unterstützung erschöpft sich in einer Wegzehrung (‚Viaticum‘), die er unterwegs in den Druckereien erhält, indes ist ihm Kollegialität ein hoher Wert. Er wird wiederholt in Ämter gewählt oder von seinen Kameraden zu Aufgaben bestimmt, so etwa im April 1848, als er im Auftrag der Lehrlinge des Grimmaer Verlagskontors eine Petition an den Verleger, den Hofrat Ferdinand Carl Philippi, verfasst und diese auch in ihrem Namen überreicht.[11] In Basel wählt man ihn 1851 erst zum Präsidenten, dann zum Schriftführer des Deutschen Gesangsvereins.[12]

Püschmann ist ein politischer Mensch. Energisch unterstützt er die Forderung nach Pressefreiheit, sympathisiert mit der Nationalversammlung in Frankfurt und mit der Revolution in Wien. Er macht sich über die Könige von Preußen und Österreich lustig und besucht in Hamburg Versammlungen der Arbeiter(bildungs)vereine.[13] Sein Tagebuch dokumentiert, wie die Politisierung im Kontext der 48er-

---

8 John, v.a. die Einträge ab 16.1.1855, S. 684–87.
9 Ebd., 16.1.1855, S. 685.
10 Ebd., 14.5.1848, S. 144; 6.5.1848, S. 138; 9.-16.5.1848, S. 141–46.
11 Ebd., 13.4.1848, S. 113–15; 15.4.1848, S. 119–21; Konflikte ergaben sich u.a. später im Lehrerseminar, in dem Püschmann als „Ordnungsaufseher" fungierte: 30.11.-21.12.1855, S. 742–48.
12 Ebd., 23.7.1851, S. 504.
13 Ebd., 28.5.1849, S. 344; 12.8.1855, S. 355f.

Revolution bis in die Alltagsgespräche der unteren Schichten vordrang. So berichtet er über eine „lebhafte politische Debatte" in der Druckerei Grimma im März 1848, „bei welcher ich leider allein als gemäßigt Liberaler gegen ein Chor Radicaler, Republicaner und Communisten zu kämpfen hatte."[14] Sich selbst als Liberalen einordnend, hat er gleichwohl den Habitus eines Revolutionsanhängers. Als der 19jährige im Januar 1849 in Hamburg eintrifft, um dort eine Anstellung in der Druckerei im Rauhen Haus anzunehmen, fällt er wegen seines Aussehens sofort einem Polizeidiener auf: da „mich ein Polizei-Officant (dem ich mit der übergehangenen Blouse, dem deutschen Uhrbande und der Cocarde auf dem Freischärlerhute wahrscheinlich zu demokratisch aussehen mochte) kraft seines Amts als Demagogenriecher, nach meinem Passe fragend, anhielt".[15] Püschmann ist zudem ein religiöser Mensch, der phasenweise regelmäßig Gottesdienste besucht und – obwohl Lutheraner – auch mal einer katholische Messe beiwohnt.[16] Er distanziert sich vom „Hamburger Philistertum"[17], verkörpert indes ein Bildungsstreben, das man vielleicht genuin bürgerlich nennen kann, Mitte des 19. Jahrhunderts aber längst über die sozialen Grenzen des Bürgertums im engeren Sinne hinausreicht. Die Lehrlinge der Grimmaer Druckerei lesen sich in ihrer raren Freizeit gegenseitig aus Büchern vor, gehen spazieren, deklamieren Gedichte, spielen Skat und Schach.[18] An allen seinen Stationen geht Püschmann gern ins Theater, was akribisch notiert und kommentiert wird, viel öfter als Beneke in Hamburg, dazu in Konzerte, Kirchen und Museen. Püschmann liest, schreibt, zeichnet, singt im Chor und lernt Klavierspielen. In Hamburg besorgt er sich in einer Leihbibliothek eine Ausgabe von Goethes *Wilhelm Meister*, die er im Botanischen Garten liest.[19] In Stuttgart besucht er Fortbildungen für Meister und Gesellen mit Physik- und Chemieunterricht.[20]

Sein ‚Geschlechtscharakter' ist bürgerlich konstruiert. Er zeichnet von sich selbst das Bild eines moralisch-pflichtbewussten jungen Manns, vernünftig und wissbegierig. Aber das ist nur die eine Seite dieses Subjekts. Auf der anderen Seite kommt im Vergleich zu den bisher vorgestellten Diaristinnen und Diaristen ein neuer Ton ins Spiel. So ist Püschmann schon als Lehrling, wie auch späterhin als Geselle, ein begeisterter Tänzer: „Ich habe heute viel getanzt."[21] Gemeinsame

---

14 Ebd., 16.3.1848, S. 77.
15 Ebd., 18.1.1849, S. 324.
16 Ebd., 16.7.1848, S. 226; 18.2.1849, S. 327.
17 Ebd., 28.5.1849, S. 344.
18 Ebd., 8.1.1848, S. 16; 12.3.1848, S. 67; 30.4.1848, S. 134.
19 Ebd., 3.6. und 10.6.1849, S. 346f.
20 Ebd., „Ende Januar" 1854, S. 619.
21 Ebd., 21.5.1848, S. 158.

Unternehmungen mit anderen Lehrlingen oder Gesellen enden regelmäßig im Wirtshaus beim Bier. Mit zunehmender Dauer wird das Tagebuch auf seiner Walz durch das deutschsprachige Mitteleuropa zu einem Protokoll seiner Freizeitaktivitäten, die sich vor allem an Sonntagen abspielen. Dabei entfaltet sich bereits, wie Bänziger für um 1900 geschriebene Tagebücher konstatiert, eine neuartige Erlebnisorientierung. Egal ob Püschmann Tanzen oder Eislaufen geht, einen Jahrmarkt oder eine Soiree besucht, wichtig ist für ihn das Amüsement: „Ich habe mich noch sehr gut amüsirt" bzw. „Wir haben uns wohl amüsirt".[22] Amüsement bedeutet geteilten Spaß und Unterhaltung mit Kameraden und oft auch mit ledigen Frauen. Dabei wird in Püschmanns Tagebuch sehr viel deutlicher als in den bislang betrachteten Diarien zwischen Arbeit und Freizeit unterschieden. Gute, gehaltvolle Freizeit wird hier zu einem Wert an sich.

Püschmanns Tagebuch kombiniert unterschiedliche Zwecke, die mit dem Foucault'schen Konzept der Selbstkonditionierung nicht mehr viel zu tun haben. Es geht auch nicht um ein Seelenprotokoll, Gemütsprobleme oder fortwährende Introspektion wie im pietistischen Milieu. Als Lehrling, Geselle und später als Seminarist bevorzugt er einen konzisen, nüchternen Stil. Mal nennt er sein Journal eine „Chronik", mal sein „Notizbuch", gegen Ende aber auch „meine Selbstbiographie".[23] Autobiografische Texte wandernder Gesellen waren im 19. Jahrhundert keine Seltenheit. Typischerweise sollten sie handwerkliche Kompetenz und Topoi einer Bildungsreise dokumentieren.[24] Beide Aspekte sind in Püschmanns Journal evident, wobei die handwerkliche Kompetenz vor allem während seiner Lehrzeit ein Thema ist und später unwichtig wird. Dazu kommen, wie erwähnt, zahlreiche Einträge zu Freizeitaktivitäten, die der Autor erinnerungswürdig findet. Nicht zuletzt enthält das Tagebuch – wie bei Beneke – extrem viele Namen: ein Hinweis auf die Relevanz alltäglicher Interaktion und sozialer Beziehungen für den Akteur. Hin und wieder lässt Püschmanns Werk Sinn für Ironie und literarisches Talent aufblitzen. Am 54. Geburtstag des sächsischen Königs Johann, 12. Dezember 1855, werden die Auszubildenden des Lehrerseminars in Grimma von einer im Hause wohnenden Dame zum Essen eingeladen. Der Seminarist notiert: „Abends ließ uns Mad. Zschau (vielleicht weniger um Königs Geburtstag willen, sondern mehr zur Feier des Todestags eines Schweins) mit Wurstbrühsuppe tractiren."[25]

---

22 Ebd., 13.3.1851, S. 490; 4.5.1851, S. 495; vgl. allgemein Bänziger 2020, S. 17.
23 John, 31.7.1848, S. 248: „Chronik"; 15.8.1848, S. 269: „dieses Notizbuch"; 1.6.1855, S. 681: „mit meiner Selbstbiographie fortzufahren".
24 Wadauer 2005, v. a. S. 18, 80 – 83 und 194 ff.
25 John, 12.12.1855, S. 747.

Kollektive Häuslichkeit junger Männer

Wo und wie kommen in dem Tagebuch eines mobilen Handwerksgesellen Haus und Familie ins Spiel? Zum einen berichtet Püschmann relativ ausführlich über die Aufenthalte bei seiner Familie in Mitteldorf nach Ende der Lehrzeit, auf Zwischenstation während seiner Tour und nach deren Ende, als er die Entscheidung zum Berufswechsel trifft. Zu seinen Eltern und den Brüdern hat er auch während der Walz mittels Briefe und Pakete immer wieder Kontakt. Zum anderen ist es auch in diesem Fall gewinnbringend, die Fragestellung von der Kernfamilie auf die häusliche Sphäre zu erweitern.[26] Püschmann selbst nennt während seiner Lehrzeit in Grimma, als er mit den anderen Lehrlingen im Gebäude der Druckerei wohnt, und später, bei unterschiedlichen Unterkünften während seiner Anstellungen das jeweilige Logis immer wieder sein ‚Zuhause': Er geht „nach Hause", verbringt den Abend „zu Hause" oder hat sich „zu Hause vollkommen erwärmt und ein einfaches Abendbrot genossen" etc.[27] Auch die täglich wechselnden Quartiere auf der Tour kann man unter dem Stichwort ‚Domestic Sphere' als Lebensform mit der relativ stabilen Wohnform der bürgerlichen Familie vergleichen.

Püschmanns Bericht über das Zusammenleben der Lehrlinge in der Druckerei im sächsischen Grimma im Jahr 1848 lässt an einen Pioniertext der Neuen Kulturgeschichte denken, der ebenfalls auf dem Selbstzeugnis eines Gesellen bzw. Arbeiters basiert: Robert Darntons Artikel über *Das große Katzenmassaker* in einer Pariser Druckerwerkstatt der 1730er Jahre. Laut den Schilderungen eines Nicolas Contat lebten die Lehrburschen in der Pariser Druckerwerkstatt unter prekären Bedingungen. Ihr Schlafraum war schmutzig und kalt. Sie mussten die Drangsalierungen der Gesellen und die Misshandlungen des Meisters ertragen. Vor allem aber durften sie nicht mit am Tisch der Meisterfamilie sitzen und bekamen nur ungenießbare Essensreste vorgesetzt. Eines Tages beschlossen die Gesellen und Lehrlinge, die Katzen, die ihnen nachts den Schlaf raubten, umzubringen, und zwar sowohl die Straßenkatzen als auch die Lieblingskatze der verhassten Meisterin.[28] Eine derartige Zuspitzung kann Püschmanns Tagebuch aus seiner Lehrzeit in Grimma zwar nicht bieten, aber es gibt doch einige Parallelen. Die Lehrlinge nennen ihre schmutzige Unterkunft in der Druckerei „unser Pechdorf" oder auch ein „ärmliches Wanzennest", in dem sie als „Pechdorfer Burschen-

---

26 Vgl. zum Ansatz Eibach / Lanzinger 2020a.
27 John, 3.1.1848, S. 15; 2.3.1848, S. 57; 2.1.1848, S. 14, viele weitere ähnliche Formulierungen pass.
28 Darnton 1989, v. a. S. 91.

schaft" hausen müssen.[29] Dank der Recherche von Matthias John verfügen wir über eine Abbildung des Druckereigebäudes heute.

Abb. 14: Das Gebäude der Druckerei in Grimma, Frauenstraße, heute; Bildquelle: Wikimedia Commons.

Das Verhältnis der Lehrlinge zu den Gesellen scheint relativ problemlos gewesen zu sein. Aber Püschmann erwähnt Gewalt von Seiten des Aufsehers Krüger gegen Lehrlinge, was ein Grund für deren Petition im April 1848 ist, in der die Suspendierung des Aufsehers verlangt wird.[30] Mit einem ‚ganzen Haus' haben die Wohn- und Arbeitsverhältnisse in der Grimmaer Druckerei gar nichts zu tun. Viel eher handelt es sich um eine kleine Fabrik, in der über 20 „Arbeiter" – gemeint sind hier die Lehrlinge – auch gemeinsam essen und in einem Schlafsaal schlafen.[31] Hinzu kommt die etwa gleiche Zahl an Gesellen. Die Arbeitszeit ist nicht reguliert, geht oft bis in die Nacht und schließt den Sonntagmorgen ein. Wie Püschmann notiert, fordern die Leipziger Buchdrucker im April 1848 einen Zehn-Stunden-Tag.[32] Der ‚Principal' des Verlagskontors, der Hofrat Philippi, agiert nicht als Hausvater, sondern als distanzierter Unternehmer, der seine Autorität in der Druckerei mittels eines Faktors und eines Aufsehers durchsetzen lässt. Das von der Köchin des Kontors verabreichte Essen ist manchmal so schlecht, dass es

---

29 John, 12. 3.1848, S. 74; 2. 6.1855, S. 714; 25. 7.1848, S. 242; pass.

30 Ebd., 9. 4.1848, S. 106 f.; 12. 4.1848, S. 110; 13. 4.1848, S. 113; s. auch: Ohrfeigen des Faktors Förk wegen Widersetzlichkeiten: 18. 4.1848, S. 124.

31 Ebd., 4. 5.1848, S. 137 (Zitat); s.a. 14. 4.1848, S. 119.

32 Ebd., 5. 4.1848, S. 102 f.; zur Zahl der Gesellen („Gehilfen") in der Grimmaer Druckerei: 7. 6. 1848, S. 176.

Übelkeit und Erbrechen verursacht. Im Unterschied zu ihren Pariser Kompagnons gut einhundert Jahre vorher schicken die sächsischen Lehrlinge das Essen zurück in die Küche und erhalten als Ausgleich dafür einige Groschen Geld.[33] Als Püschmann nach Ende der fünfjährigen Lehrzeit endlich aus dem ‚Pechdorf‘ ausziehen darf und Logis bei einer Frau Stockmann in Grimma erhält, notiert er begeistert die guten Mahlzeiten: ein Frühstück mit „Kaffee und Semmel" oder auch „(auf Verlangen) aus Zwieback, Zucker und frischem Wasser". Das Mittagessen am Pfingstsonntag ist „so viel und gut, als lange nicht", nämlich Suppe, Kalbsbraten und Salat.[34] Auch die Einträge während der Walz zu Übernachtungen in einfachen Gasthöfen zeigen, dass ein gutes Frühstück Mitte des 19. Jahrhunderts gewöhnlich aus Kaffee und einem Brötchen bestand, in Bayern auch Bier.[35] An Sonn- und Feiertagen standen Fleischmahlzeiten auf der Wunschliste.

Während die Gesellen außerhalb der Druckerei in privatem Logis wohnen, lässt sich das Zusammenleben der Grimmaer Lehrlinge als ein horizontal organisiertes häusliches Modell junger Männer im Kontrast zur bürgerlichen Kernfamilie begreifen. Die Räumlichkeiten werden multifunktional und kollektiv genutzt. Eine Privatsphäre existiert bestenfalls situativ. Im Setzersaal, dem Hauptarbeitsraum, in dem Püschmann tagsüber die Sächsische Kirchenzeitung setzt, schreibt er abends oder sonntags Briefe, Tagebuch und Gelegenheitsgedichte. Die wie der Setzersaal mit einem Ofen heizbare Maschinenstube dient den Lehrlingen als Wohnzimmer, in dem sie nachts Karten spielen. Auch die Essstube verfügt über einen Ofen. Sie wird am Sonntagnachmittag für gemeinschaftliches Singen, Tanzen und Geburtstagsfeiern genutzt. Die Kleiderkammer bietet eine Waschgelegenheit, die Püschmann einmal pro Woche, am Sonntagmorgen, beansprucht.[36] In der Bücherstube schneiden sich die Lehrlinge die Haare. Dazu kommen der gemeinschaftliche Schlafsaal und die Küche.

Zwar gibt es eine Köchin, die für warmes Essen sorgt, aber die ‚Burschen‘ sind an einigen Tätigkeiten im Haushalt beteiligt und müssen sich selbst um ihre Sachen kümmern. Püschmann kocht morgens mit einem Kameraden Kaffee und brät sich „nebenbei (...) eine Pfanne Äpfel". Die Lehrlinge räumen zusammen auf und beziehen ihre Betten mit frischer Wäsche. Mit der Grimmaer Witwe Beilig wäscht regelmäßig eine auswärtige Waschfrau gegen Bezahlung die Kleidung der Lehrlinge, aber Püschmann macht auch selbst oft „große Wäsche" – am Wochenende

---

33 Ebd., 7.3.1848, S. 63 f.; 1.4.184, S. 99.
34 Ebd., 11.-13.6.1848, S. 181–86.
35 Ebd., 14.8.1848, S. 268.
36 Ebd., Sonntag, 23. Januar 1848, S. 28: „Ich machte mir warmes Wasser und wusch mich in der kalten Kleiderkammer."; zum Folgenden ebd., 21.1.1848, S. 26; 2.-6.2.1848, S. 35 – 37; 13.2.1848, S. 41– 45; 19.-20.2.1848, S. 47– 49; 26.-27.2.1848, S. 53 f.

im Setzersaal – und bessert seine Kleidung aus.[37] Der achtzehnjährige Lehrling notiert diese Tätigkeiten als Belege seiner Selbstständigkeit. Sein Tagebuch dokumentiert ein anderes Konzept der Männlichkeit als der bürgerliche ‚Geschlechtscharakter' oder die ‚sanfte Männlichkeit' in der Ära um 1800. Erwähnenswert ist in dieser Hinsicht auch die kollektive Freizeitgestaltung, die ein vormodern-korporatives Ehrverständnis fortführt.[38] Regelmäßig gehen die Lehrlinge, manchmal begleitet von Gesellen, zur „Tanzstunde" auf Tanzsäle in der Umgebung Grimmas und nehmen sogar Unterricht bei einem Tanzmeister.[39] Damit verbindet sich die Hoffnung, dass auch Tänzerinnen erscheinen werden. Aber wenn die jungen Frauen ausbleiben, tanzen die Männer „in Ermangelung von Tänzerinnen ohne Musik unter einander selbst."[40] Zum einen geht es um Vergnügen und Erholung in der knapp bemessenen Freizeit, zum anderen aber auch um kollektive maskuline Performanz. So ziehen die Burschen aus der Druckerei nach der Tanzstunde mit den Mädchen oder auch „mit Kameraden" durch die Gassen. Sie singen in der Öffentlichkeit laut „unser Preßfreiheitslied" und liefern sich verbale Händel mit Soldaten, die außerhalb ihres Dienstes ebenfalls gruppenweise durch die Stadt streifen.[41] Ob bei den Tanzstunden mit ledigen Frauen auch Eheanbahnung und Familiengründung ein Motiv sind, soll weiter unten überlegt werden.

Gesellentour und wechselndes Logis ohne Privatheit

Anders als erhofft, führt die Freisprechung des Lehrlings am 10. Juni 1848, die mit den Gesellen alkoholintensiv gefeiert wird, nicht zur Übernahme im Grimmaer Verlagskontor, das laut Gerüchten vor dem Bankrott steht.[42] Nach einigen Wochen Erholung zuhause in Mitteldorf muss sich Püschmann auf die Gesellentour begeben, um nach Anstellung (‚Condition') und Lohn zu suchen. Noch viel mehr als die Gemeinschaft der Burschen in einem fabrikähnlichen Gebäude steht die

---

37 Ebd., s. v. a. 16.-22.1.1848, S. 24–26 (Zitate); 1.1.1848, S. 11; 27.2.1848, S. 54; 18.3. 1848, S. 77; 16.4.1848, S. 121; 3.6.1848, S. 172; vgl. zum Folgenden Hausen 1976, v. a. S. 368; Trepp 1996a, 1996b, 1996c.

38 Vgl. hierzu die Pionierstudie von Grießinger über das ‚symbolische Kapital' der Ehre der Gesellen: Grießinger 1981; zur Geschichte der Lehrlinge auch Grießinger / Reith 1986.

39 John, 3.1.1848, S. 15; 10.1.1848, S. 19; 31.1.1848, S. 34; S. 15.

40 Ebd., 2.4.1848, S. 100.

41 Ebd., 12.3.1848, S. 74 (Zitat); 19.3.1848, 11.4.1848, S. 79 (Zitat); S. 109; s. auch 23.2.1848, S. 51; 27.2.1848, S. 55.

42 Ebd., 7.6.1848, S. 176; 10.6.1848, S. 178–81.

mobile Existenz auf der Straße in einem diametralen Kontrast zur Idee der bürgerlichen Familie, die mit Ortsbeständigkeit und Stabilität verbunden ist. Unter diesem Gesichtspunkt lohnt sich ein Blick auf Püschmanns insgesamt sechseinhalb Jahre dauernde Walz, die immer wieder durch Phasen der Anstellung unterbrochen wird. Püschmann bewegt sich dabei meistens, aber keineswegs immer, zu Fuß. Immer öfter fährt er mit der Eisenbahn oder auch mit dem Dampfschiff auf Rhein, Elbe, Donau und den Schweizer Seen. Er übernachtet meistens in einfachen Gast- oder Wirtshäusern, über deren Preis und Qualität sich die Gesellen austauschen. Dort trifft er andere Gesellen, aber auch Soldaten oder reisende Handlungsdiener. Zum unsicheren Leben auf der Straße gehört, dass das nächste Quartier nicht genau planbar ist. Immer wieder mal landet Püschmann in „einer miserablen Kneipe", einem Schuppen, einer Scheune oder wie in Brünn „unter einem Haufen fremder Menschen auf Stroh".[43] Aus bürgerlicher Sicht war es – hygienisch wie moralisch – undenkbar, sich mit einem Wanderkameraden das Bett zu teilen, was auf der Walz durchaus vorkam.[44] Typisch für diese volatile Lebensweise sind kurzzeitige Reisegemeinschaften zu zweit oder dritt mit anderen Gesellen, aber auch mit Frauen sehr unterschiedlicher Herkunft, die auf Arbeitssuche sind. Püschmanns Einträge zeigen, dass es in dieser mobilen Gesellschaft einfach ist, Bekanntschaft zu machen. Sprachliche Probleme werden weder in Deutschland noch in der Schweiz erwähnt.[45] Offenbar sprechen alle ihren eigenen Dialekt. Püschmann wird nie bestohlen und beklagt sich nicht über die alltäglichen Unsicherheiten auf der Walz. Als er nach drei Monaten Wanderschaft im Oktober 1848 erstmals ‚Condition' in einer Druckerei in Rostock erhält, ist er trotz einer Arbeitszeit von zwölf Stunden täglich dennoch mehr als froh und dankt für „die Güte des Herrn".[46]

Während seiner mehrjährigen Tour erlangt Püschmann in folgenden Städten Anstellung bei einer Druckerei oder einem Verlag: Rostock (Oktober 1848 bis Januar 1849), Hamburg (Januar bis November 1849), Dresden (Februar bis Juni 1850), Sulzbach (Juli bis August 1850), Zug (November 1850), Basel (Dezember 1850 bis Mai 1852), Zürich (Mai 1852 bis April 1853), Lausanne (April bis September 1853), Stuttgart (September 1853 bis September 1854). Die Stellen sind von beiden Seiten jederzeit kündbar. So ist Püschmann in Rostock nur drei Monate, in Sulzbach sechs Wochen, in Zug zwei Wochen in Lohn und Brot. Am längsten bleibt er in Basel, Zürich und Stuttgart in Arbeit. Auch die wohnlichen Verhält-

---

43 Ebd., 25.8.1848; S. 277; 18.10.1854, S. 660.
44 Ebd., 5.9.1850, S. 431; s. auch 12.11. 1854, S. 674 (Übernachtung mit dem Vetter in einem Bett).
45 Eine Ausnahme ist ein Gasthaus in Bonn, wo die anwesenden Rekruten Püschmann „durch ihre eigenthümlichen Dialecte nicht wenig ergötzten.": ebd., 7.9.1848, S. 291.
46 Ebd., 11.10.1848, S. 310.

nisse sind oft von nur kurzer Dauer, denn Püschmann wechselt bei längeren Aufenthalten häufig sein Logis. Die Gesellen wohnen längst nicht mehr im Meisterhaushalt. In der Regel handelt es sich um ein einfaches Zimmer, das auf dem lokalen Wohnungsmarkt günstig zu mieten ist, manchmal mit Verköstigung. Nicht selten nimmt Püschmann aber die Mahlzeiten in einem Gasthaus, bei einem Metzger oder einer Witwe ein, die sich auf diese Weise Geld dazu verdient.

Die häuslichen Beziehungen changieren zwischen einem modern anmutenden distanziert-monetären Mietverhältnis und einem Familienanschluss, der so weit gehen kann, dass Püschmann seine Wirtsleute wie in Hamburg ‚Vater' und ‚Mutter' nennt. Er zahlt für sein dortiges „kleines anständiges Zimmer" bei der Familie Brust monatlich sechs Mark Miete und „für den Mittagstische bei Schulzens im ‚Schinkenkrug' wöchentlich 1 Thl."[47] Der 19jährige Geselle, der nicht der einzige Mieter bei Brusts ist, wird zu einem temporären Mitglied der Familie. Als Püschmann an Krätze erkrankt, wird er nicht ins Krankenhaus geschickt, sondern von seinen Wirtsleuten zuhause gepflegt. Mit Herrn Brust geht Püschmann ins Oratorium, mit Frau Brust in den Gottesdienst und promenieren, mit der ganzen Familie an Pfingsten auf einen Ausflug. Püschmann und der kleine Sohn der Familie tauschen an ihren Geburtstagen Geschenke aus.[48] Der Abschied nach zehn Monaten ist tränenreich und Püschmann bleibt mit Frau Brust danach in Briefkontakt.

Offene Wohnverhältnisse mit alltäglichen Kontakten zwischen Mietern und Vermietern sind in der ersten Hälfte des 19. Jahrhunderts definitiv keine Ausnahme. Der 22jährige Beneke wird in Hamburg von seinem Hauswirt, einem Makler, wiederholt zum Essen oder zu Gesellschaften eingeladen und steht auch mit dessen Dienstmagd auf gutem Fuß.[49] Allerdings lässt Püschmanns Journal erkennen, dass die persönliche Nähe zu den Wirtsleuten Brust auch eine Kehrseite hat. Wegen der „Neugierde meiner lieben Wirthin" macht er seine Einträge eine Zeit lang in Geheimschrift.[50] Und nach einer Woche Krankenpflege bei Familie Brust stellt er fest: Es „war mir doch das gezwungene Wesen höchst lästig, das ich meinen Pflegeältern und Bruder Alex gegenüber zu beobachten schuldig war."[51] Der Verzicht auf den Mittagstisch bei der Familie, der dann noch einmal ausdrücklich vermerkt wird, ist ein Indiz dafür, dass Kopräsenz und persönliche Nähe als problematisch empfunden werden. Das Ende der traditionellen Tisch-

---

47 Ebd., 18.1.1849, S. 325.
48 Ebd., 4.2.1849, S. 326; 18.2.1849, S. 327; 27.5.1849, S. 343; 26.7.1849, S. 354.
49 Beneke, Tagebücher, 17.10.1796, I/2, S. 128; ebd., 25.11.1796, S. 147 f.; 28.5.1797, S. 238; 11.6.1797, S. 244 f.; Dank an Frank Hatje für den Hinweis!
50 John, 25.2.1849, S. 329.
51 Ebd., 4.2.1849, S. 326; zum Folgenden: 31.7.1849, S. 354.

gemeinschaft mit Gesellen und Lehrlingen, das zeitgleich von Wilhelm Heinrich Riehl als Indikator für den Verfall patriarchalischer Sitten und des ‚ganzen Hauses' beklagt wird[52], erfährt Püschmann nicht als Verlust. Die Situation wiederholt sich sechs Jahre später, als der Seminarist Püschmann im Hause des Lehrerausbilders Kohl im sächsischen Thalheim wohnt. Püschmann schätzt den Kirchenschullehrer als Pädagogen. Aber vor den freien Ostertagen teilt der Hausvater ihm mit, „daß es ihnen [Kohl und seiner Frau, J.E.] lieber sein würde, wenn ich bei meiner Rückkehr Brod und Butter für mich kaufen und den Mittagstisch im Gasthofe nehmen würde, welcher Vorschlag mir selbst sehr willkommen war, da ich im Hause und am Tische des Hrn. Kohl mich immer etwas genirt fühlte."[53] Diese Erfahrung Püschmanns entspricht den Ergebnissen der englischen Forschung zur Sozialgeschichte nachbarlicher Beziehungen, laut der sich die Vorstellung von guter Nachbarschaft in der Moderne langfristig von einem Verhältnis gegenseitiger Unterstützung zur Einhaltung von Distanzregeln veränderte.[54] Püschmann schätzt das Verhältnis zu seinen Vermietern und verbringt punktuell gern Zeit mit ihnen. In Zürich ist die Beziehung zum Ehepaar Brunner so gut, dass die Wirtsleute den Gesellen aus Sachsen und seinen Kollegen Lamm in den Garten des Hausherrn, des Zürcher Bürgermeisters Alfred Escher, in der Enge einladen. Fünf Monate nach dem Abschied aus Zürich wandert Püschmann auf dem Weg von Lausanne nach Stuttgart noch einmal durch die Stadt an der Limmat und versäumt nicht, seinen früheren Wirtsleuten Brunner einen Besuch abzustatten.[55] In Stuttgart ergibt sich eine nähere Beziehung zwar nicht zum Vermieterpaar, obwohl „die Leute (...) freundlich und zuvorkommend" sind, dafür aber zur Witwe Pfeifer, die Püschmann und Lamm mittags bekocht.[56] Mit der alten Frau Pfeifer und jungen Frauen aus ihrer Bekanntschaft verbringen die beiden Gesellen Weihnachten, Sylvester, Fasnacht und einige Sonntage. Insgesamt sind gute Kontakte mit Logiswirten für Püschmann durchaus erfreulich, verpflichtende Präsenz, regelmäßige Kommensalität und Familienanschluss aber ambivalent und problematisch. Trotz des häufig verwandten Begriffs ‚Zuhause' bleibt das auf Kurzzeitig- und Zweckmäßigkeit angelegte Verhältnis zu den Wirtsleuten in den meisten Fällen distanziert.

Püschmanns wechselnde Wohnverhältnisse geben allerdings keinen Hinweis darauf, dass ihm Privatheit – verstanden als eine sozial abgegrenzte Sphäre zur eigenen, individuellen Nutzung – wichtig gewesen wäre. In einem weiteren As-

---

52 Riehl 1862 (zuerst 1855), S. 153.
53 John, o. genaues Dat., April 1855, S. 698; s. auch 2.5.1855, S. 706.
54 Wrightson 2007; Cockayne 2012.
55 John, 12.9.1852, S. 556; 19.-20.9.1853, S. 608.
56 Ebd., 30.12.1853-Ende Febr. (o. genaues Dat.) 1854, S. 617–19; 2.7.1854, S. 627 (Zitat).

pekt trifft eher das Gegenteil zu, denn oft teilt er sich sein Zimmer umstandslos mit einem ‚Logiskollegen'. In Rostock ist er zwar erleichtert, bei einer Witwe „hoffentlich auf längere Zeit ein freundliches Stübchen beziehen und bewohnen zu können". Die Ankunft eines weiteren Schriftsetzers namens Miers aus Prenzlau, wenige Tage später, der „mit mir zusammenlogiren wird", stört ihn aber nicht. Mit seinem „Stubencollegen" Miers geht Püschmann auch in der knappen freien Zeit spazieren, schaut sich in der Stadt nach Mädchen um und besucht einen Tanzsaal.[57] Sie bleiben nach Ende der gemeinsamen Zeit in Rostock miteinander in Kontakt. Zwar verbringt Püschmann durchaus gern Zeit für sich auf seiner Stube, um zu lesen oder schreiben, das Bewohnen eines Zimmers zu zweit ist aber durchaus der Normallfall. Als Problem wird diese Wohnsituation nie erwähnt. So sucht der Geselle auch einige Male gemeinsam mit einem ‚Kollegen' ein Zimmer. In Rostock teilt Püschmann das Zimmer mit Miers. Bei Familie Brust in Hamburg hat er zwar ein Zimmer allein, freut sich aber über die Einquartierung zweier preußischer – eigentlich polnischer – Soldaten, mit denen er „viel Spas gehabt".[58] In Dresden teilt er das Logis mit Dotzauer, in Sulzbach mit seinem sächsischen Landsmann Lamm, in Basel zuerst mit Ott, dann wieder mit Lamm, in Zürich ebenfalls mit Lamm, in Lausanne mit dem norwegischen Drucker Nielsen, in Stuttgart schließlich erneut „mit meinem alten Stubengenossen" Lamm.[59] Bemerkenswert im Hinblick auf Kopräsenz versus Privatheit ist der Umstand, dass Püschmann und der ihm erst kurzzeitig bekannte Ott in Basel zwei Zimmer zur Verfügung haben, jedoch statt einer individuellen Zuordnung ihre häusliche Sphäre in ein „Wohnstübchen" und eine gemeinsame „Schlafkammer" aufteilen.[60] Offensichtlich war es üblich und normal, zu zweit in einem Zimmer zu schlafen. Eine *Passion for Privacy*[61] ist insofern nicht feststellbar, ein privat-persönlicher Rückzugsraum für den Akteur Püschmann nicht erstrebenswert.

Ein Grundtenor dieses Gesellen-Tagebuchs ist die Wertschätzung von sozialer Interaktion auf horizontaler Ebene. Püschmann verbringt enorm viel Zeit mit ‚Kameraden', ‚Collegen' und ‚Logiscollegen'. Das Zusammenleben zweier männlicher Junggesellen auf engstem Raum, das man – wiederum im Kontrast zur Kernfamilie – cum grano salis als häusliches Modell *Ernie & Bert* bezeichnen kann, war in der mobilen Gesellschaft kein Sonderfall, hatte hier aber vorübergehenden Charakter. Es stand zudem mehr als dasjenige lediger Frauen unter dem

---

57 Ebd., 11.10.1848, S. 311; 17.10.1848, S. 312; 21.4.1849, S. 334.
58 Ebd., 31.8.1849, S. 360.
59 Ebd., 7.10.1853, S. 615.
60 Ebd., 23.3.1851, S. 491.
61 Heyl 2004, Titel.

Verdacht der Homosexualität.[62] Während die Charaktere der beiden Figuren aus der *Sesamstraße* bekanntlich sehr unterschiedlich beschaffen sind, lässt sich über die Wesenszüge der Mitbewohner Püschmanns meistens nicht viel sagen. Indes stellt sich die Frage, ob man über Kamerad- und Kollegenschaft hinaus wie bei Ernie und Bert von Freundschaft sprechen kann. Dieser Aspekt betrifft in erster Linie Püschmanns Landsmann Lamm, mit dem er über Monate hinweg auf der Walz unterwegs ist und in Sulzbach, Basel, Zürich und Stuttgart das Logis teilt. Püschmann und Lamm überlassen sich gegenseitig begehrte freie Stellen, kündigen zusammen oder informieren sich per Brief, wenn in ihrer Druckerei ein Geselle gesucht wird. Kommt dann der Andere in die Stadt nachgezogen, wird bei nächster Gelegenheit ein gemeinsames Zimmer gemietet.[63]

Püschmann lernt den Druckergesellen „Herrn Lamm" zuerst im Juli 1848 auf Arbeitssuche und zwei Jahre später dann als 20jähriger während seiner Anstellung beim Teubner Verlag in Dresden kennen.[64] Das Register der Edition belegt, dass Lamm der am häufigsten notierte Name in dem über acht Jahre geführten Tagebuch ist. Kein einziges Mal erwähnt Püschmann dabei dessen Vornamen. Aber dies sagt über die Nähe der Beziehung wohl nicht viel aus. Auch der über das Wesen der Freundschaft sinnierende Ferdinand Beneke notiert die Namen engster Freunde gewöhnlich kurz und knapp als ‚Rambach' oder ‚Schlingemann'. Püschmann nennt Lamm abwechselnd ‚Logiscollege', seinen ‚Stubengenossen', einen ‚treuen Gefährten' sowie zunehmend einen ‚Freund': „der gute Freund", „mein lieber Freund und College" oder auch „die Verlobte meines Freundes Lamm".[65] Die Beziehung ist freiwillig, wechselseitig und geht über korporative Kameradschaft hinaus. Püschmann und Lamm vertrauen einander, was vor allem beim Informationsaustausch in puncto Arbeitsstellen deutlich wird oder beim Besuch am Krankenbett, als Lamm mit Krätze im Spital liegt.[66] Sie teilen Bildungsinteressen, etwa ein Faible für das Theater, das sie regelmäßig zu zweit aufsuchen, für Gelegenheitsgedichte und Naturerlebnisse. Hier und da lassen die Einträge auf romantische Innigkeit schließen. Püschmann berichtet über das Ende eines sonntäglichen Ausflugs aus Basel nach Binningen: „Auf St. Margarethen" – zufällig die Kirche, an der Abraham Bruckner zwanzig Jahre zuvor Pfarrer war – „weilte ich mit Lamm bis nach Sonnenuntergang."[67] Die freund-

---

62 B. Kuhn 2000, S. 303–07.

63 John, 3.11.1850, S. 467; 10.5.1851, S. 495 f.; 15.5.1852, S. 535; 10.9.1853, S. 590; 7.10.1853, S. 615.

64 Ebd., 17.7.1848, S. 228; 1.2.1850, S. 387 (Zitat).

65 Ebd., 28.11.1850, S. 474; 13.6.1854, S. 626; 27.4.1855, S. 701; 29.4.1855, S. 704.

66 Ebd., 14. und 21.3.1852, S. 529; vgl. zur Geschichte der Freundschaft allgemein Kühner 2016; zum 19. Jahrhundert van Dülmen 2001.

67 John, 6.7.1851, S. 504.

schaftliche Beziehung der beiden Drucker hat auch einen emotionalen Aspekt. Als Püschmann in Basel Kondition erhält, Lamm jedoch nicht, dafür dann eine Woche später in Zürich, notiert der zuerst Genannte, „daß mir ein Stein vom Herzen sei".[68] Nach frustrierend einsamen Weihnachtstagen in Basel denkt Püschmann sehnsüchtig an „Freund Lamm in Zürich". Und Jahre später, nach Lamms Entschluss, Stuttgart in Richtung Heimat Sachsen zu verlassen, „geleitete ich den mehrjährigen Gefährten meiner Erlebnisse zur Eisenbahn. Er war beim Abschiede sehr gerührt."[69] Insgesamt verbindet Lamm und Püschmann deutlich mehr als eine zweckdienliche Wohngemeinschaft oder Wirtshauskameraderie. Die Geistes- und Seelenverwandtschaft der beiden Handwerksgesellen entspricht dem zeitgenössischen Duktus der Freundschaft, der sich damit nicht als Domäne allein des Bildungsbürgertums erweist.[70] Hinweise, die in Richtung Homosexualität deuten, gibt es in Püschmanns Aufzeichnungen keine.

Schlechte Heiratschancen: Schankmädchen und das Fräulein

Püschmanns Journal erwähnt zahlreiche Begegnungen und Bekanntschaften mit ledigen Frauen. Aber sowohl der Schriftsetzerlehrling als auch der Geselle bleiben in dieser Hinsicht dezent. Der Diarist gewährt seinen impliziten Lesern nur selten Einblick in emotionale Befindlichkeiten. Von Liebe ist explizit nie die Rede, ebenso wenig von Heiratsabsichten. Dies gilt mit einer wichtigen Ausnahme. Bei der Lebensentscheidung des 25jährigen zum Berufswechsel nach mehrmonatiger Arbeitslosigkeit wird als Hauptgrund die „Resignation" angeführt, „unverheirathet zu bleiben".[71] Friedrich Anton Püschmann kommt Mitte der 1850er Jahre in ein heiratsfähiges Alter, aber an eine Eheschließung ist nicht zu denken. Handwerksgesellen durften in der Regel nicht heiraten und angesichts der krisenhaften Entwicklung des Druckereigewerbes war der Meisterstatus keine Option. Zudem galten für einkommenslose Unterschichten bis in die 1860er Jahre diskriminierende Heiratsbeschränkungen. Im Widerspruch zur Verkündung des Prinzips der Freiheit der Eheschließung in der Reformära nach 1800 war die Zeit des Pauperismus in den drei Jahrzehnten nach 1830 eine Hochzeit staatlicher Eheverbote.[72] Dies verdeutlicht das Beispiel des zwei Jahre älteren Bruders. Ernst Püschmann

---

68 Ebd., 4.12.1850, S. 477; zum Folgenden 31.12.1850, S. 481.
69 Ebd., 13.6.1854, S. 626.
70 Vgl. zur Freundschaft um 1800 zuletzt und mit umfassenden Literaturangaben Wydler 2019, S. 23 ff.
71 John, 16.1.1855, S. 684.
72 Ehmer 2006; vgl. allgemein Matz 1980; zu ‚wilden Ehen' Gröwer 1999.

arbeitete als Schreiber bei einem Advokaten. Vergeblich auf die Heiratserlaubnis seines Dienstherrn wartend, hatte er mit seiner Braut Pauline eine Tochter gezeugt, die im September 1847 auf die Welt kam und nach seinem jüngeren Bruder Antonie genannt wurde. Den Makel der unehelichen Geburt beichtet er Anton in einem Brief erst vier Monate später, im Januar 1848, verbunden mit der Hoffnung, bald „an das Ziel unserer Wünsche, unserer Verehelichung, [zu] gelangen (…), dem nothwendig wohl erst meine feste Anstellung bei irgend einer Behörde vorausgehen müßte."[73] Der gesetzlich definierte Konnex zwischen Eheschließung und der Fähigkeit, eine Familie zu ernähren, war Anton Püschmann also mit Sicherheit bewusst. Seine Heirat einer Auguste Kuniß aus Stollberg wird dann auch erst 1860 erfolgen, nach dem Eintritt als besoldeter Lehrer ins Schulamt.[74] Über diese Zeit liegen keine Tagebucheinträge mehr vor. Die ‚unehrliche' Geburt des Bruders Ernst scheint in der Familie Püschmann zu keinem Zerwürfnis geführt zu haben. Das Verhältnis unter den Brüdern blieb eng und von Vertrauen geprägt.

Püschmanns Notizen über Kontakte mit ledigen Frauen wiederholen sich. Zuneigung und Avancen von Frauen werden nicht ohne Stolz wie kleine Erfolge vermerkt. Dabei betont Püschmann seine Ehre und Sittlichkeit. Denn die Initiative scheint – aus seiner Perspektive – meistens von ihr auszugehen und es gibt höchstens vage Hinweise auf Intimitäten.[75] An eine Heirat kann er mit Anfang zwanzig auf der Walz eben noch nicht denken. Dafür belegt das Journal definitiv eine Neigung zum Flirten sowie Attraktivität auf den ersten Blick. So sind schon dem 18jährigen Lehrling die abendlichen Gespräche und Tanzvergnügungen mit der Kammermagd des Grimmaer Hofrats, dem „Kammerkätzchen" Therese, mehrere Einträge wert.[76] In Altdorf am Vierwaldstätter See konstatiert der Geselle: „ich habe lange keine so vollendet schöne Frauengestalt gesehen, als die Kellnerin des Hauses".[77] Als er sich Ende 1854 im sächsischen Waldenburg noch einmal – vergeblich – bei einer Verlegerin nach einer freien Stelle erkundigt, schließt er mit der Bemerkung: „ihrer hübschen Tochter Marie hätte ich gern noch länger in die klaren blauen Augen geschaut."[78]

---

73 Püschmann fand den Brief so wichtig, dass er ihn abschrieb: John, 15.1.1848, S. 21–24 (Zitat: 22f.).

74 Dazu der Lebensbericht der Tochter: Görnandt 2015, S. 850.

75 Auffällig unklar die Formulierung: John, 8.6.1851, S. 500: „Abends war ich dann zu Hause. ‚Nettes Dirndel, nettes Dirndel pp.'", als Anspielung auf eine nicht näher genannte Frau; gleichlautende Erwähnung: 2.5.1852, S. 535; s. auch das Treffen mit einer Köchin „längere Zeit" abends auf „meinem Stübchen": 8.10.1853, S. 615.

76 Ebd., 2.-3.4.1848, S. 101f.; 2.5.1848, S. 136; 12.6.1848, S. 184f.

77 Ebd., 17.9.1853, S. 605.

78 Ebd., 8.11.1854, S. 673.

Welche Frau kommt als Ehepartnerin in Frage? Die Frauen, mit denen Pü-schmann tanzt und flirtet, stammen aus unterbürgerlichen Milieus: Dienstmägde, Wirtshaustöchter und ‚Schankmädchen‘, eine Klempnertochter, eine ‚Handar-beiterin‘. Spätestens nach einigen Begegnungen endet die Beziehung wieder, ohne dass Püschmann dies bedauert. Anders liegt der Fall, als er am 14. Januar 1855 im Anschluss an ein Konzert in Wildenfels „das liebenswürdige Fräulein Emilie Jacobi aus Hartenstein" kennenlernt.[79] Zwar werden auch hier Liebe oder ein Heiratswunsch nie ausdrücklich zu einem Thema. Aber auch Püschmanns Tagebuch enthält mehr Informationen als sein Autor will und weiß. Auffällig sind bereits die Attribuierung und die Unterstreichung ihres Namens beim ersten Notat. Und die erwähnte Desillusionierung, als wandernder Geselle bzw. Arbeiter jemals heiraten zu können, wird nur zwei Tage danach, am 16. Januar 1855, for-muliert, just an einem Tag, als Frau Jacobi mit ihren Töchtern Emilie und Bertha den Püschmanns in Mitteldorf einen Besuch abgestattet hat.[80] Die Interaktion mit Emilie und der Familie Jacobi unterscheidet sich von derjenigen mit allen anderen Frauen, die Püschmann in seinem Journal erwähnt. Es kommt zu Besuchen und Gegenbesuchen. Mitteldorf und die Kleinstadt Hartenstein liegen etwa acht Ki-lometer Wegstrecke voneinander entfernt. Püschmann versucht aktiv, den Kon-takt zu intensivieren und aufrecht zu erhalten. Nicht zuletzt sind die Eltern bei-derseits durch Hausbesuche an dem Austausch beteiligt. Bemerkenswert ist in dieser Hinsicht bereits der Auftritt von Emilies Mutter im Hause Püschmann zwei Tage nach dem ersten Kennenlernen, vier Wochen später gefolgt vom Vater. Zu-dem ist im Vergleich zu den Erlebnissen mit ‚Schankmädchen‘ der Diskurs des Diaristen ganz anders: „Abends beehrte uns Frau Jacobi nebst ihren lieben Töchtern Emilie und Bertha mit ihrem Besuche."[81] Die Kontakte werden häufiger und familiärer. Die Jacobi-Töchter werden an Fasnacht zu einem Fest mit Mas-kerade bei Püschmanns Bruder Ernst und auch zur Taufe von Püschmanns Pa-tenkind, dem jüngsten Sohn von Ernst und Pauline, namens Anton eingeladen. Bei den Einladungen ist man mal „heiterer Stimmung", mal aber „ziemlich nüchtern", wie Püschmann dann enttäuscht notiert.[82] Bei unangekündigten Be-suchen im Hause Jacobi trifft er, begleitet von einem seiner Brüder, entweder nicht die Töchter an oder aber eine „große Visite", „mit mehrern Fräuleins", unter anderen „eine Lehrerin und Pfarrerstochter".[83] Aber die Sache verläuft dann

---

79 Ebd., 14.1.1855, S. 684, Unterstreichung im Original.
80 Ebd., 16.1.1855, S. 684 f.
81 Ebd., S. 684; zu Einladungen und Besuchen der Jacobis: 16.1.-20.2.1855, S. 684–88; 18.2.1855, S. 688.
82 Ebd., 2.2.1855, S. 687; zur Taufe beim Bruder Ernst in Hartenstein: 27.5.1855, S. 709.
83 Ebd., 6.8.1855, S. 727.

schließlich im Sande. Schon im März 1855, als der 25jährige Anton zur Lehrerausbildung nach Thalheim zieht, verabschiedet er sich „nicht persönlich" von der 22jährigen Emilie, sondern überreicht seinem Bruder Ernst „ein Briefchen an sie."[84] Auch aus dem Grimmaer Lehrerseminar schreibt er noch Briefe an Emilie. Das Ende des Kontakts kommt abrupt im Januar 1856. Püschmann notiert kurz und knapp: „Verlobung der Emilie J."[85] Danach wird Emilie Jacobi nie mehr erwähnt, stattdessen wieder eine Reihe flüchtiger Begegnungen mit anderen Frauen.

Über die Gefühlslage Püschmanns kann nur spekuliert werden. Der Diarist vertraut sie seinem Journal und möglichen Lesern nicht an. Belegbar ist aber, dass der vor einem Berufswechsel stehende Geselle bei Emilie Jacobi einen Aufwand wie sonst bei keiner anderen Frau betreibt. Laut dem Register der Edition wird auch keine Frau häufiger erwähnt als sie. Wenn man den Tagebuchschreiber beim Wort nimmt, kommen erneut der Habitus und das Milieu ins Spiel. Die Magie der ersten Begegnung entfaltet sich bei einem Konzert – Haydns *Schöpfung* auf dem Dorf, intoniert durch „die vereinigten Gesang- und Musikkräfte von Hartenstein und Wildenfels" – und dem anschließenden Ball. Der weit gereiste Konzertbesucher Püschmann findet das Orchester zwar unbedeutend, vermerkt aber den Beifall des Grafen von Wildenfels im Publikum.[86] Emilies erster Auftritt erfolgt nicht als verschwitztes ‚Schankmädchen', sondern als sittsames ‚Fräulein' bei einer bürgerlich-adligen Inszenierung. Ihr Vater besitzt einen Laden in Hartenstein, in dem Püschmann – um Emilie zu sehen – Leinwandtuch und Schokolade kauft. Sie ist die Tochter des Friedrich August Jacobi, eines laut Kirchenbuch „begüth[erten, J.E.] Bürgers, Webers und Handelsmanns".[87] Den Beruf des Vaters wird man wohl eher als Krämer denn als Kaufmann bezeichnen, aber er gehört zu den lokalen Honoratioren, die Konzerte und das Festessen des Landwirtschaftlichen Vereins besuchen. Eine abendliche Einladung zu Jacobis figuriert so in Püschmanns Journal auch als „Soirée".[88] Unabhängig von Emotionen stellt sich für den Gesellen und Schullehrersohn eine Verbindung mit diesem ‚liebenswürdigen Fräulein', Tochter des Ladenbesitzers aus dem Nachbarort, als erstrebenswert dar. Emilie Jacobi wäre eine gute Partie und scheint sozial in Reichweite.

---

84 Ebd., 7.3.1855, S. 696; laut Kirchenbücher Hartenstein, Jg. 1832, Nr. 35, S. 427 f., wurde Wilhelmine Emilie Jacobi am 30.6.1832 geboren. Dank an Erhard Franke, Kantor i.R. in Hartenstein, für die Recherchen in den Kirchenbüchern der Pfarrgemeinde Hartenstein in Sachsen!

85 John, 5.1.1856, S. 757 (Unterstreichung im Original).

86 Ebd., 14.1.1855, S. 683 f.; Hartenstein hatte ca. 2.200 Einwohner (hov.isgv.de/Hartenstein) (30.10.2021).

87 Kirchenbuch Hartenstein, Abt. Trauungen, Jg. 1856, Nr. 20, S. 507 f.

88 John, 2.2.1855, S. 687; 6.8.1855, S. 726; 2.2.1855, S. 687 (Zitat).

Einige Monate nach dem letzten Kontakt heiratet sie einen Kaufmann aus Schneeberg.[89] Sie entscheidet sich damit für einen Mann aus ihrem engeren sozialen Milieu.

Familie als Emotions- und Unterstützungsgemeinschaft

Das Zuhause Friedrich Anton Püschmanns besteht nicht zuletzt aus seiner Familie und Verwandtschaft im sächsischen Erzgebirge. Das Protokoll der Aufenthalte und der Briefverkehr zeigen, dass der Geselle ein ausgeprägtes Familienbewusstsein besitzt. Die familiären Bindungen lassen sich sowohl als emotionales Verhältnis als auch im Hinblick auf konkrete Unterstützungsleistungen beschreiben. Der emotionale Aspekt betrifft vor allem die Beziehungen zu den Eltern und den beiden Brüdern. Zu Neujahr 1848 schickt der Lehrling seinen „geliebten Aeltern" aus Grimma ein ihnen gewidmetes, eigens geschriebenes langes Gedicht. Dessen Abschrift stellt er auch seinem Tagebuch voran.[90] Nach einem Besuch in Mitteldorf nimmt er im Juli 1850 – interessant formuliert – „von der lieben Mutter und dem väterlichen Hause Abschied".[91] Während seiner Tour bleibt er mit den Eltern und Bruder Ernst in Briefkontakt. Bleibt ein Brief des Gesellen über mehrere Monate aus, wie während der Zeit in Hamburg, sind in der Herkunftsfamilie „Alle in bängster Besorgniß um mich".[92] Der Brief des älteren Bruders, in dem dieser den „Fehltritt" der unehelichen Geburt gesteht, entspricht dem emphatisch-emotionalen Briefstil der Zeit. Zentral geht es in dem Brief um Verzeihen und die Versicherung gegenseitiger „Liebe", unterschrieben mit: „Dein Dich liebender Bruder Ernst".[93] Zu Ernst und dessen Frau Pauline besteht ein kontinuierlicher enger Kontakt. Die Beziehung zum zehn Jahre jüngeren zweiten Bruder ist weniger intensiv, aber Anton begleitet den 15jährigen Wilhelm auf seinem Weg in die Schule ins etwa fünf Wegstunden entfernte Waldenburg.[94] Die ritualisierte Praxis von Geleit und Wegbegleitung ist in einer Gesellschaft, die zu Fuß geht, ein Indikator für soziale Nähe. Beim Aufbruch zur Wanderschaft im Juli 1848 geben

---

89 Kirchenbuch Hartenstein, Abt. Trauungen, Jg. 1856, Nr. 20, S. 507 f. Traugott Heinrich Baumann, der im Nachbarort Schneeberg ansässige Bräutigam Emilies, wird in Püschmanns Tagebuch nicht erwähnt. Emilies Schwester Bertha heiratet 1859 einen Architekten und „Rathsmaurermeister": ebd., Jg. 1859, Nr. 14, S. 543 f.

90 John, 1.1.1848, S. 7.

91 Ebd., 2.7.1850, S. 419.

92 Ebd., 29.7.1849, S. 354; ähnlich: 5.12.1849, S. 374.

93 Ebd., 15.1.1848, S. 21–24 (Zitate: 23 f.).

94 Ebd., 8.11.1854, S. 673.

der Vater und der kleine Wilhelm dem Sohn und Bruder „das Geleite" bis in den übernächsten Ort. Ernst und Pauline Püschmann begleiten den Bruder nach dessen Besuch bei ihnen bis in den Nachbarort Beutha. Die Arbeitskollegen geleiten den Gesellen bei dessen Abschied zum Stadttor hinaus. Püschmann geleitet Lamm zum Bahnhof und schließlich „begleitete" er auch Familie Jacobi nach einem Familienfest nachts „nach Hause".[95] Im Hinblick auf die von der Forschung betonte Wichtigkeit emotionaler Geschwisterbeziehungen nach 1800 ist noch bemerkenswert, dass der Diarist mehrmals seiner beiden im Kindesalter (ein bzw. fünf Jahre alt) verstorbenen Schwestern Agnes und Wilhelmine gedenkt. Er vermisst zuhause „ein liebes Schwesterchen", das ihn erwartet, und findet Ersatz in seiner sechsjährigen Nichte.[96] Obwohl Friedrich Anton Püschmanns Schreibstil wie erwähnt nüchterner ist als derjenige anderer Tagebuchschreiber der Zeit, lassen sich in dem klein- bzw. unterbürgerlichen Milieu intensive emotionale Beziehungen in der Kernfamilie feststellen. Auch zur weiteren Verwandtschaft in der Region bestehen häufige Besuchskontakte.

Die Wichtigkeit der Herkunftsfamilie erschließt sich nicht nur mit Blick auf emotionale Bindungen, sondern auch in puncto finanzielle Unterstützung, und zwar deutlicher als bei allen bisher betrachteten Beispielen. Püschmann berichtet über finanzielle Transfers nicht nur en passant in seinem Tagebuch, sondern nach Ende der Lehrlingszeit auch akribisch mittels Tabellen über die laufenden Einnahmen und Ausgaben. Dabei geht es um verschiedene Arten der Hilfestellung und nicht geringe Geldzahlungen. Als Lehrling im Grimma erhält er von seinen Eltern Pakete mit neuer Kleidung, Würstchen und Stollberger Wochenblättern sowie mehrmals Geldbriefe. Zum Ende der Lehrzeit und Auftakt der Gesellentour schicken die Eltern eine Starthilfe von 20 Talern, immerhin die Summe von zwei Monatsgehältern des Vaters.[97] An der Starthilfe beteiligen sich überdies auch weitere Verwandte mit kleineren Summen: Onkel und Tante, die Großmutter, der Patenonkel und zwei Vettern.[98] Der von der Mutter auf die Walz mitgegebene Schinken reicht fünf Tage. Während der Tour schickt Püschmann Pakete mit gebrauchter Wäsche nach Hause, die dann frisch gewaschen wieder an einen verabredeten Ort retourniert wird.[99] Wäschewaschen war durchaus ein Kostenfaktor. Dass die Püschmanns indes nicht in Geld schwimmen, kann man anhand der

---

95 Ebd., 13.7.1848, S. 223 (Zitat); 18.6.1848, S. 202; 18.1.1849, S. 324; 27.5.1855, S. 709 (Zitat).
96 Ebd., 26.10.1854, S. 672; s. auch 26.1.1848, S. 30; 17.4.1848, S. 123; vgl. zu Geschwisterbeziehungen die Beiträge in Johnson / Sabean 2011.
97 John, 5.1.1848, S. 16; 3.4.1848, S. 101; 5.5.1848, S. 137; 19.5.1848, S. 156.
98 Ebd., Tabellarische Liste der Einnahmen, Juni / Juli 1848, S. 821; zum Folgenden 18.7.1848, S. 230.
99 Ebd., 29.7.1848, S. 246.

Weihnachtspakete ermessen. Am 24. Dezember 1850 notiert Friedrich Anton in Basel: „Meine Aeltern haben mir als Weihnachtsgeschenk ein neues Hemde und vom Schweineschlachten eine sächsische Wurst mitgeschickt, die in der Kiste noch ein Plätzchen fand."[100]

Zweifellos bot die Gesellentour auch die Möglichkeit, sich von Bindungen an die Eltern zu lösen. Besonders zu seinem Vater, der immer wieder an beruflichen Entscheidungen beteiligt ist, scheint Püschmann eine enge Beziehung zu haben.[101] Mit dem Vater geht er auf Besuche, in Gottesdienste und Konzerte. Er assistiert ihm auch als Hilfslehrer. Die ‚liebe Mutter' besucht zwar ebenfalls Verwandte, tritt in den genannten Aspekten aber deutlich weniger in Erscheinung. Über die Beziehung der Eltern gibt Püschmann keinerlei Auskunft. Konflikte, die „wieder ein Mal den ehelichen Frieden gestört" haben, erwähnt er aber am Ende des Tagebuchs im Hinblick auf die Ehe von Bruder Ernst und Pauline.[102] Im Verlauf der fünfeinhalb Jahre auf der Gesellentour ohne Zwischenstopp in Mitteldorf werden die Familienangehörigen immer seltener erwähnt. Die Rückkehr nach Hause im Oktober 1854 lässt indes keinen wie auch immer beschaffenen Beziehungsbruch oder familiäre Probleme erkennen. Die Püschmanns funktionieren trotz vieler Herausforderungen wie einer unehelichen Geburt oder dem Tod von Antons nur einige Monate altem Patenkind, dem jüngsten Kind von Ernst und Pauline, mit Beerdigung „früh in der Stille"[103], sowie während der beruflichen Krise Antons als Emotions- und Unterstützungsgemeinschaft.

Offene Häuslichkeit in der Kleinstadt

Das in der Dorf- und Kleinstadtwelt Sachsens situierte Fallbeispiel ermöglicht neue Einsichten im Hinblick auf die Frage nach der Familie als abgeschlossene Privatsphäre. Wie gesehen, unterstützen die bisherigen Exempel aus dem Patriziat Berns, dem hamburgischen Bürgertum und aus einem Pfarrhaus auf der Basler Landschaft mitnichten die herkömmliche Sicht auf das bürgerliche Zeitalter als klassische Ära der Privatheit. Aber jene Familien bewegten sich offenkundig in Milieus der sozialen Elite. Dies kann für den sozialen Kontext der Familie des

---

100 Ebd., 24.12.1850, S. 479 (Unterstreichung im Original); vgl. zur Identitätskonstruktion durch Rekurs auf heimische Lebensmittel die Briefe der Liselotte von der Pfalz vom französischen Hof: Böth 2018, S. 259 – 63.
101 Laut dem Lebensbericht der Tochter war Anton „der Liebling des Vaters" und genoss dessen besonderes Vertrauen: Görnandt 2015, S. 843.
102 John, 30.7.1856, S. 785.
103 Ebd., 2.8.1755, S. 726.

Dorfschullehrers nicht behauptet werden. Die Auswertung der Aufzeichnungen Püschmanns über seine Herkunftsfamilie, Nachbarschaft und Verwandtschaft im Raum Stollberg zeigt nun, dass man es auch hier mit einer intensiven, ausdauernden und facettenreichen Besuchspraxis zu tun hat. Das anhand der Kontakte rekonstruierbare Netzwerk der Püschmanns umfasst zum einen die ausgezogenen Mitglieder der Kernfamilie wie Bruder Ernst und seine Frau Pauline mit Kindern sowie die in jungen Jahren auswärts in die Lehre bzw. Schule gehenden Anton und Wilhelm, zum anderen zahlreiche weitere Verwandte wie Onkels, Tanten, Vetter, Verschwägerte, die verstreut im Raum zwischen Zwickau und Chemnitz wohnen, in Orten wie Niederdorf, Gablenz oder Dorfchemnitz. Drittens werden von Püschmann Personen aus der Nachbarschaft erwähnt, entweder direkte und als solche bezeichnete Nachbarn oder weitere Akteurinnen aus dem knapp 700 Einwohner zählenden Mitteldorf. Nachbarschaft spielt in Püschmanns Journal häufiger und expliziter eine Rolle als in den bisher skizzierten Quellen: Krankenbesuch beim Nachbarn, Verabschiedung beim Nachbarn vor der Gesellentour, gesellige Zusammenkünfte verschiedener Art bei namentlich angeführten Nachbarn.[104]

Die Besuchspraxis in Mitteldorf und Umgebung zeigt keinen wesentlichen Unterschied zu derjenigen des Bürgertums in größeren Städten. Es handelt sich damit um eine weitere Spielart offener Häuslichkeit. Spezifisch ist allerdings, dass im ländlichen Kontext für eine Visite oft mehrere Wegstunden zu Fuß zurückgelegt werden müssen, mitunter in der Dunkelheit und auf schlechten Straßen. Das erwähnte Ritual der Wegbegleitung ist auch vor diesem Hintergrund zu sehen. Wie bei Benekes in Hamburg sind alltäglich-informelle Besuche ohne Einladung von formelleren Treffen mit vorhergehender Einladung zu unterscheiden. Wie bei Bruckners in Basel ist der Sonntag ein häufiger Besuchstag, aber ein Vorbeischauen ist auch an jedem anderen Tag möglich. Nach dem Gottesdienst an Sonntagen sind Besuchsserien nicht unüblich: „Nun kehrte ich erst bei der Ruthern ein, ging dann mit dem Vater zum Herrn Diaconus, auf die Post und dann die Herrngasse hinauf, wo ich den Klempner Bochmann, den ehemaligen Wirth meines Bruders Ernst, besuchen wollte. Hier mußte ich zu Tische bleiben."[105] Spezifische Anlässe für Besuche sind auch Spiele und Maskeraden an Fasnacht, das Stollenbacken und das winterliche Schlachten. Püschmann notiert nach ei-

---

104 Ebd., 30.6.1848, S. 213; 3.7.1848, S. 215; 11.7.1848, S. 222; 6.12.1848, S. 375; 14.12.1848, S. 377; „Mitteldorfer Besuch": 24.11.1854, S. 675; pass.
105 Ebd., 2.7.1848, S. 214. Leider fehlt der Name Ruther wie auch einige andere Namen im Register der Edition, das jedoch insgesamt für die Auswertung des Netzwerks der Püschmanns sehr nützlich ist. Vermutlich handelt es sich bei der Ruther um eine Bäckerin in Stollberg, s.: 23.6.1848, S. 207.

nem Besuch bei seinem Vetter in Niederdorf zwischen Weihnachten und Neujahr: „Wir hatten es mit unserm Besuch heute gut getroffen, wir kamen gerade zum Schweineschlachten. Es wurde einwenig [sic] musicirt und gesungen. In der zehnten Stunde verabschiedeten wir uns."[106] Familiäre Festtage wie Hochzeiten und Geburtstage spielen keine nennenswerte Rolle, eher noch wie erwähnt Taufen. Treffen mit höherem Formalisierungsgrad bezeichnet Püschmann als „Kränzchen", „Soirée" oder „große Visite", wobei er den zweiten und den dritten Begriff wie auch den „Gegenbesuch" bezeichnenderweise für Besuche bei der Familie Jacobi verwendet.[107]

Es kann nicht genug hervorgehoben werden, dass es bei der ländlichen Besuchskultur nicht nur oder primär um üppige Hochzeiten, Begräbnisse und Schlachtfeste ging. Vielmehr stößt man bei der Lektüre der Tagebucheinträge zu Aufenthalten in Stollberg und Umgebung immer wieder auf häusliche Praktiken, die bürgerlich konnotiert sind. So gehen Vater und Sohn Püschmann im Sommer 1848 wiederholt zum direkten Mitteldorfer Nachbarn Kunze „in den Leseverein", wo „die Landtagsblätter vorgelesen" und diskutiert werden.[108] Püschmanns Journal zeigt, dass die Hausmusik keineswegs nur ein hochkulturelles städtisch-bürgerliches Phänomen war. Auch in den Kleinstädten und Dörfern ist es eine übliche Form der Soziabilität, nach dem Abendessen – möglichst zum Klavier – spontan miteinander zu singen: „Abends wurde eine Weile gesungen".[109] Schließlich gibt es in Stollberg auch einen Gesangsverein, bei dem Püschmanns Vater und manchmal auch er selbst mitwirkt.

Das Tagebuch des Friedrich Anton Püschmann erweist sich auf den zweiten Blick als ergiebige Quelle im Hinblick auf die Geschichte der Familie im engeren Sinne und der häuslichen Sphäre im weiteren Sinne. Als Lehrling und Geselle erfährt er verschiedene Formen des häuslichen Zusammenlebens, die man als Gegenmodelle zur bürgerlichen Kernfamilie verstehen kann. Dabei wirken die Beziehungen und Lebensformen auf der Gesellentour in mancher Hinsicht sehr modern: mobil und kurzzeitig, Wohn- und Arbeitsbereich strikt trennend, freizeit- und unterhaltungsorientiert, wechselnde Bekanntschaften und flüchtige Inter-

---

106 Ebd., 28.12.1854, S. 679; zum Stollenbacken mit der Schwägerin und Nichte: 21.12.1849, S. 378.

107 Ebd., in der Reihenfolge der Zitate: 18.2.1855, S. 688; 2.2.1855, S. 687; 6.8.1855, S. 727; 16.1. 1855, S. 684.

108 Ebd., 11.7.1848, S. 222; s. auch die Einträge: 29.6.-6.7.1848, S. 212–17. Der Beruf Kunzes wird nicht erwähnt.

109 Ebd., 27.6.1848, S. 211; s. auch: 19.6.1848, S. 203; 3.7.1848, S. 215f.; 28.12.1854, S. 679; zum Vergleich ein Beispiel aus Zürich: 23.1.1853, S. 571; aus Lausanne, wo sich die Druckergesellen abends treffen: 8.5.1853, S. 583; vgl. zur Hausmusik Claudon 2001; Eibach 2008.

aktionen. Das Verhältnis zu Vermietern, den ‚Wirtsleuten', ist in der Regel distanziert, Kommensalität und zu große Nähe werden als problematisch empfunden. Jedoch wird eine Sphäre der Privatheit für sich allein ‚in der Kammer' nicht angestrebt, stattdessen ist das Wohnen zu zweit ein übliches Modell. Als emotionaler und finanzieller Rückhalt dient die Herkunftsfamilie, aber auch das weitere Netzwerk aus Verwandtschaft und Nachbarschaft in einer dörflich-kleinstädtischen Welt. In diesem Kontext besteht die Stärke der Familie Püschmann nicht zuletzt in der Gewährleistung von Kontinuität trotz begrenzter finanzieller Ressourcen. Das heißt hier zum einen die Überwindung von Rückschlägen wie mehrmaliger Kindstod und uneheliche Geburt, zum anderen die Funktion eines Hafens für die Kinder, die zwar mit 14 Jahren das Haus zur Ausbildung verlassen müssen, aber auch noch als Erwachsene in Krisenzeiten zurückkehren können. Die Familie bleibt die Familie, auch wenn man sich über fünf Jahre nicht gesehen hat.

8 Ehekrise und sozialer Abstieg im Kleinbürgertum: Barbara und Johann Baumgartner

Krems und Wien (1870 – 1885)

Die zyklisch verlaufende Hochindustrialisierung und das schnelle Wachstum der Metropolen hatten Auswirkungen auch auf die häuslichen Beziehungen. Ab Mitte des 19. Jahrhunderts entwickelte sich in den deutschsprachigen Ländern eine neuartige ökonomische Dynamik, gepaart mit Migration, sozialer Mobilität und der „Verstädterung Europas".[1] Dabei waren Bevölkerungswachstum und periodische Wirtschaftskrisen an sich keine ganz neuen Phänomene. Aber anders als in der Frühen Neuzeit nahmen die Krisen ihren Ausgang nicht mehr von Missernten und es fehlten nun die alten zünftisch-korporativen Vorkehrungen, ohne dass bereits staatliche Systeme der sozialen Sicherheit vorhanden gewesen wären. Dadurch gewann die Familie als auf Dauer angelegte Unterstützungsgemeinschaft an Bedeutung. Zugleich zeigt nicht nur das Beispiel der Kleinstadtlandschaft am sächsischen Erzgebirge, dass neben den expandierenden Metropolen ländlich-lokale Lebensverhältnisse mit tradierten Formen sozialer Integration bis in die zweite Hälfte des 19. Jahrhunderts fortbestanden.

Das Tagebuch der Wetti, später auch Betti genannten Landkutschertochter Barbara Teuschl ermöglicht parallel Einblicke in die Lebenswelten der Kleinstadt Krems an der Donau und der ökonomisch kriselnden Hauptstadt Wien. Ihre im April 1870 im Alter von 18 Jahren in Krems begonnenen Aufzeichnungen reflektieren die Anbahnung einer Ehe, gefolgt von Stationen einer Ehekrise, die eng verknüpft sind mit dem geschäftlichen Niedergang nach dem ‚großen Krach' vom 9. Mai 1873 und einer mehrjährigen harten Wirtschaftsrezession.[2] Dazu wirft ihr Journal Schlaglichter auf Facetten der Ehre und die Funktionsweisen von sozialer Kontrolle über die Eheführung in einer Kleinstadt. Schließlich geht es im Folgenden nicht nur um die sich mehrmals zuspitzende Krise einer Ehe, sondern auch um deren Fortbestand und um die Konsolidierung als wirtschaftender Haushalt. Dabei ist die Ehe Barbara und Johann Baumgartners lange Zeit auf Unterstützung von außen angewiesen. Die Analyse profitiert von der vorbild-

---

1 F. Lenger 2013, S. 50; zur Urbanisierung in Österreich Sandgruber 1982, S. 34 f.; zu Wien Eigner 1991, S. 643 ff.
2 Vgl. zu den Auswirkungen der Wirtschaftskrise, die den Boom der ‚Gründerzeit' beendete, auf Wien ausführlich Chaloupek 1991, S. 360 ff.

https://doi.org/10.1515/9783110749496-008

lichen Edition des Tagebuchs und den flankierenden Recherchen Nikola Langreiters zur Person und zum familiären Umfeld Wetti Teuschls, verheiratete Barbara Baumgartner.[3]

Vom naiven Mädchen zur begehrten Heiratspartnerin

Nach dem frühkindlichen Tod zweier jüngerer Geschwister wächst die am 3. Dezember 1851 geborene Barbara als Einzelkind auf. In einem Brief an einen Verehrer bezeichnet sich die 19jährige als „daß einfache Bürgersmädchen aus Krems".[4] Das Milieu ihrer Herkunft wird man – im Vergleich mit dem tonangebenden Besitz- und Bildungsbürgertum – als kleinbürgerlich oder mittelständisch taxieren.[5] Dabei haben es die Eltern, beide aus der Landwirtschaft stammend, durchaus zu etwas gebracht. Nach beruflichen Anfängen als Postillion und Kurierreiter gründet Anton Teuschl in Krems einen Fuhrbetrieb. Mit seinen Pferdekutschen, die bis zu 16 Personen Platz bieten, offeriert der Kleinunternehmer eine Art Omnibus in Nachbarorte wie St. Pölten und Stockerau. Dazu transportiert er die Post und offeriert ‚Privatfuhren'. In offiziellen Dokumenten unterzeichnet Teuschl als „Bürger und Hauseigenthümer".[6] In Krems ist er ein bekannter Mann. Bei seiner Beerdigung am 29. Dezember 1878 stehen, wie seine Tochter stolz notiert, „zahlose Menschen Spalier".[7] Berufliche Aktivitäten der Mutter werden nicht erwähnt. In der späteren Erinnerung ist sie für Barbara die „seelengute Frau, die beste Stütze für ihren Gatten, die beste liebende Mutter für ihr Kind". Die Familie komplettiert „Unser liebes Hunderl".[8] Die Geschlechter- und Rollenverteilung in der Familie Teuschl entspricht in dieser Perspektive einer bürgerlichen Kernfamilie bzw. einer modernen Kleinfamilie. Das Dienstmädchen kommt in diesem Sinne nicht vor. Zwischen den Angehörigen der Familie bestehen enge, emotionale Bindungen.

---

3 Langreiter 2010; die Zitate und Angaben zum Tagebuch Wetti Teuschls, verh. Baumgartner, in diesem Kapitel beziehen sich auf die von Langreiter besorgte Edition; vgl. durchgängig deren ‚Nachbemerkungen': Langreiter 2010, S. 151 ff.

4 8.12.1870, S. 32.

5 Vgl. Kocka 1995, S. 10; vgl. zur Geschichte des Kleinbürgertums und der Kleinbetriebe Haupt / Crossick 1998.

6 Zeugnis, 14.1.1877, S. 89 (Zitat); Todesanzeige, S. 111; Gedenkblatt, S. 136 f.; vgl. Langreiter 2010, S. 19, FN 5.

7 28.12.1878 [Datum vermutlich falsch], S. 110.

8 Beide Zitate Gedenkblatt, S. 140; vgl. zur Geschichte von Familientieren: Möhring 2015; Steinbrecher 2020.

Wetti darf zwar manchmal die Wagen und Schlitten ihres Vaters kutschieren, besucht aber als 18jährige einen Kochkurs in der Klosterküche der Piaristen, die Ende des 18. Jahrhunderts das Kremser Gymnasium von den Jesuiten übernommen haben, um sich auf ihre Zukunft als Haus- und Ehefrau vorzubereiten.[9] Eine weitere Ausbildung wird nicht erwähnt. Stattdessen heiratet die Zwanzigjährige am 3. Juni 1872 Johann Baumgartner, Besitzer eines Gemischtwarenladens in der Wiener Josefstadt. Sie zieht zu Baumgartner nach Wien. In stenografischer Kürze sind folgende Lebensetappen zu notieren.[10] Am 7. Juli 1873 kommt ihr Sohn Johann Anton, genannt Hans oder Hansi, zur Welt. Auch er bleibt ein Einzelkind. Nach zahllosen zumeist erfolglosen Versuchen, in Wien beruflich Fuß zu fassen, mehreren Umzügen, Krankheiten und immer neuen Problemen zieht die Familie im Februar 1878 in Barbaras Elternhaus nach Krems, Herzogstraße 7, wo das Paar im Erdgeschoss ein Geschäft eröffnet. Ende Dezember 1878 stirbt Anton Teuschl nach einem Unfall. Hans besucht ab 1879 die Schule, ab 1883 das Gymnasium in Krems. Die von Barbara über Monate hinweg gepflegte Mutter Anna Maria Teuschl entschläft am 5. April 1885. Der 47jährige Ehemann Johann Baumgartner verstirbt 1892 infolge einer ‚Wassersucht', was jedoch im Tagebuch seiner Frau nicht mehr Erwähnung findet. Das zunächst regelmäßig, dann mit längeren Pausen geführte Journal endet nach dem Tod der Mutter. Die Witwe vermietet die Geschäftsräume in Krems und lernt ihren Untermieter, den Studenten Karl Gerstl, näher kennen. Mit dem fast zwanzig Jahre jüngeren Gerstl zieht Barbara erneut nach Wien und heiratet ihn 1898, nachdem er eine sichere Stelle bei der Eisenbahn erlangt hat. Hans Baumgartner, ihr Sohn aus erster Ehe, wird Post- und Telegrafeninspektor in Wien. Wetti, nun Betti Gerstl genannt, schreibt in den 1920er Jahren Artikel für die Zeitschrift der Reichsorganisation der Hausfrauen Österreichs. Während der 1930er Jahre verkauft sie ihr Elternhaus, Herzogstraße 7 in Krems, und bricht damit die Brücken zu ihrer Heimatstadt ab. Sie stirbt am 10. Januar 1944 an Altersschwäche.

Lassen die wenigen Zeugnisse aus den späteren Lebensjahren auf ein gesichertes Einkommen und eine glückliche zweite Ehe schließen[11], so liegt der Fokus in diesem Kapitel auf dem emotional wie finanziell äußerst wechselhaften Glück Barbara und Johann Baumgartners zwischen 1870 und 1885. Dies ist exakt die durch das Tagebuch abgedeckte Zeitspanne, und die Beziehung zu Johann Baumgartner beansprucht bzw. benötigt darin von Anfang an sehr viel Platz. Es ist

9 1.6.1870, S. 25; vgl. auch S. 142; zum Kutschieren: 31.7.1871, S. 47; Gedenkblatt, S. 139.
10 Vgl. die von Langreiter zusammengestellten Angaben in der Zeittafel im Anhang der Edition: S. 141–49.
11 S. z. B. die Anrede im Testament, o. Dat., S. 199: „Mein geliebter Gatte! Dir danke ich viele der schönsten Jahre meines Lebens"; s. auch Langreiter 2010, S. 153.

die Geschichte von einem etwas naiven Mädchen, einer begehrten Heiratspartnerin, Alleinerbin eines Fuhrunternehmers, hin zu einer desparaten Ehefrau und
Mutter. Die junge Wetti Teuschl amüsiert sich gern. Sie macht Ausflüge in der
väterlichen Kutsche und geht auf den Kremser Bürgerball. Sie verwendet viel Zeit
auf ihre Toilette und tanzt bis tief in die Nacht mit den wie Trophäen namentlich
erwähnten „Herren Baumgartner, Haselgruber, Meier und Steiner".[12] Ist in den
frühen Jahren noch oft von der „schmerzhaften Mutter Gottes" Maria, der „ich
mein zerisenes Herz zu (...) Füßen (legte)"[13], die Rede, zum Beispiel um für ihre
Eltern oder Johann Baumgartner zu bitten, verliert diese Religiosität im Verlauf der
Jahre an Orientierungskraft. Schon vor ihrer Heirat und den ersten Ehekrisen
leidet die junge Frau unter Stimmungen: „Melancholie" ohne Aufheiterung und
„Trostlosigkeit". Begriffe wie „Abspannung und Resignation" lassen an das
zeittypische Krankheitsbild der Neurasthenie denken.[14] Später erwähnte Malai-
sen wie Bauchkrämpfe und Appetitlosigkeit, eine Bauchfellentzündung oder das
„Nervenfieber"[15] korrespondieren mit dem Durchleben von Krisen und können
psychosomatisch gedeutet werden.

Das Tagebuch, dessen Anfang und Ende – wie bei vielen Tagebüchern –
abrupt und rätselhaft bleiben, erfüllt für das schreibende Subjekt mehrere
Funktionen. Die veränderliche Intention und damit verbunden der changierende
Diskurs sind typisch für das Tagebuchschreiben in der Moderne. In Foucaults
Konzept der *Technologies of the Self* wird diese Flexibilität der Narratio nicht
bedacht. Wetti Teuschl verfasst in erster Linie das typische Erlebnis-Journal eines
jungen Mädchens inklusive Liebesgeschichte.[16] Für Barbara Baumgartner wird
das Diarium dann zu einer ‚Klagemauer' (Langreiter). Desillusioniert zieht sie auf
einem persönlichen Tiefpunkt 1877 Bilanz: „Ich bin 25 Jahre alt und meine Zukunft liegt rabenschwarz vor mir, kein Lichtpunkt winkt mir alles ist düster und
öde wahrha[f]t ein zerstörtes vernichtetes Leben."[17] Charakteristisch für diese
Frau wie auch das Ehepaar Baumgartner ist jedoch ebenso das Nichtaufgeben, die
hart erarbeitete Resilienz. Denn ihre Geschichte geht immer weiter. In manchen
Passagen hat das spätere Journal Züge einer unregelmäßig geführten Familienchronik, die Ereignisse wie Geburt und Einschulung des Sohnes, Umzüge, Ge-

---

12 19. 2. 1871, S. 37.
13 3. 7. 1871, S. 42.
14 23. 4. 1871, S. 38; 5. 9. 1871, S. 47; vgl. zum *Zeitalter der Nervosität* Radkau 1998, Titel; zuvor
bereits mit psychoanalytischem Ansatz Gay 1987, S. 331: „Zeitkrankheit Nervosität".
15 Nach dem Tod der Mutter streckt ein „Nervenfieber" Barbara Baumgartner „4 Wochen aufs
Krankenlager": Mai 1885, S. 126.
16 Vgl. zum Erlebnis-Journal Bänziger 2015 und 2020; zudem erneut Foucault 1988, Titel.
17 6. 4. 1877, S. 97.

schäftseröffnungen und den Tod der Eltern dokumentiert. Dass sich die Autorin über heikle Passagen und mögliche Leserinnen bewusst ist, zeigt der Umstand, dass sie in der Zeit vor der Eheschließung, als manche Einträge mit Wut und Verve zu Papier gebracht werden, einige Halbseiten ihres Tagebuchs herausschneidet und auf diese Weise sich selbst zensiert.[18]

Eheanbahnung und Hochzeit in der Kleinstadt

Das Journal gibt im ersten Teil Aufschluss über Praktiken der Eheanbahnung in einer Kleinstadt Niederösterreichs. Krems hat um 1870 knapp 20.000 Einwohner. Es ist eine Stadt mit Handel und Gewerbe sowie weiterführenden Schulen, deren Gemeinderat dem Liberalismus zuneigt.[19] 1872 wird die Stadt an das Eisenbahnnetz angeschlossen, was den Verkehr nach Wien erleichtert. Wetti Teuschl lernt den siebeneinhalb Jahre älteren Handlungsdiener Johann Baumgartner bereits 1868 im Alter von 16 Jahren kennen.[20] Bis zur Eheschließung, vier Jahre später, ist es – wie das Journal dokumentiert – eine Zeit der Irrungen und Wirrungen, ein Wechselbad der Gefühle, das mit der komplizierten Verlobungsgeschichte von Ferdinand und Caroline Beneke vergleichbar ist.[21] Neben emphatischen Bekundungen der Liebe notiert die junge Frau Einmischungen und Intrigen von dritter Seite. Denn Baumgartner hat Konkurrenten, sei es aus dem Freundeskreis, sei es ein Kremser Realschullehrer oder ein finanziell gut situierter Händler, die völlig unerwartet per Brief oder Mittelsmann um die Hand der 18jährigen Wetti anhalten.[22] Die Kleinstadt ist eine Bühne, auf der man sich nicht aus dem Weg gehen kann und jede Paarbildung vom Publikum beäugt wird. Die facettenreichen Praktiken der Eheanbahnung lassen sich einteilen in, erstens, Kommunikation des Paars in privater Abgeschlossenheit, zweitens, Hausbesuche,

---

18 So z.B. S. 24, 32, 41. Ob eventuell ein späterer Nachfahre bzw. Besitzer des Tagebuchs der Urheber der Textverstümmelungen ist, kann nicht mit letzter Sicherheit gesagt werden. Bei heiklen Einträgen greift die Autorin aber auch später zu Geheimzeichen: 10.1.1880, S. 115.

19 Langreiter, S. 19; FN 2; zur Einwohnerzahl s.: bevoelkerung.at/bezirk/krems-an-der-donaustadt (30.10.2021); vgl. zu Krems und den Städten Niederösterreichs Gutkas 1994/95; Frühwirth 2000.

20 Rückblickende Einträge am 13.5.1870, S. 24; 17.7.1870, S. 28.

21 Schon im ersten Eintrag am 2.4.1870, S. 19, geht es um „den Geliebten", von dem sie gerade „entzweit" sei, um „Aussöhnung" mit ihm und „des Vaters Sinn" über ihre Liebesbeziehung; s. zum Folgenden s. den ersten Teil des Tagebuchs: ebd. bis zur Hochzeit, 2.6.1872, S. 55; vgl. zur bürgerlichen Liebessemantik v. a. Trepp 2000; Saurer 2014, S. 21 ff.; zur Stadt als Öffentlichkeit bei Eheanbahnungen R. Habermas 1997, S. 164 ff.

22 21.4.1870, S. 22; 22.8.1870, S. 29 f.

und, drittens, Auftritte in der Öffentlichkeit. Zum ersten Bereich zählen Liebes-, Anklage- und Abschiedsbriefe, Streit- und Versöhnungstreffen, der Austausch von Porträtfotos und Ringen sowie Geschenke, beispielsweise Obst, ein Kleid zum Geburtstag oder ‚Musikalien', also Liederdrucke mit Texten. Als die Sache konkreter wird, erscheint der Bräutigam täglich im Hause Teuschl zum scheinbar harmlosen Plaudern oder Kartenspielen, wobei erwähnenswert ist, dass „auch der Vater (...) sehr oft mit uns (spielt)".[23] Öffentlich sind Spaziergänge und Promenaden in den Gassen der Stadt, wo man sich zunächst zufällig oder gewollt begegnet, dann als klare Botschaft an Andere das Händchenhalten und das Kopf-anseine-Schulter-Lehnen im Beisein der Mutter, gemeinsame Ausflüge in der Kutsche mit den Eltern, gefolgt von Kirchgang, Essen und Kegeln im Gasthaus.

Wer hat bei der Frage der Eheschließung mitzureden? Auch in diesem Fall geht es definitiv nicht nur um eine Entscheidung allein des Paars. Die Braut beklagt „Klatscherei", die ihr „ganzes Liebesglük" bedrohe, „Lügereien und Aufhetzereien" von „bösen Menschen".[24] Dabei spielen offensichtlich konkurrierende Interessen auf dem lokalen Heiratsmarkt der Kleinstadt eine Rolle. Allerdings spart auch die junge Autorin nicht mit bitterbösen Kommentaren über andere Paare: „Heute hat Hr. Schober seine Hochzeit gefeiert er hat die Lori Vogl von Weinzirl geheirathet wahrhaft bedauernswerth ist dieser Mann und so sehr wir Feinde waren, habe ich ihm jetzt alles verziehen ich habe zuviel Mitleid mit seiner erbärmlichen Lage als daß ich da noch auf Rache oder Haß denken sollte. Dieses Weib – und diese Schulden."[25]

Aus rechtlicher Perspektive wichtiger als die öffentliche Meinung in Krems ist der Konsens der Eltern, und zwar ihrer wie seiner Eltern. Genauer gesagt, geht es um das Einverständnis der Väter. Es benötigt einige Zeit, bis das Paar Vater Teuschl zu einem Plazet zur Heirat bringt. Wettis Mutter ist schon vor einer endgültigen Entscheidung bereit, das Paar auf seinen abendlichen Spaziergängen durch Krems zu begleiten. Dagegen dauert es, bis die verliebte Tochter vermelden kann, dass es „uns sogar gelungen eine Anäherung mit den Vater herbeizuführen".[26] Der Hauptgrund für die lange unnachgiebige Haltung von Anton Teuschl ist der Umstand, dass der Verehrer seiner Tochter nicht selbstständig ist. Wirtschaftliche Selbstständigkeit war im bürgerlichen Selbstverständnis ein zentrales Erfordernis für den heiratenden Mann. Das Ideal selbstständiger Er-

23 22.11.1870, S. 32.
24 Alle Zitate 8.4.1870, S. 20.
25 22.11.1870, S. 31. Laut der Recherche von Nikola Langreiter handelte es sich bei Eleonora (Lori) Vogl um eine Gastwirtstochter aus einem Dorf bei Krems.
26 31.5.1870, S. 25; zu den Problemen zwischen Baumgartner und ihren Eltern auch: 2.4.1870, S. 19; 17.4.1870, S. 21; 17.7.1870, S. 28.

werbstätigkeit verkörperte in der städtischen Gesellschaft der Kaufmann, sei er Kleinhändler, Ladenbesitzer oder Fernhandelskaufmann.[27] Sobald sich im betrachteten Fall die Paarbeziehung konsolidiert hat und immer öfter von „unserer Liebe" oder dem „Bund der Liebe" etc. die Rede ist[28], beginnt so auch der Handlungsdiener Johann Baumgartner nach einem Geschäft zu suchen, das er übernehmen kann. Wetti Teuschls Einträge kommentieren seine Versuche, eine bürgerliche Existenz aufzubauen: „Hr. Baumgartner sucht schon Existenz er will selbstständig werden", nämlich durch den Erwerb eines Gemischtwarenladens oder besser noch einer feinen Tuchhandlung.[29] Detailliert protokolliert sie seine Planungen und Kauferwägungen, z.T. mit Angabe von Geldsummen. Scheiternde Verhandlungen schlagen ihr aufs Gemüt. Immerhin gelingt es Baumgartner nach einiger Zeit, Anstellung in einem Damenkonfektionsgeschäft in dem prosperierenden Wiener Geschäftsbezirk Mariahilf zu finden. Aber für das väterliche Einverständnis reicht das nicht: „Gebe Gott daß er bald sein Eigenes findet und nicht mehr lange Diener sein darf."[30] Die Ziellinie ist jedoch erst ein halbes Jahr später erreicht, als der Bräutigam in spe unmittelbar vor dem Kauf eines Geschäfts mit Wohnung in der bürgerlichen Josefstadt steht: „glükt es ihm so wird die Zeit sehr nahe sein um meine Hand anzuhalten".[31] Expliziter kann man den Konnex zwischen geschäftlichem Erfolg – genauer: ökonomische Selbstständigkeit – und Eheschließung nicht ausdrücken. Am Ende muss nicht nur ihr, sondern auch sein Vater seine Zustimmung geben. Als sich auch Baumgartners Vater einverstanden erklärt, wird sofort die Hochzeit anberaumt, die nur drei Wochen später stattfindet.[32]

Die Beziehung der Kremser Bürgertochter zu einem Handlungsdiener war nicht ganz standesgemäß. Das bäuerliche Milieu ihrer Herkunft zurücklassend, hatten sich die Teuschls den Bürgerstatus in Krems hart erarbeitet. Johann Baumgartner hingegen kam aus der unterbäuerlichen Schicht des Weinviertels. Seine Eltern Sebastian und Elisabeth Baumgartner waren Weinhauer und Kleinhäusler in dem nördlich von Wien gelegenen Dorf Fallbach.[33] Als sechstes von zwölf Kindern – vier Geschwister starben im Kleinkindalter – konnte der Heiratsbewerber nicht auf finanzielle Unterstützung von Seiten seiner Familie hoffen. Umso bemerkenswerter ist, dass er nicht nur das siebeneinhalb Jahre jüngere

27 Vgl. Hettling 2000, S. 60 – 66.
28 27.4.1870, S. 23; 17.7.1870, S. 28; 17.5.1870, S. 25.
29 23.4.1871, S. 37.
30 5.8.1871, S. 47.
31 9.1.1872, S. 52; zum Folgenden 10.5.1872, S. 54.
32 10.5.1872, S. 54; 3.6.1872, S. 55.
33 So die Recherche von Langreiter 2010, S. 33f., FN 47 und 49.

Mädchen, sondern auch deren aus seiner Sicht begüterten Eltern von sich über-zeugt. Wie erwähnt, handelt es sich um eine Liebesverbindung, jedenfalls soweit dies aus ihren Notizen geschlossen werden kann. Erneut spielt auch der Habitus eine gewisse Rolle, das heißt der Auftritt: „sein Ernst und überhaupt sein männlich schöner *Charakter*" imponieren ihr.[34] In der Anwesenheitsgesellschaft der Kleinstadt geht es gerade nicht darum, die emotionale Beziehung des Paars nach außen abzuschließen, wie es der Luhmann'schen Sicht auf Liebe als selbstreferenzieller Code entsprechen würde, sondern sie ab und zu gezielt zu inszenieren. Deswegen ist ihr bei einem Kremser Ball wichtig: „er bewies mir im Beisein vieler Colegen daß er mich liebt."[35] Doch die Bürgertochter hat ihrerseits über reine Verliebtheit hinausgehende Kriterien für eine vorteilhafte Eheschlie-ßung. Die Braut in spe rebelliert nicht etwa romantisch gegen die soziale Norm der wirtschaftlichen Selbstständigkeit, sondern spekuliert, dass er statt eines einfa-chen Gemischtwarenladens eine Tuchhandlung kaufen werde.[36] Ihre Tirade gegen die Heirat der Kremser Gastwirtstochter Lori Vogl mündet wie erwähnt in den Ausruf: „Dieses Weib – und diese Schulden"![37] Weitere Kriterien einer guten Ehe benennt die 32jährige Barbara Baumgartner elf Jahre nach ihrer Hochzeit, als sich ihre Freundin Henriette (Betti) Beer zum zweiten Mal verheiratet: „Betti hat sich heuer wider vermählt und zwar sehr gut für Ihre Verhältnisse, er ist ein gebildeter liebenswürdiger Mann, ihr ein guter aufmerksamer Gatte den Kindern ein braver Vater". Dazu werden die beruflichen Stationen des Partners der Freundin ange-führt: „ein gelernter Goldarbeiter bekleidete zuletzt die Stelle eines Sekretärs des Tagblattes, jetzt ist er ohne Stelle." Auffällig ist hier die Einschätzung, dass es sich um eine sehr gute Partie handelt, obwohl der Bräutigam der Freundin gerade arbeitslos ist. Zweifellos lässt sich das Lob für deren Mann auch als Abrechnung mit dem eigenen Ehemann lesen, auf den die genannten Eigenschaften längst nicht mehr zutreffen. So resümiert die zu diesem Zeitpunkt tief frustrierte Ehefrau mit Blick auf die Ehe der Freundin: „sie ist sehr glücklich."[38]

Laut Ehevertrag bringt Wetti Teuschl in ihre Ehe mit dem Ladenbesitzer Baumgartner 3.000 fl. „bares Heiratsgut" mit ein. Der Bräutigam muss schriftlich bestätigen, diese Summe von ihr bzw. den Brauteltern erhalten zu haben und selbst über ein Vermögen gleicher Höhe in Form eines Warenlagers zu verfügen. Abgesehen von diesem beiderseits schriftlich angegebenen und notariell bestä-tigten Heiratsgut bildet das zukünftige Ehepaar eine „allgemeine Güter-

---

34 13.5.1870, S. 24, Kursivierung im Original.
35 19.2.1871, S. 37; vgl. Luhmann 1994, S. 177 f.
36 23.4.1871, S. 38.
37 22.11.1870, S. 31.
38 Alle Zitate 4.12.1883, S. 121; zum Folgenden: Zeittafel, S. 149.

gemeinschaft".[39] Die Mitgift der Landkutschertochter ermöglicht damit einen finanziell soliden Start ins Eheleben, der eben nicht zufällig mit dem Start ins selbstständige Geschäftsleben zusammenfällt. Zur Einschätzung der beträchtlichen Höhe des Heiratsguts: Das Geschäft in guter Lage in der Wiener Josefstadt hat Johann Baumgartner wenige Monate zuvor zum Preis von 2.000 fl. gekauft.[40]

Die Hochzeit des Paars wird am 3. Juni 1872 in zwei Etappen als öffentlich-kirchliche Inszenierung und als Familienfest gefeiert. Die obligatorische Zivilehe gibt es zu diesem Zeitpunkt im katholischen Österreich-Ungarn noch längst nicht. Mögliche Ehehindernisse und alle Papiere des heiratswilligen Paars werden also vom zuständigen Pfarrer geprüft.[41] Wetti notiert es als eine bewusste Entscheidung, ihre Hochzeit in Krems zu feiern. Die Zwanzigjährige will es allen Rivalinnen und überhaupt ihrer Heimatstadt noch einmal zeigen. Die Fahrt der Hochzeitsgesellschaft in den Kutschen des Vaters durch die Gassen zur Kirche, bei der „zahlreiche Neugierige (...) sowohl in der Stadt als auch in der Kirche spalier" stehen, erinnert an Lyndal Ropers Beschreibung von Hochzeiten im Zeitalter der Reformation: *Going to Church and Street*.[42] Allerdings war der öffentliche Aspekt des Gangs zur Kirche im 16. Jahrhundert noch integraler Aspekt eines Rechtsakts, während es sich hier um ein Ritual ohne rechtliche Implikationen handelt. Die Braut ist emotional extrem ergriffen, so dass man in der Kirche laut ihren Worten „von mir eine Ohnmacht befürchtete".[43] Wetti Teuschls fragile Befindlichkeit vor und während der Hochzeit erinnert an die Erregung der pietistischen Pfarrerstochter Ursula Eglinger und die Krisen des romantischen Schwerenöters Ferdinand Beneke in ähnlichen Situationen. Die Bedeutung der auf Irreversibilität angelegten Entscheidung für die Ehe findet Niederschlag auch in einer seitenlangen Dokumentierung des Procederes im Journal mit Nennung der Gäste und der detaillierten Speisenfolge des Hochzeitmahls im Gasthof zum Goldenen Stern. Die Festlichkeit nach dem Kirchgang, das Diner im Gasthof, findet im kleineren Kreis der Familie und der engsten Freundinnen statt. Es ist insofern nicht vergleichbar mit einer frühneuzeitlichen Hochzeit im Dorf oder auf dem Zunfthaus. Wettis Brautjungfern sind ihre Freundinnen ‚Dini' und ‚Milli'. Als Trauzeugen fi-

---

39 Alle Zitate: Transkript des Ehevertrags, 3.6.1872 bzw. 30.10.1972, S. 195–98; vgl. Wienfort 2014, S. 84–87; Lanzinger 2020.
40 9.2.1872, S. 53.
41 Hierzu und zum Folgenden: 10.5.-3.6.1872, S. 54–57. Die obligatorische Zivilehe wurde erst 1938 eingeführt; vgl. als Überblick Griesebner 2020; anhand eines Fallbeispiels aus dem 18. Jahrhundert Griesebner 2021.
42 Roper 1985, Titel; vgl. van Dülmen 2993; eingehend Lischka 2006; allgemein Seidel Menchi 2016.
43 3.6.1872, S. 56.

Abb. 15: Hochzeitsfoto von Johann und Barbara Baumgartner 1872; Bildquelle: Privatbesitz.

gurieren Dinis Mann, der Kremser Buchdrucker Max Pammer, und der Gatte von Johanns Schwester Maria, der Wiener Friseur Wenzel Stawinoha.[44] Gerade diese Privatisierung der Festlichkeit durch soziale Einschränkung des Rituals unterstreicht die gestiegene Bedeutung der Familie und auch der Freundschaft.

---

44 Zu den Trauzeugen: ebd., Ehekontrakt, S. 197.

Ereignisprotokoll der Krise eines Ehepaars

Zwei Tage nach der Hochzeit nimmt Barbara Baumgartner Abschied von ihrem Elternhaus und reist, begleitet von der Mutter, in ihr neues Leben nach Wien. Gekoppelt mit beruflich-geschäftlichem Erfolg und dem Prestige des Wohnorts[45], beginnt die glücklichste Phase ihrer Beziehung mit Johann Baumgartner. Denn das im Februar 1872 eröffnete Spezereigeschäft in einem neu erbauten Haus in der bürgerlichen Josefstadt macht guten Umsatz. Johann Baumgartner kann einen ‚Commis' und einen Gehilfen anstellen.[46] Das Paar zieht in eine nahe dem Geschäft – vermutlich in der Etage darüber – gelegene Wohnung. Diese Wohnung umfasst Speisezimmer, Salon, ein Schlafzimmer und eine große Küche, dazu noch ein Zimmer für die Bediensteten. Insbesondere die Trennung von Speisezimmer und Salon lässt auf eine gewisse Großzügigkeit in dem gründerzeitlichen Haus schließen. Später wird auch ein Dienstmädchen angestellt.[47] Barbara Baumgartner arbeitet mit im Geschäft ihres Manns. Wenn Zeit ist, genießt das Paar die Freizeitmöglichkeiten der Metropole: die Parks, die Lokale, Theater und Oper. Von Streitigkeiten ist nicht die Rede. Als sie am 7. Juli 1873 einen gesunden Sohn gebärt, scheint das Familienglück perfekt. Doch da ist die Katastrophe im größeren Rahmen, der Wiener Börsenkrach vom 9. Mai, bereits eingetreten. Die Diaristin muss im Rückblick auf das Jahr 1873 erstmals einen „im ganzen schlechten Geschäftsgang, Theuerung und Krankheit als Gaben" notieren.[48] In den folgenden Jahren geraten die Baumgartners immer tiefer in eine Abwärtsspirale. Eine Geschäftspleite reiht sich an die andere und ein Umzug innerhalb Wiens an den nächsten, wobei die Viertel schlechter und die Wohnungen schäbiger werden. Für den Kleinhandel ist eine schnelle Fluktuation charakteristisch. Johann Baumgartner muss sich verschulden und gekaufte Ladenlokale bald wieder unter Kaufpreis veräußern. In dem Laden in der Josefstadt ist nach gut zwei Jahren im April 1874 Schluss. Laden und Wohnung werden mit großem Verlust verkauft. Die Familie zieht für einige Monate in eine Wohnung an einer Ausfallstraße Wiens.[49] Um Einkünfte zu generieren, mietet Baumgartner ein Magazin für kleinere Geschäfte. Die nächste Hoffnung ist die Eröffnung eines Spezerei- und Delikatessengeschäfts mit Wohnung im dritten Stock in der Leopoldstadt im September

---

45 Vgl. die Angaben zu den Wiener Bezirken bei Eigner 1991, S. 630 – 35; Langreiter 2010, S. 57 f., FN 137.

46 9.2.1872, S. 53; s. zum Haus auch ebd., FN 116; s. zum Folgenden 20.11.1872, S. 59 f.

47 Darauf lässt die Bemerkung im Eintrag am 6.8.1874, S. 65, schließen.

48 7.1.1874, S. 63.

49 6.8.1874, S. 64; zur Fluktuation im Kleinhandel Chaloupek 1991, S. 381; zur Entwicklung des Wiener Wohnungsmarkts Sandgruber 1982, S. 347–59.

1874. Die im II. Bezirk auf der Donauinsel gelegene Leopoldstadt ist noch ein Quartier der mittleren Einkommensgruppen, erfährt aber mit Einsetzen der Industrialisierung einen sozialen Niedergang. Das Geschäft läuft eine Zeitlang einigermaßen, muss dann aber vor der Konkurrenz eines neu eröffneten Konsumvereins kapitulieren. Die Kündigung durch den Hausherrn kann zunächst noch durch finanzielle Unterstützung von Seiten eines befreundeten Paars, Christof und Henriette Beer, vermieden werden. Um den Konkurs zu verhindern, müssen die Baumgartners den Laden aber Ende 1875 für „den Spottpreis von 900 fl" verkaufen, „nur um loszuhaben".[50]

Die Beschäftigungen des männlichen Ernährers werden kürzer und bringen weniger Geld. Dazu kommen Umzüge in rasanter Folge innerhalb der Stadt Wien. Eine neue Mobilität ist typisch für die urbane Gesellschaft dieser Zeit, insbesondere für Wohnformen der Unterschichten. Nach dem Verkauf des Ladenlokals wird im Februar 1876 ein „Gassenladen" mit Wohnung in der Leopoldstadt gemietet.[51] Die Wohnung besteht indes nur noch aus einem Zimmer, einem ‚Kabinett' (kleines bzw. Nebenzimmer) und Küche, wobei Kabinett und Küche vermietet werden. Das Dienstmädchen, das in dem Journal weder als Person noch als Arbeitskraft näher in Erscheinung tritt, wird entlassen. Mit finanzieller Unterstützung ihrer Eltern eröffnet Barbara Baumgartner in dem Laden ein Wollgeschäft mit Wäscherei und Reinigung. Es gelingt ihr, einen festen Kundenstamm aufzubauen und damit die Familie so gerade zu ernähren. Johann Baumgartner ist ohne Verdienst, sucht nach einer Arbeit und findet erst nach mehreren Monaten eine Stelle als Bücherverkäufer. Dazu verschlechtern sich auch die ehelichen Beziehungen. Sie vertraut ihrem Tagebuch an, „daß mein Mann sich mit aller macht dem Wirtshausleben und Spiel ergab, mit mir aber abstoßend und fast roh wurde, lange litt ich schweigend, endlich schrieb ich den Eltern ihm an seine Pflichten zu erinnern".[52] Das Einschalten der Eltern führt zu einem schweren und lauten Ehestreit, der jedoch aus ihrer Sicht reinigend wirkt. Der Tiefpunkt ist damit jedoch noch nicht erreicht und ihre Eltern erweisen sich in der Folgezeit in einiger Hinsicht als wichtig. Sie hat kein Geld mehr, um Ware für ihren Laden zu kaufen und zieht mit dem Sohn vorübergehend zurück ins Elternhaus nach Krems. Im August können die Baumgartners nicht mehr die Miete für Wohnung und Laden aufbringen. Sie ziehen aus und mieten in derselben Straße eine neue

---

50 1.1.1876, S. 71. Die Kündigung durch den Hausbesitzer kommentiert die Diaristin mit den Worten: „unser Hausherr, ein elender gewissensloser Hund (Jud)" (17.8.1875, S. 68); vgl. zur „sozialen Abwertung" der Leopoldstadt Eigner 1991, S. 634.
51 9.3.1876, S. 72; zum Folgenden ebd., S. 72f.; vgl. zur Wohnmobilität als „neues Nomadentum" Wischermann 1997, S. 448.
52 Ebd., S. 73.

Unterkunft, die nun nur noch aus einem einfachen kleinen Zimmer besteht. Ihr Abstieg ist typisch für zahlreiche ehemals gutverdienende Wienerinnen und Wiener, die sich nach Einsetzen der Rezession ihre teuren Wohnungen nicht mehr leisten konnten. Immerhin gelingt es Johann Baumgartner als „Bücherverschleißer" etwas Geld zu verdienen.[53]

Die Talsohle der Depression – in beruflich-finanzieller Hinsicht – wird Ende 1876 / Anfang 1877 erreicht. Nach der Klage eines Gläubigers wird der verschuldete Johann Baumgartner wegen Verdacht des Verkaufs gepfändeter Waren, Veruntreuung und Betrug für drei Monate in Untersuchungshaft genommen. Sogar im Neuen Wiener Tagblatt wird über den Fall berichtet und die Summe von Baumgartners Schulden auf 2.300 fl. beziffert. Die Einstufung als ‚Fallit' ist gleichbedeutend mit dem bürgerlichen Tod. Auf die Nachricht von der Inhaftierung ihres Manns hin notiert Barbara Baumgartner völlig aufgelöst: „so kam ich (…) nach Hause warf mich auf das Bett, der ganze Körper fiberte jeder Nerv tobte".[54] Sie pendelt in dieser Zeit zwischen ihren Eltern in Krems und dem feucht-kalten Ein-Zimmer-Kabinett in der Wiener Springergasse hin und her, bis die Vermieterin das Zimmer mit einer einwöchigen Frist kündigt. Der Sohn bleibt dauerhaft bei ihren Eltern. Die Inhaftierung des Ehemanns führt aber nicht etwa zu Trennungsgedanken, sondern die Ehe der Baumgartners erweist sich in dieser Stresssituation als enorm belastbar. Ihre Besuche im Gefängnis verlaufen für beide gefühls- und tränenreich. Sie schreiben sich Briefe und sie bekennt sich zu ihm. Am Ende wird die Klage vom Wiener Landesgericht zurückgewiesen und Baumgartner für unschuldig erklärt. Bevor er freikommt, muss sein Schwiegervater jedoch eine Erklärung unterzeichnen, dass seine Tochter „mit ihren Gatten im besten Einvernehmen lebt und daß ich meinem Schwigersohn Johann Baumgartner jederzeit wenn er dessen bedarf, die nöthige Substitenz verabreiche und unterstütze."[55] Das Gericht will auf diese Weise sicherstellen, dass der Schuldner nach der Freilassung nicht der Armenfürsorge zur Last fallen wird. Über die Reunion nach der Haftentlassung mit Johann berichtet Barbara: „Johan mein süßes Mannerl war hier glükiche Stunden habe ich an seiner Seite verlebt, denn er liebt mich wahrhaft und innig und ich ihn nicht weniger".[56]

Die drastischen wirtschaftlichen Probleme der Baumgartners sind mit der Entlassung aus der Haft jedoch nicht gelöst. Erst nach drei Monaten findet er eine

---

53 23.10.1876, S. 73; zum Folgenden ausführlich ebd., S. 73–79; zum Wohnungsmarkt Sandgruber 1982, S. 354.
54 23.10.1876, S. 74; der Zeitungsbericht über das Verfahren: ebd., S. 74 f.; vgl. zum ‚bürgerlichen Tod' durch Zahlungsunfähigkeit Suter 2016, S. 15; zum Konkursverfahren auch Häusler 2020.
55 „Zeugniß", 14.1.1877, S. 89.
56 5.2.1877, S. 91.

Anstellung als Straßenbahnschaffner, wird aber nach zehn Wochen wieder entlassen, als er wegen der alten Streitsache nochmals für drei Tage in Untersuchungshaft kommt. Sie plant, eine Ausbildung zur Hebamme zu machen, und zwar gegen seinen Willen. Als er die Blattern bekommt, die in Wien allein im Jahr 1872 3.300 Todesopfer forderten, muss sie ihren Plan aufgeben, um ihn zu pflegen.[57] Die Ehe tritt nun in eine neue kritische Phase ein. Sie verbringt viel Zeit bei ihren Eltern und ihrem Sohn in Krems. Er versucht weiterhin, in Wien eine berufliche Existenz aufzubauen und will, dass sie zu ihm nach Wien kommt. Zunächst entscheidet sie sich, zu ihm nach Wien zurückzukehren, obwohl ihr „die Trennung von meinem lieben Kinde", das in Krems mittlerweile in den Kindergarten geht, und der Verzicht auf „die geregelte Häuslichkeit" bei ihren Eltern schwerfällt.[58] Trotz Schulden und Arbeitslosigkeit gelingt es Baumgartner, nach seiner Haftentlassung eine kleine Wohnung in der Rueppgasse, Leopoldstadt, zu mieten. Allerdings bleibt für das Ehepaar nur ein einziges Zimmer. Das kleine Nebenzimmer wird an einen Bahnbediensteten, die Küche als Schlafplatz an einen „Bettgeher" vermietet, um den Mietzins zahlen zu können.[59] Die Diskrepanz zwischen der bürgerlich-familiären Häuslichkeit in Krems und der realen Wohnsituation des Paars in Wien ist schwer erträglich. Frau Baumgartner berichtet: „die Wohnung die Johan nahm widerte mich schon beim Eintrite so an daß ich am liebsten gleich wider zurükgefahren" wäre.[60] Ihre Eltern finanzieren die Kündigung durch die Übernahme einiger ausstehender Monatsmieten.

Nicht nur der sukzessive soziale Abstieg des Paars vor dem Hintergrund der Wirtschaftskrise ab 1873 ist frappierend, sondern auch dessen Fähigkeit zur Resilienz. In der Krise ergreifen die Baumgartners jede nur denkbare Chance, um sich gegen die Verarmung zu stemmen. Nach der Entlassung als Schaffner kommt die nächste Möglichkeit zum Aufbau einer beruflichen Existenz in Form eines Angebots aus Johanns Familie. Die Baumgartners übernehmen von seiner Schwester Maria und Schwager Wenzel Stawinoha zum Preis von 350 fl. deren Friseurgeschäft mit zwei Gehilfen. Die Lage des Ladens im III. Bezirk ‚Landstraße', Rennweg 80, an einer Ausfallstraße nach Südosten ist nicht besonders gut.[61]

---

57 23.10.1876, S. 78; 6.4.1877, S. 96; zur Zahl der Todesopfer, ebd., FN 256.
58 25.2.2877, S. 93.
59 Ebd.; vgl. zu der in Unterschichten verbreiteten Wohnform mit Bettgehern, Schlafgängern und Untermietern B. Kuhn 2015, S. 373–78; zum Beispiel Wiens Ehmer 1979; Brüggemeier / Niethammer 1978.
60 8.3.1877, S. 94.
61 31.7.1877, S. 99 f.; 8.8.1877, S. 100; vgl. zur Örtlichkeit des Ladens Langreiter, S. 99, FN 263; zu den Vorstädten als ‚das Andere' im Kontrast zum bürgerlichen Wien Maderthaner / Musner 1990; Eigner 1991, S. 633–35.

Der Umzug in eine Vorstadt – der Rennweg führt in das Arbeiterquartier Simmering – lässt sich als Indikator des Abstiegs verstehen. Mit dem Friseurladen sind ein Zimmer und eine Küche verbunden. Johann will, dass seine Frau dauerhaft zu ihm zieht und im Laden mithilft. Doch Barbara Baumgartner zögert und hat Bedenken. Sie hat sich mittlerweile eine Nähmaschine gekauft und verdient, bei den Eltern in Krems mit ihrem Sohn wohnend, etwas Geld mit Näharbeiten. Sie fürchtet, dass ihr Mann als Friseur „zu viel freie Zeit" hat, „was der Anfang anderer Übel sein kann", überdies den Einfluss seiner weiterhin im Laden als Friseurin präsenten Schwester Maria, zu der das Verhältnis schon seit der Zeit in der Josefstadt angespannt ist.[62] Es gelingt ihm, sie bei einem dreitägigen Besuch in Krems – „o wie lieb hatte er mich" – zu überzeugen, erneut mit Sohn Hans zu ihm nach Wien zu ziehen und von Maria das Damenfrisieren zu lernen. In dem Haus am Rennweg wohnen auch die beiden Friseurgehilfen, zuerst ein Ungar und ein Serbe, dann zwei Serben, „anständige junge Leute", die neben dem Lohn mit Frühstück, Mittagessen, „Sonntag Braten und Biergeld" zu versorgen sind.[63] Arbeitsbeziehungen und häusliche Verhältnisse sind also nicht klar voneinander getrennt. Die Familie wagt damit einen Neuanfang, der auch leidlich gelingt. Der Einstieg in das Friseurgeschäft erfolgt im Jahr 1877, als die schwere Rezession in Wien ausläuft und eine langsame Erholung einsetzt. Nach zwei Monaten resümiert Barbara Baumgartner: Es ließe sich mit dem Friseursalon zwar kein Vermögen verdienen, „dafür aber eine ruhige und denoch sorgenfreie Existenz" erlangen.[64] Damit ist eine wichtige Norm und Zielvorgabe des Familienlebens formuliert.

Das Friseurgeschäft in der Wiener Vorstadt bleibt jedoch nur eine weitere Episode in der schnelllebigen Ereignisgeschichte der Teuschl-Baumgartners. Der Grund ist diesmal keine Kündigung, Konkurs oder Betrugsverdacht, sondern ein Angebot von Anton Teuschl. Im „Vaterhause" in der Kremser Herzogstraße 7 sind die straßenseitigen Ladenräume frei geworden.[65] Der Vater bzw. Schwiegervater will die Einrichtung des Spezereigeschäfts kaufen und sie der Familie seiner Tochter günstig, mit niedriger Monatsmiete und ohne Gefahr der Mieterhöhung, überlassen. Die rein finanzielle Seite – die Aussicht auf gesicherte Subsistenz – ist ein wichtiger Aspekt der Angelegenheit. Barbara Baumgartners weitere Überlegungen werfen aber ein Licht auf familiäre Beziehungen als Emotions- und Konfliktgemeinschaft. Das Verhältnis zur Schwägerin hat sich durch den täglichen Kontakt im Friseurladen nicht gerade verbessert. Barbara muss „ihre Launen

---

62 8.8.1877, S. 100.
63 18.8.1877, S. 101; 5.11.1877, S. 101f. (Zitate S. 102).
64 5.11.1877, S. 101; zu den Etappen der Wirtschaftskrise in Wien Chaloupek 1991, S. 360–67.
65 Ebd., S. 101.

Abb. 16: Das Haus der Baumgartners (ehemals Teuschl) mit dem Laden in Krems, Herzog-str. 7, 1901; Bildquelle: Privatbesitz.

geduldig (…) tragen", was ihr offensichtlich schwerfällt. Ihr Mann würde in Krems zwar „wieder Chef" und „Kaufmann" werden, aber zu befürchten sei „wider ob nicht zwischen Johann und Vater Mißheligkeiten eintreten, die dem Leben das angenehme entziehen". Resigniert, fährt die Tagebuchschreiberin fort, „das muß ich eben abwarten dagegen läßt sich nichts machen". Der Abschied aus der Metropole Wien und die definitive Rückkehr in die soziale Enge der Heimatstadt fallen ihr nicht leicht, umso mehr als die Heimkehr als Scheitern verstanden werden kann: „Das Reden der Leute in Krems fürchte ich schon wider" und „am Ende heißt es wir sind schon wider fertig".[66]

In wirtschaftlicher Hinsicht erweist sich der Umzug der Familie nach Krems als Wendpunkt. Das im Februar 1878 in der Herzogstraße 7 eröffnete ‚Spezerei-, Material- & Farbwaren-Geschäft' erwirtschaftet trotz mancher Baissen insgesamt Gewinn und vermag die Familie dauerhaft zu ernähren. Nach 15 Monaten sind steigende Umsätze zu verzeichnen, so dass „noch gute Zeiten" ins Haus stehen. Auch „Unser Leben ist wider friedlicher Johan ist brav."[67] Der aus heutiger Sicht bescheidene Wohlstand erlaubt es, ein Dienstmädchen anzustellen und mittags

---

66 Alle Zitate ebd., S. 102.
67 O. genaues Dat., Mai 1879, S. 113; zur Abtragung der Schulden 4.12.1883, S. 122.

nicht mehr bei der Mutter, sondern im Gasthaus zu essen. Dazu wird das Kind eines verstorbenen Freunds des Vaters in Kost und Pflege genommen. Allerdings dauert es noch Jahre, bis die Schulden abgetragen sind. Anton Teuschl stirbt, wie erwähnt, Ende Dezember 1879. Als auch die Mutter Anna Maria Teuschl am 5. April 1885 verscheidet, erben die Baumgartners das Elternhaus in der Herzogstraße und kaufen im gleichen Jahr ein weiteres Wohnhaus in Krems. Laut Grundbuch wird je die Hälfte der beiden Häuser Barbara und Johann Baumgartner überschrieben.[68]

Im Kontrast zur Konsolidierung des Haushalts verschlechtert sich die Beziehung der Eheleute drastisch. Seit Beginn der Beziehung wechseln aus dem Blickwinkel ihres Journals glückliche mit schlechten Zeiten. Seine Perspektive ist nur in ihren Worten überliefert. Ob bei Johann Baumgartners immer wieder erfolglosen Versuchen einer Existenzgründung allein die allgemeine Wirtschaftskrise, Pech oder aber auch Unvermögen im Spiel war, kann man nicht entscheiden. Sie macht ihm in dieser Beziehung keinen Vorwurf. Insgesamt bewährt sich die Ehe während der krisenhaften Zeitläufte als Sorgegemeinschaft. Allerdings lassen Barbara Baumgartners Notizen des Öfteren schwere Enttäuschung über ihren Ehemann durchblicken. Mit Einsetzen der geschäftlichen Misserfolge schildert sie ihn als deprimiert, grob, launisch und von „seiner Familie entfremdet".[69] Der Grund für die letzte Feststellung sind vor allem seine häufigen Wirtshausbesuche, einhergehend mit Trunkenheit, während er „zu hause aber mürrisch und verdrossen ist".[70] Nachdem die gemeinsame Überwindung der tiefsten Talsohle während seiner Inhaftierung das Paar zusammengeschweißt hat, finden ihre früheren Klagen eine Fortsetzung während der Kremser Zeit, und zwar nach der Etablierung des Geschäfts und dem Tod ihres Vaters. Sie bemerkt, „daß es ihm zuhause gar nicht leidet, dabei trinkt er fleißig".[71] Durch seine freiwillige Absenz wird das Haus zu einer Sphäre der Frauen und der Kindererziehung. Hinzu kommt ein weiterer schwerer Fauxpas. Der Text ist hier nicht ganz explizit, lässt aber doch kaum Zweifel daran, dass Johann Baumgartner seine Frau dauerhaft betrügt. In einem langen Eintrag beklagt sie am 20. April 1881 „des Weibes tiefste Kränkung" und „tiefster Schmerz", zudem „meine tief beleidigte Ehre". Sie stellt die Frage, ob sie ihm überhaupt „noch Liebe und Treue schuldig" sei, da er diese doch durch „seine niederen Begierden" nicht verdiene. Barbara Baumgartner überlegt, ihren Mann zu verlassen. Dagegen spricht aber aus ihrer Sicht, dass sie damit auch ihren Sohn und ihre alte Mutter verlassen würde, und

---

68 Hinweise auf die Einträge im Grundbuch Krems S. 148 f., FN 5 f.
69 23.6.1875, S. 68.
70 29.9.1875, S. 71.
71 1.3.1880, S. 118.

das „Gerede" der Leute würde dann auf die ganze Familie zurückfallen.[72] Nach diesem Eintrag folgt im Tagebuch eine Pause von fast zwei Jahren und acht Monaten, bis zum 4. Dezember 1883, an dem das zurückliegende Jahr resümiert wird. Barbara Baumgartner ist weiterhin mit Johann Baumgartner verheiratet, musste aber im Sommer eine längere Kur wegen einer Bauchfellentzündung machen. Im Zuge der allgemeinen wirtschaftlichen Erholung läuft das Geschäft gut. Ihr Mann sei „wider lieber und beßer", aber sie würde „unter seinen Launen und seiner Eifersucht noch immer sehr leide[n, J.E.]".[73] Bis zum Tod der Mutter am 5. Anfang April 1885 gibt es nur noch wenige Einträge. Anders als in einer Familienchronik zu erwarten, wird der Tod des Ehemanns am 7. März 1892 nicht kommentiert.

Weibliche Arbeit und heikle familiäre Unterstützung

Analysiert man das Beispiel der Familien Teuschl-Baumgartner vor dem Hintergrund der Forschungslage, fallen mehrere Aspekte auf. Sieht man einmal von Johann Baumgartners Affinität zum Wirtshaus ab, wozu es kein Pendant auf Seiten der Ehefrau gibt, wird man nicht von geschlechtsspezifisch getrennten Sphären sprechen können. Charakteristisch ist vielmehr die tägliche Kopräsenz von Ehemann und Ehefrau im Geschäft, sei es nun ein Gemischtwarenladen oder ein Friseursalon, um gemeinsam Geld zu verdienen. Laden und Wohnung befinden sich in den meisten Wiener Domizilen der Baumgartners und auch in Krems unter einem Dach. Die Baumgartners sind ein Arbeitspaar, wie es aus der Frühen Neuzeit bekannt ist, anders gefasst: Sie verkörpern das ‚Two Supporter'-Modell, bei dem beide Ehepartner direkt zum Unterhalt beitragen.[74] Barbaras Mitarbeit im Laden ist für Johann Baumgartner selbstverständlich. Doch der Gelderwerb der Ehefrau wird zur Streitsache, wenn sie selbstständig und auf eigene Rechnung arbeiten will und damit das bürgerliche Prinzip des männlichen Ernährers in Frage stellt. Dies ist der Fall, als sie nach seiner Haft eine Ausbildung zur Hebamme anfangen will. Er ist „eifersüchtig" und sieht – von ihr zitiert – durch ihre Ausbildung „unsere Liebe und das Glük der Häuslichkeit" bedroht. Als Rechtfertigung ihrer Berufspläne verbindet Barbara Baumgartner patriarchalisch-ehekonforme und emanzipatorische Argumente: „Ich will ihm eine Stütze sein ich

---

72 Alle Zitate 20.4.1881, S. 120; vgl. zum Ehebruch als Thema der Belletristik der Zeit Saurer 2014, S. 139 ff.; zu geschlechtsspezifischer Ehre Arni 2004, Kap. 4.3, S. 204 ff.; allgemein Frevert 1995; genauer zur Scheidung s. u.
73 4.12.1883, S. 122.
74 Zum Arbeitspaar H. Wunder 1992, Kap. IV; vgl. Ågren 2017b, Whittle 2019; Zucca Micheletto 2020.

Abb. 17: Familie Baumgartner um 1885; Bildquelle: Privatbesitz.

möchte mir die Lage verschafen für mein Kind zu sorgen, eine geregelte glückliche Häuslichkeit schafen und mich vor jeder Art Abhängigkeit zu verwahren, dieß sind die Absichten die ich erreichen will und mit Gottes Hilfe werde".[75] Zwar verhindert die Erkrankung und Pflegebedürftigkeit des Ehemanns ihre Ausbildung, es ist jedoch evident, dass der Haushalt der Familie nur durch Barbaras kontinuierliche Mitarbeit und Arbeit vor dem Ruin bewahrt wird. Wie erwähnt, eröffnet sie mit Erfolg ein eigenes Wollgeschäft mit Wäscherei, verdient mit ihrer Nähmaschine Geld dazu und erlernt das Haareschneiden. Zurück in Krems, arbeitet sie nebenher als Reporterin für eine katholische Lokalzeitung, was, wie sie

---

75 Alle Zitate 5.2.1877, S. 92.

festhält, sechs fl. im Monat einbringt. Um schuldenfrei zu werden, eröffnet sie neben dem Hauptladen in der Herzogstraße eine Stoffdruckerei und Färberei.[76] Solange ihre Tätigkeiten nicht die Rolle des Ehemanns als selbstständiges ‚Haupt der Familie' in Frage stellen, hat der beruflich angeschlagene Baumgartner dagegen keine Einwände.

Der völlige Absturz der Baumgartners wird auch durch wiederholte Unterstützungen von Seiten der Eltern verhindert. Familie und, weiter gefasst, Verwandtschaft erweisen sich in der Krise als Kontexte einer auf Gegenseitigkeit basierenden Unterstützungsgemeinschaft. Dies lässt sich nicht nur für Barbaras Eltern, sondern – wenn auch in deutlich geringerem Maße – für die finanziell im Vergleich schlechter gestellte Herkunftsfamilie Johann Baumgartners konstatieren. Die Norm innerfamiliärer Unterstützung wird nach der Hochzeit bekräftigt, indem Johanns Schwester Maria ihre Schwägerin in der neuen Wohnung in der Wiener Josefstadt empfängt und ihr „die honeurs" macht.[77] Jedoch zeigt das Beispiel der Baumgartners auch die Fragilität dieser Unterstützungsgemeinschaft auf, gerade dann, wenn es ums Geld geht. Der ältere Bruder Sebastian verlangt von Johann ausgerechnet während dessen Haft schriftlich und unter „Drohungen und Verwünschungen" zuvor geliehene 700 fl. zurück.[78] Auch mit der jüngeren Schwester Leni führt die Leihe einer Geldsumme – in diesem Fall durch Johann und Barbara – und deren Rückforderung zu Misshelligkeiten.[79] In der Krise ist Barbara Baumgartner über das Ausbleiben von Unterstützung von der Familie ihres Manns bitter enttäuscht. Allerdings hilft dann das überraschende Angebot der Übernahme des Friseurladens von der ungeliebten Schwägerin Maria, um nach der Haftentlassung Johanns überhaupt wieder auf die Beine zu kommen. Nach dem Rückzug aus dem Friseurladen und dem Umzug nach Krems ist das Verhältnis zu Maria völlig zerrüttet. Die Antipathien werden mittels beleidigender Briefe, deren Annahmeverweigerung und Streitigkeiten über ausbleibende Zahlungen, wobei auch Anton Teuschl mitmischt, ausgetragen.[80] Die harsche Wirtschaftskrise und Arbeitslosigkeit nach dem Börsenkrach von 1873 schlägt so direkt auf die Ebene familiärer Beziehungen durch. In dieser prekären Gesamtlage wird man sich die moralbewusste und stark gestresste Autorin des Tagebuchs nicht als reinen Engel vorstellen dürfen. Neun Monate nach dem Tod ihrer Schwiegermutter notiert sie Ende 1883 über deren Ableben: „Am 1 März ist Johann

---

76 1.1.1880, S. 114; 4.12.1883, S. 122.
77 3.6.1872, S. 57.
78 23.10.1876, S. 78; er wird später ausbezahlt: 26.2.1878, S. 110.
79 8.3.1877, S. 95; 8.8.1877, S. 100.
80 25.1.1878, S. 105: „Tödtliche Feindschaft herscht jetzt zwischen mir und Fr. Stawinoha"; 26.2. 1878, S. 106.

seine Mutter gestorben, noch weiß ich bis heute nicht wie hoch sein Erbteil ausfällt, bin auch sehr begirig und fürchte sehr es könte hier wider eine Falschheit steken".[81]

Die Unterstützungsleistungen der Eltern Teuschl wurden bereits en passant erwähnt. Sie zahlen immer wieder Zuschüsse zu Geschäftseröffnungen, übernehmen säumige Mietzahlungen oder eine Kaution für den Schwiegersohn. In Kontinuität zum Kriterium der Selbstständigkeit hinsichtlich der Ehewürdigkeit des Bräutigams der Tochter erwarten die Eltern eigentlich, dass die Familie ihres Schwiegersohns finanziell auf eigenen Füßen steht. Die finanziellen Transfers sind weder garantiert noch eine Selbstverständlichkeit, und Baumgartners zahlen nach dem Verkauf des Ladens in der Leopoldstadt trotz der andauernden Misere die Summe von 200 fl. an die Eltern zurück.[82] Über finanzielle Dinge kommt es zwischen Anton Teuschl und seiner Tochter zu einer dramatischen Szene, wobei der Vater aufbrausend und ausfällig wird und Barbara weinend den zur Unterschrift bereiten Federhalter wegwirft. Die Mutter und der gerade aus dem Gefängnis zurückgekehrte Johann versuchen zu vermitteln.[83] Trotz der damit verbundenen Abhängigkeit hat das Ehepaar Baumgartner keine andere Wahl als die Zahlungen der Eltern immer wieder anzunehmen. Der entscheidende Wendepunkt der Geschichte ist dann auch, dass der Vater bzw. Schwiegervater das Spezereigeschäft in seinem Haus quasi kauft, um es Tochter und Schwiegersohn gegen Zinszahlungen günstig zu überlassen.[84]

Familie Teuschl funktioniert letztlich nicht nur als finanzielle, sondern auch als emotionale Gemeinschaft. Das Elternhaus in Krems dient der Tochter als Rückzugsort, wenn sie es in den miserablen Domizilen in Wien und auch mit ihrem Ehemann nicht mehr aushält. Sie pendelt quasi zwischen Wien und Krems, was dem Ehemann nicht immer gefällt. Bereits nach der ersten Geschäftspleite und zwei Jahren Ehe fällt ihre Bilanz indirekt-ungewollt ernüchternd aus. Sie verbringt die Sommermonate 1874 mit dem Kind bei den Eltern in Krems und bemerkt danach, dass sie „seit 2 Jahren meine glüklichste Zeit verlebte".[85] Trotz des „lebenslustig"-cholerischen Vaters, der wiederholt für emotionale Auftritte im Familienkreis sorgt, die die Mutter austariert, dient das Elternhaus der verheirateten Tochter in der Krise als Refugium, eine „vorläufige Heimath".[86]

---

81 4.12.1883, S. 122.
82 1.1.1876, S. 72.
83 5.2.1877, S. 92.
84 5.11.1877, S. 101.
85 6.8.1874, S. 65.
86 28.12.1878, S. 110 (erstes Zitat); Sylvester 1876, S. 86 (zweites Zitat).

In der Emotionsgemeinschaft Familie fällt Kindern als Sinnstiftern eine zentrale Rolle zu. ‚Hansi' ist der Tröster und zunehmend auch der wichtigste Lebensinhalt seiner Mutter. Über den einjährigen Sohn notiert sie bereits: „Unsere ganze Freude, unser Trost in jeden Kummer ist unser geliebtes Kind". So oder ähnlich lauten viele Einträge. „Mein süßes Kind ist (…) mein einziger Halt".[87] Das Kind ist eindeutig stärker der Mutter als dem Vater zugeordnet, weswegen es sie bei ihren Umzügen zwischen Wien und Krems begleitet. Der Dreijährige kann dann auch eine Zeitlang allein der ‚geregelten Häuslichkeit' bei ihren Eltern überlassen werden, während die Baumgartners verzweifelt versuchen, in Wien eine Existenz aufzubauen. Dabei ist die Vater-Kind-Beziehung keine Nebensache und Emotionen wie Liebe oder Glücksempfinden sind offenbar nicht exklusiv der Mutter zu eigen. Über die Begegnung zwischen Vater und dreijährigem Sohn nach Ende der Haft berichtet Barbara Baumgartner optimistisch gestimmt: „Hansi macht Johann große Freude seine Klugheit überraschte ihn sehr er vergöttert sein Kind aber auch Hansi zeugte ihm seine Liebe rührend".[88] Mit fortschreitendem Alter kommt ein weiterer Aspekt hinzu. Es geht nicht mehr nur um Liebe oder die Rolle des Kindes als Trostspender, sondern auch um Entwicklungsfortschritte und den Stolz auf schulische Leistungen. In dieser Hinsicht wichtige Etappen, die mit Einträgen im Journal dokumentiert werden, sind der Eintritt des Vierjährigen in einen Kremser Kindergarten mit Fröbel-Pädagogik, die Einschulung, die Aufnahme des Zehnjährigen ins Piaristengymnasium, seine vorbildlichen schulischen Leistungen und nicht zuletzt der Beginn des Klavierunterrichts für 50 x pro Stunde.[89] Unverkennbar absolviert der junge Hans Baumgartner aus der katholischen Kleinstadt Krems bereits den bürgerlichen Parcours, der eine bestimmte familiäre Erwartungshaltung mit Bildungs- und Leistungsstreben verbindet.

Keine Besuchskultur und das Gerede der Leute

Zeigen sich hier Parallelen mit den bisher betrachteten Familiengeschichten, so lassen sich am Beispiel der Baumgartners auch deutliche Unterschiede erkennen. Dies betrifft zum einen die Frage der Offenheit des Hauses und zum anderen die kleinstädtische Öffentlichkeit, der in einigen Situationen eine handlungsleitende Funktion zukommt. Im krassen Gegensatz zu Stettlers, Benekes, Bruckners und auch Püschmanns finden sich im Tagebuch von Wetti Teuschl, verheiratete Bar-

---

87 6.8.1874, S. 65 (erstes Zitat); 6.4.1877, S. 97 (zweites Zitat).
88 5.2.1877, S. 93; s. auch 20.4.1881, S. 120.
89 25.1.1877, S. 90; 1.1.1880, S. 113; 15.7.1880, S. 119; 4.12.1883, S. 122.

bara Baumgartner, kaum Hinweise auf eine häusliche Besuchskultur. Die Ausnahmen sind schnell erwähnt. Der Bräutigam in spe erscheint täglich zu informellen Besuchen im Haus der Eltern der Braut, wobei man sich spielerisch – mittels Plauderei und Kartenspiel – kennenlernt.[90] Bereits die Erlaubnis zum Eintritt in das im Zentrum von Krems gelegene Haus ist ein Statement, denn andere Bewerber gehen nur in der Herzogstraße unter dem Fenster der Verehrten auf und ab. Ansonsten scheint es bei Teuschls keine Visiten, Salons oder Ähnliches gegeben zu haben, zumindest sind sie nicht erwähnenswert. Vielmehr geht der Vater regelmäßig am späten Nachmittag ins örtliche Gasthaus.[91] Soziale Ereignisse in Familienformation sind die sonntäglichen Ausflüge und Landpartien in der Kutsche des Vaters.

Auch das junge Ehepaar Baumgartner empfängt in seinen wechselnden Wiener Wohnungen offenbar kaum oder gar keine Besuche. Während der raren Freizeit geht man lieber ins Theater oder spazieren. Johann frequentiert das Wirtshaus „vis a vis von uns" und kommt spät nach Hause.[92] Das Beispiel zeigt, dass die bürgerlich-städtische Besuchskultur bestimmte räumlich-materielle Voraussetzungen hat. Neben den Kosten, die eine Einladung für das gastgebende Paar verursacht, braucht man einen Salon oder ein separates Wohnzimmer.[93] Die anfallende Hausarbeit soll möglichst ein Dienstmädchen erledigen. Das erste Appartement der Baumgartners in der Josefstadt bietet diesen Komfort noch. Aber in den folgenden Klein- und Kleinstwohnungen – Zimmer, Kabinett und Küche, teilweise noch als Schlafplatz untervermietet – ist an Empfänge oder Visiten nicht zu denken. Vielmehr wird die Sphäre der Privatheit durch Untermieter und Schlafgänger gestört. Das Tagebuch erwähnt auch nie ein spontan-informelles Vorbeischauen oder irgendeine Form von Nachbarschaftshilfe. Das fortgesetzte Scheitern der Baumgartners in Wien korrespondiert ganz offensichtlich mit einem fehlenden sozialen Kontext und entsprechenden Praktiken ritualisierter ‚domesticity'.

Eine Ausnahme stellen die wenigen, aber wichtigen Freundschaften dar, deren Pflege in erster Linie ihr obliegt. Zwar verliert sich der enge Kontakt zu den Jugendfreundinnen Milli und Dini, die als Brautjungfern fungierten, in der Wiener Zeit. Dafür entsteht eine dauerhafte Beziehung zu dem Ehepaar Henriette (Betti) und Christof Beer, mit dem man „sogar du" sagt.[94] Die Beers – er ist Magistrats-

---

90 22.11.1870, S. 32; zum Folgenden 9.4.1870, S. 20 f.
91 28.12.1878, S. 106 f.
92 23.10.1876, S. 74.
93 Vgl. zur bürgerlichen Etagenwohnung Wischermann 1997, S. 353 ff.; allgemein zum bürgerlichen Wohnen von Saldern 1997, S. 151 ff.
94 17.8.1875, S. 69; zum Folgenden S. 118, FN 329.

beamter, sie Besitzerin einer Wäschehandlung – unterstützen die Baumgartners finanziell, mit Ratschlägen und auch seelischem Beistand. Letzteres gilt vor allem für Barbara, die froh ist, in der 13 Jahre älteren Jüdin Henriette Beer, die später zum Katholizismus konvertieren wird, „wenigstens eine Freundin in Wien zu haben, die sich in etwas unserer Sache annimmt."[95] Inmitten der tiefsten Depression fährt sie mit der Straßenbahn einfach zu ihrer Freundin und deren Mann in den Stadtteil Rudolfsheim, „blieb auch lange dort weil ich mich bei ihnen wohl fühlte". Später übernachtet sie einige Tage bei Beers und schreibt dort in ihr mitgenommenes Journal.[96] Die durch Übernachtungen verlängerte Kopräsenz im Haus ist ein klarer Hinweis auf enge Beziehungen. Auch nach der Rückkehr nach Krems bleibt die Freundschaft zwischen den Paaren bestehen. Im Sommer 1879 verbringen die Beers eine Woche bei Baumgartners in Krems. Ein Jahr später wird Barbara Taufpatin des vierten Kindes von Henriette und so als Patentante quasi in die Familie der Beers aufgenommen. Nach dem plötzlichen Tod Christof Beers durch einen Schlaganfall will Barbara „als beste Freundin" der Witwe und ihren vier Kindern finanziell unter die Arme greifen, doch zu ihrem Entsetzen verweigert Johann Baumgartner diese Umsetzung sozial-emotionalen in pekuniäres Kapital.[97]

Ein wiederkehrendes Thema ist das Gerede der Leute in Krems und die damit verbundene Angst vor einem Ehrverlust. Die soziale Kontrolle über Eheanbahnung, Eheführung und familiäre Probleme in einer Kleinstadt um 1870 kann offenbar durchaus mit dem aus der Frühen Neuzeit bekannten sprichwörtlichen ‚Dorfauge' mithalten.[98] In dieser Hinsicht ist der konstatierte Funktionsverlust der Nachbarschaft zu relativieren. Bereits die junge Wetti Teuschl fürchtet explizit „daß Gerücht" und „Gelächter des Volkes".[99] Weihnachten 1876 verbringt Barbara Baumgartner mit ihrem Sohn bei den Eltern in Krems, während ihr Mann im Gefängnis des Wiener Landgerichts einsitzt. Sie kommentiert die Situation im Haus ihrer Eltern folgendermaßen: „Peinlich ist es auch nicht wenig den Hausbewohnern die schon mit Spanung warteten, ob den die 3 Tage umfasenden Feiertage noch immer mein Mann nicht komme, eine Nothlüge sagen zu müssen."[100] Nach seiner Haftentlassung geht das Ehepaar dann einige Male in Krems

---

95 20.11.1876, S. 85.
96 14.11.1876, S. 79 (Zitat); 6.4.1877, S. 96 f.; zum Folgenden 1.1.1880, S. 115; 8.8.1880, S. 118.
97 20.4.1881, S. 121.
98 Näher zur sozialen Kontrolle in der Frühen Neuzeit Eibach 2011; Capp 2003, Kap. 5; zum prekären Verhältnis zwischen Ehekonflikt und Öffentlichkeit in der bürgerlichen Ehe Arni 2004, S. 105–10.
99 17.6.1871, S. 38.
100 25.12.1876, S. 86.

ostentativ spazieren, „wo uns wenigstens die Leute (...) sahen".[101] Umgekehrt ist
es in der glücklichen Josefstädter Zeit für sie „der größte Triumph den ich feiern
kann", als verheiratete Ehefrau auf Besuch nach Krems zu fahren, was jedes Mal
„großes Aufsehen" errege.[102] Im Kontrast zur Frühen Neuzeit werden Konflikte um
das symbolische Kapital der Ehre nun nicht nur mittels informeller Kommunikation, sondern auch über das Massenmedium Zeitung bzw. mit Blick auf die
Berichterstattung ausgetragen. So schickt ein anonymer Absender den Bericht
über den Betrugsfall Johann Baumgartner aus dem Wiener Tagblatt per Post an
Anton Teuschl, beigefügt ein Zettel mit der Notiz: „Dieser schlechte Mensch der da
zu lesen ist, kann doch unmöglich ihr Schwiegersohn sein?" Teuschl sieht sich
seinerseits nach lautstarken Streitigkeiten in der Familie des Ladenpächters in
seinem Haus veranlasst, im Kremser Wochenblatt eine Anzeige zu publizieren,
um „böswilligen Gerüchten" entgegenzutreten, er habe seinen Schwiegersohn
„thätlich mißhandelt".[103]

Barbara Baumgartner fühlt sich durch den Ehebruch ihres Manns auch in
ihrer Ehre verletzt. Indes ist der bei einer Trennung drohende zusätzliche Ehrverlust für sie, ihren Sohn und ihre Mutter ein wichtiger Beweggrund, sich nicht
scheiden zu lassen. Die landeseinheitliche Einführung des Rechts auf Scheidung
erfolgte in Österreich erst 1938. Wenn sie schriftlich über das Fortziehen aus Krems
und explizit „eine Scheidung" nachdenkt, meint sie die im kanonischen Eherecht
seit der Frühen Neuzeit mögliche und vor allem von Frauen angestrebte ‚Trennung
von Tisch und Bett'. Diese Version der Eheauflösung konnte von katholischen
Ehegerichten trotz des sakramentalen Charakters der Ehe gerade bei Ehebruch
gewährt werden, schloss aber anders als im protestantischen Eherecht die Möglichkeit der Wiederverheiratung aus.[104] Stärker noch als rechtliche sind es in der
zweiten Hälfte des 19. Jahrhunderts soziale Normen, die die Dauerhaftigkeit von
Ehen sicherstellen. Die allgemeine Akzeptanz der Ehe als Lebensform konnte
gleichwohl nicht verhindern, dass sie gegen Ende des Jahrhunderts zunehmend
zur Zielscheibe von Kritik wurde. Die bürgerliche Ehe als Institution und als
Geschlechterordnung geriet in eine Krise, was sich diskursiv in Traktaten und
Romanen sowie dann auch in zunehmenden Scheidungszahlen niederschlug.[105]

---

101 5.2.1877, S. 93.
102 20.11.1872, S. 59.
103 23.10.1876, S. 77 (erstes Zitat); 5.11.1877, Wortlaut der Erklärung S. 103.
104 20.4.1881, S. 120; zur Eheauflösung im katholischen Recht Scholz-Löhnig 2006, Sp. 53 f.; zur
Praxis der Trennung von Tisch und Bett vor dem Wiener Zivilgericht Dober u. a. 2019; vgl. zur
Geschichte der Scheidung allgemein Blasius 1987.
105 Zur Krise der Ehe um 1900 Arni 2004; zu Scheidungsraten in ausgewählten europäischen
Ländern im letzten Viertel des 19. Jahrhunderts ebd., S. 24; vgl. auch Saurer 2014, Kap. 3, S. 134 ff.

Ein modernes Paar

Barbara und Johann Baumgartner sind in mancher Hinsicht ein sehr modernes Paar. Denn anders als Stettlers, Bruckners und Benekes verbinden sie mit dem Eintritt in die Ehe und mit der Idee der Familie keine Mission. Es geht weder um ein zu gründendes ‚frommes Haus' noch um ein ‚sittliches Verhältnis', das durch gemeinsame Bildungserlebnisse verfeinert und zum Nukleus einer neuen Gesellschaft werden soll. Stattdessen geht es schlicht um persönliches Glück und Wohlergehen der Familie im Alltag: eine „geregelte glükliche Häuslichkeit" und eine „sorgenfreie Existenz".[106] Der Ehemann soll über gegenseitige Zuneigung hinaus ein Partner, verlässlich, treu und zugewandt, sein. Zudem ist das vorliegende Tagebuch das erste hier behandelte Exempel, in dem, wenn auch etwas verklausuliert, Freude am Sex erwähnt wird. Einige Monate nach der Hochzeit berichtet Barbara über ihr neues Leben in Wien. Sie sei glücklich verheiratet, ginge an Sonntagen in Parks oder den Volksgarten, ins Kaffeehaus oder ins Theater. Ihre Wohnung sei vorzeigbar. Und wo sie dies schreibe, schaue ihr gerade „mein Mannerl" über die Schulter „und sagt ich soll auch einschreiben wie wir die Abende zubringen, und daß wir beide oft sehr schlimm" sind.[107]

Unzweifelhaft gab es bereits in der Frühen Neuzeit und auch im 19. Jahrhundert zahlreiche familiäre Haushalte, die vor dem finanziellen Ruin standen oder aufgegeben werden mussten. Auch Ulrich Bräker und Ferdinand Beneke hatten ja mit Verschuldung zu kämpfen. Im Journal der Barbara Baumgartner fällt allerdings auf, dass der Diskurs über persönliches und familiäres Wohlergehen geradezu monetarisiert wird. Die Diaristin unterlegt ihre Einträge immer wieder – aber nicht regelmäßig oder tabellarisch wie in einem Haushaltsbuch – mit konkreten Zahlen: Kauf- und Verkaufspreise von Läden, Mietkosten und Einkünfte, die Löhne der Bediensteten in dem Friseurladen, der Preis der neuen Nähmaschine, die Kosten der Klavierstunde für Sohn Hansi etc. Beim Einzug der Familie ins Elternhaus im Februar 1878 wird nicht nur die über den Laden bestehende Geschäftsbeziehung mit den Eltern fixiert, sondern auch die Abrechnung von Frühstück und Mittagessen am Tisch der Mutter: insges. „17 f 10 x".[108] Exakte Abmachungen zwischen den Generationen sind von Hofübergaben oder Ehever-

---

106 5.2.1877, S. 92; 5.11.1877, S. 101.

107 20.11.1872, S. 60; vgl. zur „Orientierung an Glück, Spaß und Genuss" in Tagebüchern um 1900 Bänziger 2020, S. 17; vor Gericht wurde wenige Jahre später offener über Sexuelles geredet: Arni 2004, S. 235; vgl. zur verdrängten Sexualität im bürgerlichen Zeitalter allgemein Gay 1986 und 1987.

108 26.2.1878, S. 106 (‚f' statt ‚fl' und Durchstreichung im Original); s. auch „Mai 1879", S. 113; vgl. zum Folgenden Lanzinger 2020.

trägen aus der Frühen Neuzeit bekannt. Aber die Autorin dieses Tagebuchs taxiert sogar ihre voreheliche Liebesbeziehung mit Begriffen aus der Finanzwelt. Die achtzehnjährige Wetti berichtet über ein Gespräch mit ihrem Verehrer Johann: „er bot seine ganze Liebenswürdigkeit auf [und, J.E.] ich (…) zahlte mit doppelten Zinsen was er mir gethan."; und einige Monate später, nach der Bemerkung über die Schulden des Kremser Brautpaars Schober / Vogl: „Die Aktien meiner Liebe stehen gut."[109] Auch die wechselhafte Konjunktur ehelicher Zuneigung ist durch Geldsummen beeinflussbar: „mein Mann ist wider gut und freundlich seitdem ich ihm von den Eltern 300 fl verschaffte".[110] Mit Pietismus, Romantik oder Ästhetik hatte diese nackte Narratio der Zahlen in Zeiten der ökonomischen Krise nichts zu tun.

---

109 17.4.1870, S. 21; 22.11.1870, S. 32.
110 23.6.1875, S. 68; vgl. zum Folgenden die Analyse des bürgerlichen Subjekts bei Reckwitz 2006, Kap. 2.

9 Aufwachsen im Proletariat: Friedrich Engels' Bericht und Adelheid Popp

Manchester (1845); Inzersdorf und Wien (1869–1902)

Anknüpfend an Ideen der Aufklärung, hatte der Fortschrittsoptimismus des Frühliberalismus auf die Effekte von Bildung und wirtschaftlicher Entwicklung gesetzt. Die durch Reformen – anstatt Revolution – zu initiierende Steigerung von Wissen und Wohlstand würde von der Ständegesellschaft schließlich zu einer „mittelständischen ‚klassenlosen Bürgergesellschaft‘" führen.[1] Maßgeblich war die Erwartung einer Verbreiterung, das heißt einer sozialen Ausweitung der ökonomischen Chancen, des Lebensstandards und der politischen Partizipation aller Staatsbürger. Der freie, selbstständige Bürger – männlicher Wesensart – verfügte nicht nur über das Wahlrecht, sondern idealiter auch über ein freistehendes Haus als Wohnstatt seiner sittlichen Familie in geordneten Verhältnissen. Doch die von den bürgerlichen Meisterdenkern im Umbruch von der Stände- zur bürgerlichen Gesellschaft in guter Absicht entworfenen Utopien zerschellten Mitte des 19. Jahrhunderts zusehends an sozialen Realitäten. Die beiden Jahrzehnte zwischen der Juli-Revolution von 1830 und der März-Revolution von 1848 waren die Hochzeit des ‚Pauperismus‘, einer grassierenden Massenarmut und Arbeitslosigkeit, sowie des sozialen Protests.[2] Nach der 48er-Revolution setzte im deutschsprachigen Mitteleuropa die Hochindustrialisierung ein, die zwar neue Formen von Arbeit schuf, aber eben auch alte Gewerbe verdrängte. Bevölkerungswachstum und Industrialisierung führten nicht wie angenommen zu einer homogenen Mittelstandsgesellschaft, sondern viel eher zu einer ‚bürgerlichen Klassengesellschaft‘.[3] Augenfällig wurde diese Entwicklung beim Bau ganz neuer Stadtteile außerhalb der alten Stadtmauern. Hier entstanden prächtige Villenviertel neben den übervölkerten, schmutzig-ungesunden Quartieren des Industrieproletariats.[4]

---

1 Gall 1993b, S. 27.
2 Vgl. stellvertretend für viele Studien Gailus 1990.
3 Vgl. klassisch Hobsbawm 1962; Wehler, Bd. 2, 1987, Kap. III.1; zu den 1850er Jahren F. Lenger 2003, S. 139 ff.
4 Zur Entstehung neuer Wohnquartiere Wischermann 1997, S. 455 ff.; zum Pauperismus als Herausforderung für eine sozialreformerische Wohn- und Familienpolitik Zimmermann 1997, S. 524 ff.

https://doi.org/10.1515/9783110749496-009

Engels' Report aus den Slums englischer Städte

Einen prägnanten Eindruck von den Wohnverhältnissen des Proletariats bietet Friedrich Engels' frühe Abhandlung *Die Lage der arbeitenden Klasse in England* aus dem Jahr 1845. Der Autor erklärt im Untertitel, das Buch sei „Nach eigener Anschauung und authentischen Quellen" verfasst worden.[5] Über weite Strecken handelt es sich um einen pionierartigen Sozialreport. Der Text ist also kein Selbstzeugnis, auch wenn sich Engels in diesem Frühwerk durchaus mit seiner eigenen Herkunft auseinandersetzt und implizit über sich selbst schreibt. Der 1820 geborene Sohn eines Baumwollfabrikanten aus Barmen wurde 1842 von seinem pietistisch geprägten Vater nach Manchester geschickt, um im dortigen Familienbetrieb, der Baumwollspinnerei Engels & Ermen, seine kaufmännische Lehre abzuschließen.[6] Die Ausbildung inklusive beruflicher Auslandsaufenthalt war typisch für das bürgerliche Kaufmanns- und Unternehmermilieu im rheinischen Barmen und darüber hinaus. Engels stammte aus der Bourgeoisie und kannte schon vor seinem Aufenthalt in der boomenden Industriestadt Manchester die miserablen Lebensverhältnisse der Arbeiterschaft aus seiner Heimatstadt. Seine ‚antibürgerliche Emanzipationsschrift' aus dem Zentrum der europäischen Industrialisierung war zugleich eine Abrechnung mit Elternhaus und Herkunftsmilieu. Wenn dieser klassische Text hier einbezogen wird, dann deshalb, weil sich zwischen Engels' *Die Lage der arbeitenden Klasse in England* und dem Haupttext dieses Kapitels, Adelheid Popps gut 60 Jahre später geschriebenem, autobiografischen Bericht *Jugend einer Arbeiterin*, einige inhaltliche Parallelen feststellen lassen. Die österreichische Sozialdemokratin und Frauenrechtlerin Popp war Engels mehrmals persönlich begegnet, hatte seine Reportage aus den englischen Arbeiterquartieren gelesen und war davon beeindruckt.[7]

Hier geht es zunächst um die prekären Wohn- und Familienverhältnisse der englischen Industriearbeiterschaft aus Engels' Perspektive. Während seines 21 Monate dauernden Aufenthalts bereiste er von Manchester aus weitere Großstädte wie London. Über andere britische Industriezentren holte er Informationen ein. Seine Quellen waren nicht nur statistische Dokumente und Experten-Traktate zu Missständen in der Arbeiterklasse, sondern eben auch ‚eigene Anschauung'. Engels suchte den direkten Kontakt zu den Menschen. Er ging durch die Elendsquartiere von Manchester und London, schaute in die Häuser und führte Gespräche mit den Akteurinnen und Akteuren. Bekenntnishaft erklärt er in einem

5 Engels 1977.
6 Vgl. informativ auch zum Folgenden Przyrembel 2011.
7 Popp 2019, S. 105, S. 124 f.; vgl. auch Hauch 2009, S. 210.

an die Arbeiterschaft Großbritanniens gerichteten Vorwort sein in nuce sozial-
anthropologisches Vorgehen: „I wanted to see you in your own homes, to observe
you in your every-day life, to chat with you on your condition and grievances, to
witness your struggles against the social and political power of your oppressors."[8]
Der junge Engels machte also gar keinen Hehl aus seiner Parteinahme. Seine
Schlussfolgerungen mögen dann auch diskutabel und fragwürdig sein, an der
düsteren Realität des Beobachteten gibt es insgesamt jedoch wenig Zweifel. Hier
interessieren vor allem drei Aspekte: die Materialität der Lebensbedingungen, der
Faktor Migration und die Rückwirkungen der Fabrikarbeit auf die Geschlechterbeziehungen in Haus und Familie. Engels beschreibt unterschiedliche Wohnformen der Fabrikarbeiterfamilien und Unterschichten, die allesamt prekär sind:
separate Wohnviertel mit neu erbauten ‚cottages', Hinterhöfe und Kellerwohnungen in baufälligen Häusern, ‚lodging houses' für Obdachlose. Die
Probleme sind stets ähnlich: neben Feuchtigkeit, Schmutz und Gestank durch
mangelnde Kanalisation vor allem eine massive Überfüllung mit Menschen vom
Keller bis unter das Dach. Zwei Drittel bis drei Viertel der englischen Arbeiterfa-
milien bewohnen in den 1840er Jahren laut Engels' Quellen mit ihren zahlreichen
Kindern ein einziges kleines Zimmer.[9] Auch neu errichtete Häuser seien nach
wenigen Jahrzehnten schon wieder baufällig oder stünden leer. Die Bewohner
wechselten schnell, Reparaturen unterblieben, Fensterscheiben fehlten oder
seien zerbrochen, Holzteile wie Rahmen oder Türen würden herausgebrochen
und verheizt.[10] In den Behausungen der „Ärmsten der Armen" lässt sich so auch
eine ganz anders begründete Form des ‚offenen Hauses' als in Bürgerhäusern
feststellen: „hier in diesem Diebsviertel [St. Giles in London, J.E.] (...) sind keine
Türen nötig, weil nichts zu stehlen ist." Aus den Kellerwohnungen steigen
„kränkliche Kindergestalten und halbverhungerte, zerlumpte Frauen ans Tages-
licht".[11] Als Resultat seiner Streifzüge durch die Arbeiterbezirke von Manchester
resümiert Engels mit Begriffen aus dem bürgerlichen Diskurs, dass dort „keine
Reinlichkeit, keine Bequemlichkeit, also auch keine Häuslichkeit möglich ist".
Die Behausung wird quasi zum Akteur, anders gesagt: Zwischen häuslicher
Sphäre und Bewohnerinnen besteht eine Wechselwirkung. Wortmächtig erklärt
Engels, dass „in diesen Wohnungen nur eine entmenschte, degradierte, intel-

---

8 Engels 1977, S. 11; vgl. zu Engels' Authentizitätsdiskurs auch Przyrembel 2011, o.S.
9 Engels 1977, S. 46 f.
10 Engels 1977, S. 45 und 78.
11 Alle Zitate Engels 1977, S. 45.

lektuell und moralisch zur Bestialität herabgewürdigte, körperlich kränkliche Rasse sich behaglich und heimisch fühlen kann."[12]

Friedrich Engels' Sozialtopografie englischer Industriestädte bietet der Leserschaft auch eine „Moraltopographie".[13] Dabei hat er nicht zuletzt die Migration aus Irland im Blick. Die zahlenstarke Arbeiterschaft irischer Herkunft stelle als Arbeitskräftereservoir eine Grundvoraussetzung für die frühe und schnelle Industrialisierung Englands dar.[14] Die schlechtesten Quartiere der Industriestädte würden zu Zehntausenden von den Iren und ihren Nachkommen bewohnt. Engels, der in Manchester die irische Arbeiterin Mary Burns kennenlernt, die er später heiratet, sieht die Migrantinnen aus dem ländlich-vorindustriellen Irland einerseits als Opfer einer radikalen Ausbeutung. Andererseits vergleicht er sie essentialisierend mit ‚Wilden' anderer Kontinente. Die Iren würden nicht in Betten, sondern auf Stroh schlafen, in Lumpen herumlaufen und ihren Lohn sofort mit Branntwein vertrinken. Besonders abstoßend ist für ihn, dass sich viele irischen Familien ein Schwein hielten, das manchmal mit den Menschen unter einem Dach wohne und schlafe sowie den Kindern als Spielgefährte diene. „Der südliche, leichtsinnige Charakter des Irländers, seine Roheit, die ihn wenig über einen Wilden stellt, seine Verachtung aller menschlicheren Genüsse, deren er eben wegen dieser Roheit unfähig ist, sein Schmutz und seine Armut, alles das begünstigt bei ihm die Trunksucht".[15] Engels betont also nicht etwa die Notwendigkeit der häuslichen Selbstversorgung oder die Unvermeidlichkeit des Alkohols als Fluchtmöglichkeit aus einem unerbittlichen Alltag, sondern den moralischen Aspekt.

Auch die durch die Fabrikarbeit veränderten Geschlechterbeziehungen in Haus und Familie werden durch eine Brille der Moral gesehen. Unzweifelhaft bedeutet der monotone Zwölf-Stunden-Arbeitstag an sechs Wochentagen für Männer wie für Frauen und auch minderjährige Kinder, dass ein Familienleben, welches diese Bezeichnung verdient, kaum stattfindet. Das bürgerliche Subjekt Friedrich Engels sieht in der Frauenarbeit nicht eine Chance zur Emanzipation, sondern eine Bedrohung der Geschlechterrollen. Anhand statistischen Quellenmaterials zeigt er auf, dass weit über die Hälfte der englischen Fabrikarbeiterschaft weiblichen Geschlechts, dazu knapp die Hälfte jünger als 18 Jahre alt ist.[16]

---

12 Alle Zitate Engels 1977, S. 83; vgl. zum ‚Haus als Akteur' Gieryn 2002; zur häuslichen Sphäre allgemein Eibach / Lanzinger 2020; zur Reinlichkeit im bürgerlichen Diskurs Frey 1997.
13 Przyrembel 2011, o.S.
14 Engels 1977, S. 45, 74, v. a. 111–15, auch zum Folgenden.
15 Ebd., S. 114; zur Schweinehaltung S. 113; vgl. die Kritik von Marx und Engels am „Lumpenproletariat", wenige Jahre später im Kommunistischen Manifest: Engels / Marx 1848 (2008), S. 30.
16 Engels 1977, S. 164; s. auch S. 169; zum Folgenden S. 164–72.

Engels konstatiert mehrere fatale Konsequenzen für die Familie. Die Mütter könnten sich nicht mehr um ihre Kinder kümmern, sondern müssten diese schon im Säuglingsalter gegen ein geringes Entgelt einer anderen Frau oder einem Mädchen zur Aufsicht überlassen. Die Abwesenheit der Mutter sei auch ein Grund für die hohe Kindersterblichkeit, und „eine Mutter, die ihr Kind kaum zu sehen bekommt, kann diesem Kinde keine Mutter sein, sie muß notwendig gleichgültig dagegen werden, es ohne Liebe, ohne Fürsorge behandeln wie ein ganz fremdes Kind". Viele Kleinkinder wüchsen ohne jede Aufsicht auf. Die Lohnarbeit der heranwachsenden Kinder in den Fabriken führe dann gänzlich zur „Auflösung der Familie", sobald diese ab dem 14. oder 15. Lebensjahr mehr verdienten als sie ihren Eltern für Kost und Logis überreichten. Denn die Folge sei: „die Kinder emanzipieren sich und betrachten das elterliche Haus als ein Kosthaus".[17] Noch problematischer erscheint dem Gesellschaftstheoretiker die „totale Umkehrung der Stellung der Geschlechter". Zwar lehnt Engels ausdrücklich auch „die ursprüngliche Herrschaft des Mannes über die Frau" als „unmenschlich", weil nicht auf „Familienliebe", sondern Eigentum und „Privatinteresse" gegründet, ab. Die Fabrikarbeit der Frauen bietet für ihn jedoch keinen Ansatz zur Lösung. Durch „das Arbeiten der Frau" werde die Familie fatalerweise „auf den Kopf gestellt. Die Frau ernährt die Familie, der Mann sitzt zu Hause, verwahrt die Kinder, kehrt die Stuben und kocht." In Manchester seien Hunderte Männer „zu häuslichen Arbeiten verdammt", was die „tatsächliche Kastration" der Arbeiter bewirke und zu entsprechenden Protesten führe.[18] Auf der anderen Seite könnten sich die jungen, ledigen Fabrikarbeiterinnen nicht in den häuslichen Tätigkeiten wie Kochen, Waschen, Nähen und Kindererziehung ausbilden. Deshalb seien sie „durchaus nicht zu Hausfrauen geeignet".[19] Unfreiwillig zeigen diese Passagen aus Friedrich Engels' Frühwerk, welche Wirkmacht das Modell der bürgerlichen Familie mit seinen charakteristischen Geschlechterrollen Mitte des 19. Jahrhunderts normativ entfaltete. Wird Familienliebe als Grundlage familiärer Beziehungen hier en passant noch als erstrebenswert erwähnt, so erfolgt allerdings wenige Jahre später im *Kommunistischen Manifest* ein Generalangriff auf die Institution der Familie, die nun nur noch als ein von einem „rührend-sentimentalen Schleier" verdecktes „reines Geldverhältnis" begriffen wird. In ihrer epochemachenden Programmschrift von 1848 reiten Engels und Marx ihre Attacke gegen die bürgerliche Gesellschaft mit dem Ausruf: „Aufhebung der Familie!"[20]

---

17 Alle Zitate ebd., S. 166; s. auch S. 164.
18 Alle Zitate ebd., S. 166 – 69.
19 Ebd., S. 169.
20 Engels / Marx 1848 (2008), S. 23 und S. 36.

Emanzipation des weiblichen Subjekts aus dem Prekariat

Die von Adelheid Popp um 1908 geschriebene und zuerst im Jahr 1909 anonym publizierte *Jugendgeschichte einer Arbeiterin* ist das Zeugnis einer individuellen Emanzipationsgeschichte. Denn in Marx-Engels'scher Diktion stammte die am 11. Februar 1869 als Adelheid Dwořak geborene Autorin aus dem „Lumpenproletariat" der Vororte Wiens.[21] Ihre Mutter Anna Dwořak und deren erster Mann Joseph Kubeschka waren vor 1850 wie viele Tausende aus der ländlichen Gesellschaft Böhmens nach Wien migriert, um in der Textilindustrie oder einem anderen Gewerbe ein Auskommen zu finden. Trotz genauer Recherchen in Kirchenbüchern und anderen Quellen sind die Lebensdaten der Familienangehörigen nicht so einfach festzustellen[22]: zu unterschiedlich die Schreibweise der böhmischen Namen, zu unbürokratisch die amtliche Erfassung, zu unbedeutend vielleicht auch die Familie, die oft den Wohnort wechselt. Adelheids früh verwaiste Mutter hatte ab dem sechsten Lebensjahr als Dienstmädchen gearbeitet, nie eine Schule besucht und blieb zeitlebens Analphabetin. Mit 19 Jahren heiratet sie dann 1843 in einem Wiener Vorort den fast zwanzig Jahre älteren Bauernsohn und Webermeister Kubeschka, mit dem sie fünf Kinder zeugt, ehe er 1854 an Tuberkulose stirbt. Mindestens vier der fünf Kinder sterben, bevor sie das fünfte Lebensjahr erreichen. 1857 heiratet Anna Kubeschka den ebenfalls aus Böhmen stammenden Webergesellen Adalbert Dwořak, mit dem sie weitere sieben Kinder hat. Ein Kind stirbt bei der Geburt, eins mit drei Jahren, ein weiteres mit elf Jahren. Das jüngste Kind ist die spätere Autorin der *Jugendgeschichte* Adelheid, die die Mutter mit 45 Jahren gebiert. Nur fünf ihrer zwölf Kinder erreichen das Erwachsenenalter. Die Anderen sterben an Tuberkulose, Masern oder Fieber. Ganz sicher ist das alles aber nicht. Denn Adelheid Popp wird später in ihrem Buch erwähnen, sie sei das 15. Kind ihrer Mutter gewesen.[23]

Verbrieft ist dagegen, dass die Autorin aus dem Weber-Milieu stammt, dem Engels in seiner Abhandlung über England vor dem Durchbruch der Maschinenfertigung ein quasi idyllisches Leben – geistig beschränktes Vegetieren „in einer ganz behaglichen Existenz" – zuschreibt. Aus der „Klasse der ackerbauenden Weber" sei dann aber das besitzlose „industrielle Proletariat" entstan-

---

21 Engels / Marx 1848 (2008), S. 30: „Das Lumpenproletariat, diese passive Verfaulung der untersten Schichten der alten Gesellschaft"; zum „Elend vorstädtischen Lebens" von Wien Maderthaner / Musner 1999, S. 68.
22 Zu den biografischen Daten Adelheid Popps und ihrer Familie Prager 2019, S. 18 ff.; zum Folgenden S. 16; vgl. zum ‚böhmischen Wien' Csáky 2010, S. 137–45.
23 Popp (1909) 2019, S. 67.

Abb. 18: Adelheid Popp, geb. Dwořak; Bildquelle: Wikimedia Commons.

den.[24] Die Taufpaten der Dwořak-Kinder sind Weber. Auch Adelheids Taufpatin ist eine Weberfrau mit böhmischen oder slowakischen Wurzeln, die nicht ihren Namen schreiben kann.[25] Sicher ist zudem, dass Adelheid Dwořak in Verhältnissen aufwächst, die man keinem Menschen wünschen möchte. Die Wiener Textilindustrie befindet sich seit Mitte der 1850er Jahre in einem schnellen Niedergang. Durch die bauliche Stadterweiterung boomt aber die Ziegelproduktion. Die Ziegelfabrik des Vororts Inzersdorf (Vösendorf) am Wienerberg ist mit Abstand die größte im Raum Wien.[26] Sie beschäftigt mehrere tausend Arbeiterinnen und Arbeiter. Vielleicht hoffte das Ehepaar Dwořak, in der Ziegelfabrik Arbeit zu finden und zog deswegen nach Inzersdorf. In dem kleinen Ort treffen zwei Welten aufeinander: auf der einen Seite ein ländliches Idyll und Ausflugsziel der Wiener Gesellschaft, auf der anderen Seite die Quartiere der schlecht beleumundeten Arbeitsmigranten. Die enorme Expansion der Ziegelfabrik wird flankiert durch den Bau billiger Arbeiterbehausungen. Alteingesessene ‚Dörfler‘ und zugezogene ‚Ziegelböhm‘ leben in direkter Nachbarschaft und nehmen doch kaum Notiz

---

24 Engels 1977, S. 20–23.
25 Prager 2019, S. 19; zum Folgenden ebd., S. 19–21.
26 Zum Niedergang der Textilindustrie Chaloupek 1991, S. 336; zur Ziegelproduktion ebd., S. 334.

voneinander.[27] Adelheid Dwořaks Familie wohnt in der Siedlung an der großen Triester Straße inmitten des Proletariats der Ziegelarbeiter. Etwas speziell ist, dass sich die Weberfamilie Dwořak, anders als die Familien in ihrem Umfeld, von Heimarbeit ernährt. Der Alltag der ‚Straßler' ist mit den von Friedrich Engels geschilderten Verhältnissen vergleichbar.

Abb. 19: Ziegelschlägerfamilie in Vösendorf, barfuß bei der Arbeit; Bildquelle: Historisches Archiv der Firma Wienerberger.

Zunächst gilt es auch hier, die Biografie des schreibenden Subjekts und seine Motive zu skizzieren. Der Lebenslauf von Adelheid Popp, geb. Dwořak, ist mehr als bemerkenswert.[28] Hineingeboren in aussichtslose Armut, Analphabetismus und häusliche Gewaltverhältnisse, gelingt es ihr nicht nur, ein tägliches Aus-

---

27 S. die Darstellung des Volksschullehrers Freund 1882, S. 121 ff., der aber nur nebenbei von einer „massenhaften, verdienstlosen Arbeiterbevölkerung" spricht (S. 122); vgl. Iglauer 1974; Streissler 1991.
28 Vgl. zur Biografie Adelheid Popps die Skizzen von Prager 2019 und Hamann 2019a und b, v. a. zu den politischen Aktivitäten Hauch 2009, S. 205 – 23; ferner Reiter 2010; zur Arbeiterkindheit in Österreich aus sozialhistorischer Perspektive Hanisch 1982.

kommen zu erlangen, mit dem sie sich selbst und andere Familienangehörige ernährt. Adelheid Popp kann auch als Beispiel für die Kant'sche Formel von der Aufklärung als ‚Ausgang des Menschen aus seiner selbst verschuldeten Unmündigkeit' gelten, wobei jedoch weder ihre noch die Sprachlosigkeit aller derjenigen Frauen und Männer, die durch Massenarmut und Industrialisierung in neuartige Lebensformen geworfen wurden, als selbst verschuldet bezeichnet werden kann. Adelheid Dwořaks Schulbildung besteht aus einem dreijährigen Besuch der Volksschule in Inzersdorf. Die Sprache ihrer Eltern, Tschechisch, versteht sie nicht mehr. Korrekte Rechtschreibung und Grammatik des Schriftdeutschen muss sie sich später während ihrer journalistischen Arbeit aneignen. Kindheit als eine Schonzeit, wie es sich als Vorstellung von einer Lebensphase im pädagogischen Diskurs im frühen 19. Jahrhundert durchgesetzt hat, kennt die junge Adelheid nicht: „In späteren Jahren überkam mich oft ein Gefühl grenzenloser Erbitterung, dass ich gar nichts, so gar nichts von Kinderfreuden und Jugendglück genossen hatte."[29] Stattdessen muss sie nach dem Tod des Vaters als Sechsjährige mit Geld verdienen, um die Familie durchzubringen. Nicht nur in den Fabriken, auch in der alten ländlichen Gesellschaft war Arbeit von Kindern im Rahmen der Familienwirtschaft selbstverständlich. Sie strickt Strümpfe und näht Knöpfe an, beaufsichtigt Kinder, die noch jünger sind als sie, und macht Botengänge. Noch über dreißig Jahre später kann sie sich erinnern, dass sie für das Aufnähen von 144 Knöpfen den Kleinstbetrag von anderthalb Kreuzer und maximal 27 Kreuzer pro Woche erhielt.[30]

Schnell wechselnde Arbeiten, erniedrigende Verhältnisse, Hunger und schlechte Ernährung bleiben ein Grundtenor der Biografie, auch als die Mutter mit der zehnjährigen Adelheid 1879 nach Wien zieht. Darauf wird noch näher einzugehen sein. Eine erste Wende zum Besseren tritt durch die dauerhafte Anstellung mit einem erwartbaren Lohn in einer Wiener Korkfabrik ein. Sie ist 15 Jahre alt. Eine zweite berufliche Wende gelingt 1892 im Alter von 23 Jahren mit der Anstellung als Schriftleiterin der neuen *Arbeiterinnen-Zeitung*.[31] Zwischen diesen beiden Stationen liegen die ersten Kontakte zu Anhängern der österreichischen Arbeiterbewegung und die Hinwendung zu den Ideen des Sozialismus, die von Adelheid Popp dann wie eine Erweckungserfahrung geschildert wird. Sie nennt

---

29 Popp 2019, S. 56; alle folgenden Annotationen zum Werk Adelheid Popps beziehen sich auf die 2019 von Sibylle Hamann vorgelegte Ausgabe der *Jugendgeschichte*; vgl. zur Kindheit im Bürgertum Budde 1994; zur Frühen Neuzeit Jarzebowski 2007; Papathanassiou 2007.
30 Popp, S. 48 f.; vgl. Prager 2019, S. 30 f.
31 Popp, S. 82 ff. und 122.

sich selbst synonym „Sozialistin" und „Sozialdemokratin".[32] Gefördert vom Gründer der Sozialdemokratischen Arbeiterpartei Österreichs Victor Adler und seiner Frau Emma, wird Adelheid Dwořak, die 1893 den Sozialdemokraten Julius Popp heiratet, eine der ersten Frauen der Partei, die öffentlich auftritt und sich für ‚die Frauenfrage' engagiert. 1919 gehört sie zu den ersten weiblichen Abgeordneten im Parlament Österreichs. Die Tatsache, dass sie auch die erste Frau ist, die im Nationalrat eine Rede hält, macht sie zu einer Ikone der österreichischen Frauenbewegung. Ihre Aktivitäten als Politikerin korrespondieren eng mit der eigenen Lebenserfahrung. Popp fordert nicht nur das Frauenwahlrecht, sondern auch den Acht-Stunden-Tag und eine effiziente Kontrolle der Arbeitsbedingungen in Fabriken – nicht zuletzt zur Bekämpfung der Kinderarbeit – sowie einen besseren Schutz für Schwangere und Mütter.[33] Das Subjekt Adelheid Popp, geb. Dwořak, kombiniert mehrere kulturelle Stränge: als Tochter von Migranten aus dem Sub-Proletariat, Fabrikarbeiterin, Moralistin, Politikerin der Arbeiter- und Frauenbewegung. Die Autorin Popp bedient sich mit einer Autobiografie zudem eines Genres mit bürgerlicher Tradition.

Der autobiografische Text über ihre Kindheit und Jugend, der mit dem frühen Tod des Ehemanns 1902, verbunden mit der alleinigen Verantwortung für die beiden 1897 und 1901 geborenen Söhne, endet, ist im Kontext der politischen Überzeugungen Adelheid Popps zu sehen. So beschreibt sie ihren persönlichen Wandel von kindlicher Religiosität und Schwärmerei für die habsburgischen Monarchen hin zu einer neuen Art von Glauben. Anders als bei vielen Tagebüchern unterliegt diesem Text ein kohärentes Narrativ, ein roter Faden, der sie am Ende zur Sozialdemokratin macht, die Andere „bekehren" will.[34] Popp verbindet mit ihrer Publikation, die in der ersten Auflage 1909 in einem Münchner Verlag erscheint, zwei Ziele: erstens, Bewusstsein wecken für konkrete Missstände und prekäre Verhältnisse, die sich als „Unterdrückung und Ausbeutung" zusammenfassen lassen[35]; zweitens, der Appell vor allem an Frauen aus der Arbeiterschicht, sich zu emanzipieren, und zwar durch die Mittel der Bildung und des politischen Engagements. In seinem Geleitwort zur ersten Ausgabe nennt August Bebel die anonym bleibende Verfasserin eine „Vorkämpferin ihres Geschlechts". Nur ein Jahr später dankt Adelheid Popp im Vorwort zur dritten Auf-

---

32 Ebd., S. 88 und 133; vgl. zu Frauen in der österreichischen Politik nach der 48er-Revolution Hauch 2009.
33 Kurz dazu Hamann 2019a, S. 12; vgl. ausführlicher Hauch 2009, S. 205 ff.
34 Popp, S. 109.
35 Ebd., S. 99.

lage dann ihrerseits und nun namentlich Bebel als Vorkämpfer für die „Befreiung der Frau".[36]

Die *Jugendgeschichte einer Arbeiterin* ist keine platte Propagandaschrift, sondern auch eine Verarbeitung traumatischer Erfahrungen. Adelheid Popp gibt mit ihrem Selbstzeugnis viel von sich preis. Sie lässt die Leserschaft in ihre Inzersdorfer Kinderstube schauen, berichtet vom Siechtum ihres Bruders und von ihrem kranken Ehemann. Nicht zuletzt gibt der Text Zeugnis von einem problematischen Mutter-Tochter-Verhältnis. Die Autorin thematisiert – vergleichbar mit dem Tagebuch Wetti Teuschls, verheiratete Baumgartner – Erschöpfung, die zu Angstzuständen und Ohnmachtsanfällen führt.[37] Adelheid Popps psychische Krisen enden nicht einfach mit dem Beginn ihres neuen Lebens als Sozialdemokratin, zumal die Doppelbelastung durch Fabrik- und Parteiarbeit kräftemäßig ein Schlauch ist. Lediglich ganz am Ende kippt der Text an einigen Stellen ab in einen bekenntnishaften Diskurs der Sinnstiftung durch Sozialismus: „Mein Glaube an den Sozialismus".[38]

Anders als Friedrich Engels verzichtet Adelheid Popp auf eine gesamtgesellschaftliche Analyse. So fällt auf, dass die schwere Wirtschaftskrise ab 1873, die ihre Kindheit rahmt, nicht mit einem Wort als solche erwähnt wird. Auch die Ziegelwerke in Inzersdorf, über deren in katastrophalen Verhältnissen lebende Arbeiterschaft Victor Adler eine aufrüttelnde Studie verfasst hatte, in denen sie selbst aber nie gearbeitet hat, passen nicht in Popps subjektbezogenes Narrativ.[39] Zudem wird die Nennung konkreter Namen von Orten, Fabriken und Personen strikt vermieden, vermutlich um niemanden bloßzustellen, vielleicht auch um gerichtliche Klagen auszuschließen. Der Autorin geht es um das Musterhafte ihrer Erfahrungen. Manche Passagen können als direktes Anknüpfen an Engels' Buch zur *Lage der arbeitenden Klasse in England* gelesen werden, vor allem wenn es um die Auswirkungen der Fabrikarbeit geht, die sie am Beispiel ihrer Jahre in der Wiener Korkfabrik beschreibt. So problematisiert Adelheid Popp das Kostgeld für die tagsüber auf die Kinder aufpassenden Frauen, erwähnt die Beziehungen zwischen arbeitenden Ehefrauen und arbeitslosen Ehemännern und die Doppelbelastung der Fabrikarbeiterinnen durch Erwerbs- und Haushaltsarbeit, nicht zuletzt auch die ungesetzliche Fabrikarbeit von Kindern unter 14 Jahren.[40] Unterschiede zum Werk von Engels lassen sich jedoch inhaltlich wie im Duktus des

---

36 Ebd., S. 35 und 38.
37 Dies geht bis hin zu spontanen Suizidgedanken: ebd., S. 68 f. und 81; zum Folgenden S. 121 und 124.
38 Ebd., S. 132 f.
39 Vgl. zur Schrift von Adler Iglauer 1974, S. 160 ff.; Prager 2019, S. 21 f.
40 Popp, S. 85 f. und 116 f.

zwei Generationen später geschriebenen Selbstzeugnisses feststellen. Popp plädiert nicht für einen radikalen Systemwechsel und stellt nicht permanent die Bourgeoisie an den Pranger. Sie scheint vielmehr an die Möglichkeit von Reformen zu glauben: „Die Arbeiterin ist zwar noch immer ausgebeutet, das Los der verheirateten Proletarierin ist noch immer ein zweifach bedrücktes, aber doch zeigt sich schon der Weg zu einer besseren Gesellschaftsordnung."[41]

Die Ein-Raum-Häuslichkeit der Migrantenfamilien

Was heißt Häuslichkeit im Proletarierquartier von Inzersdorf am Wienerberg um 1875? Adelheid Popp antwortet: „Ich kannte nur die große Stube, in der gearbeitet, geschlafen, gegessen und gezankt wurde."[42] Die zu diesem Zeitpunkt siebenköpfige Familie der Dwořaks bewohnt einen einzigen Raum in einem Wohnkomplex an der Triester Straße. Gekocht wird von sieben, acht Parteien in einer Gemeinschaftsküche. Der Abort aller Hausbewohner befindet sich in einem Holzverschlag mit Senkgrube vor dem Haus. Erst 1892 werden neue Aborte und Waschküchen eingebaut. Die Wohnverhältnisse der böhmischen Migranten ähneln denjenigen der ‚Irländer' in Friedrich Engels' Manchester. Das materielle und symbolische Zentrum des Haushalts der Dwořaks ist der große Webstuhl, an dem der auf die sechzig zugehende Weber Adalbert Dwořak mit seinen Söhnen in Handarbeit Tuch herstellt, das er dann dem Fabrikanten gegen Geld übergibt – eine Arbeitsweise, die angesichts der fortschreitenden Maschinenproduktion von Textilien keine Zukunft mehr hat. In der Textilindustrie gab es eine besonders hohe Quote an Kinderarbeit.[43] Der zehnjährige Albert wird auf Antrag von der Schulpflicht befreit, um dem Vater zu helfen. In dem Raum befinden sich noch ein Ofen und ein Bett, unter das sich die kleine Adelheid ängstlich verkriecht, wenn es zwischen den Eltern Streit gibt. Der Vater, der trinkt, bringt oft zu wenig Geld für die Haushaltskasse nach Hause, weshalb ihn die Mutter zur Rede stellt. „Mein Vater war jähzornig, er schlug dann die Mutter".[44] Als Wäscherin trägt die Mutter – ebenso wie die Kinder – mit ihrer Arbeit dazu bei, den notdürftigen Unterhalt der Familie zu erwirtschaften. Das Familienleben der Dwořaks wird voll und ganz

---

41 Popp, Vorwort zur 4. Aufl., 1922, S. 41.
42 S. 43; vgl. zu den Wohnverhältnissen in Inzersdorf die ethnologische Arbeit von Iglauer 1974, S. 159–63; zu Heimarbeiterfamilien von Saldern 1997, S. 283; zu Wohnformen von Fabrikarbeitern allgemein ebd., S. 192ff.; zum Folgenden: Dank für die Informationen an Karin M. Hofer!
43 Prager 2019, S. 30; vgl. zum Niedergang der Textilindustrie im Raum Wien Chaloupek 1991, S. 336.
44 Popp, S. 43; s. auch S. 46.

Abb. 20: Wien-Inzersdorf, Triester Straße 16 – 20, Arbeiterhaus vor dem Abriss 2016; Bildquelle: Karin M. Hofer.

von den Notwendigkeiten der Subsistenz bzw. der Existenz bestimmt. Die Kinder sind zuerst und primär Arbeitskräfte.

In der Ein-Raum-Häuslichkeit der ‚Straßler' von Inzersdorf gibt es keine Privatheit und keine Geschlechtersphären. In ein und demselben Raum wird gearbeitet und gestritten, werden Menschen geboren und sterben gesehen. Die emotionale Beziehung des Kindes Adelheid zur Mutter ist viel stärker ausgeprägt als diejenige zum Vater. Indes gibt es im Verhältnis zur Mutter von Beginn an Ambivalenzen. Schon mit den ersten Zeilen ihrer Autobiografie resümiert Adelheid Popp ihre Kindheit: „Kein Lichtpunkt, kein Sonnenstrahl, nichts vom behaglichen Heim, wo mütterliche Liebe und Sorgfalt meine Kindheit geleitet hätte, ist mir bewusst." Doch sie setzt sofort hinzu: „Trotzdem hatte ich eine gute, aufopferungsvolle Mutter, die sich keine Stunde Rast und Ruhe gönnte, immer getrieben von der Notwendigkeit und dem eigenen Willen, ihre Kinder redlich zu erziehen und sie vor dem Hunger zu schützen."[45]

Adalbert Dvořák ist ein anwesend-abwesender Vater anderer Art als bürgerliche Väter, die sich in ihre Studierstube verziehen und so Distanz zum Familienleben schaffen. Dazu fehlen hier offensichtlich die Möglichkeiten. Sein Rückzugsraum ist wie im Fall Johann Baumgartners die Männergesellichkeit im Wirtshaus. Dvořák, der es trotz seines fortgeschrittenen Alters nur zum ‚Gesellen' gebracht hat und der seine eigene harte Lebensgeschichte gehabt haben wird, über die wir wenig wissen, schweigt im Familienkreis in der Regel teilnahmslos

---

45 Ebd., S. 43.

oder er weiß sich nur mit Gewalt zu artikulieren. Zwischen Vater und Tochter, seinem jüngsten Kind, scheint ein Zustand völliger Beziehungslosigkeit geherrscht zu haben. „Mein ganzes Herz hing an der Mutter; vor dem Vater hatte ich eine unbezwingliche Scheu, und ich erinnere mich nicht, ihn je angeredet zu haben oder von ihm angesprochen worden zu sein."[46] Adelheid Popp verdeutlicht die Emotionsgeschichte ihrer Kindheit anhand zweier Szenen: ein Weihnachtsabend sowie dann Tod und Beerdigung des Vaters. Die Mutter möchte der noch nicht fünfjährigen Adelheid und ihren Geschwistern einmal zeigen, was Weihnachten ist, und legt dafür über Wochen einige Kreuzer beiseite.[47] In die Stube wird ein geschmückter Weihnachtsbaum gestellt. Die Familie möchte die Lichter anzünden und die gezuckerten Mohnnudeln, eine Spezialität der böhmisch-österreichischen Küche, essen. Doch der Vater ist nicht da. Er wollte dem Unternehmer Tuch bringen, um dann mit etwas Geld zur Bescherung nach Hause zu kommen. Man wartet stundenlang und geht schließlich enttäuscht schlafen, ohne dass die Lichter am Baum gebrannt hätten. Da erscheint der Vater – nach einem Stopp im Gasthaus – alkoholisiert und mit weniger Geld als die Mutter erhofft hat. Wie Adelheid von ihrem Bett beobachtet, kommt es „wieder zu einer heftigen Szene", wobei der Vater mit einer Hacke den geschmückten Baum zerlegt.[48] Am nächsten Tag hat der Vater ein schlechtes Gewissen und gibt seiner Tochter ein paar Kreuzer, um sich davon etwas zu kaufen.

Als der Vater 1875 an Krebs stirbt, ist Adelheid sechs Jahre alt. Auch der nahe Tod des Vaters zeigt, dass die Behausungen der ‚Straßler' nicht der passende Ort für die Suche nach familiärer Sentimentalität sind. Vielmehr geht es um das nackte Überleben. Die Medikamente gegen die Krankheit verschaffen keine Besserung, verschlingen aber die kärglichen Einkünfte der Familie. „Sooft ich mit einem Rezept in die Apotheke geschickt wurde, klagte meine Mutter, wie lange das noch dauern würde." Als schließlich der Geistliche kommt, um dem Vater die letzte Beichte abzunehmen und die Sterbesakramente zu geben, ist dies für Adelheid „ein großes Ereignis". Über den Tod des Vaters, der „ohne ein versöhnendes Wort" stirbt, kann sie keine Trauer empfinden; „als ich die von einer wohlhabenden Familie geliehenen Trauerkleider mit Hut und Schleier trug, empfand ich weit eher ein Gefühl der Genugtuung, auch einmal so schön angezogen zu sein."[49]

---

46 Ebd., S. 44.
47 Ebd., S. 44 f.; vgl. zum Haus als Ort von Emotionen Opitz-Belakhal 2020; zur Bedeutung des Weihnachtsfests Schmidt 2017; Baumert 2014.
48 Popp, S. 45.
49 Alle Zitate S. 46.

Die Familie des Webers und der Wäscherin sind eine Überlebensgemeinschaft, zu der alle Beteiligten beizutragen haben. In puncto Arbeit geht es hier nicht um Haushalten, Pflegeleistungen oder Repräsentation mit Teeservice, sondern um das Erwirtschaften der Nahrung für den nächsten Tag durch unmittelbare Einkünfte.[50] Deshalb stürzt der Tod des Vaters zwei Jahre nach dem Wiener Börsenkrach die Familie in eine nochmal gesteigerte Existenzkrise. Die verwitwete Mutter ist nun als „Ernährerin" allein verantwortlich für den Haushalt mit fünf Kindern.[51] Der älteste Bruder muss das Haus verlassen und geht als Handwerksgeselle auf die Walz. Zwei Brüder im Alter von 13 und 16 Jahren werden in die Lehre geschickt. Der mit zehn Jahren jüngste Bruder Albert geht zwar noch in die Schule, muss aber auch Geld verdienen. Das Beispiel der Familie Dvořák zeigt, dass es neben Fabrikarbeit noch ganz andere Formen des Erwerbs durch Kinder gab.[52] Wie erwähnt, verdient die sechsjährige Adelheid ein paar Kreuzer durch Strumpfstricken, Nähwerk und die Beaufsichtigung anderer Kinder, deren Eltern in der Ziegelfabrik arbeiten.

Weitere Einkünfte der Kinder von Inzersdorf verweisen auf die Gleichzeitigkeit traditionaler, spätfeudaler und moderner Praktiken während der ersten großen Wirtschaftskrise der Ära der Hochindustrialisierung. Die ländliche Region in Niederösterreich kennt noch die jahreszeitlichen Heischebräuche, bei denen Arme und Kinder durch das Dorf gehen und in gut gestellten Häusern mit einem aufgesagten Wunsch um Gaben bitten.[53] Wenn Sprösslinge aus wohlhabenden Familien sterben, können sich Kinder aus ärmeren Familien auch bei der Beerdigung durch Einreihung in die Prozession zum Grab etwas Geld verdienen. Der Bruder Albert dient mit anderen Knaben als Treiber bei der Jagd. Adelheid bittet in einem Brief an eine als wohltätig bekannte ‚Herzogin' um die Gnade, ihr ein Paar Schuhe zu gewähren, damit sie in die Schule gehen könne. Sie darf daraufhin in das Schloss kommen, erhält dort feste Schuhe und eine warme Winterjacke sowie Geld für ihre Mutter. Mit ihren Holzpantoffeln und einem dünnen Jäckchen wirkt die zehnjährige Adelheid auf die Adlige so überzeugend, dass diese noch ihren Arzt schickt, um den kranken Bruder Albert zu untersuchen, und im folgenden Frühjahr Anna Dvořák als Gärtnerin anstellt. Albert wiederum verdient sich vor seiner Knochenkrankheit, die zum Tode führen wird, im Sommer etwas Geld durch sonntägliches Kegelaufsetzen in den Gasthäusern der Gegend. Das Inzersdorf der 1870er Jahre ist ein Ort der Fabrikindustrie, herkömmlich-vormo-

---

50 Vgl. zu Formen häuslicher Arbeit, wie bereits angeführt, Whittle 2019; Zucca Micheletto 2020.
51 Popp, S. 46, auch zum Folgenden.
52 Vgl. mit weiteren Literaturangaben Papathanassiou 2007.
53 Popp, S. 49; zum Folgenden S. 47–52.

derner Bräuche und Mildtätigkeit sowie auch der aufkommenden modernen Unterhaltungsgesellschaft.

Zu den ländlich-vormodernen Praktiken der Unterstützung gehören im Proletarier-Milieu an der großen Straße auch noch die Leistungen der Nachbarschaft. Adelheids Mutter muss regelmäßig vor dem gewalttätigen Vater fliehen, „um sich bei Nachbarn zu verbergen." Während sie, wie Popp berichtet, dann einige Tage nicht erscheint, muss der schimpfende Vater, „dem man sich nicht nähern durfte", für die Kinder und den Haushalt sorgen, womit er überfordert ist. „Zu essen gab es dann nicht viel, mitleidige Nachbarn halfen uns".[54] Nachbarn versorgen dann auch den siechenden elfjährigen Albert mit Suppe und versuchen ihn mit allen möglichen Mitteln wieder auf die Beine zu bringen. Zu den traditionellen Aufgaben der Nachbarschaft gehört auch die Ehrerweisung durch Präsenz bei den Stationen im Lebenslauf. Dies betrifft nicht nur Hochzeiten und die Übernahme von Taufpatenschaften, sondern auch das Ableben eines Nachbarn. Als der katholische Geistliche im Haus Inzersdorf Nr. 163 erscheint, um Adalbert Dworák die Sterbesakramente zu geben, ist nicht nur die Familie anwesend. „Alle Hausbewohner knieten in unserem Zimmer und wir mit ihnen."[55] Erwähnenswert sind solche Rituale und Hilfsleistungen aus mehreren Gründen. Die Dworáks ziehen an der großen ‚Straße' öfter um, so dass sich die Hausgemeinschaft immer wieder neu zusammensetzt. Die Sozialgeschichte konstatiert im Hinblick auf den Übergang zur modernen Gesellschaft eine abnehmende Relevanz nachbarschaftlicher Funktionen.[56] Im Kleinbürgermilieu von Krems trat die Nachbarschaft wie gesehen nur noch durch lästige soziale Kontrolle in Erscheinung. Viele der Migrantinnen von Inzersdorf stammten aber so wie Anna Dworák und ihr erster Mann Joseph Kubeschka aus der bäuerlichen Gesellschaft Böhmens. Sie waren mit den alten Praktiken gegenseitiger Hilfe in der Nachbarschaft als Notgemeinschaft aufgewachsen, die sie dann mit in die neue Welt nahmen.

Das 19. Jahrhundert war das Jahrhundert der allgemeinen Schulpflicht, der fortschreitenden Alphabetisierung und Bildungsexpansion in Europa.[57] Doch diese moderne Erfolgsgeschichte verlief nicht ohne Friktionen. Bis weit ins 20. Jahrhundert stellte eine lange Schulzeit der Kinder für Familien aus den Unterschichten primär einen Kostenfaktor dar und implizierte wie im Fall der Familie Dworák den Wegfall dringend benötigter Lohnleistungen. Für Adelheid Popp ist dies ein wichtiger Punkt und auch eine Weichenstellung im Verhältnis zu ihrer

---

54 Alle Zitate ebd., S. 43 f.; zum Folgenden S. 48.
55 Popp, S. 46.
56 Wrightson 2007; Cockayne 2012.
57 Osterhammel 2009, Kap. XVI.

Mutter. Obwohl die kleine Adelheid als begabt gilt, fehlt sie oft in der Schule, und zwar unentschuldigt, da die Mutter nicht schreiben kann. Dies wird der Mutter irgendwann zum Verhängnis. Das österreichische Schulgesetz hat 1869 eine achtjährige Schulpflicht eingeführt und das Schulgeld abgeschafft.[58] Die Leitung der Volksschule von Inzersdorf erstattet Anzeige und Anna Dwořak wird eines Morgens von zwei Gendarmen zu einem zwölfstündigen Arrest abgeholt, was sie als Schande empfindet. Anschließend wird sie noch mit dem Vormund der zehnjährigen Adelheid zum Oberlehrer zitiert. Adelheid Popp bringt das Dilemma im Rückblick folgendermaßen auf den Punkt: „Was nützte das aber, wenn ich weder Kleidung noch Nahrung hatte, um die Schule besuchen zu können."[59] Am Ende des Schuljahrs, im Sommer 1879, zieht Anna Dwořak mit ihrer Tochter nach Wien. Weil diese dort nicht als Kind polizeilich angemeldet wird, fällt keiner Behörde auf, dass die Zehnjährige nicht weiter zur Schule geht. Deswegen ist für Adelheid anstatt nach den gesetzlich vorgeschriebenen acht schon nach drei Jahren Schluss mit der Schule. Den amtlichen Meldezettel in Wien füllt nicht Anna Dwořak, sondern die schreibkundige Adelheid aus. Sie unterlässt die Angabe in der Spalte für Kinder, denn sie hält sich für „kein Kind mehr (...), ich war ja schon Arbeiterin"![60] Damit antizipiert sie die Vorstellungen und Wünsche ihrer Mutter.

Kopräsenz in Kammern und Kabinetten

Eine Darstellung der Domizile von Mutter und Tochter Dwořak in Wien kann direkt da weitermachen, wo das Kapitel zu den wechselnden Wohnungen der Baumgartners aufgehört hat. Jedoch werden hier die Wohnorte in den Wiener Bezirken nicht genannt. Manchmal zu zweit, manchmal zu dritt mit einem Sohn bzw. Bruder bewohnen Anna und Adelheid Dwořak billige, dunkle, schlecht heizbare ‚Kammern' oder Ein-Zimmer-‚Kabinette'. Es sind Orte ohne Komfort, ohne Privatheit und ohne Geschlechtertrennung. Im Vergleich zum Weberhaushalt im Proletarierquartier von Inzersdorf sind jedoch zwei Unterschiede zu vermerken. Trotz ausgeprägter Kopräsenz ist die Zahl der Personen, die in einem Raum schlafen, geringer, und Arbeit und Wohnen sind räumlich und zeitlich prinzipiell voneinander geschieden. Der zweite Aspekt gilt allerdings nur mit Einschränkung. Denn als Woll- und Tuchhäklerin nimmt die elfjährige Adelheid

---

58 Prager 2019, S. 19.
59 Popp, S. 53; zum Folgenden S. 55.
60 Ebd., S. 55.

sich nach zwölf Stunden Arbeit in der Werkstatt ihre Arbeit mit nach Hause, um abends und nachts weiterzuarbeiten.[61]

Als Adelheid mit ihrer Mutter 1879 nach Wien zieht, ist der altersmäßig nächste Bruder Albert, zu dem sie eine enge Beziehung hat, bereits verstorben. Die älteren Brüder sind beim Militär, auf der Walz oder in der Lehre. Mutter und Tochter teilen sich in Wien mit einem alten Ehepaar „eine kleine Kammer, wo in einem Bett das Ehepaar, im andern meine Mutter und ich schliefen."[62] Die ältere Frau verdient ihr Geld als Wahrsagerin und will Adelheid – so Popps Einschätzung – zur Prostitution überreden, was zum Auszug führt. Das zweite, über mehrere Jahre bewohnte, Domizil ist ein kleines Zimmer ohne Fenster. Mutter und Tochter teilen es sich mit einem Bruder und dessen Arbeitskollege, die in einem Bett schlafen. Manchmal übernachtet dort auch ein befreundetes arbeitsloses Dienstmädchen. Dieses Mädchen schläft dann im Bett neben der Mutter, während Adelheid am Fußende mit dazu geschobenem Stuhl ihren Platz findet.[63] Der Umstand, dass Menschen sich das Bett teilen, ist aus der Vormoderne bekannt und in den Unterschichten im 19. Jahrhundert alles andere als ungewöhnlich. Auch Friedrich Anton Püschmann berichtet davon. In der *Geschichte des privaten Lebens* von Ariès und Duby gilt ‚la ruelle', die Nische zwischen Bett und Wand, für weite Bevölkerungsschichten als einziger „eindeutig intimer Ort".[64]

Sogenannte Bettgeher und Schlafgänger sind in Wien wie auch in deutschen Großstädten ein überaus häufiges Phänomen. Laut einer Volkszählung werden im Jahr 1900 in Wien 17 % der Kleinwohnungen, bestehend aus einem Zimmer und der Küche, von sechs oder mehr Personen bewohnt. Ein Viertel aller Haushalte beherbergt Untermieter oder Bettgeher.[65] Aus bürgerlicher Sicht ist das Teilen des Betts und die Praxis der Bettgeher – hygienisch wie moralisch – ein eklatanter Missstand. Dazu passt durchaus der Bericht Adelheid Popps. Denn es kommt zu nächtlichen Annäherungsversuchen des vom Bruder mitgebrachten Bettgehers, was bei der Vierzehnjährigen Verunsicherung und Ängste auslöst. Dem Mann wird zwar sofort gekündigt, aber Adelheid muss wegen ihrer Angstvorstellungen einen Arzt aufsuchen, der im neurasthenischen Jargon der Zeit „eine Nervenerkrankung" diagnostiziert. Eine klinische Untersuchung stellt zudem fest, das

---

61 Ebd., S. 55 f. und 58.
62 Ebd., S. 55.
63 Ebd., S. 57.
64 Ranum 1999, S. 224; vgl. zu Gemeinschafts- und Einzelbetten Dibie 1989, S. 98.
65 Die Angaben zu Wien laut Haiko 1977, S. 30; allgemein zu Bettgehern, Schlafgängern und Untermieterinnen B. Kuhn 2015, S. 373 – 78; Ehmer 1979; Brüggemeier / Niethammer 1978.

Mädchen sei „im höchsten Grade unterernährt und blutleer".[66] Auch später, nachdem ein älterer Bruder arbeitslos aus dem Militärdienst zurückkehrt, bewohnt man zu dritt ein einziges Zimmer. Das Teilen des Betts mit der Mutter ist noch für die 16jährige selbstverständlich. Dennoch bessern sich die Wohnverhältnisse mit dem Abflauen der Wirtschaftskrise und durch die Arbeit mitsamt regelmäßiger Lohnzahlungen in der Korkfabrik: „Wir hatten ein Zimmer mit zwei Fenstern genommen und mit uns wohnte wieder der jüngste Bruder, aber ohne Schlafkollegen. Wenn ich nun am Sonntag las, konnte ich bei einem Fenster sitzen, das zwar nur in einen engen Hof ging, aber ich war doch überglücklich."[67] Die Wohnbedingungen während der späteren Lebensphasen werden von Adelheid Popp nicht näher beschrieben. Ihre Bemerkungen zeigen jedoch, dass nicht das Modell der Kernfamilie, sondern viel eher der Typus der ‚Erweiterten Familie' mit Familienangehörigen Usus ist. So wohnen Mutter und Tochter mit einem verheirateten Bruder zusammen, und als die 24jährige selbst heiratet, zieht auch ihre Mutter ein und besorgt den Haushalt für das Paar.[68]

Der Aspekt Offenheit versus Privatheit der häuslichen Sphäre stellt sich hier deutlich anders dar als bei Benekes, Bruckner-Eglingers und auch beim Dorfschullehrer Püschmann. Dies gilt nicht nur für den Weberhaushalt mit Heimarbeit, sondern auch für die Mietwohnungen in Wien. Im Winter ist die Kammer der Dwořaks tagsüber wegen eindringendem Wind und Schnee durch die Türritzen und Fensteröffnungen faktisch nicht bewohnbar. Das Einheizen des Ofens am Tage kommt wegen der Kosten nicht in Frage. Die Mutter geht morgens um halb sechs Uhr zur Arbeit. Dem Mädchen gibt sie ein Stück Brot und einige Kreuzer, um sich mittags etwas zu essen kaufen zu können. So streunt die 14jährige Adelheid durch die Großstadt, um irgendeine Arbeit zu finden. „Fast den ganzen Tag war ich auf der Straße." Zwischendurch wärmt sie sich in Kirchen oder in Häusern auf, wo sie nach Arbeit fragt. „Um jeden Preis musste ich Arbeit finden".[69] Ihre Beschäftigungen wechseln schnell. In den Werkstätten und kleinen Fabriken Wiens findet sie jeweils für ein paar Tage oder Wochen Unterschlupf, um dann buchstäblich wieder auf die Straße gesetzt zu werden. Auf der Gasse wird sie von einem „eleganten Herrn" in verdächtiger Weise angesprochen. Einige Male fällt sie erschöpft in Ohnmacht. Sie erholt sich bei einem Aufenthalt in einer psychiatrischen Klinik, wo sie zur Beobachtung eingewiesen wird. Dort erhält sie endlich gutes Essen, sogar Fleischmahlzeiten, und nicht zuletzt: „Ich hatte für mich allein

---

66 Alle Zitate Popp, S. 64; zum Folgenden S. 71f. und 90; vgl. zum neurasthenischen Diskurs Radkau 1998.

67 Popp, S. 89.

68 Ebd., S. 97 und 126.

69 Alle Zitate ebd., S. 72.

ein Bett und immer reine Wäsche."[70] Außerdem hat Adelheid in der Klinik Zeit, um ihrer Lieblingsbeschäftigung nachzugehen: Sie liest Bücher, die ihr die Ärzte leihen.

Offensichtlich ist eine Besuchskultur, wie sie für bürgerliche Familien im weiteren Sinne typisch ist, in zugigen, dunklen Kammern nicht praktizierbar. Die Anwesenheit der einige Kreuzer zahlenden Schlafgänger hat rein materielle Gründe. Häusliche Kopräsenz mit Geschwistern steht im Kontext der Familie als wechselseitige Unterstützungsgemeinschaft. Konsequenz ist ein Ausweichen auf die Straße oder im Fall der Männer in Kneipen und Wirtshäuser. Doch gibt es trotz dieser extrem reduzierten Häuslichkeit auch beim Beispiel der heranwachsenden Adelheid Popp Aspekte, die über Materialität bzw. „ein reines Geldverhältnis"[71] hinausweisen. Jürgen Habermas hat den häuslichen Salon des 18. Jahrhunderts als Ort der Genese eines neuartigen – zuerst literarischen, späterhin politisierten – Diskurses ausgemacht. Auch für Christopher Clark begann die Aufklärung in Preußen im 18. Jahrhundert wie erwähnt mit einer Gesprächskultur, die in halb-öffentlicher Weise in den Häusern stattfand.[72] Zwar kennt die heranwachsende Adelheid weder Visiten noch distinguierte Konversation im Salon. Aber auch ihre Geschichte der Emanzipation beginnt im Haus bzw. zuhause, wo sie sonntags am Fenster sitzt und Bücher studiert. Sie liest zunächst wahllos, was sie in die Hände bekommt oder im Antiquariat der Vorstadt findet, später dann, wie mit etwas Stolz berichtet wird, die Klassiker Schiller und Goethe.[73] Und es bleibt nicht bei solitärer Muße. Das Mädchen ist als Vorleserin und Geschichtenerzählerin beliebt. Sie wird von der Meisterfrau, bei der sie arbeitet, zum Vorlesen eingeladen. Auch „im Hause", wo sie mit ihrer Mutter wohnt, „wurde ich von Familien eingeladen, um zu erzählen".[74] Der zweite Schritt erfolgt durch wiederholte Besuche von Kollegen ihres Bruders bei ihnen, „darunter einige intelligente Arbeiter" und Sozialde-mokraten, die nicht nur Zeitungen und Bücher mitbringen, sondern im Gespräch auch Begriffe verwenden, die für Adelheid ganz neu sind: „Republik", „Anar-chismus und Sozialismus".[75] Sie ist zu diesem Zeitpunkt etwa zwanzig Jahre alt. Die theoretischen Abhandlungen versteht sie zwar nicht gleich. Aber es fällt der zukünftigen Adelheid Popp leicht, ihre Erfahrungen im Fabrikalltag und im Milieu der proletarischen Unterschichten mit dem Gelesenen zusammenzubringen. Erst nach dieser Phase häuslichen Lesens, Reflektierens und Diskutierens, die koin-

---

70 Ebd., S. 81 und 65.
71 Engels / Marx 1848 (2008), S. 23.
72 J. Habermas 1990, S. 107–16; Clark 2007, S. 295–99, 309.
73 Popp, S. 58–60; s. auch S. 65 f., 89 f.
74 Ebd., S. 60.
75 Ebd., S. 97.

zidiert mit dem Abschied von religiöser und Fürsten-Schwärmerei, traut sie sich, in der Fabrik politisch aktiv zu werden und abends Versammlungen zu besuchen. Als Redakteurin der *Arbeiterinnen-Zeitung* wähnt sich die 23jährige dann im „gelobten Land".[76]

Ein anderes Familienmodell?

Hat Adelheid Popp ein anderes Familienmodell als die am eigenen Leibe erlittene Häuslichkeit der Adelheid Dvořak aus Inzersdorf? Davon ist selbstverständlich auszugehen. Aber inwiefern unterscheiden sich Popps Vorstellungen von Ehe und Familie von den normativen Ideen im ‚bürgerlichen Wertehimmel'? Die Autobiografie beschreibt zwei Schlüsselbeziehungen: diejenige zwischen Mutter und Tochter, die den gesamten Text durchzieht, und auf den letzten Seiten die Ehe mit Julius Popp, die der Leserschaft eine Antwort präsentiert auf viele Probleme, die mit dem Aufwachsen im Proletariat von Inzersdorf verbunden sind.

Das Mutter-Tochter-Verhältnis ist komplex, durchzogen von intensiven Emotionen, sowohl in puncto Zuneigung als auch wiederkehrenden Streitigkeiten, zugleich aber geprägt von einer über alle Meinungsunterschiede hinweg bestehenden Loyalität und lebenslangen Verpflichtung. Die Beziehung beginnt in der Überlebensgemeinschaft der Weberstube von Inzersdorf, in der es gilt, gegen die Not und gegen den gewalttätig-trunksüchtigen Vater zusammenzuhalten. Sie endet als gemeinsamer Familienhaushalt mit dem Ehemann, in dem sich Mutter und Tochter kaum noch etwas zu sagen haben. In aller Klarheit formuliert Adelheid Popp das Bedürfnis und Recht eines Kindes auf mütterliche Liebe. Ihre eigene Mutter vermag diesem Bedürfnis nicht immer zu entsprechen. Nach dem psychischen Zusammenbruch der 14jährigen Tochter, der zur Einweisung in eine Klinik führt, sei ihre Mutter „ungemein zärtlich gegen mich geworden (...). Meine Liebkosungen, die sie früher immer abgewiesen hatte, nahm sie jetzt gerührt hin."[77] Auch später, als die politische Aktivistin versucht, die monotone Fabrikarbeit am Tag mit Versammlungs- und Vortragstätigkeit am Abend zu verbinden, und bei weiterhin mangelhafter Ernährung am Rande der Erschöpfung wandelt, vermittelt ihr die Anwesenheit der Mutter Sicherheit: „ich fühlte mich geborgener."[78] Auf der anderen Seite illustriert dieses Mutter-Tochter-Verhältnis durchaus

---

76 Ebd., S. 123.
77 Ebd., S. 66; vgl. zu Mutter-Tochter-Beziehungen in der Autobiografik Müller 1996; zu Popp ebd., S. 279 – 81; zum Link zwischen Kindheit und Emotionalität Jarzebowski 2018; Opitz-Belakhal 2020.
78 Popp, S. 121; s. auch S. 90.

die Analyse von Engels und Marx, dass „infolge der großen Industrie alle Familienbande für die Proletarier zerrissen und die Kinder in (...) Arbeitsinstrumente verwandelt werden."[79] Anders gesagt, die familiären Beziehungen sind hochgradig monetarisiert. Die nicht verhandelbare Erwartung Anna Dwořaks an ihre Tochter von klein auf ist, dass sie Geld zu verdienen habe. Darauf insistiert sie offenbar mit einiger Rücksichtslosigkeit. Die erweiterte Schulpflicht sieht sie nicht als Chance, sondern als Eingriff in ihre elterlichen Rechte.[80] Nach der Entlassung Adelheids aus der Klinik ändert sich der Tonfall der Mutter abrupt, denn „dieses Mädel verdiente nichts. Sie machte mir schwere Vorwürfe und schalt mich; weil sie selber immer verstanden hatte zu verdienen, sollte auch ich es können."[81] Weil die immer noch erst 14jährige nach einer sexuellen Belästigung durch einen Herrn aus der Chefetage nicht in die Fabrik zurückkehren will und so kein Geld nach Hause bringt, wird sie von ihrer Mutter und ihrem Bruder beschimpft. Es folgt ein weiterer verdorbener Weihnachtsabend mit extremer familiärer Missstimmung.

Die Spannungen zwischen Mutter und Tochter verschärfen sich, als die adoleszente Adelheid anfängt, sich für die Politik der Sozialdemokraten zu interessieren. Das Beispiel Dwořak / Popp zeigt, wie eine neue politische Bewegung in familiäre Beziehungen hineinwirken und dazu führen kann, dass Angehörige derselben Familie, die sich eine kleine Vorstadtwohnung teilen, am Ende in zwei unterschiedlichen Welten leben. Für die Aktivitäten ihrer Tochter wie auch ihres sozialdemokratischen Sohns hat die Mutter keinerlei Verständnis. Lange Zeit muss Adelheid den Besuch von Versammlungen und ihre Vorträge, wo es ja nichts zu verdienen gibt, vor der Mutter mit Notlügen verbergen. Adelheid Popp kann diesen familiären Dissens auch mit dem Wissen, dass ihre Mutter nie eine Schule besucht, stattdessen in widrigen Verhältnissen alle zwei Jahre ein Kind geboren hat, nicht rationalisieren. Sie ist tief verletzt. Noch ihr Ehemann Julius Popp wird immer wieder aufs Neue – „stundenlang" – versuchen, der alten Frau „klarzumachen, welch herrliche Sache der Sozialismus sei."[82] Die eingestandene Vergeblichkeit dieser Überzeugungsarbeit belegt nebenbei, dass es der Autorin mit ihrem Lebensbericht nicht primär um Propaganda geht. Aus der privilegierten Position des distanzierten Betrachters gesehen, zeigt sich an dieser Szene, dass familiäre Konflikte unfreiwillig komisch sein können. Die Kluft zwischen den beiden Welten und zwischen den Generationen ließ sich nicht einfach durch Diskussionen in der guten Stube schließen. Man kann das Verhalten der alten Frau starrsinnig oder die politischen Missionierungsversuche von Tochter und

---

79 Engels / Marx 1848 (2008), S. 37.
80 Popp, S. 47.
81 Ebd., S. 67; zum Folgenden S. 76–82.
82 Ebd. S. 127; s. insgesamt S. 115–24.

Schwiegersohn verbohrt nennen. In analytischer Perspektive bestätigt sich die begrenzte Macht von Ideen und demgegenüber die andauernde Wirksamkeit des Habitus als „das Körper gewordene Soziale". Bourdieu hat bei seinen Feldstudien beobachtet, dass „Menschen, die sich mit einem ‚vorkapitalistischen' Habitus abrupt in einen ‚kapitalistischen' Kosmos versetzt finden", völlig überfordert sind und dann „unzeitgemäß und unsinnig handeln".[83] In Alltagsdeutsch übersetzt: Die alte Anna Dvořak konnte nicht aus ihrer Haut. Sie wusste aufgrund ihrer Lebenserfahrung mit neuen Ideen wie Schulpflicht, Regelungen gegen Kinderarbeit, politischem Engagement von Frauen oder gar Sozialismus nichts anzufangen.

Der dauerhafte Dissens findet Ausdruck auch in der Ablehnung, mit der die alte Frau zunächst dem Ehemann ihrer Tochter und der Art ihrer Eheführung begegnet. „Heiraten und Kinder bekommen", so Adelheid Popp, „sah sie als die Bestimmung des Weibes an", wobei „die Frau ins Haus gehöre".[84] Ihre Mutter hatte sich also durchaus das bürgerliche Ehemodell zu eigen gemacht. Julius Popp, den die Fabrikarbeiterin Adelheid kennenlernt, als sie – zu diesem Anlass festlich gekleidet – ihre sozialdemokratische Zeitung kauft, und den sie 1893 heiratet, ist der Antipode zum eigenen Vater, also zum sogenannten ‚Lumpenproletarier'. Popp ist zwanzig Jahre älter als sie und bereits von Krankheit gezeichnet. Das graue Seidentuch, das er gern um seinen Hals trägt, wird seiner Schwiegermutter in spe vermutlich nicht gefallen haben. Nach einer Schuhmacherlehre hat er sich gewerkschaftlich organisiert und ist seit 1886 Mitglied des Vorstands der Sozialdemokratischen Arbeiterpartei. „In bitteren Worten sprach er von den Männern, die ihren halben Wochenlohn vertranken oder verspielten, indes Frau und Kinder zu Hause darbten".[85] Diese Bemerkung ist sicher auch als Botschaft an die Leserschaft gerichtet. Adelheid, die bald darauf in die Redaktion der *Arbeiterinnen-Zeitung* einsteigt, beeindruckt seine „weise Klugheit und sein energischer Charakter".[86] Nicht selbstverständlich ist, dass die 24jährige trotz der extrem negativen Familienerlebnisse in ihrer Kindheit und Jugend überhaupt heiratet und selbst eine Familie gründet. Zudem hatten die Gründerväter des Kommunismus ja die Abschaffung der Familie projektiert. Ehe und Familie werden von Adelheid Popp aber auch nach ihrer Hinwendung zur Sozialdemokratie als Institution nicht grundsätzlich in Frage gestellt. Vielmehr soll eheliches „Glück"[87], das sie – im Prinzip nicht anders als Frauen aus dem Bürgertum –

---

83 Bourdieu / Wacquant 2017, S. 161 und 164.
84 Popp, S. 123 und 126.
85 Ebd., S. 126; zum Seidentuch S. 131.
86 Ebd., S. 131.
87 Ebd., S. 131 f.; s. auch S. 126.

ausdrücklich sucht und zum Kriterium für die Heirat macht, neu buchstabiert werden. Es geht ihr darum, Ehe und Familie anders zu leben. Julius Popp ist in ihrer Schilderung ein Freund und sensibler Mann, nämlich „rücksichtsvoll und zartfühlend"[88], der ihre Sorgen teilt und ihre Arbeit beratend unterstützt. Die Arbeit der beiden ist gleichwertig und deutlich mehr als reiner Gelderwerb. Zu den gemeinsamen Sorgen zählt nicht zuletzt das Aushalten der Vorwürfe der verbitterten Schwiegermutter in der kleinen Wohnung, die aber durch Einkaufen und Kochen auch ihren Teil zum Haushalt beiträgt. Es ist letztlich ein partnerschaftliches Modell der Ehe, das die Frau nicht auf die Rolle als Mutter und Hausfrau reduziert und die familiären Aufgaben gemeinsam organisiert. Wenn sie für mehrere Tage zu Versammlungen fährt, ist er für die Kinder zuständig.[89] Betrachtet man das Geschlechterverhältnis in der Ehe der Popps nochmals aus einer distanzierten Perspektive, durch die Linse der Ehekritik der Frauenbewegung, so provoziert dies erneut hier und da ein Augenzwinkern. Die Autorin berichtet aus dem Alltag mit ihrem Mann: „Wenn ich morgens mit ihm zusammen von daheim fortging und schon unser Zimmer aufgeräumt hatte, während er beim Lesen einer Zeitung gesessen, sah er das nie als eine Selbstverständlichkeit an"![90]

Das bürgerliche Modell der Ehe wird hier nicht gänzlich abgeschafft, sondern als Partnerschaft auf Augenhöhe mit gleichberechtigter Arbeit der Ehefrau und gemeinsamer Sorge für die Kinder neu definiert. Dazu passen Adelheid Popps Insistieren auf Moral und ihre Distanz gegenüber den Vergnügungen junger Arbeiterinnen im Kontext der aufkeimenden Unterhaltungs- und Erlebnisgesellschaft.[91] Hinzu kommt ein weiterer Aspekt. Adelheid und Julius Popp sind eine Art neues Glaubenspaar, das bezüglich der geteilten weltanschaulichen Überzeugung als Basis und Ausgangspunkt der Beziehung den Vergleich mit Paaren im Pietismus nicht scheuen muss. Nach ihrer politischen Erweckung ist Adelheid Popp überzeugt, dass „der Sozialismus nicht nur notwendig sei, sondern welterlösend wirken würde. Mein Glaube daran war unerschütterlich geworden, und wenn ich an die Ehe dachte, so träumte ich von einem Manne, der meine Ideale teilen würde." So ist der Auserwählte nicht nur ein Ratgeber und verständnisvoller Freund, sondern auch ein Mann, der „meine Gesinnung teilte".[92] Vor dem Hintergrund der zunehmenden sozialen Endogamie der Heiratsbeziehungen im

---

88 Ebd., S. 128; vgl. Trepp 1996c, Titel; vgl. zum ‚sozialistischen Paar' Arni 2004, S. 261 ff.
89 Popp, S. 129 f.
90 Ebd., S. 126.
91 Ebd., S. 86 und 98; vgl. Bänziger 2020; die spätere Adelheid Popp soll ein Faible für schöne Kleider und ‚weibliche' Accessoires gehabt haben: Hauch 2009, S. 214.
92 Beide Zitate Popp, S. 125 f.; s. S. 130: das Eheglück, das „auf vollständiger Harmonie der Gesinnung beruht".

19. Jahrhundert und analog zur Partnerwahl in religiösen Gemeinschaften ist hier auch noch zu bemerken, dass die Ehepartner wohl kaum zufällig aus dem gleichen politischen Milieu stammen.[93] Von Liebe oder romantischer Zweisamkeit ist demgegenüber insgesamt wenig die Rede.

Friedrich Engels, August Bebel und Adelheid Popp begegneten sich auf internationalen Versammlungen der Arbeiterbewegung. Am Rande des Kongresses der II. Internationale in Zürich im Herbst 1892 kam man auch persönlich miteinander ins Gespräch. Der alternde Engels muss Gefallen an der engagierten jungen Frau gefunden haben. Er nennt sie in einem Brief leicht machohaft „ein allerliebstes Wiener Fabriksmädel".[94] Popp schildert ihn im Rückblick einfach als sehr freundlich. Doch sie erzählt den Führern der Arbeiterbewegung auch von den andauernden Problemen mit ihrer Mutter und deren Ablehnung ihrer Parteiarbeit. So kommt es zu einer filmreif-fellinesken Szene. Adelheid Dvořak aus Inzersdorf wohnt mit ihrer Mutter in einer kleinen Wohnung in der Wiener Vorstadt. Eines Tages stehen plötzlich Engels und Bebel vor der Tür. Der Grund ihres Auftritts: Sie wollen Mutter Dvořak von den Leistungen ihrer Tochter überzeugen. Doch die alte Frau begreift nicht, um was es geht. Sie vermag in den beiden ergrauten Männern, die zum Hausbesuch erscheinen, nur Heiratskandidaten – unpassende, versteht sich – ihrer Tochter zu erkennen.

---

93 Zusammenfassend zur sozialen Endogamie Gestrich u. a. 2003, S. 502; zum Heiraten innerhalb des politischen Milieus Guzzi-Heeb 2014, S. 195 – 207.
94 Zit. nach Hauch 2009, S. 210; dto. Hamann 2019a, S. 10; zum Folgenden: Popp, S. 124 f.

10 Aus der Bürgerfamilie in die Künstlerehe: Paula Becker und Otto Modersohn

Bremen, Worpswede und Paris (1892–1907)

Trotz der krisenhaften Auswirkungen der Industrialisierung, deren soziale Folgen das bürgerliche Politikmodell in die Defensive zwangen, ist eine enorme Beharrungskraft und fortbestehende Attraktivität bürgerlicher Lebensentwürfe im Alltag festzustellen. Dies gilt zweifellos für die Wertschätzung von Familie und Häuslichkeit, die man als einen privaten, harmonieträchtigen Rückzugsraum begriff. Dass die häusliche Realität oft anders aussah, dürfte bereits deutlich geworden sein. Zudem ergaben sich nicht nur durch die Industrialisierung und den Aufstieg der Arbeiterbewegung neue Herausforderungen. Die Zeit um 1900 lässt sich im Hinblick auf den beschleunigten Wandel, der Kultur und Wissenschaft erfasste, als eine zweite Sattelzeit der europäischen Moderne verstehen. Die etwa zeitgleich mit der urbanen Massengesellschaft entstehenden Sozialwissenschaften und die Psychoanalyse stellten gewohnte Sichtweisen radikal in Frage. So wurde das in jeder Beziehung Souveränität anstrebende bürgerliche Subjektverständnis mit Sigmund Freuds viel gelesener Studie *Zur Psychopathologie des Alltagslebens* (1904) konfrontiert, die bereits im Titel das liberale Ideengebäude erschütterte. Die ästhetische Überladung der Wohnräume durch historistische Interieurs, die in der zweiten Hälfte des Jahrhunderts die revolutionäre Einfachheit des Biedermeierstils ablöste, konnte die stickige Krisen- und Endzeitstimmung, die sich vor dem Ersten Weltkrieg zuspitzen sollte, nicht übertünchen.[1] Auch in der Geschichte der Emotionskulturen gilt die Zeit um 1900 als eine innovative, ältere Konventionen überwindende, Ära.

Mit dem dekadenten Lebensgefühl des Fin de Siècle korrespondierte in der Kunst eine Aufbruchstimmung, die neue Wege eröffnete. Es kam zu ‚Sezessionen‘ aus dem offiziellen Kunstbetrieb und zur Gründung von Künstlerkolonien außerhalb der Bürgerstädte, in denen Maler und als ‚Malweiber‘ verspottete Malerinnen nach neuen ästhetischen Möglichkeiten suchten, oft inspiriert von Ideen einer umfassenden Lebensreform.[2] Hinzu kam die erste Frauenbewegung, die mit

---

1 Vgl. als Gesamtsicht Blom 2009; zu den Intellektuellen Giesen 1999, S. 183 ff.; zum ästhetischen Modernismus Reckwitz 2006, Kap. 3, S. 275 ff.; zu Biedermeier-Interieurs Ottomeyer u. a. 2006; zu historistischen Interieurs von Saldern 1997, S. 173 ff.; zum Folgenden Cottier 2017; Frevert 2014, S. 10.
2 Zu Ideen der Lebensreform Barlösius 1997; zu Künstlerinnen allgemein Frevert 2004, S. 311–16; in Worpswede Mayer 2020.

https://doi.org/10.1515/9783110749496-010

der Forderung nach Frauenrechten, -bildung und -chancen zu einer Krise der Männlichkeit wesentlich beitrug.[3] All diese Erscheinungen konnten trotz der erwähnten Beharrungskraft nicht spurlos an bürgerlichen Institutionen wie Ehe und Familie vorbeigehen. Dabei kam die Kritik nicht nur von außerhalb oder von unten, wie im Fall Adelheid Popps, sondern sie wurde auch von Akteurinnen und Akteuren aus dem Schoß der Bürgerlichkeit lanciert. Man musste nicht unbedingt Engels oder Freud gelesen haben, um mittlerweile eingeschliffene Konventionen der Ehe herauszufordern. Individuelles Handeln, das mittelfristig den Wandel ehelich-familiärer Beziehungen bewirkte, war auch nicht immer von vornherein als bewusste Abwendung von der bürgerlichen Familie intendiert. Vielmehr suchte sich der Eigen-Sinn der Akteurinnen – eben – eigene Wege und war doch zielgerichtet, was sich dann politisch wie gesellschaftlich auswirkte.[4]

Liberales Habitat und kulturelles Kapital

Paula Becker erblickte am 8. Februar 1876 in Dresden das Licht der Welt und wuchs ab dem zwölften Lebensjahr in der Hansestadt Bremen auf.[5] Ihre Herkunft wird man zweifellos bürgerlich, genauer: bildungsbürgerlich, nennen dürfen. Der 1841 geborene Vater Carl Woldemar Becker war Sohn eines Hochschullehrers und Altphilologen, absolvierte ein Ingenieursstudium und wurde 1890 Preußischer Baurat mit einer Stelle bei der Bremischen Eisenbahn. Sein Bruder, der Jurastudent Oskar Becker, verübte 1861 ein Attentat auf den preußischen König Wilhelm. Paulas Mutter Mathilde, geb. von Bültzingslöwen, stammte aus einer adligen Offiziersfamilie in Thüringen. Als Drittgeborene hatte Paula sechs Geschwister. Der drei Jahre ältere Bruder Kurt wurde Arzt, die zwei Jahre ältere Schwester Bianca Emilie, genannt Milly, heiratete einen Kaufmann. Der nur ein Jahr jüngere Bruder Günther wurde Kaufmann in Ostasien und Australien. Ein weiterer Bruder namens Hans verstarb mit zwei Jahren an einer Lungenentzündung. Von dem 1885 geborenen Zwillingspaar Herma und Henry wurde die Schwester promovierte Oberschullehrerin, der Bruder Offizier bei der Handelsmarine. Die bürgerlich-

---

3 Zum Diskurs des Antifeminismus Planert 1998; zu Wandel und Krise der Männlichkeit Arni 2004, S. 215–24.
4 Vgl. in konzeptioneller Hinsicht am Beispiel von strittigen Eheversprechen um 1800 Haldemann 2021.
5 Vgl. zum Lebenslauf Paula Modersohn-Beckers und zur Familie die Angaben in den beiden Editionen Busch / von Reinken 2007 (im Folgenden abgekürzt: PMB), S. 9–11 und 602f.; Modersohn / Werner 2017 (im Folgenden abgekürzt: PMB/OM); ferner die Biografie von Stamm 2007 sowie den Essay von Busch 2007.

adlige Eheverbindung der Eltern im Jahr 1871 war keineswegs ungewöhnlich. Das Konnubium ist ein Beleg für die soziokulturelle Annäherung von Bürgertum und Adel während der letzten Jahrzehnte des 19. Jahrhunderts.[6]

Obwohl ihr Leben nur 31 Jahre währte, sollte Paula Becker als herausragende Malerin des deutschen Frühexpressionismus in die Kunstgeschichte eingehen. Ihr Name ist zudem eng mit der Künstlerkolonie in Worpswede, einem Bauerndorf im Moor vor den Toren Bremens, verbunden. In diesem Kapitel geht es jedoch nicht um das in zahlreichen Hochglanz-Bänden beleuchtete Kunstschaffen von Paula Becker, obwohl jenes für das Verständnis ihrer Person nicht ausgeklammert werden kann. Im Mittelpunkt stehen ihre Agenda und ihre Erfahrungen, erstens, als Tochter einer bürgerlichen Familie sowie dann, zweitens, als Ehefrau in dem Künstlerpaar, das sie ab der Verlobung im September 1900 und der Heirat im Mai 1901 mit dem Worpsweder Landschaftsmaler Otto Modersohn bildet. Der Doppelfokus auf die bürgerliche Familie Becker und die Künstlerehe Modersohn-Becker macht dieses Kapitel etwas länger als die vorherigen.

Der Habitus Paula Beckers kann nicht ohne Einblicke in das Habitat, in dem sie aufwuchs, verstanden werden: Haus und Familie, Verwandtschaft und Milieu.[7] Dabei muss in puncto Bürgerlichkeit differenziert werden. Anders als etwa die von Axens in Hamburg gehören die Beckers in Bremen nicht zur alteingesessenen Stadtelite. Ihren Kindern bieten sich also nicht schon qua Name und Herkunft charakteristische Karrierewege in der Stadt. Paula Becker ist keine höhere Tochter, der die Türen ihrer Heimatstadt offenstehen und die, ausgestattet mit einer hohen Aussteuer, nur auf eine lukrative Eheschließung warten muss. Der finanzielle Spielraum des Vaters als Bau- und Betriebsinspektor bei der Eisenbahn ist begrenzt, zumal er 1895 nur 54jährig frühpensioniert wird, was ihn in eine persönliche Krise stürzt. Die Familie ist nicht besonders wohlhabend, aber auch nicht vermögenslos. Dies gilt es im Kontrast zu den prekären Lebensverhältnissen bei Baumgartners und Dvořaks festzuhalten. Die Beckers wohnen zur Miete, bis 1899 in einer Dienstwohnung an der Schwachhauser Chaussee (heute Schwachhauser Heerstraße), dann im Haus einer Kaufmannsfamilie an der Wachtstraße mit Blick auf die Weser. Prägend sind für die junge Paula die Jahre „in unserem lieben, alten Haus" im bürgerlichen Schwachhausen, das mit hohen Räumen im klassizistischen Stil, Loggia und Fumatorium des Vaters durchaus vorzeigbar ist. Im hinteren Teil des großen Gartens möchte die 17jährige Paula, die in England

---

6 Vgl. Kocka 1995, S. 46–49; Budde 2009, S. 92f.
7 Verwiesen sei noch einmal auf den Ansatz von Bourdieu 1987.

den neuen Sport Lawn Tennis kennengelernt hat und davon begeistert ist, anstelle des alten Kartoffelackers einen Tennisplatz anlegen.[8]

Die erhaltenen Fotos zeigen eine sorgsam gekleidete Familie im bürgerlichen Ambiente. Das Elternhaus ist liberalkonservativ, kunst- und literaturinteressiert. So nimmt man auch am Kulturleben der Stadt teil: Konzerte, Vorträge und Feste im Künstlerverein, nicht zuletzt die Ausstellungen in der Bremer Kunsthalle. Religion und Kirche spielen in diesem kulturprotestantischen Milieu keine große Rolle, selbst wenn Paula später einmal in einem Brief an Otto Modersohn bemerkt, sie „liebe ja auch die Bibel".[9] Die Geschwister Becker absolvieren den bürgerlichen Parcours, den die 21jährige Paula in einem Brief an ihre zwölfjährige Schwester Herma treffend mit der Frage zusammenfasst: „Was macht denn Deine Tanzstunde? Hat sie schon angefangen? Und wie geht es mit dem Latein? Du mußt mir über alles berichten."[10] Aber dabei bleibt es nicht. Bezeichnend für die Offenheit des Hauses Becker im doppelten Sinne ist folgende Episode. Nach einem Vortrag des jungen Nietzsche-Forschers Ernst Horneffer in Bremen lädt die Mutter Mathilde Becker den Philosophen spontan zu einem Abend im Kreis der Familie ein. Später wohnt der mittellose Gelehrte für zehn Tage bei Beckers. Seine Ideen zu Nietzsche machen auf die junge Paula Eindruck.[11]

Zu Paula Beckers zwanzigstem Geburtstag am 8.2.1896 empfiehlt ihr der Vater die Lektüre von Fontanes neuem Roman *Effi Briest*. Carl Woldemar Becker hat ein Sensorium für die Fragen der Zeit. Als Liberaler kritisiert er im Dialog mit Paula die leidvollen Erfahrungen mit der deutschen „Polizeiwirthschaft" und die „gewaltsame Rückwärtsbewegung" in der wilhelminischen Politik.[12] In seinen Briefen thematisiert er auch die „Frauenfrage", beurteilt sie aber ambivalent. Es würde zwar nichts schaden, wenn Paula die Versammlungen dieser „Tanten" besuche, denn dort würde wie bei den Sozialdemokraten „manches besprochen, was Berechtigung hat. Mir ist nur die Gleichmacherei zuwider." Und auch wenn man die Ansprüche der Frauen „von höherem Standpunkte aus als berechtigt ansehen" müsse, „wehren wir", so Vater Becker, „uns dagegen so lange es möglich ist." Denn „bisher hat noch Niemand freiwillig auf seine Rechte verzichtet."[13] Doch erkennt er an, in puncto Erziehung seien „die englischen Frauen den uns-

8 Paula an Kurt Becker, 27.4.1895, PMB, S. 82 (Zitat); zum Fumatorium Mathilde an Paula Becker, 29.12.1896, ebd., S. 105; zum Tennisplatz Paula an Kurt Becker, 26.4.1893, S. 76; dto., 27.4.1895, S. 82.
9 Paula Becker an Otto Modersohn, 25.12.1900, PMB, S. 292.
10 Paula an Herma Becker, 13.11.1897, PMB, S. 132.
11 Paula an Milly Becker, 21.9.1899, PMB, S. 196; Anmerkung ebd., S. 662f.
12 Carl Woldemar an Paula Becker, 20.2.1898, PMB, S. 145; zu *Effi Briest* 6.2.1896, PMB, S. 84.
13 Alle Zitate Carl Woldemar an Paula Becker, 26.1.1897, PMB, S. 110f.

rigen überlegen: sie haben den Kampf um das Dasein gegen die Männer mit Energie aufgenommen und sie werden (...) die ersten sein die sich einen neuen Wirkungskreis, eine neue Zukunft gründen werden."[14] In diesem Sinne sieht er seine Töchter auch nicht als für die Ehe erschaffen, sondern drängt auf eine Ausbildung, damit sie auf eigenen Füßen stehen. In einem Brief an seine Frau, unterschrieben mit „Dein alter Misantrop", äußert er Skepsis, dass sich seine drei Töchter jemals verheiraten werden, „Paula am wenigsten weil sie für Andere kritischer als für sich ist".[15] Die junge Paula erfährt eine dreifache Vorbereitung auf ihr späteres Leben. An einem Seminar in Bremen erwirbt sie 1895 ein Examen als Lehrerin. Als dann jedoch überraschend die Verlobung mit Otto Modersohn erfolgt, wird sie im Januar 1901 zu einem zweimonatigen Kochkurs nach Berlin geschickt, um eine gute Ehefrau und Haushälterin zu werden. Daneben besucht sie Mal- und Zeichenkurse, was die Eltern als ein Dilettieren ohne berufliche Absicht verstehen. Darüber wird es später zum Dissens kommen. Der große Stellenwert kulturellen Kapitals in der Familie zeigt sich auch in dem Umstand, dass Paula nach der Konfirmation zu ihrer Tante auf ein Landgut bei London geschickt wird, um ihren Horizont zu erweitern und Englisch zu lernen. Im Zuge dieses Aufenthalts nimmt sie auch bereits Zeichenunterricht in London.

Die Verwandtschaft der Beckers ist ein Netzwerk dauerhafter Kommunikation und gegenseitiger Unterstützung. Dies lässt sich am Werdegang Paulas zeigen, angefangen beim Aufenthalt bei der Tante in England, den die 16jährige zwar nach acht Monaten vorzeitig wegen Spannungen mit der Tante abbricht, mit der sie aber auch später einen vertrauten Briefverkehr unterhält.[16] Paula profitiert nicht nur vom Logis bei Onkels und Tanten in Dresden und Berlin während Malkursen sowie von Einladungen zu Reisen nach Norwegen und in die Schweiz, sondern wiederholt auch pekuniär. Als ihr Vater ein Ende der Malkurse wünscht, sind es die Erbschaft von einer Patentante und die 1898 auf drei Jahre gewährte finanzielle Unterstützung durch kinderlose Verwandte in Dresden, die Paula die Fortsetzung ihres Traums von der Existenz als Malerin erlauben.[17] Zustupfe und Zahlungen von der Verwandtschaft finanzieren der 22jährigen auch mit elterlicher Zustimmung die sogenannte Korrektur bei dem Worpsweder Maler Fritz Mackensen sowie den ersten Paris-Aufenthalt von Januar bis Juni 1900 mit täglichem Unterricht in den Pariser Akademien. Eine – wie sich zeigen sollte – Investition in die Zukunft! Doch Paula Becker erhält nicht nur, sie leistet auch familiäre Un-

---

14 Carl Woldemar an Paula Becker, 11.5.1896, PMB, S. 99.
15 Carl Woldemar an Mathilde Becker, 3.7.1896, PMB, S. 102.
16 Paula Becker an Marie Hill, 14.1.-5.5.1893, PMB, S. 70–78; vgl. zu Onkels und Tanten als Faktor beruflicher Karriere Johnson / Sabean 2011, S. 19.
17 PMB, Einführungen der Hg. zu den Jahren 1892–96, S. 46; zu 1896–99, S. 90f.

terstützung. Von den 1.000 Mark Aussteuer, die Vater Becker zu ihrer Eheschließung in Aussicht stellt, verzichtet sie aus freien Stücken auf 800 Mark zugunsten
der Ausbildung ihrer jüngeren Geschwister Herma und Henry.[18]

Das Brief-Ich und das Tagebuch-Ich

Die Quellenlage ist zugleich umfassend und defizitär. Eine erste Ausgabe mit
Briefen und Tagebuchaufzeichnungen Paula Modersohn-Beckers erschien bereits
1913. Die Originaltexte ihrer Tagebücher und zahlreiche Briefe gingen infolge der
Auslagerung während des Zweiten Weltkriegs verloren, so dass oft nur Auszüge
der Selbstzeugnisse erhalten sind. Durch die um viele Neufunde erweiterte Edition von Briefen und Tagebucheinträgen im Jahr 2007 und die gesonderte Edition
des Briefwechsels mit Otto Modersohn, ergänzt um Tagebuchnotizen Modersohns, im Jahr 2017 hat sich die Quellenbasis verbessert, zumal nun auch etliche Briefe der Familienangehörigen und Freundinnen vorliegen. Alle vorhandenen Ausgaben enthalten jedoch Textlücken und Kürzungen, die nicht immer
erläutert werden. Eine vollständige Studienausgabe aller Selbstzeugnisse aus dem
Kreis um Becker und Modersohn bleibt ein Desiderat der Forschung.

Immerhin ergibt sich die vorteilhafte Situation, dass man mit den Editionen
der Jahre 2007 und 2017 von beiden Eheleuten über Briefe und auch Tagebücher
verfügt. Das Brief-Ich und das Tagebuch-Ich kommentieren die Geschehnisse von
verschiedener Warte aus und mit unterschiedlichem Duktus. Dies zeigt sich besonders bei Paula Modersohn-Becker, etwa wenn sie ihre Situation in Paris oder
ihren Ehealltag in Worpswede schriftlich verarbeitet. Familie Becker betreibt einen regelrechten Briefkult. Briefe der auswärtigen Familienangehörigen zum
Sonntag sind Pflicht und Usus. Vater Becker beschreibt das Ritual des Verlesens
der Briefe im Familienkreis beim sonntäglichen Frühstück durch die Mutter:

> Bei Strafe darf vor ihr Niemand, auch ich nicht, die Briefe öffnen, denn das ist ihr Haupt-
> vergnügen das Couvert aufzuschneiden. (...) Alles harrt daher bis zum Augenblicke wo
> Mutter Toilette gemacht und in ihrem braunen Schlafrock angerauscht kommt. Mit Bedacht
> wird zuerst Kaffee eingeschenkt, dazwischen durch die Briefe gestreichelt, die Zwillinge
> ermahnt recht ruhig zuzuhören, bis nach und nach die richtige Stimmung geweckt ist. Dann
> wird mit dem Messer säuberlich der Umschlag geöffnet und coram publico beginnt die
> Vorlesung.[19]

---

18 Paula Becker an Otto Modersohn, 12. 2.1901, PMB, S. 331.
19 Carl Woldemar an Paula Becker, 22.20.1892, PMB, S. 61; zum Folgenden ebd., S. 62 (Zitat); s.
auch Milly an Paula Becker, 27.1.1900, S. 224.

Die Briefe der Kinder werden in hierarchischer Reihenfolge, angefangen beim ältesten Sohn Kurt, verlesen, dann im Kreis kommentiert, schließlich von der Mutter feierlich gefaltet und „liebevoll beklopft", ehe der nächste Brief geöffnet wird. Die Briefe werden zudem in der Familie herumgereicht, was die Schreibenden selbstverständlich wissen. Auch im Worpsweder Freundeskreis werden Briefe vorgelesen. Deswegen weist Paula ihren Ehemann Otto Modersohn eigens an: „Ließ überhaupt *ganz* meine Briefe niemandem vor und gieb sie nicht aus den Händen. Ich schreibe nur für Dich."[20] Der Widerspruch zwischen privater Intention und familiärem Ritual kann zu Pannen und Missverständnissen führen. Als Paula mit ihrer zwanzig Jahre alten, also noch minderjährigen, Schwester Herma in Paris ein schlüpfriges Varieté inklusive Nacktszene besucht, berichtet sie dies anschließend amüsiert und mit Details ihrem Ehemann. Otto reicht den Brief jedoch entgegen der Abmachung in der Bremer Familie weiter, was prompt zu einer erbosten Reaktion des Bruders Kurt an die Adresse Paulas führt.[21]

Obwohl Paula in der Familie als schreibfaul gilt, sind zahlreiche Briefe an Familienmitglieder, Freunde und Freundinnen überliefert, dazu lange Schreiben – Liebesbriefe, Krisenbriefe, Abschiedsbriefe, Friedensbriefe etc. – an die Adresse Otto Modersohns. Im Hinblick auf das Subjekt Paula Modersohn-Becker ist ihr Briefstil aussagekräftig. Selbstverständlich hängt der Duktus dabei auch vom Inhalt ab. In den meisten Briefen schreibt sie gutgelaunt und selbstbewusst, wenig formelhaft, entwaffnend offenherzig, mitunter provozierend direkt. Als wichtig erweisen sich dabei die vertraulichen Beziehungen innerhalb der Familie, auf die noch einzugehen ist. Obwohl es durchaus Grenzen des Sagbaren gibt, gerade was Sexualität und Sittlichkeit angeht – siehe den Varietébesuch mit der jungen Schwester – dokumentieren Paulas Briefe ein Grundvertrauen zu Eltern und Geschwistern, das davon ausgeht, nicht enttäuscht zu werden.[22]

Die Lektüre des Briefmaterials lässt Paula Modersohn-Becker als eine Wortkünstlerin erscheinen, die es als solche noch zu entdecken gilt. Das von dem engen Freund Rainer Maria Rilke überlieferte Urteil, ihrem schriftlichen Nachlass mangele es an Qualität, trifft wohl auf die literarischen Versuche im Tagebuch und einem weiteren Textbuch zu, wo es Jugendstil-sehnsüchtig raunt.[23] Doch die

---

20 Paula an Otto Modersohn, 17.2.1903, PMB, S. 401.
21 Paula an Otto Modersohn, 6.3.1905, PMB, S. 483; Anmerkung der Hg., ebd., S. 720.
22 Vgl. zu „Vertrauenskommunikation" als Signatur der Moderne Frevert 2013, hier S. 15–17.
23 S. z. B. Paula Becker, Tagebuch, undatiert, PMB, S. 273: „Ich kam in das Land der Sehnsucht. Es war süß und lieblich anzuschauen. Die Sonne blickte hernieder von ihrem güldenen Stuhle am Firmament und ihr seidiges Goldhaar umrankte alles, was sie schaute. Es schlang sich um die großen, knorrigen Kiefern. Und die alten Gesellen ließen es sich gerne gefallen."; zum Urteil Rilkes s. Busch 2007, S. 22 und 32.

Briefe zeigen die junge Malerin, die sich aufmacht, Konventionen zu überwinden, als Meisterin der Metapher und der (selbst)ironischen Spitze. Ihren Verlobten tituliert sie mit: „Mein Rex, mein König, mein Trauter, Lieber, Du Bester, Einziger, mein Ritter mit dem Hemdlein".[24] Ihren misanthropischen Vater, den sie als Modell für ihre Arbeit gewinnen will, lockt sie mit dem Versprechen nach Worpswede: „Du sollst auch nicht immer Pfannkuchen haben, sondern etwas Vernünftiges."[25] Anspielungslustig berichtet die Verlobte von dem ungeliebten Kochkurs aus Berlin, es gäbe dort „eine Kochschule beiderlei Gestalt, einfacher Mittagstisch und Puterbraten". Ottos Liebesbrief nimmt sie in der Tasche mit zu dieser haushälterischen Ausbildung „und er lernte mit mir Pellkartoffeln und Salzkartoffeln kochen".[26] Der Kontrast zwischen Küche und Kunst wird sich allerdings dann später in der Ehe als Problem erweisen. Die Autorin dieser Briefe brilliert durch Augenzwinkern. Dazu gehören auch Zitate aus dem Plattdeutschen, vor allem der Worpsweder Armenhäuslerinnen, die für sie Modell sitzen. Plattdütsche Einsprengsel können auch dort stehen, wo man sie kaum erwartet. Beeindruckt von dem weltstädtischen Leben in Paris, berichtet die 24jährige zum Zweck des sonntäglichen Vorlesens nach Hause: „Wißt Ihr, wenn ich morgens über die Boulevards gehe, und die Sonne scheint und es wimmelt von Menschen, dann sage ich laut in meinem Herzen zu ihnen: Kinners, so etwas Schönes wie ich es noch vor mir habe, habt Ihr doch alle miteinander nicht."[27]

Paula Modersohn-Beckers Tagebuch-Ich ist von anderer Art. Diese Textsorte nutzt sie, um Probleme zu verbalisieren. Rund zwei Wochen nach dem optimistisch-selbstbewussten Statement aus Paris befällt sie Ende April 1900 der Großstadt-Blues. Sie notiert in ihr Diarium: „Ich bin seit Tagen traurig, tieftraurig und ernst. Ich glaube, die Zeit des Zweifels und des Kampfes wird kommen. Sie kommt in jedem schönen Leben. (....) Aber mir ist so ernst und schwer, ernst und traurig. Ich gehe durch diese große Stadt, ich blicke in tausend, tausend Augen. Ganz selten finde ich da eine Seele."[28] Zwischen Brief- und Tagebuchdiskurs – dem einen und dem anderen Ich – gibt es durchaus eine Brücke, und es ist nicht so, dass die Diskurse in den beiden Medien völlig auseinanderklaffen. So werden die Probleme in Paris auch der Familie mitgeteilt. Indes finden sich im Tagebuch eben Ausführungen sehr privater Art, die sie nur für sich selbst macht. Fast schon prophetisch schreibt sie nach der Rückkehr nach Worpswede im Sommer 1900 ihre spontanen Gedanken beim Malen auf. Die Sätze sind bekannt und wurden oft

---

24 Paula Becker an Otto Modersohn, 27.12.1900, PMB, S. 294.
25 Paula an Carl Woldemar Becker, 9.3.1899, PMB, S. 183.
26 Paula Becker an Otto Modersohn, 13.1.1901, PMB, S. 307; 21.1.1901, S. 315.
27 Paula Becker an die Eltern, 13.4.1900, PMB, S. 248.
28 Paula Becker, Tagebuch, Ende April 1900, PMB, S. 251.

zitiert: „Ich weiß, ich werde nicht sehr lange leben. Aber ist das denn traurig? Ist ein Fest schöner, weil es länger ist? Und mein Leben ist ein Fest, ein kurzes intensives Fest."[29] Das Tagebuch dient auch der Reflexion krisenhafter Beziehungen. So finden sich die ersten Hinweise auf Paula Beckers Enttäuschung über ihren Ehealltag in ihrem Journal, bereits knapp ein Jahr nach der Hochzeit mit Otto Modersohn.[30]

Die lustvolle Respektlosigkeit Paula Beckers gegenüber Autoritäten äußert sich nicht nur in gewagter, zum Abstrakten tendierender Malerei, die von ihren Eltern wie von anderen Zeitgenossen als künstlerisches Unvermögen gedeutet wird, sondern auch in einer „Schalkhaftigkeit", die sie wohl zeitlebens auszeichnet.[31] In dieser Hinsicht gibt es eine Schlüsselszene, die sich einen Monat vor der Verlobung mit Otto Modersohn – also der Entscheidung, Ehefrau, Mutter und Haushaltsverantwortliche zu werden – abspielt. Paula berichtet von der Episode gewohnt offenherzig in einem Brief an ihre Mutter. Am Ende eines „ziemlich biederen Sonntags" im August 1890 geht die 24jährige mit ihrer Freundin Clara Westhoff durch das Dorf Worpswede. Sie würden gern tanzen, aber es bietet sich keine Gelegenheit. Gelangweilt kommen sie an der Dorfkirche vorbei, die verschlossen ist, aber die Tür zum Kirchturm steht offen. Sie steigen die Treppe nach oben zum Geläut und setzen sich nebeneinander auf einen Balken. „Und da kommt es uns. Wir müssen läuten. Wir schlagen nur einmal mit dem Klöppel an, es klingt zu verlockend. Da zieht Clara das Seil von der großen Glocke, und ich von der kleinen, und sie schwingen sich, und wir werden von ihnen geschwungen, hoch vom Boden empor, und es klingt und tönt und dröhnt über den Weyerberg, bis wir müde sind." Der Dorflehrer steigt die Stiege hinauf, um dem Treiben ein Ende zu machen. „Als er aber", so Paula Becker, „zwei weißgekleidete Jungfrauen erblickte, lenkte er seine Schritte wieder abwärts."[32] Vor der Kirche hat sich mittlerweile eine große Anzahl Leute versammelt, die Feuerspritze wird bereit gemacht, um das Feuer im Dorf, dessen Ausbruch das Glockenläuten zu verkünden scheint, zu löschen. Am Ende kommen die beiden Bürgertöchter mit erbosten Worten und einem Canossa-Besuch beim Pastor davon.

---

29 Paula Becker, Tagebuch, 26.7.1900, PMB, S. 266; s. auch: Tagebuch, 24.2.1902, ebd., S. 367.
30 Paula Modersohn-Becker, Tagebuch, Osterwoche, März 1902, PMB, S. 370f.; 30.3.1902, ebd., S. 371.
31 Mathilde an Herma Becker, 10.5.1907, PMB, S. 576.
32 Alle Zitate Paula an Mathilde Becker, 13.8.1900, PMB, S. 268.

Familie und Kunst: Zwischen Vertrautem und Aufbruch

Paula Beckers Verhältnis zur Bürgerlichkeit kann man ambivalent nennen. Ihr Elternhaus ist Heimstatt eines liberalen Bürgertums, das aber um 1900 konservativ geworden ist. Sie schätzt den literarischen Naturalismus, Goethes *Werther* und Nietzsches *Zarathustra*, mag aber nicht die späteren Romane Goethes und empfindet Opern von Richard Wagner als Zumutung, gegen die sich „meine Nerven sträuben".[33] Ein Schlüsselbegriff der Abgrenzung ist ‚philisterhaft'. Sie liebt die post-impressionistischen Gemälde der französischen Maler, die sie auf der Pariser Weltausstellung im Sommer 1900 sieht. „Wir Deutschen stehen daneben etwas spießbürgerlich und philisterhaft."[34] Offensichtlich ist ihr der selbstbewusste Habitus einer gebildeten Bürgertochter zu eigen. Andererseits lebt sie in Paris und in ihrer Worpsweder Stube bei dem Kleinbauern Hermann Brünjes über Monate und Jahre äußerst bescheiden. Paula Modersohn-Beckers Identitätskonstruktionen erfolgen nicht in Abgrenzung nach unten, sondern gegenüber einer standesbewussten Bürgerlichkeit, die auf Äußeres Wert legt. In Paris genießt sie trotz der Warnungen ihres Vaters das Leben auf den Boulevards: „Ich habe eine Crémerie entdeckt, wo ich mit allerlei kleinen Leuten zu Tisch esse."[35] Beim Kochkurs in Berlin gefallen ihr die „zukünftigen Köchinnen, die mir also nicht durch Bildung am falschen Platze auf die Nerven fallen können." Doch sie stellt fest, dass sie nicht nach Berlin passe, „hauptsächlich nicht hierher ins elegante Viertel [Schöneberg, J.E.]. Da falle ich aus dem Rahmen. (...) Die Menschen um mich sind süß und freundlich. Aber ihr Leben spielt sich doch sehr in einer standesgemäßen Veräußerlichung der Dinge ab."[36] Paula Beckers Beziehungen zu den bäuerlich-unterbäuerlichen Akteurinnen im Moordorf Worpswede sind keine Freundschaften. In erster Linie ist es ein ästhetisch-künstlerisches Interesse an den dortigen Menschen, die ihr archaisch erscheinen. Das macht sie als Modelle interessant. So betont sie im Kontrast zu den Bewohnern der Metropolen nach der Rückkehr nach Worpswede „ihre große biblische Einfachheit".[37] Doch der quasi ethnologische Blick von außen schließt Annäherungen nicht aus. Als die junge

---

33 Paula Becker an Milly Rohland-Becker, 6.12.1905, PMB, S. 511; zur Lektüre s. auch den Brief an die Eltern, 25.11.1898, ebd., S. 169; Tagebucheinträge, 19.2.1899 und um den 3.3.1899, S. 180f.
34 Paula Becker an die Eltern, ca. 11.5.1900, PMB, S. 257; bei einigen Texten fehlt ein genaues Datum.
35 Paula Becker an die Eltern, 22.1.1900, PMB, S. 223.
36 Paula Becker an Otto Modersohn, 26.1.1901, PMB, S. 320; 13.1.1901, ebd., S. 307; s. auch die Bemerkung im Brief an Herma Becker, 8.11.1905, S. 509: „Hamburg als Stadt" gefalle ihr, „Nur machen die sogenannten Gebildeten einen kolossal materiellen Eindruck."
37 Paula Modersohn-Becker, Tagebuch, April 1903, PMB, S. 430.

Paula bei einer Bauernhochzeit, in die sie eher zufällig hineingerät, mit dem Brautvater einen Walzer tanzt, wird sie ausgelacht. Zu der von ihr und Modersohn portraitierten Armenhäuslerin Anna Dreebeen, einer Frau mit Gehstock, entsteht eine persönliche Beziehung. Sie hört dieser alten Frau gern zu.[38]

Vieles, was Paula Modersohn-Becker in ihrem Leben tut, changiert zwischen Festhalten an Vertrautem und radikalem Aufbruch. Ihre hybride Subjektivität lässt sich an den drei Orten festmachen, an denen sie insgesamt mehrere Jahre verbringt: erstens, ihr offen-kulturaffines Elternhaus im bürgerlichen Habitat Bremens; zweitens, Worpswede mit der Entdeckung von Natur und Einfachheit; drittens, die schillernde Welt der Kunstmetropole Paris. Bei genauerem Hinsehen sind für ‚the Making of Paula‘ zwei kulturelle Zugehörigkeiten entscheidend: die gar nicht saturierte Bürgerlichkeit zuhause und die intellektuelle Avantgarde draußen in Europa. Mit zahlreichen Intellektuellen und Künstlerinnen der Zeit teilt sie die Kritik an verkrusteten Konventionen und steifer Lebensweise. Damit verbindet sich der Wunsch, die Welt neu zu sehen, sei es künstlerisch, literarisch oder wissenschaftlich. Paula Modersohn-Becker ist damit eine charakteristische Akteurin der Sattelzeit um 1900. Zu ihrem äußerst lebendigen Freundeskreis zählen nicht nur die Maler und Malerinnen der Künstlerkolonie Worpswede, sondern auch – sehr innig und fragil – das Ehepaar Clara Westhoff und Rainer Maria Rilke, der naturalistische Schriftsteller Carl Hauptmann, der Bildhauer Bernhard Hoetger mit seiner Frau, der Pianistin Helene Hoetger, die sie in Paris kennenlernt, sowie der Wirtschaftswissenschaftler Werner Sombart.[39] Die gleichzeitige Zugehörigkeit zu mehreren kulturellen Kontexten, die nur bedingt kompatibel sind, ist auf Dauer spannungsvoll. Dies hat sich bereits bei Henriette Stettler-Herport und Ferdinand Beneke gezeigt. So kommt es auch im Fall Paula Beckers wiederholt zu Akten abrupter – nicht unbedingt endgültiger – Distanzierung. Dies betrifft etwa die Heimatstadt Bremen. Ende Dezember 1900 genießt die 24jährige zwar das Weihnachtsfest in ihrem Elternhaus, worüber sie Rilke schreibt, bemerkt dann aber gegenüber ihrem Verlobten Otto: „*Sehr* lange kann ich dies Städtchen nun nicht mehr vertragen, dann lieber Berlin."[40] Der Anlass für dieses Statement ist die bevorstehende Abreise zur Kochausbildung in die deut-

---

38 Paula an Mathilde Becker, 20.8.1897, PMB, S. 126; zu Anna Dreebeen alias Anna Schröder v. a. Paula Becker an die Eltern, 18.9.1898, ebd., S. 160 f.; an Mathilde Becker, 27.6.2902, S. 380; an Milly Becker, Oktober 1907, S. 580 f.; Otto Modersohn, Tagebuch, 15.6.1902, PMB/OM, S. 175; PMB, Abb. 42 und 43.

39 Die Beziehungen sind über das Register der Edition PMB, S. 782 ff. erschließbar.

40 Paula Becker an Otto Modersohn, 31.12.1900, PMB, S. 297; an Rainer Maria Rilke, Weihnachten 1900, ebd., S. 293 f.; zur Bremen-Kritik auch Paula Becker an Martha Hauptmann, 5.6.1902, S. 379.

sche Hauptstadt, den Hintergrund aber bilden die den Horizont erweiternden Erfahrungen in Worpswede und Paris.

Betrifft die Distanzierung im Zuge des künstlerischen Aufbruchs auch die Herkunftsfamilie? Im Fall Otto Modersohns sind die Beziehungen zu seinen Eltern in Münster laut dessen eigenem Bekunden wenig intensiv. Die Kontakte der jungen Ehefrau aus Bremen zu seiner Familie beschränken sich auf freundliche Briefe und kurze Besuche.[41] Demgegenüber finden sich zur innerfamiliären Kommunikation bei den Beckers zahlreiche Dokumente. Nicht nur das Ritual des sonntäglichen Vorlesens, sondern darüber hinaus die generationenübergreifende Aufbewahrung der Briefe ist ein Faktum in puncto Familienbewusstsein. Paula Beckers Familiensinn ist ausgeprägt, und dies ändert sich nicht bei Paula Modersohn, die mal in Paris, mal in Worpswede lebt. Es mag provozierend oder gar schockierend klingen, aber die Beckers sind eine bürgerliche Familie, die in vieler Hinsicht gut funktioniert.

Abb. 21: Familie Becker beim Tee im Garten; zweite von links die junge Paula, erhoben Mathilde Becker, neben ihr sitzend mit Zigarre Carl Woldemar Becker; Bildquelle: Paula Modersohn Becker Stiftung, Bremen.

---

41 Otto an Paula Modersohn-Becker, 27.2.1906, PMB/OM, S. 318; 17.4.1907, ebd., S. 411–13; Paula an Wilhelm und Luise Modersohn, 27.11.1901, PMB, S. 358; 31.12.1901, S. 360; 7.1.1905, S. 457.

Dies lässt sich auf verschiedene Weise belegen: aus der Sicht der Betroffenen selbst, als kontinuierliche wechselseitige Verantwortung, als Netzwerk, in dem trotz Dissens und Spannungen immer wieder Anschlusskommunikation hergestellt wird, als auf Dauer angelegte Emotions- und Unterstützungsgemeinschaft. Dabei sind die Beziehungsmuster in der Familie nicht ohne Konfliktpotenzial. Alles andere wäre unglaubwürdig. Aus der Sicht Paulas sind die Schlüsselbeziehungen diejenigen zu ihrem Vater, ihrer Mutter und der älteren Schwester Milly. Kurt ist der strenge große Bruder, Herma die geliebte kleine Schwester. Beide spielen bei den späteren Eheproblemen Paulas mit Otto Modersohn aber eine gewisse Rolle. Etwas außen vor wirken Hermas Zwillingsbruder Henry und Günther, der als Kaufmann in Ostasien unterwegs ist und selten erwähnt wird. Die Geduld Carl Woldemar Beckers scheint durch das brotlose Künstlertum seiner Tochter, das er als perspektivlos einschätzt, erheblich strapaziert worden zu sein, wie auch umgekehrt. Der zu Pessimismus neigende Vater fällt seinen Kindern und nicht zuletzt Paula wohl öfter zur Last. Milly Becker bemerkt in einem Brief an ihre Schwester: „Ich weiß, wie (...) Vaterbriefe einem auf die Nerven fallen können, trotz seiner eingehenden Liebe. Aber natürlich beleuchtet er alle Dinge nur von seiner – grauen – Seite und er hat auch zu wenig Phantasie, um sich den Eindruck seiner geschriebenen Worte auf den Leser vorzustellen – – er schreibt sie in einer Art Selbstgespräch".[42] Dazu passt Paula Beckers einige Jahre vorher per Brief übermittelter, zwar poetisierender, aber entwaffnend direkter Ratschlag: „Vater, eins versprich mir. Sitz’ nicht an Deinem Schreibtisch und schaue vor Dich ins Graue oder auf das Bild Deines Vaters. Dann kommen die schwarzen Sorgen geflogen und decken mit ihren dunklen Flügeln die Lichtlöcher deiner Seele zu."[43] Paula scheint jedoch in mancher Hinsicht eine Vatertochter gewesen zu sein. Über die Gemeinsamkeiten von Vater und Tochter bezüglich Charakter und Physiognomie ist man sich einig. Gerade darin lag im familiären Alltag wohl Störpotenzial. Nachdem das Geld von Seiten der Verwandtschaft unverhofft eine Fortsetzung der Malkurse ermöglicht, ermahnt der finanziell klamme Baurat seine 22jährige Tochter: „Eigentlich bist Du ein Glücksmädel!" Aber: „Nimm nur guten Rath an und vertraue nicht Deinem kleinen Dickkopf zu sehr, den hast Du von mir geerbt, auch den Widerspruchsgeist."[44] Paula wiederum sieht noch Jahre nach dem Tod ihres Vaters in dieser „Ähnlichkeit" den „Grund, daß unser so bescheidener Vater mit mir in meinem ganzen Leben nicht zufrieden war."[45]

---

42 Milly an Paula Becker, 27.1.1900, PMB, S. 224.
43 Paula an Carl Woldemar Becker, 17.12.1897, PMB, S. 136.
44 Carl Woldemar an Paula Becker, 31.1.1898, PMB, S. 141; vgl. zur physiognomischen Ähnlichkeit Mathilde an Paula Modersohn-Becker, 5.2.1906, PMB, S. 518.
45 Paula an Mathilde Becker, 11.2.1906, PMB, S. 519.

Anlass zu Diskussionen geben neben der beruflichen Unsicherheit der Tochter konträre Meinungen über die Qualität moderner Kunst. Der alte Becker nimmt da kein Blatt vor den Mund, und wer die brieflichen Elaborate seiner Tochter mit ihrer provozierenden Offenheit danebenhält, mag hier in der Tat einen Fall von Familienähnlichkeit sehen. Vater wie Tochter äußern sich ohne Rücksicht auf Verluste. Zu Beginn der Malausbildung an der Akademie Colarossi in Paris lässt er seine Tochter wissen: „Je mehr Du Worpswede abschütteln kannst, je weniger Du von dem albernen Worte modern an Dir behältst, desto mehr bist Du einen Schritt vorwärtsgekommen." Er verbindet dies mit der Hoffnung: „Deine Worpsweder Hängebäuche werden jedenfalls durch zierlichere in der Malakademie ersetzt werden."[46] Bei ihren Verständnisproblemen hinsichtlich der Werke der Worpsweder, insbesondere der Gemälde ihrer Tochter, sind sich die Eltern weitgehend einig. Es ist dennoch keine Frage, dass sie Paula gewähren lassen und unterstützen, solange dies finanziell möglich ist. Paula ist über die Briefe ihres Vaters nach Paris und das fehlende Zutrauen in ihre Fähigkeiten zwar „doch ein wenig deprimiert"[47], lässt sich davon aber in keiner Weise beirren. Dies gilt insgesamt für ihren Weg als Künstlerin und für die emotionale Verbindung zu ihren Eltern. Zwar versteht man sich in dieser Familie nicht immer gut, aber die Kommunikation bricht niemals ab, vielmehr wird der Gesprächsfaden weitergesponnen. Trotz der durch das sonntägliche Leseritual bewirkten Öffentlichkeit ist die briefliche Konversation wie gesehen recht direkt. Dies könnte ein Mittel in der familiären Erfolgsrezeptur sein. Dabei fehlt es nicht an Teilnahme und Bekundungen der Verbundenheit. Aus Berlin lässt Paula ihre Eltern wissen: „Wenn wir auch kein Geld haben, so haben wir doch manches andere, was sich einfach gar nicht bezahlen läßt. Wir Kinder haben zwei feine liebe Elternherzen, die uns ganz zu eigen sind."[48] Dabei darf man nicht den zur Emphase neigenden Briefstil der Zeit vergessen. Mehr Distanz und Neutralität lässt sich von der Wahrnehmung des Schwiegersohns erwarten. Doch Otto Modersohn entpuppt sich als ein bekennender Fan der Familie Becker und auch Carl Woldemar Beckers, den er als einen aufgeschlossenen ‚sanften Vater' schildert. In dieser Hinsicht ist er weit weniger kritisch als die Töchter Becker. Nach dem Tod des Schwiegervaters im Familienkreis am 30.1.1901 notiert er in sein privates Tagebuch, also nicht zum Fenster hinaus: „Rührend war das Interesse, das er an allem u. jedem in unserm Leben nahm, rührend die Freude, wenn wir ihn besuchten". Mehr noch: „Für alle seine Kinder hatte er soviel Verständniß und Liebe, jeder hatte mit ihm sein Verhältniß.

---

46 Carl Woldemar an Paula Becker, 8.1.1900, PMB, S. 215.
47 Paula an Carl Woldemar Becker, 8.1.900, PMB, S. 220.
48 Paula an Carl Woldemar Becker, 17.12.1897, PMB, S. 136.

Das hat mich sooft gefreut. (...) ich freue mich, daß meine liebe Paula seine Tochter ist."[49] Paulas Sichtweise ist wie gesehen differenzierter. Als Tochter, die ihren eigenen Weg durchsetzt, hat sie eine andere Beziehung zum Vater als der willkommene Schwiegersohn, der die Tochter ernährt und dessen Landschaftsbilder dem ästhetischen Verständnis der Eltern Becker mehr zusagen als die Worpsweder ‚Hängebäuche'.

Paulas Verhältnis zu ihrer Mutter ist im Vergleich zum Vater noch näher und intimer, was selbstverständlich nicht Konflikte ausschließt. Man kann die Hoheit, die Mathilde Becker über das sonntägliche Ritual der Briefverlesung ausübt, als Hinweis auf ihre zentrale Rolle im Familienleben verstehen. Frau Becker ist an wichtigen Entscheidungen beteiligt und mehr als das. Mit Blick auf Paula macht ihr Ehemann ihr deswegen Vorwürfe: „Du hast die ganze Berliner Malgeschichte ohne mein Wissen angefangen. Ich bin nicht entgegengetreten".[50] Als die 30jährige Paula dann einen lang und hart erkämpften ersten Erfolg mit der Ausstellung einiger Bilder in der Bremer Kunsthalle feiert, was deren Direktor in der Bremer Zeitung wohlwollend kommentiert, schreibt ihr die Mutter nach Paris: „Ich kann ja den Kopf nicht ausstehn, der ausgestellt ist, aber für Dich freuts mich doch riesig".[51] Mutter Becker setzt im Verhältnis zu ihren Kindern andere Prioritäten als Vater Becker, der eben – aus heutiger Sicht klassisch väterlich – eine erfolgsträchtige Ausbildung fordert. Vor allem ist sie toleranter. Eine Schlüssel-Bemerkung zum Mutter-Tochter-Verhältnis aus der Feder der 17jährigen Paula findet sich in einem Brief an ihre Tante Marie Hill in England, einige Monate nachdem sie den dortigen Aufenthalt abgebrochen hat. Tante und Nichte sind nicht gut miteinander ausgekommen, was letztlich wohl ein Hierarchie-Problem war. Paula geht auf den Vorwurf der Tante ein, sie sei egoistisch, was sie zurückweist. Doch sie gesteht, dass sie durchaus „ganz ans Regieren gewöhnt" sei. „Ich fand es auch in der Schule ganz selbstverständlich, daß mein Wort das durchschlagende war. Aber hat das etwas mit Egoismus zu tun?" Von ihrer Schulerfahrung kommt Paula zu ihrer Mutter, der Schwägerin der Tante: „Jetzt und früher wurde ich fast immer von Mama gelobt, oder wir sahen es als ganz selbstverständlich an, daß ich nicht viel Tadelnswertes tat." Mehr noch: „Ich bin, wir alle sind nicht an Unterordnung

49 Otto Modersohn, Tagebuch, 5.12.1901, PMB, S. 359; s. auch Otto an Paula Modersohn-Becker, 17.4.1907, PMB/OM, S. 413: „Deine ganze Familie ist mit einem faszinierenden Nimbus umgeben."
50 Carl Woldemar an Mathilde Becker, 3.7.1897, PMB, S. 101f.; gemeint ist Paula Beckers erste Ausbildung an einer Berliner Mal- und Zeichenschule ab April 1896 bei der Malerin Jeanne Bauck.
51 Mathilde an Paula Modersohn-Becker, 11.11.1906, PMB, S. 562; eine erste Ausstellung 1899, war von dem Kritiker Arthur Fitger niedergemacht worden, was zu intensiven Diskussionen führte; der Vater teilte die Sicht Fitgers: Kritik Fitgers, 20.12.1899, PMB, S. 199–201; Carl Woldemar an Paula Becker, 8.1.1900, ebd., S. 214f.

gewöhnt. Mit Mama spreche ich wie zu einer Freundin."[52] Nach der Lektüre dieses Briefs wird verständlicher, warum Paula Becker sieben Jahre später das Schelmenstück des sonntäglichen Glockenstreichs ihrer Mutter nicht etwa beichtet, sondern geradezu lustvoll berichtet.[53] Sie wächst in einem Freiraum auf, in dem eher Nachsicht als Autorität regiert. Die Beziehung zur Mutter ist von einer erstaunlichen Vertraulichkeit. Dabei geht es nicht nur um Eigen-Sinn, der in unterschiedlicher Weise Ausdruck findet. Zwei Monate nach der Verlobung skizziert Paula gegenüber der Mutter das Verhältnis zu ihrem Verlobten und dessen positive Auswirkung auf ihr Wesen. Zu ihrer eigenen Überraschung sei sie sanfter und nachsichtiger geworden.[54] Fünf Jahre später dagegen lässt sie in einem weiteren Brief, der von Worpswede nach Bremen geht, durchblicken, dass ihr Ehealltag unbefriedigend sei: „Im stillen plane ich wieder einen kleinen Ausflug nach Paris, wofür ich schon fünfzig Mark gespart habe. Dagegen fühlt Otto sich urgemütlich. (...) Ich habe von Zeit zu Zeit den starken Wunsch, noch etwas zu erleben. Daß man, wenn man heiratet, so furchtbar festsitzt, ist etwas schwer".[55] Allerdings werden diese Sätze an die Adresse der Mutter von jener nicht als Ankündigung der bevorstehenden Trennung von Otto Modersohn gelesen. Mütterlicher Ratschlag ist bei diesem Schritt, den die Tochter als Lebensentscheidung versteht, nicht gefragt.

Die Briefe zwischen Mutter und Tochter sind voller emphatischer Sympathiebekundungen[56], aber auch diese Beziehung funktioniert nicht ohne Abgrenzung. Die Tochter aus bürgerlichen Verhältnissen, die sich einem neuen Verständnis von Kunst verschreiben will, ist bereit zur inhaltlichen Auseinandersetzung mit ihrer Familie und zum Aufbruch in eine Zukunft, die nicht einmal in Umrissen klar ist. Noch vor der ersten Abreise nach Paris legt die 23jährige Frau in Worpswede gegenüber der ihr zeitlebens eng vertrauten Schwester Milly eine Art Bekenntnis ab, das alles Bisherige als Vorgeplänkel erscheinen lässt. Das Zitat des ganzen Absatzes dieses Briefs vom 21. September 1899 ist angebracht:

> Ich verlebe jetzt eine seltsame Zeit. Vielleicht die ernsteste meines kurzen Lebens. Ich sehe, daß meine Ziele sich mehr und mehr von den Euren entfernen werden, daß Ihr sie weniger und weniger billigen werdet. Und trotz alledem muß ich ihnen folgen. Ich fühle, daß alle Menschen sich an mir erschrecken, und doch muß ich weiter. Ich darf nicht zurück. Ich

---

52 Alle Zitate Paula Becker an Marie Hill, 5.5.1893, PMB, S. 77f.
53 Paula an Mathilde Becker, 13.8.1900, PMB, S. 268.
54 Paula an Mathilde Becker, 3.11.1900, PMB, S. 280.
55 Paula an Mathilde Becker, 26.11.1905, PMB, S. 510.
56 Paula an Mathilde Becker, 19.1.1906, PMB, S. 517: „Ich lege meinen Kopf in Deinen Schoß, aus welchem ich hervorgegangen bin, und danke Dir für mein Leben."

strebe vorwärts, gerade so gut als Ihr, aber in meinem Geist und in meiner Haut und nach meinem Dafürhalten.[57]

Dieses Statement, das hier wie stellvertretend für den Aufbruch einer jungen intellektuellen Elite um 1900 formuliert wird, ist mit dem Hinweis versehen, es nicht an die Eltern weiterzureichen. Zum Vorlesen beim Familienfrühstück ist das nicht geeignet. Aber alltägliches Leben ist auch im Fall einer Paula Modersohn-Becker kleinteiliger als die große Ankündigung. Sie kann zu diesem Zeitpunkt nicht ahnen, dass sie 16 Monate später als Verlobte einen zweimonatigen Kochkurs besuchen wird, um sich auf ihr Leben als Ehefrau vorzubereiten. Über die Dauer dieser Ausbildung kommt es dann zum Streit, auch mit der Mutter. Paula wohnt in Berlin-Schöneberg bei ihrer Tante Herma Parizot und deren Familie, mit der sie sich gut versteht. Aber anders als ihre Eltern sieht sie sich nach zwei Monaten Kochen hinreichend gewappnet für das Eheleben. Die Mutter schickt der Tochter ein Telegramm mit der Aufforderung, die Lehrzeit in Bezug auf Küche und Haushalten zu verlängern. Paula lehnt ab. Sie berichtet ihrem Verlobten Otto Modersohn im Staccato-Stil: „Ich sitze hier bei gepacktem Koffer durch ein mütterliches Telegram[m] zurückgehalten. Ich sollte noch nicht kommen und immer noch kochen, kochen, kochen. Das kann ich nun aber nicht mehr, will ich auch nicht mehr, thue ich auch nicht mehr. Das ist vom Menschen mehr verlangt als er kann. Das ist Frühlingsvergeudung".[58] Ein Brief an die Mutter verdeutlicht, dass es hier nicht um eine Nebensächlichkeit geht, sondern um einen Konflikt über die zukünftige Rolle der Tochter und Frau. Die Eltern sind verstimmt und die Tochter – umgangssprachlich gesagt – extrem sauer. Paula, mittlerweile 25 Jahre alt, erläutert ihren Eltern, dass für den Kochkurs nicht länger als zwei Monate geplant gewesen seien. Jetzt aber könne sie „diese teppichklopfende Luft und hohen Häuser nicht mehr aushalten. (...) Ich habe hier ein großes Teil für den Haushalt gelernt. Daß ich nicht perfekt bin, weiß ich von selber." Aber die Verhältnisse würden ihrer „Seele" nicht guttun. „Und jetzt heischt sie Freiheit von mir, und ich gebe sie ihr". Untermauert wird dieser Freiheitswunsch kulturprotestantisch korrekt mit einem Luther-Zitat: „Ich stehe hier, ich kann nicht anders. Amen."[59]

---

57 Paula an Milly Becker, 21.9.1899, PMB, S. 196.
58 Paula Becker an Otto Modersohn, 8.3.1901, PMB, S. 340.
59 Paula an Mathilde Becker, 8.3.1901, PMB, S. 340 f.

Verlobung: Kochkurs und ‚soziale Magie'

Der Disput um das Kochen ist keine Episode. Carl Woldemar Becker hat seiner Tochter vier Wochen vorher einen langen – nicht vollständig vorliegenden – Brief zum 25. Geburtstag geschickt, der eine Instruktion über ihre zukünftigen Aufgaben als Ehefrau enthält. Der im Predigtstil verfasste Brief ist ein Dokument des bürgerlichen Ehemodells mit seinen typischen Geschlechterrollen, zugleich aber auch ein Beleg für die Norm-Praxis-Differenz, die das Eheleben faktisch bereits seit seiner ersten normativen Überhöhung in der Ära der Reformation kennzeichnet. Ziel und Zweck der Ehe sei es, so Becker, für Mann und Frau „eine ewige Quelle des Glückes" zu sein. Dies unterscheidet die bürgerliche Ehe klar von Konzepten der Aufklärung und des Pietismus, in denen es primär um tugendhafte Vernunft bzw. gelebte Frömmigkeit ging. Auf der einen Seite erinnert der Vater seine Tochter an ihre ehelichen Pflichten, die darin bestünden, eigene Wünsche und „selbstsüchtige Gedanken" hintanzustellen und im Sinne einer Unterordnung „ganz in Deinem zukünftigen Manne aufzugehen". So sei es die „Aufgabe der Frau (...) im Eheleben Nachsicht zu üben". Er rät dem Paar auch von dem Plan ab, ein Bauernhaus zu kaufen. Zwar wolle er sich „in Eure Häuslichkeit gewiß nicht einmischen". Aber er gäbe doch den väterlichen Rat, Paula solle in „das alte Heim" Ottos, in dem dieser sich wohlfühle, einziehen und es dann „durch Deine Persönlichkeit und Dein rühriges Schaffen und Walten zu einer Stätte der Freude und des Friedens" machen. Die häusliche Sphäre wird hier als Domäne der Frau gedacht. Soweit das Modell aus der Sicht des Brautvaters im vermutlich letzten Brief an die Tochter vor seinem Tod. Auf der anderen Seite weiß der Ingenieur Carl Woldemar Becker, nicht zuletzt aufgrund seiner eigenen Ehe mit der starken Persönlichkeit Mathilde, geb. von Bültzingslöwen: „Wenn zwei miteinander leben so muß gesucht werden immer die Resultante beider Kräfte zu ziehen, ohne daß der eine zu sehr zu dominiren sucht". Er will dieses partnerschaftliche Prinzip als Appell an seine willensstarke Tochter verstanden wissen. Es sei ja klar, „daß Otto Dich liebt. (...) Er ist", so Vater Becker, „vielleicht zu gutmüthig und als Künstler auch zu unpraktisch, um Dir nicht vollständig freien Willen zu lassen und sich in vieler Beziehung Deiner Leitung anzuvertrauen aber um so maßvoller mußt Du sein".[60]

Paula Becker wird diesen Brief des Vaters, der sie in Berlin während des Kochkurses erreicht, im Hinterkopf gehabt haben, als sie ungehalten auf das Telegramm der Mutter mit der Aufforderung zum Weiterkochen reagiert. Aber im Dissens zeigt sich auch hier die Stärke des Zusammenhalts der Familie Becker.

---

60 Alle Zitate Carl Woldemar an Paula Becker, 7.2.1901, PMB, S. 325 f.

Deutlich wird, dass der Streit – nicht der erste um ihre Person – Paula belastet, dass ihr aber der familiäre Konsens wichtig ist: „Es ist so traurig, daß Ihr Euch an mir ärgert. Da ist doch auch hin und wieder etwas zum Freuen an mir, ich meine noch außer meiner Verlobung."[61] Zudem bewirkt die Tatsache, dass Paula auch in diesem Fall ihren Willen durchsetzt, das Kochen also einstellt und nach Worpswede zurückreist, keinerlei Einschränkung oder Bruch in der familiären Beziehung. Den Vaterbrief empfindet sie nicht als Zumutung, sondern ist davon, wie sie Otto schreibt, eigentlich gerührt.[62]

Wieso heiratet Paula Becker Otto Modersohn? Anhand der Briefe und der diaristischen Notizen lassen sich die Etappen zwischen Kennenlernen und Eheschließung rekonstruieren. Von Anfang an ist dabei Kunst, nicht als Bildungsgut, sondern als Praxis, Gemeinschaftserlebnis und quasi transzendentale Erfahrung, für das Paar von zentraler Bedeutung.[63] Paula Becker erwähnt den bereits bekannten Maler Modersohn, der in Worpswede lebt, erstmals nach dem Besuch einer Ausstellung in der Bremer Kunsthalle im April 1895 in einem Brief an ihren Bruder Kurt.[64] Diese frühe Ausstellung der Worpsweder ist für die 19jährige Bremerin der Ausgangpunkt ihrer Begeisterung für die Künstlerkolonie, die dazu führt, dass sie dort im Sommer 1897 mehrere Wochen und dann erneut ab September 1898 für längere Zeit lebt, um Malen zu lernen. Ihre Notizen aus dieser Zeit sind enthusiastisch. Sie besucht die Ateliers der Künstler, die sie als „Priester" von Worpswede bezeichnet.[65] Es herrscht Aufbruchstimmung.

Anfänglich empfindet Paula Becker Sympathien für den Maler Heinrich Vogeler. Aber wie sie in ihrem Tagebuch ausführt:

> Dann ist da noch der Modersohn. Ich habe ihn nur einmal gesehen und da auch leider wenig gesehen und gar nicht gefühlt. Ich habe nur in der Erinnerung etwas Langes in braunem Anzuge mit rötlichem Bart. Er hatte so etwas Weiches, Sympathisches in den Augen. Seine Landschaften, die ich auf den Ausstellungen sah, hatten tiefe, tiefe Stimmung in sich. Heiße brütende Herbstsonne, oder geheimnisvoll süßer Abend. Ich möchte ihn kennenlernen, diesen Modersohn.[66]

---

61 Paula an Mathilde Becker, 8.3.1901, PMB, S. 341.
62 Paula Becker an Otto Modersohn, 12.2.1901, PMB, S. 331.
63 Vgl. zum Künstlertum Frevert 2004; zu Künstlerpaaren im 20. Jahrhundert Berger 2000.
64 Paula an Kurt Becker, 27.4.1895, PMB, S. 81–83, hier S. 83; auch abgedruckt in: PMB/OM, S. 27f.
65 Paula Becker, Tagebuch, 24.7.1897, PMB, S. 124; Paula Becker an die Eltern, August 1897, S. 125f.: „Ich bin glücklich, glücklich, glücklich." (S. 125); s. auch die Anmerkungen, PMB, S. 89–93.
66 Paula Becker, Tagebuch, 24.7.1897, PMB, S. 124; dto.: PMB/OM, S. 30.

Ab September 1898 ist Paula Becker Dauergast in Worpswede. Auf einem Fest in Modersohns Atelier, wo Vogeler Gitarre spielt und getanzt wird, genießt sie „das weibliche Gefühl" und dass „sich einige an mir freuten."[67] Gegenseitige Zuneigung entsteht durch und im Gespräch über Kunst, wobei die Rollen in puncto Erfahrung und Expertise zunächst klar verteilt sind. Paula berichtet in einem Brief – notabene an ihren Vater – über Modersohn: „Er ist mir schon so lieb aus seinen Bildern, ein feiner Träumer."[68] Modersohns Bemerkungen über sie sind zunächst noch distanziert. Der erste Eintrag in seinem Journal mit Bezug auf die junge Bremerin lautet schlicht: „Gestern den ganzen Morgen Frl. Becker bei mir – über alles mögliche gesprochen. Bilder, Compositionen, Studien besehen. Großes Interesse für m. Comp."[69] Otto Modersohn hat gerade die Kaufmannstochter Helene Schröder geheiratet. Paula Becker bricht im Januar 1900 mit Clara Westhoff zu ihrer ersten Parisreise auf. In der folgenden Zeit schreiben sich das Fräulein Becker und das Ehepaar Modersohn Briefe. Es geht um das Leben in Paris und die Kunst. Auf eine künftige Beziehung deutet kaum etwas hin. Doch als die Worpsweder Modersohn, Marie Bock, Fritz und Hermine Overbeck im Juni 1900 nach Paris kommen, um mit Paula Becker die Weltausstellung zu erkunden, stirbt überraschend Helene Modersohn.

Nach der Rückkehr Paula Beckers nach Worpswede im Juni entwickelt sich rasch etwas, das mehr als Zuneigung ist. Bis zur Verlobung am 12. September 1900, die wegen des noch nicht lang zurückliegenden Tods von Helene Modersohn zunächst geheim gehalten wird, vergehen nur wenige Monate. Seine und ihre Eltern sind bei dem Eheversprechen nicht beteiligt, es ist eine autonome Entscheidung allein des Paars. Die Entstehung der Liebesbeziehung ist anhand der nach außen abgrenzenden Rituale fassbar. Der Witwer Otto besucht die kranke Paula in ihrer kleinen Stube bei Brünjes, um ihr vorzulesen. Sie investieren Zeit und Trost füreinander. Mann und Frau fangen an, sich heimlich Briefe und Nachrichten zu schreiben, die unter einem Stein in der Heide versteckt und dann vom Anderen abgeholt werden.[70] Die Anbahnung der Verlobung ist besser aus der Tagebuch-Perspektive Modersohns als aus dem unvollständigen Nachlass Beckers fassbar. Der elf Jahre ältere Maler reflektiert dabei die Persönlichkeit der jungen Frau, was nicht ohne Rekurs auf das Kunstverständnis geht. Seine Faszination für das „Mädchen" findet Ausdruck in einer Kaskade der Attribute, mit denen er sein Gegenüber in Worte zu fassen versucht:

---

67 Paula Becker, Tagebuch, 30.3.1899, PMB, S. 185.
68 Paula an Carl Woldemar Becker, 9.3.1899, PMB, S. 184.
69 Otto Modersohn, Tagebuch, 15.12.1899, PMB/OM, S. 37; „m. Comp." meint wohl „meine Compositionen".
70 Anmerkungen in PMB, S. 208; Brief „An Meinen", „Mittwoch-Abend", ebd., S. 270 und 684.

> sie ist lebhaft, voller Einfälle, anregend, liebt d. eigenartige, originelle, ja pittoreske, sie hat Auffassung für die feinste Kunst (Cottet, Daumier, Velazquez, Rodin). Etwas weibl. Anmuthiges, sonnig-heiteres in Bewegung u. Redeweise umgiebt sie, trotzdem sie sehr frei, sehr reif u. weit ist. Wie ihr Wesen, so ist ihr Äußeres frisch u. gesund. Keine steht mir so nahe wie sie. Sie gefällt mir innerlich u. äußerlich, schon im vorigen Jahre; am meisten.

Bemerkenswert schnell kommt Modersohn in seinem schriftlichen Selbstgespräch auf die Frage der Ehefähigkeit Paula Beckers. Hier hat er durchaus Zweifel, die den väterlichen Ermahnungen Carl Woldemar Beckers entsprechen. „Bedenken habe ich wohl einige: 1) Ihr zu freies Wesen, sie kennt zu viel, viel mehr als ich selbst; (...) 2) Haushalt würde sie wenig verstehen, aber Oberleitung würde sie doch übernehmen können u. für praktisch, sparsam halte ich sie auch".[71]

Die Überlegungen des Verliebten vor der Verlobung deuten bereits Problemzonen der späteren Ehe an. Zudem ist auch bei diesem Eheversprechen ein Hin und Her zwischen Anziehung und Abgrenzung festzustellen. Nur einen Tag nach der Ode auf Paula, verbunden mit ersten Gedanken in Richtung Heirat, notiert Otto Modersohn: „Gestern bei P.B. [Paula Becker] u. seitdem mit ihr völlig fertig. – Sie ist viel zu ultramodern, frei bis zum Exceß, verbildet, theils haben ihre Eltern so auf sie gewirkt, theils ihr späteres Leben in den Kunststädten bes. Paris, ohne daß sie sich jetzt kein Leben mehr denken kann".[72] Einige Tage später erneut: „Gestern mit P.B. [Paula Becker] wieder die unfruchtbarsten Reden gehalten. Wir sind meilenweit auseinander in unseren Ansichten über Leben u Menschen."[73] Gut eine Woche vor der Verlobung dann aber: „P.B. [Paula Becker] zieht mich wieder an." Doch Zweifel bleiben. Bei dem gegenseitigen Abtasten geht es letztlich um die Praxis der Geschlechterbeziehungen. Der Künstler und Aussteiger stellt noch einmal die Frage, wer denn die Küche machen wird: „Würde sie d. Haushalt vorstehen wie es sich gehört, Hausfrau sein, wenn auch 2 Dienstboten (für Küche u. Kinder) da sind." Zudem scheint Paula Becker bereits zu diesem frühen Zeitpunkt nicht mehr ohne ihren Sehnsuchtsort Paris denkbar: „Würde sie sich nicht langweilen in d. Einsamkeit. – ohne Feste, ohne bes. Menschen. – ohne Paris."[74]

Letztlich bleiben persönliche Neigungen von außen gesehen schwer rationalisierbar. Aus sozialhistorischer Sicht folgt auch dieses Paar dem für das 19. Jahrhundert typischen Trend zur Endogamie. Paula Becker ist Tochter eines Baurats, Otto Modersohn Sohn eines Baumeisters aus Westfalen. Sein älterer

---

71 Alle Zitate Otto Modersohn, Tagebuch, 26.7.1900, PMB/OM, S. 65.
72 Ebd., 27.7.1900, S. 65.
73 Ebd., 8.8.1900, S. 66.
74 Alle Zitate ebd., 3.9.1900, S. 66.

Bruder ist Jurist, der jüngere Pfarrer. Sie teilen also nicht nur die Leidenschaft für Kunst, sondern auch die bildungsbürgerliche Herkunft. Der große Altersunterschied ist nicht ungewöhnlich und wird von niemandem thematisiert.[75] Anders als Endogamie ist Liebe keine wissenschaftliche Kategorie, sondern ein Begriff der Quellensprache. Dass es sich bei dieser Beziehung um eine solche handelt und dass es angemessen ist, dieses Etikett zu verwenden, kann man mit etlichen Tagebucheinträgen und Briefen begründen, zudem auch mit der Selbstdarstellung des Paars. Paula schreibt an Otto nach der Verlobung unter Anspielung auf mittelalterlichen Minnesang „Ich bin Dein, Du bist mein, des sollst Du gewiß sein." und platziert die Botschaft in dem Versteck unter dem Stein.[76] Otto notiert in seinem Journal prosaischer, aber expliziter: „Immer stärker ganz von selbst, verwandelte die Zuneigung sich in die glühendste Liebe."[77] Mit Heinrich Vogeler öffnet man eine Flasche Wein, um auf die Verlobung anzustoßen. Mit Rilke muss es freilich etwas größer und pathetischer sein. Paula Becker schreibt ihrem Freund, dem während seiner Zeit in Worpswede als Gast von Vogeler eine Neigung zu ihr nachgesagt wird: „Das Eine für mich, das Ganze, das Große, das Feststehende für mich ist meine Liebe zu Otto Modersohn und seine Liebe zu mir. Und die ist was Wundervolles und segnet mich und überströmt mich und singet und geiget um mich und in mir."[78] Damit verbunden ist das Angebot einer Patenschaft an Rilke, wobei unklar bleibt, ob dies formell mit Blick auf die Eheschließung oder eher informell als freundschaftliche Begleitung des Paars in der Zukunft gemeint ist.

Nachdem der Kochkurs geschafft ist, wird die Hochzeit geplant. Die Frage der Aussteuer ist wie gesehen unstrittig. Otto Modersohn kann vom Verkauf seiner Bilder leben und eine Familie ernähren. Mit der Heirat wird Paula zur Stiefmutter von Ottos Tochter aus erster Ehe Elsbeth. Sie möchte die Hochzeit in Jugendstil-Manier inszenieren, nämlich mit ihrem Bräutigam von Worpswede aus in einem der schwarzen „traurigen" Torfkähne auf dem Flüsschen Hamme zu einer zwei Stunden entfernt liegenden Kirche fahren. Sie kennt diesen Ort – wahrscheinlich die Backstein-Kirche von Wasserhorst – vom Eislaufen im Winter. In dem Kahn

---

75 Fragwürdig die Einschätzung von Vater Becker nach einem Treffen mit den Worpsweder Malern, lange vor der Verlobung: Brief an Paula Becker, 11.1.1897, PMB, S. 109: „Modersohn ein guter Westphale, gar nicht semitisch wie sein Name vermuthen läßt angehaucht, ist eine Kinderseele"; Paula Becker an Otto Modersohn, 6.3.1901, PMB, S. 339: „Du wirst mit vieler Liebe und vieler Erwartung in meiner Familie empfangen."
76 Paula Becker an Otto Modersohn, nach dem 12.9.1900, PMB, S. 270; s. auch ebd., S. 684.
77 Otto Modersohn, Tagebuch, 27.9.1900, PMB/OM, S. 72.
78 Paula Becker an Rainer Maria Rilke, 12.11.1900, PMB, S. 282; zur Neigung Rilke / Becker s. die Anmerkungen, PMB, S. 209; zu Vogeler Paula an Carl Woldemar Becker, 28.10.1900, ebd., S. 277.

„sitze ich im weißen Kleid, einen grünen Kranz auf dem Haar u. neben mir sitzt ein stiller Mann mit rotem Haar und Bart und tiefen Augen. Das wird schön."[79] Doch verhindert die Krankheit des Vaters die Ausführung dieses Akts ‚sozialer Magie' (Bourdieu). Das Paar feiert die Hochzeit schließlich am 25. Mai 1901 am Bett Carl Woldemar Beckers im engsten Familienkreis, getraut von Ottos Bruder Ernst Modersohn. Darüber liegt kein edierter Bericht vor.

Der Freundschaftskult der elektiven ‚Familie'

1901 ist in Worpswede ein Jahr der Eheschließungen. Neben dem Paar Becker / Modersohn heiratet Rilke die Bremer Kaufmannstochter und Bildhauerin Clara Westhoff, Vogeler die Tochter des Worpsweder Schullehrers Martha Schröder. Während des Jahrs 1900 ist ein intensiver freundschaftlicher Verkehr entstanden, an dem aber nicht alle Künstler der Kolonie teilnehmen. Das Zentrum bilden die drei genannten Paare, hinzu kommen manchmal Milly Becker, Marie Bock, Carl Hauptmann und weitere Besucher. Bemerkenswert ist, dass sich dieser Freundeskreis als ‚die Familie' bezeichnet. Paula berichtet ihrer Tante in England: „Draußen leben wir eine stille Gemeinde: Vogeler und seine kleine Braut, Otto Modersohn und ich, und Clara Westhoff. Wir nennen uns: die Familie."[80] Auch als sich Becker, Westhoff und Rilke 1901 in Berlin treffen, sind sie „Die Familie". Diese elektive Familie kommt in Worpswede regelmäßig sonntags zusammen, um sich über Kunst und Literatur auszutauschen. Es werden Briefe und selbst geschriebene Texte vorgelesen, nicht zuletzt Gedichte von Rilke, dazu Wein getrunken und manchmal musiziert. Profaner sind die Kegelabende, zu denen man sich im Dorfgasthaus trifft, oder das gemeinsame Eislaufen auf der Hamme.[81] Der ästhetisch angereicherte Freundschaftskult der Seelenverwandten wird zu einer Art Andacht gesteigert: „Ihr sonntägliches Gedicht machte mich still und fromm, und Clara Westhoff las es und blieb lange sinnend still", so Paula Becker an Rilke.[82]

Die Frage der Authentizität der Gefühle kann man auch hier nicht plausibel diskutieren. Aber bei dem Freundschaftskult dieser ‚Familie' geht es auch um

---

79 Paula Becker an Jeanne Bruinier, 19.1.1901, PMB, S. 314; dazu auch Paula Becker an Rainer Maria Rilke, 10.1.1901, PMB, S. 299; vgl. zum Folgenden die Anmerkungen, PMB, S. 303.
80 Paula Becker an Marie Hill, 30.12.1900, PMB, S. 296 f.; Rilke befindet sich zu diesem Zeitpunkt in Berlin; zum Folgenden (Zitat) Paula Becker an Otto Modersohn, 3.2.1901, ebd., S. 322.
81 Paula Becker an Marie Hill, 20.4.1899, PMB, S. 186; an Herma Becker, 8.11.1905, ebd., S. 508 f.; an Rainer Maria Rilke, 10.1.1901, S. 299.
82 Paula Becker an Rainer Maria Rilke, 25.10.1900, PMB, S. 275; s. auch Tagebuch, 3.9.1900, ebd., S. 269.

Abb. 22: Heinrich Vogeler: Sommerabend (Konzert) auf dem Barkenhoff, 1905; an der Gartentür Martha Vogeler, links Paula Modersohn-Becker, vierte von links Clara Rilke-Westhoff, im Hintergrund links Otto Modersohn; Bildquelle: akg-images.

Performanz. Im Zentrum der Inszenierung von Worpswede als Gesamtkunstwerk steht ein imposantes Haus: Heinrich Vogelers Barkenhoff, auf dem man sich sonntags trifft.

Vogeler hat dieses Bauernhaus (‚Birkenhof') nach einer Erbschaft 1894 erworben und baut es in den folgenden Jahren gemäß seinen Jugendstil-Ideen um. Als Carl Woldemar Becker seiner Tochter vom Erwerb eines Bauernhauses abrät, denkt er an Vogelers Barkenhoff. In der Tat imaginiert Paula in ihrem Tagebuch vor der Hochzeit ein verwinkeltes Traumhaus für sich, ihren Ehemann und ihre zukünftigen Kinder; Modersohn und Vogeler zeichnen zeitgleich gemeinsam „unser Zukunftshaus".[83] Zu Vogelers bis heute nachwirkender Worpswede-Inszenierung gehört auch seine blonde Frau Martha, die er oft – laut einer Tagebuchnotiz Paula Beckers „unaufhörlich" – im Haus oder auf der Terrasse zeichnet oder malt. Man hat es hier nicht nur mit einer Jugendstil-Imagination, sondern auch mit einer modernen Form der Inszenierung von Häuslichkeit zu tun, bei der die Ehefrau als Repräsentationsfrau ins Zentrum gerückt wird. Angesichts einer derartigen Überfrachtung mit Bedeutungen lässt sich indes fast erwarten, dass die

83 Paula Becker, Tagebuch, ca. 12.2.1901, PMB, S. 330; Otto Modersohn an Paula Becker, 16.2. 1901, PMB/OM, S. 136 (Zitat); vgl. zu Künstlerhäusern und Hausmuseen Holm 2015, S. 235ff.; zum Folgenden die Bemerkung von Paula Becker, Tagebuch, 18.10.1898, PMB, S. 163; vgl. zur repräsentativen Rolle der Ehefrau Mettele 1996.

harmonische Gemeinschaft der ‚Familie' nur von kurzer Dauer sein wird. Die Selbstzeugnisse dokumentieren eine Geschichte euphorisierter Begegnungen, gefolgt von Konflikten, Dissonanzen, Auseinanderleben und Wiederannäherung. Bereits im April 1902, nur ein Jahr nach der dreifachen Eheschließung, notiert Modersohn: „Das Traurigste an Worpswede ist doch der gesellige Verkehr. Alle Verhältnisse sind von kurzer Dauer, es ist ein ewiger Wechsel. In einem Jahr ist oft alles anders geworden. Völlig ungereimt und unerklärlich fallen Verhältnisse auseinander." Dies gelte gerade für die Beziehung zu Rilkes und den „Verkehr im Voglerschen Hause", der so „schön u. reich, natürlich u. harmlos" gewesen sei, „u. heute? Nicht der Schatten von damals."[84] Die auf freundschaftlichen Emotionen und kongenialem Kunstsinn basierende elektive Familie erwies sich als extrem fragil.

Die Ehe als Seelengemeinschaft mit Krisen

Wie funktionieren Paula Becker und Otto Modersohn als Paar? Die Erwartungen vor der Gründung der Familie, verbunden mit dem Einzug Paulas in Ottos Haus mit der dreijährigen Elsbeth, sind immens hoch. Man wird das Paar als Liebespaar bezeichnen können, das in der Kontinuität der Romantik durch intensive Zuneigung und geteilte ästhetische Erfahrungen eine Seelengemeinschaft herstellen will.[85] Weit mehr als ein Bildungspaar, bilden die beiden darüber hinaus auch ein Glaubenspaar sowie ein Arbeitspaar. Auffällig ist die Sprache mit religiösem Vokabular: „Er macht mich fromm", notiert die verliebte Paula in ihr Tagebuch.[86] Die Begegnung mit dem Anderen gleicht einer Erweckungserfahrung. Durch die Liebe als „unendliche Macht", respondiert Otto Modersohns Journal, „scheint mir alles, alles verändert".[87] Charakteristisch ist das Streben nach Höherem durch gemeinsame Arbeit an der Kunst: „dem ewig sich erneuernden Ziele nahezukommen."[88] Dass die Meinungen über den Weg zu einer höheren Form der Existenz mitunter auseinandergehen, ist kein Widerspruch. Auch bei religiösen und politischen Glaubenspaaren kann es ja zum Disput kommen. Paula Becker und Otto Modersohn vereinigen sich durch und streiten über Kunst.

Wie werden die Gefühle in den ehelichen Alltag übersetzt? Arbeit und Freizeit sind in der Künstlerehe nicht getrennt, noch gibt es getrennte Sphären der Ge-

---

84 Otto Modersohn, Tagebuch, 1.4.1902, PMB/OM, S. 171.
85 Vgl. Trepp 2000; kurz Wienfort 2014, S. 20 f.
86 Paula Becker, Tagebuch, Anfang Oktober 1900, PMB, S. 272.
87 Otto Modersohn, Tagebuch, 12.2.1901, PMB/OM, S. 134.
88 Paula an Milly Becker, 6.12.1905, PMB, S. 511; vgl. zu Künstlerpaaren Berger 2000.

Abb. 23: Paula Becker und Otto Modersohn auf einer Bank im Garten ihres Hauses in Worps-wede, 1904; Bildquelle: Otto Modersohn Stiftung, Fischerhude.

schlechter. Das Paar hat seine kleinen Rituale. Neben der gemeinsamen Lektüre kunsthistorischer Bücher und dem Austausch über die anzustrebende Kunst – konkret über die eigenen Werke und Vorbilder wie Böcklin, Cezanne und Gauguin – ist es vor allem das parallele Malen desselben Motivs oder Modells: Land-schaften und Menschen in und um das Moordorf Worpswede, nicht zuletzt im Armenhaus, das direkt gegenüber von Modersohns Haus steht. „Sogar nach dem Abendbrot stürzen wir uns noch selbander hinüber ins Armenhaus und malen Farbenstudien von der Kuh, der Ziege, der dreibeinigen Alten und all den Ar-menkindern", berichtet Paula.[89] Am Ende des Tages werden die Studien in der Veranda aufgestellt und diskutiert. Es gibt kleine Vergnügungen: im Sommer Baden und Luftbaden, im Winter Eislaufen auf der gefrorenen Hamme, dazu die Zusammenkünfte mit der Worpsweder Freundschafts-Familie und Besuche aus Bremen. Versteht man das Künstlerpaar als Arbeitspaar, so ist zu erwähnen, dass die Einkünfte in der gesamten Zeit der Ehe asymmetrisch verteilt sind. Während der ältere Etablierte Kunden für seine Gemälde findet, ist die junge Unverstan-dene, die auch nach der Heirat in Paris Akademien besucht, froh, wenn sie einmal

---

89 Paula an Mathilde Becker, 27.6.1902, PMB, S. 380; vgl. die Abb. in Wölfle 2020a, S. 74 ff.; zur ‚dreibeinigen Alten': PMB, Abb. 42 und 43; zum Folgenden Otto Modersohn, Tagebuch, 5.11.1905, PMB/OM, S. 306.

ein Bild ausstellen kann. Aber sie gewinnt durch die Ehe auch einen finanziell gesicherten Spielraum für ihre künstlerische Entwicklung. Nicht nur in dieser Beziehung sind sie ein ‚good match'. Insbesondere in der Anfangszeit entspricht die Beziehung zwischen dem zur Melancholie neigenden Modersohn und der sanguinischen Paula dem Muster *Pettersson und Findus*. Er bemerkt: „Ich neige entschieden zum schweren, grüblerischen, wie oft bin ich so, wenn ich allein bin. Da ist Paula ein wahres Labsal, sie erheitert, erfrischt, belebt, verjüngt – o riesengroßes Glück."[90] Findet das Paar zu einem dauerhaften Arrangement, das der unterschiedlichen Individualität Rechnung trägt?

Der Realitätsschock des Ehealltags wird erstmals knapp ein Jahr nach der Heirat artikuliert. Paula Modersohns-Beckers Tagebucheintrag am Ostersonntag 1902 thematisiert die Diskrepanz zwischen der Erwartung auf Seelengemeinschaft und dem Alltag als Ehepaar, darüber hinaus zwischen Kunst und Küche, nicht zuletzt die Last der Haushaltsführung:

> Es ist meine Erfahrung, daß die Ehe nicht glücklicher macht. Sie nimmt die Illusion, die vorher das ganze Wesen trug, daß es eine Schwesterseele gäbe. Man fühlt in der Ehe doppelt das Unverstandensein, weil das ganze frühere Leben darauf hinausging, ein Wesen zu finden, das versteht. Und ist es vielleicht nicht doch besser ohne diese Illusion, Aug' in Auge einer großen einsamen Wahrheit? Dies schreibe ich in mein Küchenhaushaltebuch am Ostersonntag 1902, sitze in meiner Küche und koche Kalbsbraten.[91]

Am Abend desselben Tages setzt sie ein P.S. hinzu, in dem sie über das Verhältnis zwischen Böcklin und Tizian reflektiert: ein Hinweis auf ihr eigentliches Metier. Auf Seiten Otto Modersohns findet eine Frustration drei Monate später Ausdruck. Seine ins Allgemeine gewendeten Bemerkungen korrespondieren mit der Kritik an der Frauenbewegung und der Krise der Männlichkeit um 1900. Er wirft seiner Frau einen Egoismus vor, der letztlich von der Lektüre Nietzsches herrühre.

> Das muß das schwerste für ein Frauenzimmer sein: geistig hoch, intelligent u. doch ganz Weib. Diese modernen Frauenzimmer können nicht wirklich lieben (...). Wie fern sind sie doch vom wirklich hohen Ziele. (...) Mit all' ihrer Intelligenz kommen sie immer weiter vom Ziele ab. – Für das erste halten sie Egoismus, Selbständigkeit, Selbstgefälligkeit u. das kann keine glückl. Ehe werden.

Modersohn karikiert den neuen Geschlechterdiskurs, lässt aber auch Probleme in seiner Ehe durchblicken, wenn er fortfährt:

---

90 Otto Modersohn, Tagebuch, 26.11.1900, PMB, S. 285; s. auch 20.12.1900, ebd., S. 289; vgl. Sven Nordqvist, Armer Pettersson, 1988: www.oetinger.de/buch/armer-pettersson/9783789161735 (30.10.2021).
91 Paula Modersohn-Becker, Tagebuch, 30.3.1902, PMB, S. 371.

> Der Mann ist natürlich in mittelalterlichen tyrannischen Gelüsten befangen, wenn er
> erwartet, daß s. Frau ihm zu Liebe etwas thut, mit ihm lebt, auf s. Interesse eingeht. Eine
> Frau würde da ja ihre Rechte, ihre Persönlichkeit opfern. So argumentieren sie u. machen
> sich u. ihre Männer unglücklich.[92]

So fatal sich solche Aussagen der Enttäuschung lesen, muss sogleich hinzugesetzt
werden, dass sich das Paar zuvor und späterhin etliche Briefe schreibt, die von
großer Zuneigung, gegenseitigem Vertrauen und körperlicher Anziehung zeugen.
Das Gleiche gilt für den Diskurs in den Tagebüchern. Bei allen wechselhaften
Gefühlslagen finden die Beteiligten zunächst zu einem Arrangement, das die Ehe
über mehrere Jahre hinweg trägt. Dieses Arrangement basiert auf den genannten
Gemeinschaftsritualen, überdies aber auch auf dem Prinzip der Auszeit als Paar:
einer zeitlichen und räumlichen Trennung über kurze oder längere Zeit, die dann
wieder zur ersehnten Vereinigung führt. Dies beginnt bereits bei der Organisation
des alltäglichen Durcheinanders durch Aufteilung der Präsenz auf zwei Häuser in
Worpswede: zum einen das Modersohn'sche Familienhaus, zum anderen die
Atelierstube bei Brünjes. Nach der Heirat zieht Paula Becker in Otto Modersohns
geräumiges Haus, behält aber ihre Stube bei dem Bauern Brünjes, in der sie seit
Juli 1900 gewohnt hat, als ihr Atelier. Das „liebe Brünjes-Häuselein" wird ihr zum
Refugium. Als der Ehemann seinen Vater in Münster besucht, bemerkt sie gegenüber der Schwester Milly: „Und ich bin nach Brünjes gezogen und spiele Paula
Becker."[93] An einem gewöhnlichen Tag erledigt Frau Modersohn, unterstützt von
dem Dienstmädchen Bertha bzw. Johanne, zunächst einige Aufgaben im Haushalt, um dann um etwa neun Uhr über die Wiesen am Weyerberg in ihr Atelier zu
gehen. Die Familie kommt um ein Uhr zum Mittagessen zusammen, das wohl
meistens das Dienstmädchen zubereitet, gefolgt von einem kurzen Schlaf. Der
Nachmittag ist dann erneut der Malerei gewidmet.[94] Den Abend verbringt das
Ehepaar zu zweit oder mit den Worpsweder Freundinnen. Ein häufiges und un-
erwartetes Kommen und Gehen von Besuchern wie bei Stettler-Herports, Benekes

---

92 Beide Zitate Otto Modersohn, Tagebuch, 28.6.1902, PMB, S. 381; vgl. Planert 1998; Arni 2004.
S. 215–24; zur „Furcht des Mannes vor der Frau" als ein im 19. Jahrhundert zunehmendes Problem
Gay 1986, S. 187.
93 Paula an Mathilde Becker, 6.7.1902, PMB, S. 381 (erstes Zitat); Paula an Milly Becker, 15.4.
1904, ebd., S. 448 (zweites Zitat); zu Modersohns Haus Otto an Paula Modersohn-Becker, 2.-3.3.
1906, PMB/OM, S. 331.
94 S. auf der Basis eines nicht edierten Briefs von Herma Becker die Anmerkungen, PMB, S. 303;
zum Dienstmädchen Bertha: Paula an Otto Modersohn, 14.2.1903, PMB, S. 399: „Ich mag garnicht
die Hotelkost u. möchte wohl Bertha hier haben, daß sie mir einmal was Schönes kochte"; zu
Johanne 2.3.1906, PMB, S. 523; 30.6.1906, S. 547f.; Mathilde an Herma Becker, 10.5.1907, ebd.,
S. 575.

oder Püschmanns kann hier aber nicht notiert werden. Insofern macht die Häuslichkeit der Familie Modersohn den Eindruck größerer Privatheit. Es lässt sich durchaus auch von getrennten Sphären sprechen. Allerdings handelt es sich nicht um geschlechterspezifisch separierte Bereiche mit dem Mann in der Öffentlichkeit und der Frau im Haus, wie in der Forschung vielfach diskutiert, sondern um das sehr modern wirkende Konzept getrennter Arbeitsräume in zwei Häusern, in denen Frau und Mann jeweils ihrer Tätigkeit nachgehen.

Die Stabilisierung der Beziehung durch Auszeiten und das Bedürfnis nach einem Freiraum wird von Paula Modersohn-Becker offen formuliert: „Wie merkwürdig, daß diese Trennung unsere Liebe so jauchzen macht."[95] Ihre Gefühle bei der Abreise Ottos für ein paar Tage nach Münster vergleicht sie in einem Brief an ihn mit denjenigen der sechsjährigen Elsbeth, wenn sie ihre Eltern nach Bremen abfahren sieht „und denkt, daß sie nun einen ganzen Tag oder zwei vor sich hat, an denen ihr niemand etwas verbietet. Ich fühlte mich so göttlich frei." Allerdings folgt der Zusatz: „Weißt Du gerade, daß Du im Hintergrunde meiner Freiheit stehst, das macht sie so schön. Wenn ich frei wäre und hätte Dich nicht, so gelt es mir nichts."[96] Die Selbstzeugnisse mit den deutlichsten Bekenntnissen der Zuneigung sind Briefe in Zeiten der Trennung: während der Verlobung die Weihnachtstage im Elternhaus in Bremen und der Aufenthalt in Berlin, während der Ehe die rund zweimonatigen Aufenthalte Paulas zum Kunststudium in Paris. Dabei geht es eben nicht nur um Kunst, sondern auch um eine Flucht aus dem Ehealltag sowie aus dem engen, mittlerweile nicht mehr inspirierenden, Worpswede. Während der Aufenthalte in Paris verändert sich Paula Modersohns Sichtweise auf ihre Ehe und Familie merklich, wie die Briefe an Otto dokumentieren: 12.2.1903: „Ich denke furchtbar viel an Dich und Elsbeth, eigentlich immer"; 18.2. 1903: „Und trotz alledem bin ich vielleicht mehr denn je bei Dir"; 26.2.1903: „Sag mal, kommst du noch? Dann mußt Du bald kommen."; 17.3.1903: „Mein König Rother, Ich kehre heim. Mich packt es auf einmal so, daß ich zu Euch muß und zu Worpswede."[97] Unter den Briefen aus Paris finden sich auch Karten an die kleine Elsbeth. Die ambitionierte Paula akzeptiert die Rolle als Mutter der Tochter ihres Manns aus erster Ehe.

Trotzdem gerät die Ehe in schwere Gewässer. Gegen Ende des 19. Jahrhunderts steigt die Zahl der trennungswilligen Paare in verschiedenen Milieus. Insofern ist die Beziehung Becker / Modersohn keine Ausnahme. Als Paula Modersohn-Be-

---

95 Paula an Otto Modersohn, 7.11.1902, PMB, S. 387.
96 Paula an Otto Modersohn, 15.4.1904, PMB, S. 446.
97 In der Reihe der Zitate: Paula an Otto Modersohn, 12.2.1903; 18.2.1903; 26.2.1903; 17.3.1903, PMB, S. 395–427; s. auch 23.2.1905, ebd., S. 478; zum Folgenden z.B. Paula an Elsbeth Modersohn, 22.2.1903, ebd. S. 409f.

cker am 23. Februar 1906 zu ihrer vierten Paris-Reise aufbricht, will sie sich scheiden lassen und konsultiert noch vor der Abreise ohne Einverständnis ihres Ehemanns einen Anwalt. Doch eine Scheidung ist nach Einführung des Bürgerlichen Gesetzbuchs im Jahr 1900, das vom Verschuldensprinzip ausgeht, nicht mehr so einfach zu erreichen, vor allem wenn wie in diesem Fall nicht beide die Scheidung begehren.[98] Sie ist die treibende Kraft, er der Zurückbleibende, der nicht einwilligt. Doch für sie ist klar: „Nun habe ich Otto Modersohn verlassen und stehe zwischen meinem alten Leben und meinem neuen Leben. Wie das neue wohl wird. Und wie ich wohl werde in dem neuen Leben?"[99] Wieso ist die Ehe in eine derart schwere Krise geraten? Es wäre zu einfach, hier allein auf charakterliche Unterschiede oder das Freiheitsstreben Paulas zu rekurrieren. Dass sie im künstlerischen Diskurs – praktisch wie theoretisch – irgendwann die Tonangebende wird, bemerkt der arrivierte Ehemann ebenso irritiert wie fasziniert.[100] Das ist nicht das große Problem. Im Vergleich zu Paulas Erwartungen verweisen aber bereits die Überlegungen von Otto Modersohn und auch Carl Woldemar Becker vor der Heirat auf divergierende Vorstellungen. Der Streit um das Kochen war kein Zufall. Auf der einen Seite steht das von den beiden Männern formulierte und wohl auch von Mathilde Becker geteilte bürgerliche Ehemodell, dem Paula Becker in Sachen Haushaltsarbeit von Anfang an nur widerstrebend folgt, auf der anderen Seite Vorstellungen einer Künstler- und Seelengemeinschaft der Gleichen, die auch Otto mit Paula anstrebt. Bei aller Liberalität ist die Ehe für die Eltern Becker eine soziale Norm, in der Praxis für ihre Tochter aber – Stand Februar 1906 – eine Limitierung der Möglichkeiten, die ihr die Welt bietet. Im Fall Modersohn-Becker geht es damit um ein Grundproblem vieler Paare, das heute so aktuell ist wie damals: Wie lassen sich beruflich-individuelle und familiär-gemeinsame Identität miteinander vereinbaren?

Das Auseinanderleben der Eheleute wird in den Briefen Paulas an Schwester und Mutter vor der Trennung relativ deutlich angesprochen. Bereits der Sommer 1905 ist eine „kratzbürstige Zeit".[101] Die Unzufriedenheit vergrößert sich dann während der dunklen Wintermonate. Paula nennt es ihren „Winterschlaf", Otto

98 Zum Scheidungsrecht im Deutschen Reich Blasius 1987, S. 132 f. und 146–54; Wienfort 2014, S. 244–48.

99 Paula Modersohn-Becker, Tagebuch, 24.2.1906, PMB, S. 521 (Zitat); Paula an Otto Modersohn, 23.2.1906, ebd., S. 520.

100 Otto Modersohn, Tagebuch, 7.7.1902, PMB, S. 383; ausführlicher in: PMB/OM, S. 177 f.; s. auch die ironische Bemerkung über Ottos immer neue Reflexionen zur Kunst: Paula an Herma Becker, 24.12.1904, PMB, S. 454 f.

101 Paula an Herma Becker, 8.11.1905, PMB, S. 508.

im Nachhinein eine „Gemüthsdepression" seiner Frau.[102] Die angeregten Gespräche über Kunst sind irgendwann häuslicher Langeweile gewichen. Fast unisono berichtet Paula an Herma und Mathilde Becker im November 1905 von ihrer „Sehnsucht nach der Welt, hauptsächlich die langen Abende, während er bei einem Pfeifchen in einer Sofaecke sehr gemütlich aufgehoben ist", weshalb sie insgeheim wieder eine Reise nach Paris plane.[103] Aber es gibt da noch eine weitere Schwierigkeit, die in den biografischen Einführungen der Hochglanz-Bände über das Künstlerpaar nicht erwähnt wird.[104] Der Ehemann erscheint seiner Frau nicht nur als behaglich-bürgerlich eingeschränkt, sondern er hat auch ein Impotenz-Problem. In einem Brief an Carl Hauptmann, in dessen Haus im schlesischen Schreiberhau es am Jahresende 1905 zu einem Treffen von Intellektuellen und Künstlern kommt, nimmt die scheidungswillige Paula Becker kein Blatt vor den Mund. Es ist eine Abrechnung mit ihrem Ehemann: „Ich kann nicht anders. Ich habe mich *ganz* in Otto Modersohns Hände gelegt und habe 5 Jahre gebraucht, um wieder frei davon zu werden. Ich habe 5 Jahre neben ihm gelebt, ohne daß er mich zu seiner Frau machte, das war Tierquälerei." Sie wolle auch kein Kind mit ihm haben, denn: „Er ist Philister und unfrei nach jeglicher Richtung." Die Anklage gipfelt in der Feststellung: „Meine Liebe ist ja doch kaput."[105] In einem weiteren kurzen Brief an Hauptmann gesteht sie, wohl auf dessen Nachfrage hin, dass sie bei dem Treffen in Schlesien mit Werner Sombart eine Affäre gehabt hat, wovon Otto Modersohn aber nichts wisse. Sie bittet Hauptmann darum, über „mein Privaterlebnis" mit Sombart „Stillschweigen" zu bewahren.[106]

Paula Becker und Otto Modersohn sind – abgesehen von der Anspielung im Tagebuch Barbara Baumgartners – das erste hier vorgestellte Paar, das explizit über Erotik und Sexualität schreibt. Die Grenzen des Sagbaren sind um 1900 offenbar weiter gesteckt als noch bei dem bürgerlichen Paar Caroline und Ferdinand Beneke, wo zwar ständig von Liebe die Rede ist, nicht aber von Erotik – ganz zu schweigen von pietistisch inspirierten Journalen. Versteht man Selbstzeugnisse mit Foucault als eine Technologie der Formung des Selbst, so geht es hier nicht mehr um christlich-moralische Entsagung und Eindämmung der Lust, sondern im

---

102 Ebd.; dto., 1.12.1905, PMB, S. 510; Otto an Paula Modersohn-Becker, 2.-3.3.1906, PMB/OM, S. 329.
103 Paula an Herma Becker, 8.11.1905, PMB, S. 508; Paula an Mathilde Becker, 26.11.1905, PMB, S. 510.
104 S. aber die kurze Erwähnung bei Stamm 2007, S. 185f.
105 Paula Modersohn-Becker an Carl Hauptmann, 22.4.1906, PMB, S. 530 (Kursivierung im Original).
106 Paula Modersohn-Becker an Carl Hauptmann, 10.6.1906, PMB, S. 546.

Gegenteil um erfüllte Sexualität.[107] Dass Sexualität auch im Rahmen der modern-säkularisierten Gesellschaft in vieler Weise zum Problem wird, ist bekannt und evident.[108] Dass dies auch in der Beziehung Becker / Modersohn der Fall ist, überrascht nach der Lektüre mancher Briefe jedoch. So erklärt Paula in einem Brief an Otto noch im März 1905, in dem sie ihre Freude über sein baldiges Kommen ausdrückt, dass man in Paris „die Betten nur zum Vögeln hätte", unterschrieben mit „Dein kleines Weib".[109] Er antwortet ihr: „Mein kleines süßes Weibchen! Zum Dank für Deinen lieben Brief laß Dich ersteinmal hernehmen und küssen auf Mund, Nase, Augen, den ‚Bauchknopf' und die beiden süßen Löchlein vorn u. hinten."[110]

Paula Becker ist wohl als Jungfrau in die Ehe gegangen, worauf sie in einem Brief während der Verlobungszeit anspielt.[111] Otto Modersohn hat mit seiner ersten Frau Helene eine Tochter gezeugt. Dennoch scheint er nach der Heirat Paulas ein Problem zu haben, das den Vollzug des Beischlafs verhindert und sich nicht so einfach aus der Welt schaffen lässt.[112] Nach der vierten Abreise Paulas nach Paris, Ende Februar 1906, die einhergeht mit dem Scheidungswunsch, schreibt Otto ihr täglich seitenlange flehende Liebesbriefe, um sie zurückzuholen. Gleich im ersten Brief kommt er auf die aus seiner Sicht zentralen Probleme ihrer Ehe zu sprechen: „Meine Paula! Zwei Punkte sind es gewesen, die Deinen Entschluß herbeigeführt haben: 1) die sexuelle Unbefriedigung und 2) die Entfremdung, das nicht in einanderleben."[113] Beide Aspekte werden dann näher ausgeführt. In puncto „Unbefriedigung in der Liebe" rekurriert er auf seine Nervosität: „Ohne, daß ich es wußte, ging ich nervös in die Ehe. Versuche scheiterten, raubten mir m. Selbstvertrauen in dem Punkte, machten mich ängstlich". Das Liebesleben

---

107 Foucault 1988, S. 16; zum Wandel ab dem 18. Jahrhundert ebd., S. 49; vgl. zur „Lust, von der man nicht spricht", das heißt zum Diskurs über Sexualität, den Klassiker Foucault 1983, S. 12; zum Reden über Sexualität vor Gericht, das anderen Prinzipien folgte, Arni 2004, S. 234–46.
108 Vgl. neben Foucault 1983 etwa konkret Bänziger 2010; vgl. zur verdrängten Sexualität im 19. Jahrhundert aus psychoanalytischer Perspektive Gay 1987, S. 9 f.; allgemein ders. 1986.
109 Paula an Otto Modersohn, 20. 3. 1905, PMB, S. 493; dto. In: PMB/OM, S. 295.
110 Otto an Paula Modersohn-Becker, 23. 3. 1905, PMB/OM, S. 297; dieser Brief fehlt in der Edition PMB.
111 Paula Becker an Otto Modersohn, 4. 2. 1901, PMB, S. 323: „es ist meine Jungfräulichkeit, die mich bindet."
112 S. auch die metaphorische Anspielung in: Paula an Otto Modersohn, 7. 11. 1902, PMB, S. 387.
113 Otto an Paula Modersohn-Becker, 27. 2. 1906, PMB/OM, S. 317; s. auch bereits das Protokoll eines Krisengesprächs über „Mangel an wahrem Liebesgenuß" und mit der Feststellung: „unser Leben ist zu eintönig, philisterhaft geworden": Otto Modersohn, Tagebuch, 5. 11. 1905, PMB/OM, S. 305 f.

des Paars findet so lediglich „in kleinen Intermezzis" statt.[114] Aus Peinlichkeit und Prüderie, wie er entschuldigend anführt, habe er zu lang keinen Rat geholt. Erst nach dreieinhalb Jahren Ehe, Ende 1904, entschließt er sich, einen Arzt zu konsultieren, und zwar seinen Schwager Kurt, der ihm schlicht Ruhe empfiehlt. Die Eheprobleme im Verlauf des Jahrs 1904 erklärt Otto Modersohn also mit ihrem defizitären Liebesleben, doch sei das Problem inzwischen gelöst. Ein weiteres Statement des verlassenen Ehemanns zeigt, wie sich im Verlauf der Ehe das Verhältnis zwischen beiden verändert und umgekehrt hat: „In mir ist etwas anderes als gemüthliches Spießerthum. O hilf mir, an Deiner Seite bin ich allein froh u. glücklich, stark u. siegend."[115] Diese mutige und vertrauensvolle Bitte um Hilfe widerspricht eklatant der geltenden Geschlechterhierarchie.

Der weitere Briefverkehr zwischen Paris und Worpswede zeigt schnell, dass die Trennung noch nicht definitiv ist; zum einen, weil Otto Modersohn um seine Frau kämpft und der Scheidung nicht zustimmt, zum anderen, weil Paula Becker ihr neues Leben nicht geplant hat. Mit dem Ziel einer Aussprache reist der Verlassene im Juni 1906 für eine Woche nach Paris. Die Angehörigen der Familie Becker werden von Paula zwar nicht direkt um Rat gefragt, aber durch Briefe und Gespräche miteinbezogen. Die 21jährige Herma wird während der Krisentreffen im Juni in Paris zur Zeugin und Mediatorin der Auseinandersetzung, was sie als „sehr aufreibend für uns alle drei" schildert. Die Sichtweise der Beckers schwankt zwischen Verständnis für ihre Schwester bzw. Tochter und mehr oder weniger offener Kritik. Nicht zuletzt der ältere Bruder Kurt ergreift Partei für seinen Schwager und Patienten Otto. Der Ehekonflikt verdeutlicht zwei Aspekte: Paulas Willenskraft und Charisma, „dass *einem* eine solche Macht gegeben ist", wie Herma notiert[116]; sodann nochmals die Stärke des familiären Zusammenhalts. Immerhin stürzt Paula mit ihrem einseitig formulierten Scheidungswunsch nicht nur den geliebten Schwager und Schwiegersohn in eine Krise, sie stellt auch einen bürgerlichen Grundwert in Frage und kümmert sich nicht weiter um die Familienehre. Die Krise führt zu einem gesteigerten Austausch mit Briefen, Gesprächen und anderen Formen der Unterstützung: moralischer Zuspruch und Vermittlungsversuche der Mutter, finanzielle Unterstützung von der großen Schwester, eine Reise in die Bretagne mit der kleinen.[117] Man kann die Reaktionen der Ge-

---

114 Alle Zitate: Brief an Paula Modersohn-Becker, 27.2.1906, PMB/OM, S. 318 f.; vgl. zu der um 1900 grassierenden Diagnose der Nervosität bzw. ‚Neurasthenie' nochmals Radkau 1998.
115 Otto an Paula Modersohn-Becker, 28.2.1906, PMB/OM, S. 322.
116 Beide Zitate Herma an Mathilde Becker, 8.7.1906, PMB, S. 545 (Kursivierung im Original).
117 Briefwechsel zwischen Mathilde und Paula Modersohn-Becker, 8.-10.5.1906, PMB, S. 537–39; Milly an Paula Modersohn-Becker, 4.4.1906, ebd., S. 527; dto., 14.5.1906, S. 539; Paula an Otto Modersohn, 25.4.1906, S. 531; Paula an Milly Rohland-Becker, 29.1.1907, S. 566; den

schwister Becker im Einzelnen unterschiedlich deuten. Zweifellos bewirkt die Ehekrise der Schwester und des Schwagers jedoch keinen Bruch, sondern vielmehr eine Intensivierung familiärer Kommunikation. Auch die Freundinnen und Freunde in Worpswede, Paris und Schreiberhau mischen sich mit Briefen ein und ergreifen teilweise Partei. Deutlich wird dabei nicht zuletzt, dass eine Scheidung um 1900 faktisch keine reine Privatsache ist.

Noch Anfang September 1906 sieht es so aus, als wenn es bei der Trennung bleiben wird. Bei dem Treffen des Paars im Juni wird vereinbart, dass Otto im Herbst für eine längere Zeit quasi auf Probe nach Paris kommen soll. Doch am 3. September schreibt ihm Paula: „Erspare uns Beiden diese Prüfungszeit. Gieb mich frei, Otto. Ich mag Dich nicht zum Manne haben. Ich mag es nicht. Ergieb Dich drein. Foltere Dich nicht länger. Versuche mit der Vergangenheit abzuschließen."[118] Allerdings hat sie ein finanzielles Problem. Bereits im März hat sie kein Geld mehr und muss bei ihrem Mann ansuchen, ihr welches zu schicken. So auch jetzt wieder: „Ich muß Dich noch bitten, mir ein letztes Mal Geld zu schicken. Ich bitte Dich um die Summe von 500 M. (...) In dieser Zeit will ich Schritte thun, meine äußere Existenz zu sichern."[119] Dieser Brief, der auf Otto Modersohn einen vernichtenden Eindruck macht, wird jedoch nur drei Tage später widerrufen. Paula Modersohn-Becker erklärt entschuldigend, sie sei wegen seiner Darstellung der Gründe ihrer Ehekrise gegenüber der Familie in Bremen verstimmt gewesen. Im Kern geht es auch hier um das Impotenz-Problem, denn Paula meint aus den Briefen der Geschwister zu ersehen, dass „du mich als Anlaß Deiner Nervosität darstelltest". Dabei sei in dieser Hinsicht klar, dass bereits „deine Hochzeitsreise mit Helene ähnlich" verlaufen sei. Es ist nicht zuletzt eine abendfüllende Predigt des in Paris anwesenden Freunds Bernhard Hoetger, die Paula umstimmt: „Wenn Du mich überhaupt noch nicht aufgegeben hast, so komme bald her, daß wir uns versuchen wieder zu finden."[120] Dies ist nebenbei ein Hinweis auf die Wichtigkeit von Freundschaft als sozialer Kontext auch noch um 1900.

Otto Modersohn reist also nach Paris und bleibt den ganzen Winter, während die Tochter Elsbeth zu ihrer Großmutter nach Bremen zieht. Im Reisetagebuch vermerkt er danach nur kurz: „mit Paula wurde alles alsbald gut."[121] In der Tat

---

Schlusspunkt der Krise stellt ein Familientreffen in Worpswede mit Otto Modersohn und Kurt Becker dar: Mathilde an Herma Becker, 10.5.1907, PMB, S. 575 f.

118 Paula an Otto Modersohn, 3.9.1906, PMB, S. 556; zum Folgenden dto., 19.3.1906, ebd., S. 526.

119 Paula an Otto Modersohn, 3.9.1906, PMB, S. 556 f.

120 Paula an Otto Modersohn, 7.9.1906, PMB, S. 557 f.; zur Intervention Hoetgers: Paula an Milly Becker-Rohland, 16.9.1906, PMB, S. 558; s. auch Otto an Paula Modersohn-Becker, 11.9.1906, PMB/OM, S. 403 f.

121 Otto Modersohn, Reisetagebuch, Okt. 1906 – März 1907, PMB/OM, S. 406.

gelingt dem Paar in dieser Zeit ein Neustart und im März 1907 kehrt man gemeinsam nach Worpswede zurück. Nach der starken Abneigungsäußerung und
der Kritik Paulas am Habitus ihres Manns, dem „Stuben- u. Sophamensch" Otto
Modersohn[122], muss diese Kehrtwende überraschen. Doch ihre Briefe aus Paris
haben schon bald nach der Abreise aus Worpswede erkennen lassen, dass sie die
Schwierigkeiten unterschätzt hat. Es geht ihr subjektiv wie objektiv gesehen
schlecht. Die sonst so selbstsichere Paula räumt ein: „Ich armes Menschlein, ich
fühle nicht welches mein richtiger Weg ist."[123] Konkret geht es um fehlendes Geld
und die komplett unsichere Zukunft. Ob sie mit ausreichendem Kapital wie sonst
in vieler Hinsicht – umgangssprachlich gesagt – ihr Ding durchgezogen hätte,
bleibt müßig zu spekulieren. Aber ein zeitlich begrenzter Aufenthalt an einer
Malakademie war etwas anderes als die Notwendigkeit, sich eine Existenz in der
Metropole Paris aufzubauen. Es gibt noch weitere Gründe für die Rückkehr, die in
relativ nüchterner Stimmung erfolgt. Gegenüber Clara Rilke erklärt Paula desillusioniert, sie habe im Verlauf des Sommers „gemerkt, daß ich nicht die Frau bin
alleine zu stehn. Außer den ewigen Geldsorgen würde mich gerade meine Freiheit
verlocken von mir abzukommen." Diese Selbsteinschätzung erinnert stark an das
Einverständnis Caroline Benekes im April 1814 vor ihrer Rückkehr aus der Freiheit
des Lübecker Exils in die ‚häuslichen Grenzen' der Ehe. Ausschlaggebend ist für
Paula, wie sie Clara mitteilt, die Aussicht auf ein kontinuierliches künstlerisches
Schaffen ohne Geldsorgen „an der Seite Otto Modersohns".[124] Hinzu kommt, dass
sie schwanger von Otto ist. Ihr Wunsch nach einem eigenen Kind changiert über
die Jahre hinweg. Nun ist sie damit ganz einverstanden. Man wird aus der doppelten Rückkehr zum Ehemann und nach Worpswede sicher nicht eine Lebensentscheidung für „die Erfüllung ihrer menschlichen Existenz als Mutter" machen
können.[125] Der gemeinsame Sommer 1907 in Worpswede ist dann für das Paar eine
gute Zeit. „Mir geht es prachtvoll", schreibt Paula der Mutter, gleichwohl würde
sie in der Endphase der Schwangerschaft gern für eine Woche nach Paris reisen,
um sich eine Cézanne-Ausstellung anzuschauen.[126] Zum neu und hart erarbeite-
ten Konsens des Paars für ihre zukünftige Ehe gehören der Kauf des Brünjes-

---

122 So seine Formulierung in einer Replik: Otto an Paula Modersohn-Becker, 25.4.1906, PMB/
OM, S. 354.
123 Paula an Otto Modersohn, 7.9.1906, PMB, S. 558; s. auch dto. 2.3.1906, ebd., S. 522: „Mir geht
es natürlich nicht sehr gut.", näher ausgeführt ebd.
124 Beide Zitate Paula Modersohn-Becker an Clara Rilke, 17.11.1906, PMB, S. 564.
125 So aber Busch 2007, S. 35; s. zu den Formulierungen bzgl. Kinderwunsch Paula Modersohn-
Becker, Tagebuch, 22.10.1901, PMB, S. 356; sowie mehrere Briefe an Otto Modersohn: 10.3.1903,
ebd., S. 423; 9.4.1906, S. 528; 14.7.1906, S. 550; 7.9.1906, S. 557.
126 Paula an Mathilde Becker, 2.10.1907, PMB, S. 582 (Zitat); dto. 22.10.1907, ebd., S. 585.

Hauses und weitere Paris-Aufenthalte. Die Geschichte geht trotzdem nicht gut aus, sondern tragisch. Am 2. November 1907 bringt Paula in Worpswede eine gesunde Tochter zur Welt, die nach der Großmutter Mathilde genannt wird. 18 Tage später stirbt Paula Modersohn-Becker völlig überraschend an einer Embolie.

Familiäres Vertrauen und Freiheitsstreben

An dem Doppelbeispiel der Familien Becker und Modersohn-Becker sind mehrere Aspekte interessant, die am Ende noch einmal thesenhaft resümiert werden sollen. Familie als eine auf Dauer gestellte Gefühls- und Unterstützungsgemeinschaft im bürgerlichen Milieu kann gelingen, auch und gerade in der Bewältigung von Spannungen und Konflikten. Die Beckers sind ein Beispiel für die Aufwertung und Kultivierung von Vertrauensbeziehungen in der Familie als Ressource vor dem Hintergrund zunehmender Unsicherheiten in der Moderne.[127] Als wichtig erweist sich nicht nur die Familie – Eltern und Geschwister – im engeren Sinne, sondern auch die weitere Verwandtschaft, von der Paula Becker materiell und immateriell profitiert. Eheschließung als Lebensperspektive ist um 1900 für Töchter aus dem Bürgertum längst nicht mehr alternativlos.[128] Vater Becker will, dass seine Töchter ökonomisch auf eigenen Füßen stehen und nicht auf eine Heirat angewiesen sind. Darüber hinaus zeigt sich im Milieu offen-liberaler Bürgerlichkeit mit Affinität zu aktuellen Diskursen ein kreativ-innovatives Potenzial, das mit seiner Förderung eines Habitus der Individualität dann zu einem Sprengsatz für das Ehemodell des 19. Jahrhunderts mit seinen Konventionen, Hierarchien und Geschlechterrollen wird.

Haus, Häuser und häusliche Sphäre bleiben in mehreren Aspekten relevant. ‚Haus' als Alternativbegriff für die Familie hat auch am Ende des Jahrhunderts noch nicht ausgedient. Nach gut zwei Jahren Eheleben notiert Otto Modersohn über seine Ehefrau: „Der Haushalt geht auch ganz gut – nur d. Familiengefühl, d. Verhältniß zum Hause ist zu gering."[129] Die Häuser der KünstlerInnen von Worpswede dienen als Arbeitsort, als familiäre Sphäre, als Ort der Abgrenzung und als bauliche Umsetzung der Selbstrepräsentation nach außen. Zumindest für Paula Becker wird die häusliche Sphäre an langen Winterabenden aber auch zu einem Privatissimum der Langeweile. Abgesehen von den Sonntagstreffen der

---

127 Vgl. Frevert 2013, S. 213.
128 Vgl. B. Kuhn 2000.
129 Otto Modersohn, Tagebuch, 26.9.1903, PMB, S. 439; vgl. zur Begriffsgeschichte jetzt Mathieu 2020.

elektiven Familie auf dem Barkenhoff sucht man vergeblich nach ‚offenem Haus‘ und einer Visitenkultur.

Paula Becker ist kein besonders politischer Mensch. In jungen Jahren verehrt sie Bismarck, macht sich aber auch über den Nationalismus und die aufkommende Rassenlehre lustig.[130] In den bislang edierten Dokumenten findet sich kein Hinweis, dass sie sich mit den Ideen der zeitgenössischen Frauenbewegung beschäftigt hat. Dennoch muss man ihr eine Emanzipation in praxi bescheinigen, die hin und wieder auch reflektiert wird. Noch einmal der ungeliebte Kochkurs als Lehrzeit vor der Heirat: „Komisch, daß gleich vom Anfang der Ehe an wir Frauen es sind, denen die Proben auferlegt werden. Ihr Männer dürft einfach so bleiben, wie Ihr seid. Na, ich nehme Euch das ja auch nicht übel".[131] Als verheiratete Paula Modersohn-Becker lebt sie eine Emanzipation im Alltag, über deren Anbindung an politische Diskurse noch nachgedacht werden müsste. Die Geschlechterrollen im Hause Modersohn haben sich gegenüber dem klassisch bürgerlichen Modell in mancher Hinsicht umgekehrt: Otto ist ein geduldiger ‚sanfter Mann‘, der seine Häuslichkeit mit der Pfeife auf dem Sofa schätzt – die dynamische Paula hält es in dieser Häuslichkeit nicht mehr aus und strebt in die Welt hinaus. Man kann diese Ehekrise als Etappe auf dem Weg zu einem neuen Verständnis von Ehe und Familie verstehen. Gegen Ende des Jahrhunderts steigen die Scheidungsraten trotz aller Versuche der Eindämmung mit Mitteln des Rechts. Die Verbindlichkeit der Familie als Norm und soziale Institution nimmt ab, ohne dass sie jedoch an Bedeutung verliert. Das scheint paradox. Doch ein Trennungswunsch verweist nicht nur auf die Zerbrechlichkeit der Ehe, sondern auch auf hohe Erwartungen von Frau und Mann an das Familienleben.[132] Die mit der Romantik in die Welt gesetzte Idee der gelebten Seelenverwandtschaft stellt für jede Beziehung im Alltag eine Herausforderung dar. Eine weitere Ursache der Fragilität, die von der Romantik herrührt und von der Avantgarde um 1900 weiterentwickelt wird, ist in dem von Reckwitz sogenannten „Subjekt der expressiven Individualität" zu sehen.[133] Paula Modersohn-Beckers Subjektivität ist gemischt, indem sie bürgerliche Herkunft mit künstlerischem Individualismus verbindet. Das Pendeln zwischen Worpswede bzw. Bremen und Paris verweist auf zwei Ideale, die sie miteinander zu vereinbaren sucht: ausgeprägter Familiensinn und ästhetische Freiheit.

---

130 Paula an Carl Woldemar Becker, 7.8.1892, PMB, S. 55; dto., 18.5.1896, ebd., S. 101; Paula Modersohn an die Eltern, 12.6.1901, S. 351.
131 Paula Becker an Otto Modersohn, 6.3.1901, PMB, S. 339.
132 Im Vergleich war die Scheidungsrate in der Schweiz besonders hoch: Arni 2004, S. 24; zu Deutschland Blasius 1987, S. 152f.; zum Wandel der Erwartungen Schneider 2015, S. 21ff.; Nave-Herz 2015, S. 993f.
133 Reckwitz 2020, S. 30.

11 Verfall oder Resilienz der Familie?

Nach dem Studium der Selbstzeugnisse aus verschiedenen Milieus bleibt als erster Lektüreeindruck eine enorme Vielfalt der Lebensverhältnisse. Indes lassen sich auf den zweiten Blick spezifische Herausforderungen und Antworten der Akteurinnen und Akteure in familiären Kontexten erkennen. Aufgabe des Resümees ist es, anhand ausgewählter Aspekte das Musterhafte vom Zufälligen zu scheiden. Da die Zeit ab 1750 eine Ära gewaltiger Veränderungen war, könnte man annehmen, dass sich auch der Alltag im häuslichen Mikrokosmos fundamental verändert hat. Dabei ist jedoch vor modernisierungstheoretischen Versuchungen ebenso zu warnen wie vor der Annahme anthropologischer Konstanten, die sich gern mit dem Wesen der Familie verbinden. Das 19. Jahrhundert war ein Jahrhundert der Familie. Aber was heißt das genau?

Thomas Manns *Buddenbrooks*

In der Fin de Siècle-Stimmung um 1900 schrieb Thomas Mann den Roman *Buddenbrooks* mit dem Untertitel *Verfall einer Familie*. In seinem berühmten Werk lässt der Autor die Hauptcharaktere, die als Angehörige einer angesehenen Lübecker Kaufmannsfamilie Bürgerstolz und Geschäftserfolg verkörpern, der Reihe nach scheitern. Der eine der beiden Buddenbrook-Brüder stirbt, der andere wird in eine Nervenheilanstalt eingewiesen. Ihre Schwester Tony, mit der der Roman beginnt und als letzte verbleibende Hüterin der Familientradition endet, lässt sich zweimal scheiden. Der als zukünftiger Firmenchef vorgesehene Stammhalter Hanno ist musisch begabt, aber an kaufmännischen Dingen desinteressiert. Er stirbt bevor er erwachsen wird. Die Firma wird liquidiert, was in der Familie teils Betroffenheit, teils Erleichterung auslöst. Aufstieg und Niedergang des Hauses Buddenbrook sind metaphorisch verknüpft mit dem Erwerb, dem Bau und Verkauf, Einzug und Auszug aus Wohnhäusern. Ausgerechnet der größte Konkurrent der Familie erwirbt das Stammhaus: das „würdige Patrizierhaus", das „Vaterhaus", „Unser Haus" in der Mengstraße.[1] Offensichtlich trifft Thomas Mann mit seinem Roman in mehrerer Hinsicht den Nerv der Zeit. Und er spricht eine Reihe von Themen an, die auch in den hier präsentierten Familien-Geschichten auffällig sind: Eheanbahnung zwischen Liebe und Konvenienz, Geschwisterliebe und

---

1 Mann, [1901] 2002, S. 263f. und 643; vgl. zum Narrativ des Niedergangs der Familie aus literaturwissenschaftlicher Sicht Koschorke u. a. 2010, S. 12–14; zum Thema Familie in den *Buddenbrooks* Grugger 2018; Schmiedt 2018.

https://doi.org/10.1515/9783110749496-011

-konflikte, die gespannte Beziehung zwischen Familie und Künstlertum, um nur drei Punkte zu nennen.

Die riesige Rezeption, der bis heute andauernde Erfolg des Familienromans, zeigt nicht zuletzt, dass mit dem Thema Familie epochenübergreifend starke Imaginationen – Wunschvorstellungen wie auch Verlustängste – verbunden sind. Mit dem Verfallsmotiv meint Mann die Bürgerlichkeit des ausgehenden 19. Jahrhunderts und zielt auf die Zitadelle dieser Bürgerlichkeit: die Familie. Aus sozial- und kulturhistorischer Perspektive gesehen, hat Mann in puncto Bürgerlichkeit recht. Das Bürgertum sah sich im Verlauf des 19. Jahrhunderts mit neuen Herausforderungen konfrontiert. Die Dynamik der Industrialisierung marginalisierte das frühliberale Bürgerverständnis, pulverisierte die Existenzgrundlage zahlreicher Familien und ebnete den Weg für neuartige Berufe sowie Aufsteiger, denen Romantik, Sittlichkeit und häuslicher Literaturkreis egal sein konnten. Neue Diskurse konterkarierten das auf Selbstständigkeit und Souveränität abhebende bürgerliche Subjektverständnis. Im Zuge der Urbanisierung entstand nicht nur die moderne Massengesellschaft, sondern auch eine Konsum- und Erlebniskultur, die das 20. Jahrhundert einläutete. Inwieweit die Bürgerlichkeit auch nach der Sattelzeit um 1900 nicht nur überlebte, sondern weiterhin ein zumindest in manchen Aspekten erstrebenswertes Lebensmodell darstellte, ist eine andere Frage.[2]

Aus familienhistorischer Sicht ist die *Buddenbrooks*-Perspektive Thomas Manns problematisch. Bereits im Roman selbst gibt es mit den Hagenströms in der Nebenrolle das Beispiel einer Familie, die dynamischer und erfolgreicher agiert als das absteigende Kaufmanns-Geschlecht im bürgerlichen Gewande. Lässt man literarische Imaginationen beiseite, sind zahlreiche Belege zuhanden, die die Familie wie in den obigen Kapiteln demonstriert zwar im Einzelfall als enorm fragil, insgesamt aber als resilient erscheinen lassen. Die Zeit um 1900 ist eine – und nicht die einzige – Ära der *Entzweiungen*.[3] Aber im Sinne einer sozialen Institution hat sich die Familie in der Moderne als widerständig, flexibel und anpassungsfähig erwiesen.[4] Politische Systemwechsel, Krisen und Herausforderungen unterschiedlicher Art haben nicht zum Ende, sondern zu Veränderungen und mehr Diversität geführt, wobei Kernbestandteile der Familie erhalten blieben. Das Modell Paar mit Kind(ern) als auf Dauer angelegte Sorgegemeinschaft genießt aktuell weiterhin einen hohen soziokulturellen Stellenwert und ist offensichtlich für viele attraktiv. Abstrakter formuliert, scheint Familie einen Rahmen zu bieten,

---

2 Zur *Moderne als Erlebnis* Bänziger 2020, Titel; zur Diskussion um die Aktualität der Bürgerlichkeit vgl. die Beiträge in Bude u. a. 2010; Pyta / Kretschmann 2016; v. a. Reckwitz 2010.
3 Arni 2004, Titel.
4 Zum Begriff der Resilienz aus soziologischer Sicht Blum u. a. 2016, S. 152; Endreß / Maurer 2015, S. 7.

um Ambivalenzen, Spannungen und Konflikte – kurzum: alltägliches Durcheinander – unter Menschen, die sich emotional nahestehen, relativ dauerhaft, unter
wechselnden Bedingungen aushalt- und verhandelbar zu machen. Die in diesem
Buch vorgestellten Familien aus dem langen 19. Jahrhundert lassen diese kontinuierliche Sorgegemeinschaft in mehreren Spielarten als Gefühls-, Unterstüt-
zungs-, Konflikt- und Überlebensgemeinschaft erkennen, wobei nicht nur Angehörige der Kernfamilie beteiligt sind.

Eheschließung und Gesellschaft

Im Kontrast zur Grundidee der freien Eheschließung galten für Angehörige der
einkommensschwachen Unterschichten bis in die zweite Hälfte des 19. Jahrhunderts Ehebeschränkungen. Nicht alle durften auf eine Heiratserlaubnis hoffen.
Die konnubialen Beziehungen der Haupt- und Nebenfiguren der Selbstzeugnisse
zeigen ein ausgeprägtes Muster der Endogamie. In keinem Fall werden soziale
Grenzen durch eine Heirat effektiv überschritten. Innerhalb des Milieus lassen
sich aber durchaus Ungleichheiten erkennen. Bei genauerem Hinsehen können
schichtübergreifend zwei Typen der Eheschließung unterschieden werden: erstens, soziale Konsolidierung durch Heirat nach dem Prinzip ‚like with like‘
(Stettler-Herport, Bruckner-Eglinger, Dwořak-Kubeschka); zweitens, sozialer
Aufstieg durch (versuchte) Einheirat in eine höher situierte Familie desselben
Milieus (Bräker, Beneke, Püschmann, Baumgartner). Zum zweiten Typ wäre auch
die Ehe des bürgerlichen Ingenieurs Carl Woldemar Becker mit der adligen Offi-
zierstochter Mathilde von Bültzingslöwen zu zählen. Im Einzelfall ist die soziale
Positionierung der Beteiligten diskutabel. Aus sozialhistorischer Sicht sind diese
Befunde nicht erstaunlich. Überraschend ist dagegen, dass sich unter den
Stichproben kein einziger Fall von ‚cousin marriage‘ findet. Für die neue Ver-
wandtschaftsforschung ist die Zunahme der Heirat zwischen Cousins und Cousinen wie auch die Intensivierung der Geschwisterbeziehungen nach 1800 ein
Indikator für die Entstehung neuer sozialer Klassen, insbesondere des Bürger-
tums, durch den Aufbau exklusiver verwandtschaftlicher Netzwerke.[5] Doch diese
These könnte in erster Linie auf geschlossene bzw. sich abschließende soziale
Kontexte zutreffen: die Verwandtenheirat im Adel, im städtischen Patriziat, in
religiösen Gemeinschaften oder eben in neuen bürgerlichen Familienverbünden,

---

5 Grundlegend Sabean 1998, Kap. 22; ferner Johnson 2002; Sabean 2007 und 2011; Johnson /
Sabean 2001a und b; vgl. aber skeptisch das Resümee zum Forschungsstand bei Fertig 2012,
S. 55–60.

die eine Strategie der Konsolidierung von Besitz und Macht verfolgten. Die hier vorgestellten Selbstzeugnisse lassen aber auf mehr Offenheit und Handlungsfreiheit hinsichtlich der Heiratsbeziehung schließen. So treffen sich die verwandtschaftlichen Linien von Henriette Herport und Rudolf Stettler, rückwärts schreitend, erst im 16. Jahrhundert. Sowohl Benekes in Hamburg als auch Beckers in Bremen sind Neuankömmlinge, die nicht mit der alten Stadtelite verschwägert sind, gleichwohl aber Heiratsbeziehungen innerhalb des Bürgertums anstreben. Für Paula Becker wie auch für Adelheid Dworák spielen allerdings bei der Entscheidung, eine Ehe einzugehen, andere Motive als soziale Ebenbürtigkeit eine Rolle. Zwar heiraten auch diese beiden Frauen Männer aus der gleichen bzw. einer vergleichbaren Schicht. Jedoch kommen offensichtlich weitere Kriterien hinzu, die Otto Modersohn und Julius Popp erst und entscheidend zu attraktiven Heiratspartnern machen.

Ziel und Zweck der Eheschließungen war es, die Liebe genannte Neigung mit Aspekten der Absicherung und Dauerhaftigkeit zu verknüpfen. Ein neues ‚emotionales Regime' gilt als Signatur familiärer Beziehungen seit Ende des 18. Jahrhunderts.[6] Dabei werden dem Bürgertum sowie Pietismus und Romantik gemeinhin eine Vorreiterrolle zugesprochen. Die von Zuneigung, körperlicher Attraktivität und ausdrücklich ‚Liebe' geprägten Kontakte zwischen Henriette Herport und Rudolf Stettler im patrizischen wie aber auch von Ulrich Bräker und Anna Lüthold im bäuerlichen Kontext lassen Zweifel an der Pionierrolle des Bürgertums aufkommen. Zufällig spielen beide Episoden vorehelicher Beziehung im Jahr 1755, also einige Zeit vor der Romantik und vor der Etablierung des neuen Bürgertums im deutschsprachigen Mitteleuropa. Im Fall Bräkers scheitert die Eheanbahnung zunächst, im Fall der Stettler-Herports gelingt sie. Der Unterschied liegt zum einen in der mit der Heirat verknüpften sozialen Perspektive, zum anderen in den Reaktionen des familiären Umfelds. Die Ehe zwischen einem Bauernknecht und einer Wirtshaustochter bot anders als die Heirat eines Patriziersohns mit Karrierechancen in der Berner Stadtrepublik keine Aussicht auf einen dauerhaft erfolgreichen Haushalt. Entscheidend war in beiden Fällen der elterliche Konsens, genauer gesagt: die Zustimmung des Vaters, zur Ehe. Am Ende des Ancien Régime versuchten viele heiratswillige Paare vor Gericht, gegen Elternverbot und Ehehindernisse ein Recht auf die Ehe zu erwirken.[7] Man kann diesen subjektiven Eigen-Sinn der Akteurinnen und Akteure gegen überkommene Grenzziehungen als Aufbegehren gegen Prinzipien der Ständegesellschaft verstehen.

---

6 Zusammenfassend Opitz-Belakhal 2020; zum Folgenden v. a. Trepp 2000.
7 Lanzinger 2015; jetzt weiterführend und thesenstark Haldemann 2021.

Vorstellungen von Stand und Ehre, Dauerhaftigkeit und Selbstständigkeit wurden jedoch in anderer Weise auch im bürgerlichen 19. Jahrhundert gepflegt. Das bürgerliche Subjekt und seine Familie konzipierten sich selbst in Kategorien generationsübergreifender Reputation und Traditionsstiftung.[8] Darum gewann das Tagebuchschreiben eine solche Bedeutung und deswegen ist das Ende der Buddenbrooks über das Ableben einiger Familienmitglieder hinaus so tragisch. Allerdings lässt sich hier am konkreten Beispiel auch ein Wandel feststellen. Die Eheschließungen vor der Mitte des 19. Jahrhunderts sind über die individuelle Zuneigung und das Ziel der Haushaltsgründung hinaus mit einem Auftrag – quasi einer Mission – verbunden. Im Pietismus geht es um das ‚fromme Haus‘, in der Romantik um Menschwerdung durch Liebe und ‚Seelenverwandtschaft‘, im Liberalismus um den Nukleus einer neuen Gesellschaft assoziierter freier, gebildeter, ‚sittlicher‘ Subjekte. Diese Bedeutungsüberfrachtung der Eheschließung wie auch der Häuslichkeit tritt später in den Hintergrund. Friedrich Anton Püschmann und Wetti Teuschl alias Barbara Baumgartner wollen durch die Ehe einfach nur irdisches Glück erlangen. Carl Woldemar Becker gibt seiner verlobten Tochter Paula neben Ratschlägen und Ermahnungen den Wunsch mit auf den Weg, dass „Deine Ehe auch Dir und Deinem Manne eine ewige Quelle des Glückes werden" möge.[9] Allerdings gibt es auch in der Moderne Gegenbewegungen zu purer Glückserwartung als Selbstzweck. Für Adelheid Popp ist die Ehe mit Julius Popp nicht zuletzt ein politisch relevantes Modell neuer Partnerschaft, für Paula Modersohn-Becker eine sich wechselseitig inspirierende Künstlergemeinschaft. Sie denkt nicht an ökonomische Selbstständigkeit, sondern an künstlerische Freiheit, auch wenn dann, wie sich zeigt, das eine ohne das andere schwer zu erreichen ist.

Die Frage, wen Mann und Frau heiraten, scheint ganz einfach, ist aber komplex und historischen Veränderungen unterworfen. Für die etwas anders gelagerte Frage, in wen Frau oder Mann sich verliebt, hat Pierre Bourdieu mit seinem Habitus-Begriff ein Konzept entwickelt, das subjektive und kollektive Aspekte verbindet. Das Gegenüber erscheint dabei nicht einfach als Individuum, sondern als „das Körper gewordene Soziale".[10] Beneke erkennt im Auftritt der jungen Caroline von Axen die zukünftige Bürgerin, Adelheid Dworak in dem kränklichen, verständnisvollen Julius Popp mit Seidenschal einen männlichen Gegenentwurf zu ihrem sprachlos-gewalttätigen Vater. Der Grad an sozialer Kontrolle über die Abläufe bei der Eheanbahnung scheint in der Kleinstadt-

---

8 Reckwitz 2020, S. 161–63.
9 Carl Woldemar an Paula Becker, 7.2.1901, PMB, S. 326.
10 Bourdieu / Wacquant 2017, S. 161.

atmosphäre von Krems besonders rigide gewesen zu sein. Die Praktiken, die am Ende zu einer Ehe führen können, sind bemerkenswert variabel und vielfältig: der Austausch von Blicken und eine Interaktion, die man durchaus mit dem heutigen Ausdruck als Flirten bezeichnen kann, das Promenieren als Paar durch die Gassen, gegenseitiges Vorlesen, Hausbesuche, das Herantreten des hoffnungsvollen Manns an die Eltern der Braut, Vorarrangements der Eltern ohne Wissen der auserkorenen Braut, unerwartete Heiratsanträge aus dem Nichts. Der letzte Punkt beinhaltet nicht notwendigerweise den Verzicht auf Liebe. Vielmehr ist es eine zeitgenössische Vorstellung, dass sich Liebe und Glücksgefühle auch noch nach einem gegebenen Eheversprechen entwickeln können, so wie im Fall Ursula Eglingers. Auf das zu befolgende Konvenienzprinzip weist Herr Stettler 1788 seine unglückliche 16jährige Tochter hin. Darauf rekurriert auch 113 Jahre später noch der Autor der *Buddenbrooks*, wobei die aus reinen Konveniengründen eingegangene bzw. aufgezwungene Ehe Tony Buddenbrooks mit dem Kaufmann Grünlich dann bekanntlich schiefgeht. Anders als der Familienroman von Thomas Mann nahelegt, liefern die hier studierten Selbstzeugnisse Hinweise darauf, dass die Bedeutung der Zustimmung der Eltern im Verlauf des 19. Jahrhunderts verblasst. Dies dürfte allerdings vor allem für Familien gelten, in denen es nicht viel Kapital zu verteilen gab. Paula Becker stammt zwar aus einer bürgerlichen Familie, aber deren finanzieller Spielraum ist bei einem frühpensionierten Vater und sechs Kindern begrenzt. Den Eltern wird die Verlobung mit Otto Modersohn lediglich mitgeteilt. Wo die Eltern in Sachen Eheanbahnung aktiv werden, lässt sich eine geschlechtsspezifische Rollen- und Arbeitsteilung erkennen. Mütter agieren in der Regel zuerst, als Vertraute und verständnisvoll, Väter später, strenger, distanzierter, auf Gebote von Stand und Vermögen bedacht. Dass sich die Eltern nicht immer einig sind, verweist auf die Wichtigkeit und Fragilität des Geschäfts.

Im Kontrast zum Usus der Frühen Neuzeit ist die Hochzeit im 19. Jahrhundert kein Ereignis für die große Bühne. Vergeblich sucht man – mit der Ausnahme von Krems – nach einem Paradieren des Paars durch die Gassen, nach ernsten oder spielerischen Rügeritualen und ausschweifenden Festlichkeiten.[11] Der sozial gut vernetzte und einem Freundschaftskult anhängende Beneke insistiert 1807 im Streit mit seinen zukünftigen Schwiegereltern auf einer „Hochzeit lieber in der Stille", an der nur die Trauzeugen und engste Familienangehörige teilnehmen sollen.[12] Wetti Teuschl kommt ihr Hochzeitsabend 1872 vor wie „irgend ein frohes

---

11 Vgl. zu den Ritualen der Frühen Neuzeit Lischka 2006, Kap. C; zu Hochzeitsritualen Roper 1985; van Dülmen 1993.
12 Beneke, Tagebücher, Caroline von Axen an Ferdinand Beneke, 14.4.1807, II/5, S. 262.

Familienfest".[13] Die Bedeutung der Trauung in der Kirche, die im Verlauf der Frühen Neuzeit mühsam von den Obrigkeiten durchgesetzt worden war, ist im 19. Jahrhundert aus Sicht der Heiratenden ebenfalls rückläufig, wobei es allerdings zwischen katholischen Staaten ohne Zivilehe wie Österreich, protestantischen Gebieten und pietistischen Gemeinschaften große Unterschiede gibt. Die Hochzeit ist dennoch ein mit intensiven Emotionen einhergehender Akt ‚sozialer Magie'. Der Ausschluss von Nachbarn, Zunftgenossen, weiteren Verwandten und Freundinnen etc. hat etwas Programmatisches. Denn die Feier im kleinen Rahmen korrespondiert mit einer Zielvorstellung: dem Wunsch nach Privatheit und Intimität der Ehe. Demgegenüber war die reale soziale Praxis der Häuslichkeit ganz anders beschaffen.

Beziehungsmuster und Geschlecht

Die zeitgenössischen Beschreibungsmodelle basierten auf der Annahme unterschiedlicher ‚Geschlechtscharaktere' und einer naturgegebenen Hierarchie zwischen Mann und Frau. Tagebücher und andere Selbstzeugnisse bieten den Vorteil, Familienbeziehungen aus der praxisnah-alltäglichen Perspektive der hybriden Subjekte zu betrachten, die selbst als Akteurinnen und Akteure involviert waren. Durch das Studium von Selbstzeugnissen hat sich in der jüngeren Forschung bereits ein vom ‚bürgerlichen Wertehimmel' stark abweichendes Bild ergeben.[14] Daran kann hier angeknüpft werden.

Die Quellen fördern viele Facetten des Ehepaars zutage: Frau-Mann-Beziehungen als Liebespaar, Bildungspaar, Arbeitspaar, Glaubenspaar und Künstlerpaar. Es lassen sich sowohl Kontinuitäten als auch Veränderungen feststellen. Emotionale Geneigtheit spielt durchwegs eine Rolle, wenngleich sie im Hinblick auf Intention und Duktus des Textes etwa bei Püschmann und Popp nur dezent zum Ausdruck kommt. Der Stellenwert von Liebe als Argument bei Überlegungen in Richtung Eheschließung differiert offensichtlich stark, zumal sie von den Beteiligten erst als solche zu erkunden und festzustellen ist, was manchmal nicht so einfach ist. Ob die Emotionalisierung familiärer Beziehungen mit der Herausbildung einer bürgerlichen Privatsphäre zusammenhängt, wie oftmals angenommen wird, ist fraglich. Hat Adelheid Dvořak in der Ein-Zimmer-Stube von Inzersdorf

---

13 Langreiter 2010, 3.6.1872, S. 57; vgl. zum süddeutschen Bürgertum R. Habermas 2000, S. 399; zu großen Hochzeitsfesten im Zeichen von ‚cousin marriage' in Frankreich Johnson 2002, S. 65.
14 Für das deutsche Bürgertum v. a. die Arbeiten von Trepp 1996c; R. Habermas 2000; B. Kuhn 2000; für die Schweiz Tanner 1995; vgl. den Überblick zur internationalen Forschungslage bei Eibach / Lanzinger 2020a.

etwa keine emotionale Beziehung zur ihrer Mutter? Ihr Text lässt auf das Gegenteil schließen. Obwohl der junge Püschmann bereits mit 14 Jahren sein Elternhaus verlässt, verbindet er mit seinem Bruder Ernst und seinem Vater eine enge, vertrauensvolle Beziehung. Setzt man Emotionen nicht ausschließlich mit gefühliger Liebe gleich, so führen auch Ulrich Bräker und Salome Ambühl sowie die Dwořaks ausgesprochen emotionale Ehen. Dabei veränderte sich mit der Sprache der Romantik die Erwartungshaltung an das Eheleben doch nachhaltig. Denn das ältere Modell der Gefährtenschaft wurde um 1800 von der Idee der Freundschaft abgelöst.[15] Die Gefährtenschaft der Eheleute war in der Frühen Neuzeit rechtlich festgezurrt und nur in sehr spezifischen Fällen wie Ehebruch oder ‚bösliches Verlassen' – in protestantischen Territorien – effektiv auflösbar. Treue Gefährtenschaft wurde im Hinblick auf gemeinsames Arbeiten und Haushalten sowie spirituelle Gemeinschaft ausbuchstabiert, stand aber in einem gewissen Spannungsverhältnis zur rechtlichen Hierarchie von Mann und Frau. Die als Freundschaft verstandene Ehe nach 1800 konnte an die ältere Gefährtenschaft anknüpfen, betonte aber die gefühlte Seelen- und Geistesverwandtschaft. Sie bedeutete mehr als Loyalität und basierte auf Gegenseitigkeit. Stärker als Gefährtenschaft akzentuierte Ehe im Sinne von Freundschaft Empathie und Innerlichkeit. Dieses Verständnis der Ehe findet sich schichtübergreifend in den betrachteten Beziehungen. Bräkers Eheplan entsprach noch dem Modell der Gefährtenschaft. Stettler-Herports pietistisch genährte Vorstellungen von harmonischer Ehe und familiärer Innerlichkeit weisen bereits darüber hinaus.

Freundschaft als Beziehungsform teilt mit Liebe den Aspekt der Fragilität. Mit Blick auf das Liebes- und Bildungspaar Beneke wie auch knapp hundert Jahre später das Liebes- und Künstlerpaar Modersohn-Becker lässt sich feststellen: je emphatischer die Liebe beschworen wird, desto verletzlicher ist sie. Bei Caroline und Ferdinand Beneke handelt es sich um eine heikle Episode, bei Paula und Otto Modersohn scheitert die Ehe beinahe an ihrem hohen Anspruch. Im Bewusstsein dieser Fragilität der Liebe warnte bereits Hegel in seiner *Philosophie des Rechts* 1820 vor jener – dem gepriesenen Prinzip der Sittlichkeit entgegenstehenden – „Zufälligkeit der Leidenschaften" als Basis der Ehe.[16]

Es kann nicht überraschen, dass sich in den Eheverhältnissen sowohl Beispiele für Hierarchie als auch für gleichwertige Beziehungen zwischen den Geschlechtern finden. Legt man aber das zeitgenössische Geschlechtermodell als

---

15 So auch Reckwitz 2020, S. 152: „Die klassisch-bürgerliche Ehe *ist* Freundschaft", was Reckwitz allerdings mit „Gemeinschaft von ‚Gefährten'" (ebd.) gleichsetzt; vgl. ebd., S. 145 – 66; vgl. zur Idee der Freundschaft als Hintergrund ehelicher Beziehungen im Berner Patriziat Wittwer Hesse 2002, S. 30 f.
16 Hegel 1820, § 163.

Folie zugrunde, so fällt doch auf, wie oft männliche Dominanz im Ehealltag herausgefordert und konterkariert wurde. Auf ganz unterschiedliche Weise waren Salome Ambühl, Caroline Beneke, Barbara Baumgartner, Anna Dvořák, Adelheid Popp, Mathilde Becker und Paula Modersohn-Becker starke Frauen. Zugleich lässt sich mit Ferdinand Beneke, Julius Popp, Carl Woldemar Becker und Otto Modersohn eine Galerie der empfindsamen Ehemänner und Väter zusammenstellen. Über den Ehepartner von Adelheid Popp wissen wir nur wenig. Aber es dürfte kein Zufall sein, dass eine sensible Männlichkeit im Verbund mit melancholischer Subjektivität insbesondere in der Ära um 1800 und dann wieder um 1900 Ausdruck fand, also zu Beginn und am Ende der klassischen bürgerlichen Moderne, als im Zeichen von Romantik und Avantgarde neue Konzepte der Geschlechteridentität diskutiert wurden. Dieser Befund ist umso mehr hervorzuheben, als sowohl in der Zeit der Napoleonischen Kriege als auch vor dem Ersten Weltkrieg mit dem ‚militärischen Mann‘ eine ganz andere Idee von Männlichkeit Hegemonie beanspruchte.[17]

Die Vorstellung von neuartigen getrennten Alltagssphären – Männer in der Öffentlichkeit, Frauen im Haus – als Charakteristikum des bürgerlichen 19. Jahrhunderts ist in der Forschung oft kritisiert worden. In der Tat ist der Alltagsradius selbst der pietistisch orientierten Frauen keineswegs auf das ‚fromme Haus‘ beschränkt oder sonst irgendwie domestiziert. Stattdessen arbeiten im gebildeten Bürgertum Pfarrer und Anwälte wie auch Künstler und Intellektuelle zuhause. Abgesehen von der Erwerbsarbeit im Haus war Häuslichkeit auch für Männer ein wichtiger Wert.[18] Die Fabrikarbeit führte, wie vom Bürgersohn Engels kritisiert, nicht selten geradezu zu einer Umkehr der Geschlechterordnung im Haushalt. Allerdings ist nicht zu übersehen, dass es eine häusliche Funktions- und Raumordnung von Mann und Frau gab, die mit gewissen Rollenmustern korrespondierte. Das Aussparen von Tätigkeiten im Haushalt im Tagebuch Benekes steht als beredtes Schweigen in einem auffälligen Kontrast zu den Aufzeichnungen der Frauen von Henriette Stettler-Herport bis zu Paula Modersohn-Becker, die den alltäglichen Haushaltsstress in ihren Journalen zum Thema machen. Bürgerliche Männer zuhause verfügten über eine Studierstube, in der bourgeoisen Häuslichkeit auch oft ein Herren- bzw. Raucherzimmer, in das sie sich zurückziehen konnten. Männer, die im Haus anwesend waren, waren deswegen nicht immer auch tatsächlich präsent. Im Hinblick auf die Beteiligung an innerfamiliärer Kommunikation lassen sich allzuständig-anwesende Mütter von quasi anwesend-

---

17 Vgl. zu ‚sanften Männern‘ neben Trepp 1996c auch kurz Johnson 2002, S. 51; grundlegend zu hegemonialer Männlichkeit Connell 1995.
18 Vgl. Tosh 1999; Sarti 2015.

abwesenden Vätern unterscheiden. In die zweite Kategorie gehören nicht nur die Hausväter oben in der Studierstube, sondern auch ‚mürrische' Väter, die wie Baumgartner und Dwořak nicht am Gespräch teilnehmen oder abends Zuflucht im Wirtshaus suchen. Man kann die Klagen ihrer Frauen darüber aber auch anders verstehen. Väter hatten Schwierigkeiten, Zugang zur familiären Vertrauens-kommunikation zu erhalten, in der dominante Mütter wie Luise von Axen, Anna Dwořak oder Mathilde Becker eine zentrale Rolle besetzten.

Das 19. Jahrhundert ist ein Jahrhundert der Geschwister- und der Verwandt-schaftsbeziehung. Zwar wird man nicht durchgängig von Vertrauen und Zunei-gung oder gar Liebe sprechen können. Unter Geschwistern und Schwägerinnen gab und gibt es immer wieder auch schwarze Schafe wie Christoph Eglinger, Hasslieben wie Maria Stawinoha oder diejenigen, die sich schlicht aus den Augen verlieren. Andererseits gehören Schwestern und Brüder, daneben auch Cousins und Cousinen, fast durchgängig zu den wichtigen und priorisierten Kontakten der schreibenden Subjekte. Nicht nur die Ehe, sondern auch die – favorisierte – Ge-schwisterbeziehung folgte einem Modell der Freundschaft mit den Ingredienzen Emotionalität und Verletzlichkeit. Auffällig ausgeprägt ist die Neigung der Pfarrfrau Bruckner-Eglinger zu ihrem jüngeren Bruder Emanuel. Weniger intensiv erscheint die Beziehung Benekes zu seiner im Haus wohnenden Schwester Re-gine. Die 17jährige Paula Becker lässt ihren drei Jahre älteren Bruder Kurt, mit dem sie später heftige Dispute ausficht, per Brief wissen: „Jetzt habe aber erst mal einen Kuß und noch einen und sei rechtlich schwesterlich durchgequetscht. Hätte ich Dich doch mal hier, wirklich, ich wollte Dich recht aus Herzenslust küssen".[19] Ob die ‚Familienrevolution' um 1800 ihren Ausgang von emotionalisierten, mit-unter inzestuösen, Beziehungen unter Geschwistern nahm, die eine neuartige Sprache der Liebe entwickelten, kann hier aufgrund der geringen Zahl solcher Fallbeispiele nicht beurteilt werden. Auch in diesem Aspekt beeindruckt Paula Modersohn-Becker durch exzeptionelle, aber neckend-spielerisch gemeinte, Offenheit.

Die Beziehung der Eltern zu den heranwachsenden Kindern änderte sich in dem historischen Moment, als man diese nicht mehr mit etwa 14 Jahren zur Lehre oder zum Gesindedienst aus dem Haus schickte. Im älteren Modus wurden durch frühe Abnabelung von den Eltern manche Probleme vermieden, die sich in der modernen Sorgegemeinschaft der Familie durch andauernde Verantwortlichkeit und Abhängigkeit in neuer Weise stellen. In keiner der hier betrachteten Familien

---

19 Paula an Kurt Becker, 26.4.1893, PMB, S. 75; vgl. zu Geschwisterbeziehungen im 17. Jahrhun-dert Ruppel 2006; im 19. Jahrhundert Davidoff 2012; jetzt Kaufmann 2021; zum Folgenden Sabean 2001, S. 223.

verläuft die Kommunikation zwischen Eltern und Kindern durchwegs harmonisch und ungestört. Auffällig ist jedoch, dass es in den meisten Fällen zu Anschlusskommunikation kommt. Auch der ‚verlorene Sohn' Christoph Eglinger wird als Taufpate in die Familie zurückgeholt. Paula Modersohn-Beckers Ausbruchsversuch aus dem bürgerlich-normativen Eheverständnis führt zu einem umso intensiveren familiären Austausch und dazu, dass sich am Ende alle wieder an einen Tisch setzen. Wie Lieblings- und Problemgeschwister gab es auch Lieblings- und Problemkinder, die allerdings wie Theophil Bruckner als ein und dieselbe Person mal in der einen, mal in der anderen Rolle auftreten. Familiäre Harmonie galt als extrem wichtig, Störungen und Abweichungen wurden als gravierend und belastend wahrgenommen.

Durchgängig und schichtübergreifend lassen die Selbstzeugnisse Kinder als eminent wichtige Sinnstifter hervortreten. Dabei verschoben sich die Ziele der Erziehung. Für Henriette Stettler-Herport ging es noch primär darum, fromme, gottgefällige Menschenkinder groß zu ziehen, die sich nicht auf die Eitelkeiten der Welt einließen. Fünfzig Jahre später geht es bei ihrer Glaubensschwester Ursula Bruckner-Eglinger bereits um einen bürgerlichen Habitus: ordentliche Kleidung, schulischen Erfolg, individuelle Leistung. Trotz immer seltenerer Einträge sind wiederum fünfzig Jahre später auch Barbara Baumgartner die schulischen Erfolge und die Klavierstunde ihres Hansi ein Notat im Diarium wert. Doch dürfen wir uns die Bürgerlichkeit des 19. Jahrhunderts nicht zu einsinnig und eingefroren vorstellen. Um 1900 wollen die Eltern Becker selbstständige Töchter mit Berufsausbildung, die nicht auf eine vorteilhafte Heirat warten müssen.

Auch auf das veränderliche Verhältnis zu den Bediensteten werfen Tagebücher und Briefe immer wieder ein Schlaglicht. Sowohl die ‚frommen Häuser' am Ende des Ancien Régime als auch das Künstlerpaar Becker-Modersohn nach 1900 ließen sich beim Haushalten durch mehrere Dienstmägde bzw. dann ein Dienstmädchen helfen. Die Zahl der Bediensteten im Haushalt nahm ab. Die Hausmutter im Pfarrhaus und das Bildungspaar am Holländischen Brook hatten zu ihren Hausangestellten noch ein persönliches Verhältnis, das im ersten Fall von angestrengter Konkurrenz bei der Kindererziehung und von Pflichten sozialer Kontrolle, im zweiten Fall von wohlmeinender Verantwortlichkeit geprägt war. Eine solche Beziehungsnähe sucht man in späteren Selbstzeugnissen vergeblich. Einige Journale muss man dann schon sehr genau lesen, um überhaupt festzustellen, dass ein Dienstmädchen vorhanden ist. Die Tagebücher Püschmanns erlauben einen interessanten Perspektivenwechsel. Für den wandernden Handwerksgesellen waren Familienanschluss und Essen an einem Tisch nicht mehr erstrebenswert.

Kleine Rituale und Auszeiten

Was stabilisiert Familien als solche im Sinne einer Bekräftigung und Selbstvergewisserung nach außen wie nach innen? Während der Lektüre der Quellen stößt man auf wiederkehrende Handlungen, die sich als kleine Rituale bzw. Interaktionsrituale beschreiben lassen. Dabei geht es in der Regel nicht um ‚großes Theater‘ mit einem streng standardisierten Procedere und einem auf Vergesellschaftung en gros bezogenen Effekt, wie es für Rituale in den Anwesenheitsgesellschaften der Vormoderne typisch ist, sondern um charakteristische Praktiken, die mit Bedeutungen aufgeladen sind und insofern mehr als Routinen darstellen.[20] Die konkrete Ausführung ist dabei kontextbezogen. Die nötige Portion Flexibilität in der alltäglichen oder außeralltäglichen Ausführung ist im Hinblick auf die Wirksamkeit dieser Rituale im Durcheinander der häuslichen Lebenswelt nicht unerheblich. Zu unterscheiden sind hier nicht nur Rituale mit einem mehr oder weniger ausgeprägten Grad an Formalisierung, sondern auch häusliche Praktiken mit einem hohen Maß an Insichgekehrtheit im Kontrast zu solchen, die die außerhäusliche Öffentlichkeit als Bühne einbeziehen. Zu denken wäre zum einen an Hochzeitsfeiern mit dem Gang durch die Straßen in die Kirche, große Einladungen oder sonntägliche Ausflugsfahrten, zum anderen an gemeinsames Beten, Tischgemeinschaft oder das Vorlesen von Familienbriefen am Sonntagstisch.

Unschwer lassen sich mehrere Bedeutungen solcher kleinen Rituale konstatieren. Im Hinblick auf das Selbstverständnis als Paar rekurriert das Beten zu zweit oder auch die Predigt des Hausvaters auf das Glaubenspaar, gemeinsame Lektürestunden am frühen Morgen oder späten Abend auf das Bildungspaar, der Spaziergang im Garten oder um den Wall symbolisiert Gefährtenschaft, das Malen desselben Motivs die Künstlergemeinschaft. Die Familie als solche kommt täglich zu den Mahlzeiten zusammen, aber auch zum Austausch familiärer Neuigkeiten oder Liedersingen, dazu an Weihnachten und Geburtstagen. Der sonntägliche ‚Familientag‘ ist in der Regel mit einem gemeinsamen Essen verbunden, was wie im Fall der Basler Pfarrfrau zu erhöhtem Stress führt. Eine Reihe weiterer Praktiken hat einen engen Bezug zur Modellierung des Habitus: die Einübung von Tischsitten und Konversationsstilen, Literatur- und Musikkompetenz. Diese Auflistung liest sich zweifellos recht bürgerlich. Zu denken ist hier aber auch an die Bedeutung des Weihnachtsfests und das Abschiednehmen vom verstorbenen Vater im proletarischen Haushalt der Dvořaks oder an das gegenseitige Vorlesen aus Büchern durch Lehrlinge im Schlafsaal. Die Lehrlinge der Grimmaer Dru-

---

20 Vgl. zur Definition Stollberg-Rilinger 2019, v. a. S. 9–14 und 45–47.

ckerei politisierten sich 1848 nicht zuletzt durch Lektüre und Diskussionen in ihrer häuslichen Sphäre. Gemeinsames Lesen, Singen und Musikmachen im Haus war weit über das bürgerliche Milieu hinaus verbreitet.

Rituale, die an den Aspekt der Zugänglichkeit von Häusern gebunden sind, korrespondieren mit Macht und Status: Wer hat Zutritt und wer darf überhaupt anwesend sein? Diese Frage erweist sich nicht nur bei Einladungen oder der Feststellung von Freundschaft als relevant, sondern auch bei der Sondierung heiratswilliger Kandidaten. Der herausgeputzte Kaufmann aus Hamburg, der Tony Buddenbrook ehelichen will, benötigt als Eintrittskarte ins Haus die ausdrückliche Zustimmung der Hauseltern, die ihm auch gewährt wird. Dies ist nicht nur literarische Imagination. Beneke bekommt seine zukünftige Braut Caroline von Axen überhaupt nur zu Gesicht, weil er bei ihren Eltern als Hausfreund ein und aus geht. In Krems erarbeitet sich der Handlungsdiener Baumgartner beim Buhlen um die Hand der Landkutschertochter Wetti Teuschl den entscheidenden Vorteil gegenüber seinen Konkurrenten, als er wiederholt und für die kleinstädtische Öffentlichkeit sichtbar bei Teuschls Einlass erhält. Gerade im Prozess der Eheanbahnung spielten nicht nur Rituale abgezirkelter Zweisamkeit, sondern auch spielerische Praktiken der Inszenierung in der Öffentlichkeit wie Promenieren, Händchenhalten, das abendliche Geleit nach Hause geben eine wichtige Rolle.

Wurden Ehe, Familie und Häuslichkeit nur durch gemeinschaftsstiftende, identitätsschaffende Rituale stabilisiert? Dies wäre vielleicht zu erwarten, trifft aber im Licht der Selbstzeugnisse nicht zu. Macht man die Gegenrechnung auf, so lässt sich sogar eine Art flankierende Strategie der Auszeit als Paar erkennen. Wie skizziert, boten größere Häuser Rückzugsmöglichkeiten und wo diese fehlten, gingen Ehemänner ins Wirtshaus, während Ehefrauen ihre Freundinnen besuchten. Unter Auszeit ist hier ein Spektrum an Möglichkeiten zeitlich begrenzter Distanzierung zu verstehen. Ulrich Bräker flüchtet vor den Strafpredigten seiner Frau in die Stube der Schwiegertochter im Anbau des Hauses. Barbara Baumgartner zieht auf absehbare Zeit zurück zu ihren Eltern. Caroline Beneke geht mit den Kindern für einige Wochen in die Sommerfrische. Paula Modersohn-Becker beschreitet dann einen anderen, langfristig gesehen innovativen Weg. Abgesehen von ihren wiederholten Aufenthalten in Paris, die ihre Ehe jedes Mal klar erkennbar emotional konsolidieren, beharrt sie mit einem eigenen Atelier auch auf einer vom Haus ihres Manns getrennten Arbeitssphäre als kleines Reich für sich.

Die zeitlich begrenzte Distanz in verschiedenen Facetten ändert nichts an der Wichtigkeit der kleinen Rituale, eröffnet vielmehr mit dem Moment des Wiederzusammenkommens eine weitere Möglichkeit für ritualisierte Interaktion. Die Signifikanz gemeinschaftlicher Praktiken für Ehe und Familie kann man nicht zuletzt daran erkennen, dass abweichendes Verhalten der Akteure als sehr problematisch wahrgenommen wurde. Dies gilt für gestörte Alltagsszenarien wie lautstarke Streitigkeiten bei Tisch oder den Ausschluss bzw. das Fernbleiben von der Tischgemeinschaft, aber auch für außerordentliche Ereignisse. Das Weihnachtsfest war offensichtlich nicht nur in bürgerlichen Familien, sondern auch im Kleinbürgertum und in Arbeiter-Haushalten dermaßen mit Bedeutung aufgeladen, dass Zwist als sehr schmerzhaft erinnert wurde. Kam es am Sterbebett des Vaters nicht zu der laut Dramaturgie vorgesehenen Versöhnung, so wie bei Eglingers, war dies eine Katastrophe. Bedeutungsschwere Rituale konnten und können zur Last werden. Der Hamburger Anwalt ist nach seiner Hochzeit von der Tatsache, dass er nun auf einmal in einem Bett neben und mit seiner jungen Braut schlafen soll, so irritiert, dass er keinen Schlaf findet. Nach drei enervierend schlaflosen Nächten schlug ihm deshalb seine Frau vor, in sein altes Bett zurückzukehren: „Welch ein vermaledeyter Anfang meiner Ehe."[21] Faktisch ließ die in erster Linie als sehr ermüdend erlebte Hochzeitsnacht jede Art von ‚sozialer Magie' vermissen.

Arbeit und Muße

Selbstzeugnisse lassen das Haus auch in der bürgerlichen Ära als eine multifunktionale Sphäre, als Schauplatz sehr verschiedener Handlungen, erkennen. Eine klare Trennung zwischen Arbeit und Freizeit ist nur im Tagebuch des Gesellen Püschmann erkennbar. Auch die junge Fabrikarbeiterin Dvořák muss abends Arbeit mit nach Hause nehmen, um Geld zu verdienen. Aufs Ganze gesehen, war die häusliche Sphäre im 19. Jahrhundert weniger ein Ort der Muße und Rekreation als ein Raum des Arbeitens, emsigen Haushaltens und hektischer Betriebsamkeit. Im Journal der pietistischen Landvogtfrau ist ‚Arbeit' ein Schlüsselbegriff, obwohl man ihre Tätigkeiten nicht als Erwerbsarbeit bezeichnen kann. Die Frage, ob und inwieweit das Haus ein Ort der Arbeit war, hängt letztlich von der Definition der Arbeit ab. Von feministischer Seite her ist zurecht darauf hingewiesen worden, dass ein zu enger Arbeitsbegriff als bezahlte Arbeit informelle Arbeit von Frauen, die nicht zuletzt im Haus stattfand, ausschließt und entwertet.[22] Weiter gefasst, lassen sich mit Blick auf die Forschungslage mehrere Typen der Arbeit unterscheiden: erstens, bezahlte Erwerbsarbeit; zweitens, Produktion und Subsistenzarbeit; drittens, haushälterische Praktiken; viertens, Er-

---

21 Beneke, Tagebücher, 12.6.1807, II/2, S. 473 f.; s. auch die erwähnte ‚Nervosität' Modersohns, nach der Hochzeit den Beischlaf zu vollziehen: Paula an Otto Modersohn, 7.9.1906, PMB, S. 557 f.
22 Whittle 2019; Zucca Micheletto 2020; Flather 2013; R. Habermas 2000, S. 395 f.; die Beiträge in Ågren 2017a.

ziehungs- und Pflegearbeit. Für alle vier Kategorien der Arbeit finden sich Belege in den studierten Selbstzeugnissen. Auch die Erwerbsarbeit der Männer blieb bemerkenswerterweise in der Mehrzahl der Fälle an die häusliche Sphäre gebunden. Weibliche Erwerbsarbeit findet sich dagegen nur bei Frauen aus dem Kleinbürgertum und den Unterschichten. Nebenher ausgeübte Landwirtschaft ist erstaunlich lang ein Thema, noch 1893 berichtet Paula Becker von einem Kartoffelacker im Garten hinter der elterlichen Villa. Haushalten, Erziehung und die Pflege kranker Familienmitglieder oblagen den Frauen, den Müttern und Ehefrauen, unterstützt von Dienstmädchen. Anders als beim Arbeitspaar in der Frühen Neuzeit arbeiteten bürgerliche Frauen und Männer aber in der Regel nicht mehr Seite an Seite und im selben Metier. Dies ist ein wichtiger Unterschied. Das Gesamtbild der Arbeitspraxis im Hause erweitert sich noch einmal, wenn man – wie hier vorgeschlagen – Status- und Repräsentationspraktiken hinzuzählt. Repräsentationsarbeit im Salon ist selbstverständlich von ganz anderer Art als Heimarbeit im Weberhaushalt. Doch sie ist, wie besonders das Beispiel der patrizischen Amtsträgerfrau zeigt, mit Aufwand und Mühe sowie hohem zeitlichen Einsatz bei geringer Motivation verbunden. Diese Form unvergüteter Arbeit als Gastgeberin und Repräsentationsfrau führte zur Vermehrung der sozialen Kontakte und zur Erweiterung des Netzwerks, was dann direkt in Karrierechancen des Ehemanns umgemünzt werden konnte. Solche Facetten und Verschiebungen sind zu bedenken, wenn ein frühneuzeitliches ‚Two Supporter‘- und ein modernes ‚Male Breadwinner‘-Modell einander gegenübergestellt werden.

Haus und Familie gelten weithin als genuine Sphäre des modernen ‚Intimitätssubjekts‘ (Reckwitz). In der Tat gehörten zur gehobenen Wohnausstattung nicht nur der Salon, sondern auch das Studierzimmer und eine kleine Bibliothek für geistige Arbeit, Reflexion und Selbstreflexion, nicht zuletzt auch für Einträge in das Tagebuch. Stunden des Paars allein und zu zweit werden überwiegend als glücklich beschrieben, manchmal auch als langweilig oder unbefriedigend. Jedenfalls waren sie im Tagesverlauf relativ rar. Ein Anspruch auf ‚quality time‘ als Paar wird durchgängig vom Ancien Régime bis in die Zeit vor dem Ersten Weltkrieg als Kriterium einer guten Ehe formuliert. Muße und Intimität waren jedoch kein Dauerzustand, sondern in der Mehrheit der Fälle lediglich situativ zu haben. Fast gänzlich verzichten mussten darauf Frau und Mann in Ein-Raum-Haushalten mit Kindern sowie in den verbreiteten Kleinstwohnungen mit Untermietern und Schlafgängern. Über alles liebte die junge Adelheid Dvořak die wenigen kostbaren Stunden am Sonntag mit einem Buch am Fenster in ihrer von drei Personen bewohnten Wiener Ein-Zimmer-Wohnung.

Das Habitat als Akteur

Winston Churchill soll einmal bemerkt haben: „We shape our buildings and afterward our buildings shape us".[23] Gebäude werden von Menschen geplant und konstruiert. Aber ist das Konstrukt einmal materielle Realität, ergeben sich erhebliche Rückwirkungen auf den Alltag der Akteurinnen und Akteure. Dies gilt direkt für soziale Beziehungen in einem Spektrum zwischen Offenheit und Abschließung und indirekt im symbolischen Sinne, als Botschaft an Außenstehende über das materielle und kulturelle Kapital, das Eigentümer und Bewohnerinnen investiert haben. Im Kontrast zur Topografie der sozialen Durchmischung in Städten der Vormoderne kam es im 19. Jahrhundert zu einer stärkeren Differenzierung der Wohnviertel. Selbstredend machte es einen großen Unterschied, ob man in einem Arbeitervorort oder in einem Villenviertel aufwuchs. Die frühen Fotos etwa vom Holländischen Brook in Hamburg zeigen jedoch, dass bürgerliches Wohnen und ältere Häuser mit bescheidener Ausstattung dort noch nicht effektiv separiert waren. Dieses Habitat passte durchaus zum Habitus des Ferdinand Beneke, der sich in gehobener Gesellschaft mit gespreizter Konversationskunst nicht sehr wohl fühlte. Schaut man auf die Geschichte des Wohnens in weiterer Perspektive, so lassen sich langfristige Prozesse der Abschließung und Ausdifferenzierung des Wohnraums im Ansatz bereits seit dem Spätmittelalter feststellen. Doch noch für das 19. Jahrhundert gilt, dass die Möglichkeit zur Abgrenzung privater Sphären nicht zuletzt eine Frage des Wohlstands und der zur Verfügung stehenden Mittel war. Eine distinguierte Visitenkultur setzte einen kostenintensiven Wohnkomfort voraus oder aber zumindest eine Stube, die eindeutig von den Schlafkammern separiert war. Das große Haus am Brook gab Benekes endlich die Gelegenheit zu Soziabilität in größerer Runde. Wer nicht über die Möglichkeit verfügte, Besucherinnen und Freunde zuhause zu empfangen, hatte in puncto Aufbau und Erhaltung eines sozialen Netzwerks einen Nachteil. Auffällig ist, dass sozial übergreifend diejenigen Familien, die man erfolgreich nennen kann, über ein Netzwerk verfügten, das sich in einer kontinuierlichen Praxis der Besuche und Gegenbesuche manifestierte.

Wohnhaus und Wohnort machten – und machen heute noch – eine Aussage über den jeweiligen Akteur. Diese Feststellung ist nicht besonders gewagt.[24] Gleichwohl ist auf Spezifika im Untersuchungszeitraum hinzuweisen. Schnelle und häufige Wechsel der Mietwohnung wie im Fall von Baumgartners sowie Mutter und Tochter Dvořak in Wien widersprachen den bürgerlichen Werten der

---

23 Zit. nach Gieryn 2002, S. 35.
24 Vgl. zum Konnex von Habitus und Lebensstil noch einmal Bourdieu 1987, S. 405 ff.

Beständigkeit und Selbstständigkeit. Der freie Staatsbürger wie der ökonomisch selbstständige Bürger verfügte am besten über ein freistehendes Haus. Ein Umzug in die schlechten Vororte der wachsenden Städte signalisierte sozialen Abstieg. Die Verweisfunktion von Haus und Häuslichkeit – real wie als Symbol – ist markant. Für den Bauernsohn Bräker wurde das eigene Haus sogar zur Bedingung für die Heirat und erst das mittels massiver Verschuldung errichtete Haus auf der Hochsteig machte ihn in den Augen seiner Braut zu einem vollwertigen Menschen. In anderer, nämlich moralischer, Weise wurde das als herrschaftlicher Barockbau konstruierte Pfarrhaus vor den Toren des ‚frommen Basels' für die Familie des Pfarrers zu einer Bürde. Was machte ein proletarisches Habitat wie dasjenige der Inzersdorfer ‚Straßler' aus einem jungen Menschen? Die wiederkehrenden Ängste des Mädchens Adelheid führten zur Einweisung in die Psychiatrie. Eine ganz andere Symbolik ging um 1900 von Heinrich Vogelers Barkenhoff aus. Seine durch einen aufwändig im Jugendstil umgebauten Bauernhof ins Bild gesetzte Imagination steht bis heute emblematisch für die Künstlerkolonie von Worpswede. Das Haus gab der elektiven Familie ein Außenbild.

Zu seinem Haus und Habitat muss sich das Subjekt irgendwie verhalten. Aber beides ist kein unwiderrufliches Schicksal. Keiner der vier Söhne aus dem Binninger Pfarrhaus ergriff später den Beruf des Vaters. Aus Adelheid Dworak wurde Adelheid Popp, eine durchsetzungsfähige Politikerin mit Vorliebe für bürgerlich-weibliche Accessoires. Die Worpsweder ‚Familie' und die Ehen der beteiligten, sich eng verbunden fühlenden, Künstlerpaare gerieten schnell in die Krise. Vogeler änderte das Konzept. Aus seinem Jugendstil-Barkenhoff machte er nach dem Ersten Weltkrieg eine Kommune, später ein Kinderheim der Roten Hilfe.

Zwischen Privatheit und Offenheit

Das 19. Jahrhundert als das goldene Zeitalter des Privaten? Frappierend bleibt die Diskrepanz zwischen Ideal und häuslicher Praxis. Intimität als Imagination und Sehnsucht kann gar nicht bestritten werden. Deshalb auch die Hochzeiten im kleinen Kreise! Zwar wurden um 1800 die Paarbeziehung und das Haushalten in vielen Aspekten verhäuslicht. Aber die Verhäuslichung lässt sich eben auch für charakteristische Praktiken der Geselligkeit feststellen. So war das Ergebnis letztlich nicht ein Mehr an Intimität. Je mehr Selbstzeugnisse man liest, desto mehr Hinweise ergeben sich auf die real existierende Offenheit von Haus und Familie. Dabei ist Koresidenz von Kopräsenz zu unterscheiden: zum einen auf Dauer mitwohnende Verwandte, Bedienstete, Mieter, Untermieter oder Schlafgänger; zum anderen eine Vielfalt an Besucherinnen und Besuchern, die aus unterschiedlichen Gründen kurzzeitig Zutritt zum häuslichen Binnenraum erhielten. An der Besuchskultur partizipierten ja nicht nur die schreibenden Subjekte, sondern auch die überaus zahlreich erwähnten Personen beiderlei Geschlechts. Man kann hier nahe Verwandte, enge Freundinnen und Freunde, Klienten und Kollegen, Hausfreunde bei Tisch und Damenbesuch zum Tee identifizieren. Dagegen fehlen im Vergleich zum ‚offenen Haus‘ der Frühen Neuzeit die Nachbarn und damit die Rituale nachbarschaftlicher Interaktion. Nachbarschaft – der soziale Nahraum – hatte nicht mehr die gleiche Wichtigkeit wie in den Jahrhunderten vor 1800.[25] Dies gilt besonders für die urbane Lebenswelt. In dörflichen Kontexten blieben Nachbarinnen als Bezugspersonen relevant und präsent. Eindrücklich ist das Beispiel der Arbeitersiedlung vor den Toren Wiens, in die die Migrantinnen aus der ländlichen Gesellschaft Böhmens die tradierten nachbarschaftlichen Hilfsleistungen ihrer Herkunft mitbrachten. Das Beispiel der Besuchspraktiken in den Kleinstädten und Dörfern am Erzgebirge um die Jahrhundertmitte zeigt, dass die Besuchskultur definitiv nicht auf das höhere Bürgertum beschränkt war. Es gab favorisierte Tage und Zeiten für Besuche, vor allem am Sonntag, aber im Prinzip konnten Besucherinnen und Besucher an jedem Tag, nachmittags wie abends, vor der Tür stehen. Die Vormittage waren stärker der Erledigung beruflicher oder haushälterischer Geschäfte gewidmet. Zwar lassen sich geschlechtsspezifische Formen und Anlässe – Kaffeekranz und Freundeverein – unterscheiden, insgesamt aber hatten Frauen wie Männer Anteil an den Formen offener Häuslichkeit.

Aus der Perspektive der Unterschichten stellte sich die Frage nach der Privatheit in klar anderer Weise. Die Frauen von Inzersdorf kochten und wirtschafteten in Gemeinschaftsküchen der neu erbauten Wohnhäuser. Ein eigenes Bett war keine Selbstverständlichkeit. In Schlafsälen wie demjenigen der Grimmaer Druckerei und auf der Gesellentour war man gewohnt, sich Zimmer und Schlafgelegenheiten zu teilen. Solange es sich bei dem Logiskollegen um einen vertrauten Kameraden, Weggefährten oder Cousin handelte, wurde eine weitergehende Privatheit gar nicht angestrebt. Überdies wurden die Zimmer auch in bürgerlichen Häusern oft gewechselt, was gegen deren individuelle Ausgestaltung spricht. Bedürfnis nach Abgrenzung bestand eher gegenüber Vermietern und ‚Wirtsleuten‘. Insgesamt klagten die häuslichen Akteurinnen erstaunlich wenig über Kopräsenz und Mangel an Privatheit. Der aufwändige Besuchsparcours war Teil des Alltags. Dabei muss man aus kommunikationshistorischer Sicht bedenken, dass die hier beschriebene Gesellschaft ohne Telefon und andere technische Hilfsmittel auskam. Dieser Faktor ist nicht zu unterschätzen. Wenn man etwas von einem Klienten, einer Freundin oder einem Bekannten wollte, musste man ent-

---

25 Näher dazu Eibach 2015, S. 31–34; Eibach 2020a, S. 358f.; vgl. allgemein Wrightson 2007.

weder einen Brief schreiben oder direkt vorbeigehen und anklopfen. Bei den Beispielen aus der ländlichen Gesellschaft fällt auf, dass viele weite Wege auf sich nahmen, ohne genau zu wissen, ob sie die jeweilige Person antreffen würden.

Neben einer hohen Akzeptanz lassen sich Versuche der Regulierung der häuslichen Offenheit feststellen. Dazu gehören die Einführung von Besuchszeiten für Klienten im Berufsalltag und die Konzentration von Geselligkeiten auf repetitive Ereignisse wie Familientage oder Jour fixes mit befreundeten Paaren. Es kann nicht von einer permanenten Offenheit gesprochen werden. In diesem Sinne wirkten auch Mechanismen sozialer Selektion, die bereits den Kindern im Habitat vermittelt wurden. Im Verlauf des 19. Jahrhunderts scheint die Tendenz zur Abschließung zugenommen zu haben. Die imposantesten Beispiele einer repetitiv-elaborierten Besuchspraxis mit zahlreichen Menschen finden sich in den Selbstzeugnissen aus der Zeit zwischen dem ausgehenden Ancien Régime und etwa 1830. Hinzuzählen muss man noch das aus Verwandten und Nachbarn bestehende Netzwerk der Familie des Dorfschullehrers Püschmann zu Beginn der 1850er Jahre. Bei Familie Becker dominierten am Ende des Jahrhunderts eher verwandtschaftliche Fernbeziehungen mit zeitlich begrenzten gegenseitigen Besuchen.

Am Ende ergeben die verschiedenen Puzzleteile das Bild einer eigenständigen Epoche der Familiengeschichte: die Ära der offenen Häuslichkeit. Die hier beschriebenen Familien funktionierten anders als Haushalte in der Frühen Neuzeit, aber auch anders als Familien in der Hochzeit der bürgerlichen Kernfamilie nach 1945 und heute. Ins Auge springt der verschiedenartige Umgang mit Privatheit und Offenheit in der häuslichen Sphäre. Für die Offenheit der Häuslichkeit gab es kommunikations- und alltagstechnische Gründe. Es lassen sich aus der Frühen Neuzeit nachwirkende Praktiken erkennen, wobei jedoch im Unterschied zum ‚offenen Haus' in der Epoche vor 1800 charakteristische Aspekte fehlen. Dies gilt im bürgerlichen Milieu – weniger in den Unterschichten – für die kollektive Arbeitsgesellschaft und das öffentliche Haushalten der Frauen sowie sozial übergreifend für die alten Rügerituale der Burschen als Mechanismen sozialer Kontrolle über Ehe und Eheanbahnung.[26] Markant bleibt der Kontrast zwischen dem Ideal sittlicher und der Praxis gelebter Häuslichkeit. Die Offenheit des häuslichen Mikrokosmos um und nach 1800 kann man nicht schlicht als eine Funktionslogik des Alltags oder als eine tradierte Gewohnheit aus der Frühen Neuzeit erklären. Vielmehr korrespondierte die beobachtete Art und Weise, Haus und Familie zu leben, mit der Grundidee der neuen Gesellschaft als eine freie Assoziation sich austauschender Bürger. Mit häuslich-freundschaftlicher Gesel-

---

26 Vgl. dazu näher Eibach 2011; zu Gastfreundschaft in der Frühen Neuzeit Jancke 2013.

ligkeit verknüpft war ein utopisches Programm der Vergesellschaftung.[27] Dazu passt, dass sich in dieser Ära soziale Milieus wie das bürgerliche neu formierten und horizontale Netzwerke an Bedeutung gewannen. Offene Häuslichkeit kombinierte den neuen Kult der Familie mit der bürgerlichen Öffentlichkeit unter Einschluss der Frauen.

---

27 Vgl. im Überblick Sting 2008, S. 61; am Beispiel Hamburgs Trepp 1996c, S. 370 ff.; zum Folgenden Weckel 1998; Sabean 2007.

Anhang

Abbildungsverzeichnis

https://doi.org/10.1515/9783110749496-012

Abb. 14: Das Gebäude der Druckerei in Grimma, Frauenstraße, heute; Bildquelle: Wikimedia Commons

Kap. 8

Abb. 15: Hochzeitsfoto von Johann und Barbara Baumgartner 1872; Bildquelle: Privatbesitz
Abb. 16: Das Haus der Baumgartners (ehemals Teuschl) mit dem Laden in Krems, Herzogstr. 7, 1901; Bildquelle: Privatbesitz
Abb. 17: Familie Baumgartner um 1885; Bildquelle: Privatbesitz

Kap. 9

Abb. 18: Adelheid Popp, geb. Dwořak; Bildquelle: Wikimedia Commons
Abb. 19: Ziegelschlägerfamilie in Vösendorf; Bildquelle: Historisches Archiv der Firma Wienerberger
Abb. 20: Wien-Inzersdorf, Triester Straße 16–20, Arbeiterhaus vor dem Abriss 2016; Bildquelle: Karin M. Hofer

Kap. 10

Abb. 21: Familie Becker beim Tee im Garten; Bildquelle: Paula Modersohn Becker Stiftung, Bremen
Abb. 22: Heinrich Vogeler: Sommerabend (Konzert) auf dem Barkenhoff, 1905; Bildquelle: akg-images
Abb. 23: Paula Becker und Otto Modersohn auf einer Bank im Garten ihres Hauses in Worpswede, 1904; Bildquelle: Otto Modersohn Stiftung, Fischerhude

Quellen

Ungedruckte Quellen

[Bruckner-Eglinger, Ursula], Universitätsbibliothek Basel, Lebenslauf & Leichenrede von Frauen Pfr. U. Bruckner-Eglinger, Respinger, Johann Rudolf, 2. Juli 1876, Fz 251: 1876 Bruckner-Eglinger
Burgerbibliothek Bern, Stettler-Herport, Henriette, Journal de mes actions, 5 Bde., FA Stettler 12 (1–5)
Kirchenbücher Gemeinde Hartenstein (Sachsen), Abt. Taufen, Jg. 1832, S. 427–28; Abt. Trauungen, Jg. 1856, S. 507–08 und Jg. 1859, S. 543–44

Gedruckte Quellen

Allgemeines Landrecht für die Preußischen Staaten, 1.6.1794, Zweyter Theil, Erster Titel. Von der Ehe, opinioiuris.de/quelle/1623 (30.10.2021)

Beneke, Ferdinand, Die Tagebücher, hg. von Frank Hatje und Ariane Smith, vier Abt. (bisher drei erschienen), Göttingen 2012–2019

Bräker, Ulrich, Lebensgeschichte und Natürliche Ebentheuer des Armen Mannes im Tockenburg. Herausgegeben von H.H. Füßli, in: Ulrich Bräker, Sämtliche Schriften, hg. von Andreas Bürgi u. a., Bd. 4: Lebensgeschichte und vermischte Schriften, bearb. von Claudia Holliger-Wiesmann, München 2000, S. 355–557

Bräker, Ulrich, Tagebücher, in: Sämtliche Schriften, hg. von Andreas Bürgi u. a., Bde. 1–3, München 1998

Engels, Friedrich, Die Lage der arbeitenden Klasse in England nach eigner Anschauung und authentischen Quellen, [zuerst 1845], 2. Aufl., München 1977

Engels, Friedrich / Karl Marx, Manifest der Kommunistischen Partei, [zuerst 1848], hg. von Sálvio M. Soares. MetaLibri, 31. Oktober 2008, www.ibiblio.org/ml/libri/e/ EngelsFMarxKH_ManifestKommunistischen_p.pdf (30.10.2021)

Freund, Georg, Inzersdorf am Wienerberge. Historisch-topografische Darstellung des Ortes und seiner Bestandtheile vom Ursprunge bis in die neueste Zeit, Inzersdorf am Wienerberge 1882

[Görnandt, Antonie], Die von der Tochter verfasste Lebensskizze F. A. Püschmanns: ‚Vom Schriftsetzer zum Lehrerbildner: Friedrich Anton Püschmann' [zuerst 1920], in: Püschmann, Friedrich Anton, Das Tagebuch des Buchdruckerlehrlings Friedrich Anton Püschmann während der Revolution von 1848/49 und der Restaurationsepoche von 1850 bis 1856, hg. von Matthias John, Berlin 2015, Bd. 3, S. 841–52

Gotthelf, Jeremias, Wie fünf Mädchen im Branntwein jämmerlich umkommen. Eine merkwürdige Geschichte, Bern 1838

Hagenbuch, Bernadette (Hg.), ‚Heute war ich bey Lisette in der Visite'. Die Tagebücher der Basler Pfarrersfrau Ursula Bruckner-Eglinger 1816–1833, Basel 2014

Hegel, Georg Wilhelm Friedrich, Grundlinien der Philosophie des Rechts, [zuerst 1820], www. zeno.org/Philosophie/M/Hegel,+Georg+Wilhelm+Friedrich/Grundlinien+der+Philosophie +des+Rechts (16.3.2021)

John, Matthias (Hg.), Das Tagebuch des Buchdruckerlehrlings Friedrich Anton Püschmann während der Revolution von 1848/49 und der Restaurationsepoche von 1850 bis 1856, 3 Bde., Berlin 2015

Krünitz, Johann Georg, Oekonomische Encyklopädie, oder allgemeines System der Staats-, Stadt-, Haus- und Landwirthschaft in alphabetischer Ordnung, 1773–1858, www. kruenitz1.uni-trier.de/ (30.10.2021)

Langreiter, Nikola (Hg.), Tagebuch von Wetti Teuschl (1870–1885) (L'Homme Archiv, Bd. 4), Köln 2010

Mann, Thomas, Buddenbrooks. Verfall einer Familie, hg. von Eckhard Heftrich (Thomas Mann. Große kommentierte Frankfurter Ausgabe), [zuerst 1901], Frankfurt am Main 2002

Modersohn-Becker, Paula in Briefen und Tagebüchern [abgekürzt: PMB], hg. von Günter Busch / Liselotte von Reinken, Frankfurt am Main 2007

Modersohn-Becker, Paula – Otto Modersohn. Der Briefwechsel [abgekürzt: PMB/OM], hg. von Antje Modersohn / Wolfgang Werner, Berlin 2017

Popp, Adelheid, Jugend einer Arbeiterin, hg. von Sibylle Hamann, [zuerst 1909], Wien 2019

Riehl, Wilhelm Heinrich, Die Naturgeschichte des Volkes als Grundlage einer deutschen Social-Politik, Bd. 3: Die Familie, [zuerst 1855], 6. Aufl., Stuttgart 1862

Rotteck, Carl von, Art. Familie, Familienrecht (natürliches), in: Staats-Lexikon oder Encyclopädie der Staatswissenschaften, hg. von Carl von Rotteck / Carl Welcker, 5. Bd., Altona 1837, S. 385–408

Ausgewählte Forschungsliteratur

Ågren, Maria (Hg.), Making a Living, Making a Difference. Gender and Work in Early Modern European Society, New York 2017a

Ågren, Maria, Introduction: Making a Living, Making a Difference, in dies. (Hg.), Making a Living, Making a Difference. Gender and Work in Early Modern European Society, New York 2017b, S. 1–23

Ågren, Maria, Lower State Servants and Home Office Work, in: Joachim Eibach / Margareth Lanzinger (Hg.), The Routledge History of the Domestic Sphere in Europe: 16th to 19th Century, London 2020, S. 120–33

Ariès, Philippe, Geschichte der Kindheit, 8. Aufl., München 1988

Ariès, Philippe / Georges Duby (Hg.), Geschichte des privaten Lebens, Bd. 4: Von der Revolution zum Großen Krieg, Augsburg 1999

Arni, Caroline, Entzweiungen. Die Krise der Ehe um 1900, Köln 2004

Aschmann, Birgit / Rebekka Habermas (Hg.), Durchbruch der Moderne? Neue Perspektiven auf das 19. Jahrhundert, Frankfurt am Main 2019

Bänziger, Peter-Paul, Sex als Problem. Körper und Intimbeziehungen in Briefen an die ‚Liebe Marta‘, Frankfurt am Main 2010

Bänziger, Peter-Paul, Jenseits der Bürgerlichkeit: Tagebuch schreiben in den Konsum- und Arbeitsgesellschaften des 20. Jahrhunderts, in: Janosch Steuwer / Rüdiger Graf (Hg.), Selbstreflexionen und Weltdeutungen. Tagebücher in der Geschichte und der Geschichtsschreibung des 20. Jahrhunderts, Göttingen 2015, S. 186–206

Bänziger, Peter-Paul, Die Moderne als Erlebnis. Eine Geschichte der Konsum- und Arbeitsgesellschaft, 1840–1940, Göttingen 2020

Barlösius, Eva, Naturgemäße Lebensführung. Zur Geschichte der Lebensreform um die Jahrhundertwende, Frankfurt am Main 1997

Baumert, Susan, Bürgerliche Familienfeste im Wandel. Spielarten privater Festkultur in Weimar und Jena um 1800, Frankfurt am Main 2014

Baur, Esther, ‚Sich schreiben‘. Zur Lektüre des Tagebuchs von Anna Maria Preiswerk-Iselin (1758–1840), in: Kaspar von Greyerz u. a. (Hg.), Von der dargestellten Person zum erinnerten Ich. Europäische Selbstzeugnisse als historische Quelle (1500–1850), Köln 2001, S. 113–34

Beck, Rainer, Illegitimität und voreheliche Sexualität auf dem Land. Unterfinning, 1671–1770, in: Richard van Dülmen (Hg.), Kultur der einfachen Leute, München 1983, S. 112–50

Beck, Rainer, Frauen in Krise. Eheleben und Ehescheidung in der ländlichen Gesellschaft Bayerns während des Ancien régime, in: Richard van Dülmen (Hg.), Dynamik der Tradition. Studien zur historischen Kulturforschung IV, Frankfurt am Main 1992, S. 137–212

Berger, Renate (Hg.), Liebe Macht Kunst. Künstlerpaare im 20. Jahrhundert, Köln 2000

Bischoff, Lucas, Der Himmel über Hamburg. Die Wetteraufzeichnungen in Ferdinand Benekes Tagebüchern zwischen 1811 und 1816, MA-Arbeit, Univ. Bern 2018

Blasius, Dirk, Ehescheidung in Deutschland 1794–1945, Göttingen 1987

Blom, Philipp, Der taumelnde Kontinent. Europa 1900–1914, München 2009

Blum, Sabine u. a., Soziologische Perspektiven, in: Rüdiger Wink (Hg.), Multidisziplinäre Perspektiven der Resilienzforschung, Wiesbaden 2016, S. 151–78

Bödeker, Hans-Erich, Die ‚gebildeten Stände' im späten 18. und frühen 19. Jahrhundert: Zugehörigkeit und Abgrenzungen, Mentalitäten und Handlungspotentiale, in: Jürgen Kocka (Hg.), Bildungsbürgertum im 19. Jahrhundert, Bd. 4: Politischer Einfluss und gesellschaftliche Formation, Stuttgart 1989, S. 21–52

Böning, Holger, Ulrich Bräker. Der Arme Mann aus dem Toggenburg – Eine Biographie, Zürich 1998

Böning, Holger, Der lesende Bauer aus dem Toggenburg, in: Schweizer Monatshefte. Zeitschrift für Politik, Wirtschaft, Kultur, 87 (2007), S. 62–64

Böth, Mareike, ‚Ich handele, also bin ich'. Selbstzeugnisse praxeologisch lesen, in: GWU, 69 (2018), S. 253–70

Borscheid, Peter, Geld und Liebe. Zu den Auswirkungen des Romantischen auf die Partnerwahl im 19. Jahrhundert, in: ders. / Hans Jürgen Teuteberg (Hg.), Ehe, Liebe, Tod. Zum Wandel der Familie, der Geschlechts- und Generationsbeziehungen in der Neuzeit, Münster 1983, S. 112–34

Bourdieu, Pierre, Ökonomisches Kapital, kulturelles Kapital, soziales Kapital, in: Reinhard Kreckel (Hg.), Soziale Ungleichheiten, Göttingen 1983, S. 183–98

Bourdieu, Pierre, Die feinen Unterschiede. Kritik der gesellschaftlichen Urteilskraft, Frankfurt am Main 1987

Bourdieu, Pierre, Das Haus oder die verkehrte Welt, in: ders., Entwurf einer Theorie der Praxis, 3. Aufl., Frankfurt am Main 2012, S. 48–65

Bourdieu, Pierre / Loïc Wacquant, Reflexive Anthropologie, 4. Aufl., Frankfurt am Main 2017

Brändle, Fabian u. a., Texte zwischen Erfahrung und Diskurs. Probleme der Selbstzeugnisforschung, in: Kaspar von Greyerz u. a. (Hg.), Von der dargestellten Person zum erinnerten Ich. Europäische Selbstzeugnisse als historische Quelle (1500–1850), Köln 2001, S. 3–31

Breit, Stefan, ‚Leichtfertigkeit' und ländliche Gesellschaft. Voreheliche Sexualität in der frühen Neuzeit, München 1991

Brüggemeier, Franz Josef / Lutz Niethammer, Schlafgänger, Schnapskasinos und schwerindustrielle Kolonie. Aspekte der Arbeiterwohnungsfrage im Ruhrgebiet vor dem Ersten Weltkrieg, in: Jürgen Reulecke / Wolfhard Weber (Hg.), Fabrik – Familie – Feierabend. Beiträge zur Sozialgeschichte im Industriezeitalter, Wuppertal 1978, S. 135–75

Brunner, Otto, Das ‚ganze Haus' und die alteuropäische ‚Ökonomik', in: ders., Neue Wege der Verfassungs- und Sozialgeschichte, 2. Aufl., Göttingen 1968, S. 103–27

Budde, Gunilla-Friederike, Auf dem Weg ins Bürgerleben. Kindheit und Erziehung in deutschen und englischen Bürgerfamilien 1840–1914, Göttingen 1994

Budde, Gunilla-Friederike, Das Dienstmädchen, in: Ute Frevert / Heinz-Gerhard Haupt (Hg.), Der Mensch des 19. Jahrhunderts, Essen 2004, S. 148–75

Budde, Gunilla-Friederike, Blütezeit des Bürgertums. Bürgerlichkeit im 19. Jahrhundert, Darmstadt 2009

Budde, Gunilla-Friederike (Hg.), Bürgertum nach dem bürgerlichen Zeitalter. Leitbilder und Praxis seit 1945, Göttingen 2010

Bude, Heinz u. a. (Hg.), Bürgerlichkeit ohne Bürgertum. In welchem Land leben wir?, München 2010

Bürgi, Andreas, Das Reisen, die Schlacht. Zu einer Voraussetzung von Ulrich Bräkers Tagebuch, in: Alfred Messerli / Adolf Muschg (Hg.), Schreibsucht. Autobiografische Schriften des Pietisten Ulrich Bräker (1735–1798), Göttingen 2004, S. 116–28

Burghartz, Susanna, Zwischen Integration und Ausgrenzung. Zur Dialektik reformierter Ehetheologie am Beispiel Heinrich Bullingers, in: L'Homme, 8 (1997), S. 30–42

Burghartz, Susanna, Zeiten der Reinheit – Orte der Unzucht. Ehe und Sexualität in Basel während der Frühen Neuzeit, Paderborn 1999

Burguière, Andrè / Francois Lebrun, Die Vielfalt der Familienmodelle in Europa, in: André Burguière u. a. (Hg.), Geschichte der Familie, Bd. 3, Frankfurt am Main 1997, S. 13–118

Burkart, Günter, Familiensoziologie, Konstanz 2008

Busch, Günther, Paula Modersohn-Becker, ihre Briefe und Tagebücher und ihre Kunst, in: ders. / Liselotte von Reinken (Hg.), Paula Modersohn-Becker in Briefen und Tagebüchern, Frankfurt am Main 2007, S. 19–41

Butler, Judith, Das Unbehagen der Geschlechter, 17. Aufl., Frankfurt am Main 2014

Capp, Bernard, When Gossips Meet. Women, Family and Neighbourhood in Early Modern England, Oxford 2003

Chaloupek, Günther, Industriestadt Wien, in: ders. u. a., Wien Wirtschaftsgeschichte 1740–1938, Teil 2: Dienstleistungen, Wien 1991, S. 267–484

Clark, Christopher, Preußen. Aufstieg und Niedergang 1600–1947, 7. Aufl., München 2007

Claudon, Francis, Hausmusik, in: Étienne François (Hg.), Deutsche Erinnerungsorte, Bd. 3, München 2001, S. 138–53

Cockayne, Emily, Cheek by Jowl. A History of Neighbours, London 2012

Connell, Robert W., Masculinities, Berkeley 1995

Conrad, Christoph u. a. (Hg.), Wohnen und die Ökonomie des Raums (Schweizerisches Jahrbuch für Wirtschafts- und Sozialgeschichte), 28/2014

Cottier, Maurice, Ehre, Subjekt und Kriminalität am Übergang zur Moderne. Das Beispiel Bern 1868–1941, Konstanz 2017

Csáky, Moritz, Das Gedächtnis der Städte. Kulturelle Verflechtungen – Wien und die urbanen Milieus in Zentraleuropa, Wien 2010

Darnton, Robert, Das große Katzenmassaker. Streifzüge durch die französische Kultur vor der Revolution, München 1989

Davidoff, Leonore, Thicker than Water. Siblings and their Relations, 1780–1920, Oxford 2012

Davidoff, Leonore / Catherine Hall, Family Fortunes. Men and Women of the English Middle Class 1780–1850, Chicago 1991

De Capitani, François / Brigitte Schnegg, Die Oberschicht der Hauptstadt als gesellschaftliche Kerngruppe, in: André Holenstein (Hg.), Berns goldene Zeit. Das 18. Jahrhundert neu entdeckt, Bern 2008, S. 142–53

De Certeau, Michel, Kunst des Handelns, Berlin 1988

Deines, Stefan u. a. (Hg.), Historisierte Subjekte – Subjektivierte Historie. Zur Verfügbarkeit und Unverfügbarkeit von Geschichte, Berlin 2003

Dellsperger, Rudolf, Die Anfänge des Pietismus in Bern, Göttingen 1984

Dellsperger, Rudolf: Der Pietismus in der Schweiz, in: Martin Brecht u. a. (Hg.), Geschichte des Pietismus, Göttingen 1995, Bd. 2, S. 588–616.

Dellsperger, Rudolf: Pietismus, in: Historisches Lexikon der Schweiz: hls-dhs-dss.ch/de/articles/011424/2010–10–19/ (21.03.2021)

Dejung, Christof u. a., Worlds of the Bourgeoisie, in: ders. u. a. (Hg.), The Global Bourgeoisie. The Rise of the Middle Classes in the Age of Empire, Princeton 2019, S. 1–40

Dibie, Pascal, Wie man sich bettet. Die Kulturgeschichte des Schlafzimmers, Stuttgart 1989

Dirlmeier, Ulf (Hg.), Geschichte des Wohnens, Bd. 2: 500–1800, Hausen, Wohnen, Residieren, Stuttgart 1998

Dober, Birgit u. a., Strittige Scheidungen vor dem Wiener Zivilmagistrat (1786–1850). Ein Projektbericht, in: Frühneuzeit-Info, 30 (2019), S. 188–95

Dobson, Miriam, Letters, in: dies. / Benjamin Ziemann (Hg.), Reading Primary Sources. The Interpretation of Texts from Nineteenth- and Twentieth-Century History, London 2009, S. 57–73

Dorgerloh, Annette, Beseelung der Bilderscheinung. Porträt und Selbstbildnis im 19. Jahrhundert, in: Hubertus Kohle (Hg.), Geschichte der bildenden Kunst in Deutschland, Bd. 7: Vom Biedermeier zum Impressionismus, Darmstadt 2008, S. 433–53

Dubler, Anne-Marie, Landesherrschaft und Landesverwaltung, in: André Holenstein (Hg.), Berns goldene Zeit. Das 18. Jahrhundert neu entdeckt, Bern 2008, S. 446–52

Dülmen, Richard van, Fest der Liebe. Heirat und Ehe in der Frühen Neuzeit, in: ders., Gesellschaft der frühen Neuzeit: Kulturelles Handeln und sozialer Prozess, Wien 1993, S. 194–235

Dülmen, Richard van, Die Entdeckung des Individuums 1500–1800, Frankfurt am Main 1997

Dülmen, Richard van (Hg.), Entdeckung des Ich. Die Geschichte der Individualisierung vom Mittelalter bis zur Gegenwart, Köln 2001a

Dülmen, Richard van, Freundschaftskult und Kultivierung der Individualität um 1800, in: ders. (Hg.), Entdeckung des Ich. Die Geschichte der Individualisierung vom Mittelalter bis zur Gegenwart, Köln 2001b, S. 267–86

Ehmer, Josef, Wohnen ohne eigene Wohnung. Zur sozialen Stellung von Untermietern und Bettgehern, in: Lutz Niethammer (Hg.), Wohnen im Wandel. Beiträge zur Geschichte des Alltags in der bürgerlichen Gesellschaft, Wuppertal 1979, S. 132–50

Ehmer, Josef, Art. Ehekonsens, in: Enzyklopädie der Neuzeit, Bd. 3, Stuttgart 2006, Sp. 60–62

Eibach, Joachim, Der Kampf um die Hosen und die Justiz – Ehekonflikte in Frankfurt im 18. Jahrhundert, in: Sylvia Kesper-Biermann / Diethelm Klippel (Hg.), Kriminalität in Mittelalter und Früher Neuzeit. Soziale, rechtliche, philosophische und literarische Aspekte, Wiesbaden 2007, S. 167–88

Eibach, Joachim, Die Schubertiade. Bürgerlichkeit, Hausmusik und das Öffentliche im Privaten, in: Themenportal Europäische Geschichte (2008), <www.europa.clio-online.de/essay/id/fdae-1462> (21.3.2021)

Eibach, Joachim, Das offene Haus. Kommunikative Praxis im sozialen Nahraum der europäischen Frühen Neuzeit, in: Zeitschrift für historische Forschung, 38 (2011), S. 621–664

Eibach, Joachim, Das Haus in der Moderne, in: Joachim Eibach / Inken Schmidt-Voges (Hg.), Das Haus in der Geschichte Europas. Ein Handbuch, Berlin 2015, S. 19–37

Eibach, Joachim, From Open House to Privacy? Domestic Life from the Perspective of Diaries, in: ders. / Margareth Lanzinger (Hg.), The Routledge History of the Domestic Sphere in Europe: 16th to 19th Century, London 2020a, S. 347–63

Eibach, Joachim, The *Everyday Life:* still a Challenge for Historians? In: Anna Becker u. a. (Hg.), Körper – Macht – Geschlecht. Einsichten und Aussichten zwischen Mittelalter und Gegenwart. Festschrift für Claudia Opitz, Frankfurt am Main 2020b, S. 99–110

Eibach, Joachim / Margareth Lanzinger, Introduction: Continuities and Transformations in the History of the Domestic Sphere, in: dies. (Hg.), The Routledge History of the Domestic Sphere in Europe: 16th to 19th Century, London 2020a, S. 1–22

Eibach, Joachim / Margareth Lanzinger (Hg.), The Routledge History of the Domestic Sphere in Europe: 16th to 19th Century, London 2020b

Eibach, Joachim / Inken Schmidt-Voges (Hg.) Das Haus in der Geschichte Europas. Ein Handbuch, Berlin 2015

Eigner, Peter, Mechanismen urbaner Expansion: Am Beispiel der Wiener Stadtentwicklung 1740–1938, in: Günther Chaloupek u.a., Wien Wirtschaftsgeschichte 1740–1938, Teil 2: Dienstleistungen, Wien 1991, S. 623–756

Endreß, Martin / Andrea Maurer, Einleitung, in: dies. (Hg.), Resilienz im Sozialen. Theoretische und empirische Analysen, Wiesbaden 2015, S. 7–14

Ernst, Katharina, Krankheit und Heiligung. Die medikale Kultur württembergischer Pietisten im 18. Jahrhundert, Stuttgart 2003

Fahrmeir, Andreas, Das Bürgertum des ,bürgerlichen Jahrunderts': Fakt oder Fiktion? In: Heinz Bude u.a. (Hg.), Bürgerlichkeit ohne Bürgertum. In welchem Land leben wir?, München 2010, S. 23–32

Farge, Arlette, ,Das brüchige Leben'. Verführung und Aufruhr im Paris des 18. Jahrhunderts, Berlin 1989

Fertig, Christine, Familie, verwandtschaftliche Netzwerke und Klassenbildung im ländlichen Westfalen (1750–1874), Berlin 2012

Flather, Amanda, Space, Place, and Gender: The Sexual and Spatial Division of Labor in the Early Modern Household, in: History and Theory, 52 (2013), S. 344–60

Foucault, Michel, Sexualität und Wahrheit 1: Der Wille zum Wissen, Frankfurt am Main 1983

Foucault, Michel, Technologies of the Self, in: Luther H. Martin u.a. (Hg.), Technologies of the Self: A Seminar with Michel Foucault, London 1988, S. 16–49

Frevert, Ute, Mann und Weib, und Weib und Mann, Geschlechter-Differenzen in der Moderne, München 1995

Frevert, Ute, Der Künstler, in: dies. / Heinz-Gerhard Haupt (Hg.), Der Mensch des 19. Jahrhunderts, Essen 2004, S. 292–323

Frevert, Ute, Vertrauensfragen. Eine Obsession der Moderne, München 2013

Frevert, Ute, Defining Emotions: Concepts and Debates over Three Centuries, in: dies. / Thomas Dixon (Hg.), Emotional Lexicons. Continuity and Change in the Vocabulary of Feeling 1700–2000, Oxford 2014, S. 1–31

Frevert, Ute, Mächtige Gefühle. Von A wie Angst bis Z wie Zuneigung. Deutsche Geschichte seit 1900, Frankfurt am Main 2020

Frey, Manuel, Der reinliche Bürger. Entstehung und Verbreitung bürgerlicher Tugenden, 1760–1860, Göttingen 1997

Frühwirth, Hans, Die Doppelstadt Krems-Stein. Ihre Geschichte von 1848–2000, Krems 2000

Füssel, Marian, Die Rückkehr des ,Subjekts' in der Kulturgeschichte. Beobachtungen aus praxeologischer Perspektive, in: Stefan Deines u.a. (Hg.), Historisierte Subjekte – Subjektivierte Historie. Zur Verfügbarkeit und Unverfügbarkeit von Geschichte, Berlin 2003, S. 141–59

Gailus, Manfred, Straße und Brot. Sozialer Protest in den deutschen Staaten unter besonderer Berücksichtigung Preußens, 1847–1849, Göttingen 1990

Gall, Lothar, Vom alten zum neuen Bürgertum. Die mitteleuropäische Stadt im Umbruch 1780 – 1820, München 1991

Gall, Lothar (Hg.), Stadt und Bürgertum im Übergang von der traditionalen zur modernen Gesellschaft, München 1993a

Gall, Lothar, Von der ständischen zur bürgerlichen Gesellschaft, München 1993b

Gay, Peter, Erziehung der Sinne. Sexualität im bürgerlichen Zeitalter, München 1986

Gay, Peter, Die zarte Leidenschaft. Liebe im bürgerlichen Zeitalter, München 1987

Gerber-Visser, Gerrendina, Die Ressourcen des Landes. Der ökonomisch-patriotische Blick in den Topographischen Beschreibungen der Oekonomischen Gesellschaft Bern, Baden 2012

Gestrich, Andreas, Geschichte der Familie im 19. und 20. Jahrhundert, München 1999

Gestrich, Andreas u. a., Geschichte der Familie, Stuttgart 2003

Gestrich, Andreas, Ehe, Familie, Kinder im Pietismus. Der ‚gezähmte Teufel‘, in: Martin Brecht u. a. (Hg.), Geschichte des Pietismus, Göttingen 2004, Bd. 4, S. 498 – 521

Giddens, Anthony, Wandel der Intimität. Sexualität, Liebe und Erotik in modernen Gesellschaften, Frankfurt am Main 1993

Gieryn, Thomas F., What Buildings Do, in: Theory and Society, 31 (2002), S. 35 – 74

Giesen, Bernhard, Die Intellektuellen und die Nation, Bd. 2: Kollektive Identität, Frankfurt am Main 1999

Gleixner, Ulrike, Zwischen göttlicher und weltlicher Ordnung. Die Ehe im lutherischen Pietismus, in: Pietismus und Neuzeit, 28 (2002), S. 147 – 85

Gleixner, Ulrike, Familie, Traditionsstiftung und Geschichte im Schreiben von pietistischen Frauen, in: Daniela Hacke (Hg.), Frauen in der Stadt. Selbstzeugnisse des 16. bis 18. Jahrhunderts, Sigmaringen 2004, S. 131 – 63

Gleixner, Ulrike, Pietismus und Bürgertum. Eine historische Anthropologie der Frömmigkeit. Württemberg 17. bis 19. Jahrhundert, Göttingen 2005

Götte, Gisela, ‚In der Grundanschauung verwandt – in den Äußerungen verschieden‘, in: Antje Modersohn / Wolfgang Werner (Hg.), Paula Modersohn-Becker. Otto Modersohn. Der Briefwechsel, Berlin 2017, S. 9 – 20

Goffman, Erving, Interaktionsrituale. Über Verhalten in direkter Kommunikation, Frankfurt am Main 2010

Greiffenhagen, Martin (Hg.), Das evangelische Pfarrhaus. Eine Kultur- und Sozialgeschichte. Stuttgart 1984

Greyerz, Kaspar von, Passagen und Stationen. Lebensstufen zwischen Mittelalter und Moderne, Göttingen 2010

Greyerz, Kaspar von, Observations on the Historiographical Status of Research on Self-Writing, in: Claudia Ulbrich u. a. (Hg.), Mapping the ‚I‘. Research on Self-Narratives in Germany and Switzerland, Leiden 2015, S. 34 – 57

Griesebner, Andrea, Marriage Jurisdiction in the Habsburg Monarchy. Transition from Ecclesiastical to Secular Courts and Gender-Related Implications, in: Annales de Démographie Historique, 140 (2020), S. 21 – 51

Griesebner, Andrea, Property, Power, Gender. Conflicts and Agency of a ‚Merchantess’ in the Archduchy of Austria below the Enns in the Eighteenth Century, in: Margareth Lanzinger u. a. (Hgs.), Negotiations of Gender and Property through Legal Regimes (14th – 19th Century). Stipulating, Litigating, Mediating, Leiden 2021, S. 345 – 374

Grießinger, Andreas, Das symbolische Kapital der Ehre. Streikbewegungen und kollektives Bewußtsein deutscher Handwerksgesellen im 18. Jahrhundert, Frankfurt am Main 1981.

Grießinger, Andreas / Reinhold Reith, Lehrlinge im deutschen Handwerk des ausgehenden 18. Jahrhunderts. Arbeitsorganisation, Sozialbeziehungen und alltägliche Konflikte, in: Zeitschrift für historische Forschung, 13 (1986), S. 149–99

Gröwer, Karin, Wilde Ehen im 19. Jahrhundert. Die Unterschichten zwischen städtischer Bevölkerungspolitik und polizeilicher Repression, Berlin 1999

Grugger, Helmut, Familie, in: Nicole Mattern / Stefan Neuhaus (Hg.), Buddenbrooks-Handbuch, Stuttgart 2018, S. 117–25

Gutkas, Karl, Die Städte Niederösterreichs im 19. Jahrhundert – Ihre Entwicklung zu zentralen Orten, in: 1000 Jahre Krems (Jahrbuch für Landeskunde von Niederösterreich, 60/61, 1994/95), S. 43–64

Guzzi-Heeb, Sandro, Passions alpines. Sexualité et pouvoirs dans les montagnes suisses (1700–1900), Rennes 2014

Guzzi-Heeb, Sandro, Sexuality and Intimacy, in: Joachim Eibach / Margareth Lanzinger (Hg.), The Routledge History of the Domestic Sphere in Europe: 16th to 19th Century, London 2020, S. 286–304

Guzzi-Heeb, Sandro, Le sexe, l'impôt, les cousins. Une histoire sociale et politique de la sexualité moderne (1450–1850) Paris 2021

Habermas, Jürgen, Strukturwandel der Öffentlichkeit. Untersuchungen zu einer Kategorie der bürgerlichen Gesellschaft, Frankfurt am Main 1990

Habermas, Rebekka, Spielerische Liebe oder: Von der Ohnmacht der Fiktionen. Heinrich Eibert Merkel und Regina Dannreuther (1783–1785), in: Eva Labouvie (Hg.), Ungleiche Paare. Zur Kulturgeschichte menschlicher Beziehungen, München 1997, S. 152–74

Habermas, Rebekka, Frauen und Männer des Bürgertums. Eine Familiengeschichte 1750–1850, Göttingen 2000

Habermas, Rebekka, Bürgerliche Kleinfamilie – Liebesheirat, in: Richard van Dülmen (Hg.), Entdeckung des Ich. Die Geschichte der Individualisierung vom Mittelalter bis zur Gegenwart, Köln 2001, S. 287–310

Hacke, Daniela, Selbstzeugnisse von Frauen in der Frühen Neuzeit. Eine Einführung, in: dies. (Hg.), Frauen in der Stadt. Selbstzeugnisse des 16. bis 18. Jahrhunderts, Sigmaringen 2004, S. 9–39

Hämmerle, Christa, Diaries, in: Miriam Dobson / Benjamin Ziemann (Hg.), Reading Primary Sources. The Interpretation of Texts from Nineteenth- and Twentieth-Century History, London 2009, S. 141–58

Häusler, Eric, Gescheiterte Haushalte? Der Geldstag und das Berner Konkursregime, 1750–1900, Diss. phil., Univ. Bern 2020

Hahn, Philip, Trends der deutschsprachigen historischen Forschung nach 1945: Vom ‚ganzen Haus‘ zum ‚offenen Haus‘, in: Joachim Eibach / Inken Schmidt-Voges (Hg.), Das Haus in der Geschichte Europas. Ein Handbuch, Berlin 2015, S. 47–63

Haiko, Peter, Wiener Arbeiterwohnhäuser 1848–1934, in: Kritische Berichte. Zeitschrift für Kunst- und Kulturwissenschaft, 5 (1977), S. 26–50

Haldemann, Arno, Prekäre Eheschließungen. Eigensinnige Heiratsbegehren und Bevölkerungspolitik in Bern, 1742–1848, München 2021

Hamann, Sibylle, Eine muss immer die Erste sein, in: Adelheid Popp, Jugend einer Arbeiterin, hg. von dies., Wien 2019a, S. 9–14

Hamann, Sibylle, Adelheid Popp und wir, in: Adelheid Popp, Jugend einer Arbeiterin, hg. von dies., Wien 2019b, S. 135–57

Hammer-Tugendhat, Daniela, ,Familie! Familie?' Kunstwissenschaftliche Betrachtungen, in: Family Matters. Ausstellungskatalog, hg. von Johanna Schwanberg, Wien 2019, S. 56 – 76

Hammer-Tugendhat, Daniela, Dutch Paintings of Interiors and the Invention of a Bourgeois Identity, in: Joachim Eibach / Margareth Lanzinger (Hg.), The Routledge History of the Domestic Sphere in Europe: 16th to 19th Century, London 2020, S. 52753

Hanisch, Ernst, Arbeiterkindheit in Österreich vor dem Ersten Weltkrieg, in: Internationales Archiv für Sozialgeschichte der deutschen Literatur, 7 (1982), S. 109 – 47

Hardwick, Julie, Sexual violence and domesticity, in: Joachim Eibach / Margareth Lanzinger (Hg.), The Routledge History of the Domestic Sphere in Europe: 16th to 19th Century, London 2020, S. 237 – 54

Hatje, Frank, Aus dem Leben eines Diaristen, in: ders. u. a. (Hg.), Ferdinand Beneke (1774 – 1848). Die Tagebücher, Begleitband I zur ersten Abteilung ,Bürger und Revolutionen', Göttingen 2012a, S. 58 – 100

Hatje, Frank, Tagebücher und Korrespondenzen, in: ders. u. a. (Hg.), Ferdinand Beneke (1774 – 1848). Die Tagebücher, Begleitband I zur ersten Abteilung ,Bürger und Revolutionen', Göttingen 2012b, S. 5 – 35

Hatje, Frank, Ferdinand Beneke und seine Zeit. Der Kosmos eines Tagebuchs und die Geschichte des Bürgertums zwischen Aufklärung und Romantik, in: Jahrbuch der patriotischen Gesellschaft von 1765. Von der Bürgerlichkeit zur Zivilität, Hamburg, 2014, S. 19 – 29

Hatje, Frank, Die private Öffentlichkeit des Hauses im deutschen und englischen Bürgertum des 18. und 19. Jahrhunderts, in: Joachim Eibach / Inken Schmidt-Voges (Hg.), Das Haus in der Geschichte Europas. Ein Handbuch, Berlin 2015, S. 503 – 23.

Hatje, Frank, Leben und Ansichten des Ferdinand Beneke, Dr., in: Frank Hatje u. a. (Hg.), Ferdinand Beneke (1774 – 1848). Die Tagebücher. Begleitband zur dritten Abteilung. ,Leben und Ansichten', Göttingen 2016, S. 5 – 111

Hatje, Frank, Domestic Sociability and the Emergence of the Bürgertum, in: Joachim Eibach / Margareth Lanzinger (Hg.), The Routledge History of the Domestic Sphere in Europe: 16th to 19th Century, London 2020, S. 174 – 96

Hauch, Gabriella, Frauen bewegen Politik. Österreich 1848 – 1938, Innsbruck 2009

Haupt, Heinz-Gerhard / Geoffrey Crossick, Die Kleinbürger. Eine europäische Sozialgeschichte des 19. Jahrhunderts, München 1998

Hausen, Karin, Die Polarisierung der Geschlechtscharaktere – Eine Spiegelung der Dissoziation von Erwerbs- und Familienleben, in: Werner Conze (Hg.), Sozialgeschichte der Familie in der Neuzeit Europas, Stuttgart 1976, S. 363 – 93

Hausen, Karin, Öffentlichkeit und Privatheit. Gesellschaftspolitische Konstruktionen und die Geschichte der Geschlechterbeziehungen, in: dies. / Heide Wunder (Hg.), Frauengeschichte – Geschlechtergeschichte, Frankfurt am Main 1992, S. 81 – 88

Hausen, Karin, Der Aufsatz über die ,Geschlechtscharaktere' und seine Rezeption. Eine Spätlese nach dreißig Jahren, in: dies. (Hg.), Geschlechtergeschichte als Gesellschaftsgeschichte, Göttingen 2012, S. 83 – 108

Hebeisen, Erika, Leidenschaftlich fromm. Die pietistische Bewegung in Basel 1750 – 1830, Köln 2005

Heer, Peter W. u. a. (Hg.), Vom Weissgerber zum Bundesrat. Basel und die Familie Brenner, 17.- 20. Jahrhundert, Basel 2009

Hein, Dieter / Andreas Schulz (Hg.), Bürgerkultur im 19. Jahrhundert. Bildung, Kunst und Lebenswelt, München 1996

Heling, Antje, Zu Haus bei Martin Luther. Ein alltagsgeschichtlicher Rundgang, Wittenberg 2003

Hettling, Manfred, Die persönliche Selbständigkeit. Der archimedische Punkt bürgerlicher Lebensführung, in: ders. / Stefan-L Ludwig Hoffmann (Hg.), Der bürgerliche Wertehimmel. Innenansichten des 19. Jahrhunderts, Göttingen 2000, S. 57–78

Hettling, Manfred / Stefan-Ludwig Hoffmann (Hg.), Der bürgerliche Wertehimmel. Innenansichten des 19. Jahrhunderts, Göttingen 2000

Heyl, Christoph, A Passion for Privacy. Untersuchungen zur Genese der bürgerlichen Privatsphäre in London (1660–1800), München 2004

Hill, Paul B. / Johannes Kopp, Familiensoziologie. Grundlagen und theoretische Perspektiven, 5. Aufl., Wiesbaden 2013

Hill, Paul B. / Johannes Kopp, Familiensoziologie: Zum Stand der Dinge, in: dies. (Hg.), Handbuch Familiensoziologie, Wiesbaden 2015, S. 9–17

Hobsbawm, Eric, The Age of Revolution. Europe 1789–1848, London 1962

Hochstrasser, Olivia, Ein Haus und seine Menschen 1549–1989. Ein Versuch zum Verhältnis von Mikroforschung und Sozialgeschichte, Tübingen 1993

Holenstein, André, Mitten in Europa. Verflechtung und Abgrenzung in der Schweizer Geschichte, Baden 2014

Holm, Christiane, Bürgerliche Wohnkultur im 19. Jahrhundert, in: Joachim Eibach / Inken Schmidt-Voges (Hg.), Das Haus in der Geschichte Europas. Ein Handbuch, Berlin 2015, S. 233–53

Iglauer, Erika, Ziegel – Baustoff unseres Lebens, Wien 1974

Jancke, Gabriele, Gastfreundschaft in der frühneuzeitlichen Gesellschaft. Praktiken, Normen und Perspektiven von Gelehrten, Göttingen 2013

Jancke, Gabriele / Daniel Schläppi (Hg.), Die Ökonomie sozialer Beziehungen: Ressourcenbewirtschaftung als Geben, Nehmen, Investieren, Verschwenden, Haushalten, Horten, Vererben, Schulden, Stuttgart 2015

Jancke, Gabriele / Claudia Ulbrich, Vom Individuum zur Person. Neue Konzepte im Spannungsfeld von Autobiographietheorie und Selbstzeugnisforschung, in: Querelles. Jb. für Frauen- und Geschlechterforschung, 10 (2005), S. 7–27

Jarzebowski, Claudia, Art. Kindheit, in: Enzyklopädie der Neuzeit, Bd. 6, Stuttgart 2007, Sp. 570–79

Jarzebowski, Claudia, Kindheit und Emotion. Kinder und ihre Lebenswelten in der europäischen Frühen Neuzeit, Berlin 2018

Jarzebowski, Claudia / Thomas Max Safely, Introduction, in: dies. (Hg.), Childhood and Emotion. Across Cultures 1450–1800, London 2014, S. 1–12

Johnson, Christopher H., Das ,Geschwister Archipel': Bruder-Schwester-Liebe und Klassenformation im Frankreich des 19. Jahrhunderts, in: L'Homme. Z.F.G., 13 (2002), S. 50–67

Johnson, Christopher H., Siblinghood and the Emotional Dimensions of the New Kinship System, 1800–1850. A French Example, in: ders. / David W. Sabean (Hg.), Sibling Relations and the Transformations of European Kinship, 1300–1900, New York 2011, S. 189–220

Johnson, Christopher H. / David W. Sabean, Introduction: From Siblingship to Siblinghood: Kinship and the Shaping of European Society (1300–1900), in: dies. (Hg.), Sibling Relations and the Transformations of European Kinship, 1300–1900, New York 2011a, S. 1–28

Johnson, Christopher H. / David W. Sabean (Hg.), Sibling Relations and the Transformations of European Kinship, 1300–1900, New York 2011b

Joris, Elisabeth, Liberal und eigensinnig: Die Pädagogin Josephine Stadlin – die Homöopathin Emilie Paravicini-Blumer. Handlungsspielräume von Bildungsbürgerinnen im 19. Jahrhundert, Zürich 2010

Joris, Elisabeth, Gender Implications of the Separate Spheres, in: Joachim Eibach / Margareth Lanzinger (Hg.), The Routledge History of the Domestic Sphere in Europe: 16th to 19th Century, London 2020, S. 364–80

Jütte, Daniel, The Strait Gate. Thresholds and Power in Western History, New Haven 2015

Kaspar, Fred, Das mittelalterliche Haus als öffentlicher und privater Raum, in: Die Vielfalt der Dinge. Neue Wege zur Analyse mittelalterlicher Sachkultur, Wien 1998, S. 207–35

Kaufmann, Amanda, Gel(i)ebte Geschwister. Bürgerlich-patrizische Geschwisterbeziehungen in Bern im 18. und 19. Jahrhundert am Beispiel der Familie Zeerleder, MA-Arbeit, Univ. Bern 2021

Kaufmann, Jean-Claude, Schmutzige Wäsche. Zur ehelichen Konstruktion von Alltag, Konstanz 1994

Keppler, Angela, Tischgespräche. Über Formen kommunikativer Vergemeinschaftung am Beispiel der Konversation in Familien, Frankfurt am Main 1994

Kessel, Martina, Langeweile. Zum Umgang mit Zeit und Gefühlen in Deutschland vom 18. bis zum frühen 20. Jahrhundert, Göttingen 2001

Kocka, Jürgen, Das europäische Muster und der deutsche Fall, in: ders. (Hg.), Bürgertum im 19. Jahrhundert. Deutschland im europäischen Vergleich, Göttingen 1995, Bd. 1, S. 9–75

Kormann, Eva, Ich, Welt, Gott. Autobiographik im 17. Jahrhundert, Köln 2004

Koschorke, Albrecht u. a., Vor der Familie. Grenzbedingungen einer modernen Institution, Konstanz 2010

Kühner, Christian, Geschichte der Freundschaft, in: Janosch Sobin u. a. (Hg.), Freundschaft heute. Eine Einführung in die Freundschaftssoziologie, Bielefeld 2016, S. 79–94

Kuhn, Bärbel, Familienstand: ledig. Ehelose Frauen und Männer im Bürgertum (1850–1914), Köln 2000

Kuhn, Bärbel, Mitwohnen im 19. und frühen 20. Jahrhundert, in: Joachim Eibach / Inken Schmidt-Voges (Hg.), Das Haus in der Geschichte Europas. Ein Handbuch, Berlin 2015, S. 373–88

Kuhn, Thomas K., Basel – ein ‚Liebling Gottes‘. Die Stadt am Rhein als Ort der Erweckungsbewegung, in: Theologische Zeitschrift, 56 (2000), S. 165–85

Kuhn, Thomas K., Das Haus im Protestantismus: Historisch-theologische Perspektiven, in: Joachim Eibach / Inken Schmidt-Voges (Hg.), Das Haus in der Geschichte Europas. Ein Handbuch, Berlin 2015, S. 725–42

Kuhn, Thomas K., Basel, in: Wolfgang Breul / Thomas Hahn-Bruckart (Hg.), Handbuch Pietismus, Tübingen 2021, S. 239–44

Labouvie, Eva, Andere Umstände. Eine Kulturgeschichte der Geburt, Köln 1998

Labouvie, Eva (Hg.), Schwestern und Freundinnen. Zur Kulturgeschichte weiblicher Kommunikation, Köln 2009

Langreiter, Nikola, Nachbemerkungen – Wetti Teuschls Tagebuch als kulturwissenschaftliches und historisches Material, in: dies. (Hg.), Tagebuch von Wetti Teuschl (1870–1885), Köln 2010, S. 151–94

Lanzinger, Margareth, Schwestern-Beziehungen und Schwager-Ehen. Formen familialer Krisenbewältigung im 19. Jahrhundert, in: Eva Labouvie (Hg.), Schwestern und Freundinnen. Zur Kulturgeschichte weiblicher Kommunikation, Köln 2009, S. 263–82

Lanzinger, Margareth, Verwaltete Verwandtschaft. Eheverbote, kirchliche und staatliche Dispenspraxis im 18. und 19. Jahrhundert, Wien 2015

Lanzinger, Margareth, Spouses and the Competition for Wealth, in: Joachim Eibach /dies. (Hg.), The Routledge History of the Domestic Sphere in Europe: 16th to 19th Century, London 2020, S. 61–78

Laslett, Peter, Introduction: The History of the Family, in: ders. / Richard Wall (Hg.), Household and Family in Past Time, Cambridge 1972, S. 1–89

Laslett, Peter, Die europäische Familie der Gegenwart: Einzigartig in der Geschichte?, in: Josef Ehmer u. a. (Hg.), Historische Familienforschung. Ergebnisse und Kontroversen, Frankfurt am Main 1997, S. 39–56

Latour, Bruno, Eine neue Soziologie für eine neue Gesellschaft. Einführung in die Akteur-Netzwerk-Theorie, 3. Aufl., Frankfurt am Main 2014

Lenger, Alexander u. a., Pierre Bourdieus Konzeption des Habitus, in: dies. (Hg.), Pierre Bourdieus Konzeption des Habitus. Grundlagen, Zugänge, Forschungsperspektiven, Wiesbaden 2013, S. 13–41

Lenger, Friedrich, Zwischen Kleinbürgertum und Proletariat. Studien zur Sozialgeschichte der Düsseldorfer Handwerker 1816–1878, Göttingen 1986

Lenger, Friedrich, Sozialgeschichte der deutschen Handwerker seit 1800, Frankfurt am Main 1988

Lenger, Friedrich, Industrielle Revolution und Nationalstaatsgründung (1849–1870er Jahre), Stuttgart 2003

Lindström, Dag, u. a., Working Together, in: Maria Ågren (Hg.), Making a Living, Making a Difference. Gender and Work in Early Modern European Society, New York 2017, S. 57–79

Lischka, Marion, Liebe als Ritual. Eheanbahnung und Brautwerbung in der frühneuzeitlichen Grafschaft Lippe, Paderborn 2006

Löw, Martina, Raumsoziologie, Frankfurt am Main 2001

Lorenz, Angelika, Das deutsche Familienbild in der Malerei des 19. Jahrhunderts, Darmstadt 1985

Lüdtke, Alf, Eigen-Sinn. Fabrikalltag, Arbeitererfahrungen und Politik vom Kaiserreich bis in den Faschismus, Hamburg 1993, S. 9–22

Luhmann, Niklas, Liebe als Passion. Zur Codierung von Intimität, Frankfurt am Main 1994

Luhmann, Niklas, Die Gesellschaft der Gesellschaft, 2 Bde., Frankfurt am Main 1997

Maderthaner, Wolfgang / Lutz Mauser, Die Anarchie der Vorstadt. Das andere Wien um 1900, Frankfurt am Main 1999

Martschukat, Jürgen / Steffen Patzold, Geschichtswissenschaft und ‚performative turn': Eine Einführung in Fragestellungen, Konzepte und Literatur, in: Dies. (Hg.), Geschichtswissenschaft und ‚performative turn'. Ritual, Inszenierung und Performanz vom Mittelalter bis zur Neuzeit, Köln 2003, S. 1–32

Mathieu, Jon, Temporalities and Transitions of Family History in Europe: Competing Accounts, in: Genealogy, 3 (2019): doi.org/10.3390/genealogy3020028 (3.6.2020)

Mathieu, Jon, Domestic Terminologies: House, Household, Family, in: Joachim Eibach / Margareth Lanzinger (Hg.), The Routledge History of the Domestic Sphere in Europe: 16th to 19th Century, London 2020, S. 25–42

Matz, Klaus-Jürgen, Pauperismus und Bevölkerung. Die gesetzlichen Ehebeschränkungen in den süddeutschen Staaten während des 19. Jahrhunderts, Stuttgart 1980

Maurer, Michael, Die Biographie des Bürgers. Lebensformen und Denkweisen in der formativen Phase des deutschen Bürgertums (1680–1815), Göttingen 1996

Mayer, Pia, Worpswede – eine Künstlerinnenkolonie?, in: Sylvia Wölfle (Hg.), Kunst & Liebe im Aufbruch. Paula & Otto, Ausstellungskatalog, Lindau 2020, S. 30–36

Maynes, Mary Jo, Class Cultures and Images of Proper Family Life, in: David I. Kertzer / Marzio Barbagli (Hg.), The History of the European Family, Bd. 2: Family Life in the long 19th century (1789–1913), Yale 2002, S. 195–228

Medick, Hans, Einführung: Kulturelle Mehrfachzugehörigkeiten, in: Claudia Ulbrich u. a. (Hg.), Selbstzeugnis und Person. Transkulturelle Perspektiven, Köln 2012, S. 181

Messerli, Alfred, Der papierene Freund. Literarische Anregungen und Modelle für das Tagebuchführen, in: Kaspar von Greyerz u. a. (Hg.), Von der dargestellten Person zum erinnerten Ich. Europäische Selbstzeugnisse als historische Quelle (1500–1850), Köln 2001, S. 299–320

Messerli, Alfred / Adolf Muschg (Hg.), Schreibsucht. Autobiografische Schriften des Pietisten Ulrich Bräker (1735–1798), Göttingen 2004

Mettele, Gisela, Der private Raum als öffentlicher Ort. Geselligkeit im bürgerlichen Haus, in: Bürgerkultur im 19. Jahrhundert. Bildung, Kunst und Lebenswelt, hg. von Dieter Hein / Andreas Schulz, München 1996, S. 155–69

Mettele, Gisela, Weltbürgertum oder Gottesreich. Die Herrnhuter Brüdergemeine als globale Gemeinschaft 1727–1857, Göttingen 2009

Mitterauer, Michael / Reinhard Sieder, Vom Patriarchat zur Partnerschaft. Zum Strukturwandel der Familie, 4. Aufl., München 1991

Möhle, Sylvia, Ehekonflikte und sozialer Wandel: Göttingen 1740–1840, Frankfurt am Main 1997

Möhring, Maren, Das Haustier: Vom Nutztier zum Familientier, in Joachim Eibach / Inken Schmidt-Voges (Hg.), Das Haus in der Geschichte Europas: Ein Handbuch, Berlin 2015, S. 389–406

Müller, Heidy Margrit, Die Beziehung zur Mutter in autobiographischer Erzählprosa von Marie von Ebner-Eschenbach, Hedwig Dohm und Adelheid Popp, in: Irmgard Roebling / Wolfram Mauser (Hg.), Mutter und Mütterlichkeit. Wandel und Wirksamkeit einer Phantasie in der deutschen Literatur, Würzburg 1996, S. 271–84

Nave-Herz, Rosemarie, Der Wandel der Familie zum spezialisierten gesellschaftlichen System im Zuge der allgemeinen gesellschaftlichen Differenzierung unserer Gesellschaft, in: dies. (Hg.), Familiensoziologie. Ein Lehr- und Studienbuch, Berlin 2014, S. 1–26

Nave-Herz, Rosemarie, Unkenrufe. Ist die Familie ein ‚Auslaufmodell'? In: Forschung & Lehre, 12 (2015), S. 992–94

Niggl, Günter, Geschichte der deutschen Autobiographie im 18. Jahrhundert. Theoretische Grundlegung und literarische Entfaltung, Stuttgart 1977

Opitz-Belakhal, Claudia, Geschlechtergeschichte, Frankfurt am Main 2010

Opitz-Belakhal, Claudia, A Space of Emotions, in: Joachim Eibach / Margareth Lanzinger (Hg.), The Routledge History of the Domestic Sphere in Europe: 16th to 19th Century, London 2020, S. 271–85

Opitz-Belakhal, Claudia / Sandro Guzzi-Heeb, Family, Community and Sociability, in: Daniel Tröhler (Hg.), A Cultural History of Education, Bd. 4: The Age of Enlightenment, London 2020, S. 91–109

Orland, Barbara, Wäsche waschen. Technik- und Sozialgeschichte der häuslichen Wäschepflege, Reinbek bei Hamburg 1991

Osterhammel, Jürgen, Die Verwandlung der Welt. Eine Geschichte des 19. Jahrhunderts, München 2009

Ottomeyer, Hans u.a. (Hg.), Biedermeier. Die Erfindung der Einfachheit, Ostfildern 2006

Papathanassiou, Maria, Art. Kinderarbeit, in: Enzyklopädie der Neuzeit, Bd. 6, Stuttgart 2007, Sp. 553–57

Perrot, Michelle, Einleitung, in: Philippe Ariès / Georges Duby (Hg.), Geschichte des privaten Lebens, Bd. 4: Von der Revolution zum Großen Krieg, Augsburg 1999, S. 7–11

Piller, Gudrun, Private Körper. Schreiben über den Körper in Selbstzeugnissen des 18. Jahrhunderts, in: Kaspar von Greyerz (Hg.), Selbstzeugnisse in der Frühen Neuzeit. Individualisierungsweisen in interdisziplinärer Perspektive, München 2007a, S. 45–60

Piller, Gudrun, Private Körper. Spuren des Leibes in Selbstzeugnissen des 18. Jahrhunderts, Köln 2007b

Planert, Ute, Antifeminismus im Kaiserreich. Diskurs, soziale Formation und politische Mentalität, Göttingen 1998

Prager, Katharina, Adelheid Popps (fest-)geschriebenes Leben, in: Adelheid Popp, Jugend einer Arbeiterin, hg. von dies., Wien 2019, S. 15–32

Przyrembel, Alexandra, Friedrich Engels, Die Lage der arbeitenden Klasse in England nach eigenen Anschauungen und authentischen Quellen, Leipzig 1845, in: Themenportal Europäische Geschichte, 2011, <www.europa.clio-online.de/essay/id/fdae-1540> (30.10.2021)

Pyta, Wolfram / Kretschmann, Carsten (Hg.), Bürgerlichkeit. Spurensuche in Vergangenheit und Gegenwart, Stuttgart 2016

Radkau, Joachim, Das Zeitalter der Nervosität. Deutschland zwischen Bismarck und Hitler, München 1998

Ranum, Orest, Refugien der Intimität, in: Philippe Ariès / Georges Duby (Hg.), Geschichte des privaten Lebens, Bd. 3: Von der Renaissance zur Aufklärung, Augsburg 1999, S. 213–68

Reckwitz, Andreas, Das hybride Subjekt. Eine Theorie der Subjektkulturen von der bürgerlichen Moderne zur Postmoderne, Berlin 2020

Reckwitz, Andreas, Wie bürgerlich ist die Moderne? Bürgerlichkeit als hybride Subjektivierungsform, in: Heinz Bude u.a. (Hg.), Bürgerlichkeit ohne Bürgertum. In welchem Land leben wir?, München 2010, S. 169–87

Reiter, Roswita, Adelheid Popp – Biografie einer bewegenden Sozialdemokratin, Berlin 2010

Reulecke, Jürgen (Hg.), Geschichte des Wohnens, Bd. 3: 1800–1918: Das bürgerliche Zeitalter, Stuttgart 1997

Ricker, Julia, Evangelische Pfarrhäuser: Zwischen Himmel und Erde – Vom Leben protestantischer Pfarrfamilien in: Monumente, 27/2 (2017), S. 8–15

Roper, Lyndal, Going to Church and Street. Weddings in Reformation Augsburg, in: Past & Present, 106 (1985), S. 62–101

Roper, Lyndal, Das fromme Haus. Frauen und Moral in der Reformation, Frankfurt am Main 1995

Rosenbaum, Heidi, Formen der Familie. Untersuchungen zum Zusammenhang von Familienverhältnissen, Sozialstruktur und sozialem Wandel in der deutschen Gesellschaft des 19. Jahrhunderts, Frankfurt am Main 1996

Ruppel, Sophie, Verbündete Rivalen. Geschwisterbeziehungen im Hochadel des 17. Jahrhunderts, Köln 2006

Sabean, David W., Property, Production, and Family in Neckarhausen, 1700–1870, Cambridge 1990

Sabean, David W., Social Background to Vetterleswirtschaft: Kinship in Neckarhausen, in: Rudolf Vierhaus u.a. (Hg.): Frühe Neuzeit – Frühe Moderne? Forschungen zur Vielschichtigkeit von Übergangsprozessen, Göttingen 1992, S. 113–32

Sabean, David W., Kinship in Neckarhausen, 1700–1870, Cambridge 1998

Sabean, David W., Kinship and Class Dynamics in Nineteenth-Century Europe, in: David W. Sabean u.a. (Hg.), Kinship in Europe, Approaches to Long-Term Development (1300–1900), New York 2007, S. 301–13

Sabean, David W., Kinship and Issues of the Self in Europe around 1800, in: Christopher H. Johnson / ders. (Hg.), Sibling Relations and the Transformations of European Kinship, 1300–1900, New York 2011, S. 221–38

Sabean, David W. u.a. (Hg.), Kinship in Europe: Approaches to Long-Term Development, 1300–1900, New York 2007

Saldern, Adelheid von, Im Hause, zu Hause. Wohnen im Spannungsfeld von Gegebenheiten und Aneignungen, in: Jürgen Reulecke (Hg.), Geschichte des Wohnens, Bd. 3: 1800–1918: Das bürgerliche Zeitalter, Stuttgart 1997, S. 145–332

Sandgruber, Roman, Die Anfänge der Konsumgesellschaft. Konsumgüterverbrauch, Lebensstandard und Alltagskultur in Österreich im 18. und 19. Jahrhundert, München 1982

Sarasin, Philipp, Stadt der Bürger. Bürgerliche Macht und städtische Gesellschaft: Basel 1846–1914, 2. Aufl., Göttingen 1997

Sarti, Raffaella, Europe at Home. Family and Material Culture 1500–1800, New Haven 2002

Sarti, Raffaella, Men at Home: Domesticities, Authority, Emotions and Work (Thirteenth-Twentieth Centuries), in: Gender & History, 27 (2015), S. 521–58

Sarti, Raffaella u.a. (Hg.), What is Work? Gender at the Crossroads of Home, Family, and Business from the Early Modern Era to the Present, New York 2018

Sarti, Raffaella u.a. (Hg.), Open Houses in Early-Modern Europe: Contexts and Approaches, Special Issue, European History Quarterly, 2021

Saurer, Edith, Liebe und Arbeit, Geschlechterbeziehungen im 19. und 20. Jahrhundert, hg. von Margareth Lanzinger, Wien 2014

Scarpatetti, Beat von u.a. (Hg.), Binningen – die Geschichte, Liestal 2004

Schillig, Anne, Hausgeschichten. Materielle Kultur und Familie in der Schweiz (1700–1900), Zürich 2020

Schläppi, Daniel, Logiken der Subsistenz in historischer Perspektive: Der wirtschaftlich tragfähige Haushalt als gesellschaftliche und politische Leitgröße der Vormoderne, in: Kerstin Poehls u.a. (Hg.), Strategien der Subsistenz. Neue prekäre, subversive und moralische Ökonomien, Berlin 2017, S. 31–47

Schlögl, Rudolf, Vergesellschaftung unter Anwesenden. Zur kommunikativen Form des Politischen in der vormodernen Stadt, in: ders. (Hg.), Interaktion und Herrschaft. Die Politik der frühneuzeitlichen Stadt, Konstanz 2004, S. 9–62

Schmidt, Heinrich R., Dorf und Religion. Reformierte Sittenzucht in Berner Landgemeinden der Frühen Neuzeit, Stuttgart 1995

Schmidt, Laura, Weihnachtliches Theater. Zur Entstehung und Geschichte einer bürgerlichen Fest- und Theaterkultur, Bielefeld 2017

Schmidt-Voges, Inken (Hg.), Ehe – Haus – Familie. Soziale Institutionen im Wandel 1750–1850, Köln 2010

Schmidt-Voges, Inken, Mikropolitiken des Friedens. Semantiken und Praktiken des Hausfriedens im 18. Jahrhundert, Berlin 2015

Schmiedt, Helmut, Paarbeziehungen, in: Nicole Mattern / Stefan Neuhaus (Hg.), Buddenbrooks-Handbuch, Stuttgart 2018, S. 126–33

Schnegg, Brigitte, Soireen, Salons, Sozietäten. Geschlechterspezifische Aspekte des Wandels städtischer Öffentlichkeit im Ancien régime am Beispiel Berns, in: Anne-Lise Head-König / Albert Tanner (Hg.), Frauen in der Stadt, Zürich 1993, S. 163–83

Schnegg, Brigitte, Tagebuchschreiben als Technik des Selbst. Das Journal ‚de mes actions' der Bernerin Henriette Stettler-Herport (1738–1805), in: Daniela Hacke (Hg.), Frauen in der Stadt. Selbstzeugnisse des 16. bis 18. Jahrhunderts, Sigmaringen 2004, S. 103–30

Schneider, Norbert F., Familie in Westeuropa, Von der Institution zur Lebensform, in: Paul B. Hill / Johannes Kopp (Hg.), Handbuch Familiensoziologie, Wiesbaden 2015, S. 21–53

Schnell, Rüdiger, Sexualität und Emotionalität in der vormodernen Ehe, Köln 2002

Scholz-Löhnig, Cordula, Art. Eheauflösung, in: Enzyklopädie der Neuzeit, Bd. 3, Stuttgart 2006, Sp. 52–57

Schorn-Schütte, Luise, ‚Gefährtin' und ‚Mitregentin'. Zur Sozialgeschichte der evangelischen Pfarrfrau in der Frühen Neuzeit, in: Heide Wunder / Christina Vanja (Hg.), Wandel der Geschlechterbeziehungen zu Beginn der Neuzeit, Frankfurt am Main 1991, S. 109–53

Schroers, Fritz D., Lexikon deutschsprachiger Homöopathen, Stuttgart 2006

Schulze, Winfried (Hg.), Ego-Dokumente. Annäherung an den Menschen in der Geschichte, Berlin 1996

Schweizer, Jürg, Die Landvogteischlösser im 18. Jahrhundert, in: André Holenstein (Hg.), Berns goldene Zeit. Das 18. Jahrhundert neu entdeckt, Bern 2008, S. 446

Seidel Menchi, Silvana (Hg.), Marriage in Europe, 1400–1800, Toronto 2016

Shoemaker, Robert, Gender in English Society, 1650–1850: The Emergence of Separate Spheres? London 1998

Shorter, Edward, Die Geburt der modernen Familie, Reinbek bei Hamburg 1983

Spohn, Thomas (Hg.), Pfarrhäuser in Nordwestdeutschland, Münster 2000

Spohn, Thomas, Verdichtung und Individualisierung. Bauen und Wohnen, in: Karl Ditt u. a. (Hg.), Westfalen in der Moderne 1815–2015. Geschichte einer Region, Münster 2015, S. 601–24

Stamm, Rainer, ‚Ein kurzes intensives Fest': Paula Modersohn-Becker. Eine Biographie, 3. Aufl., Stuttgart 2007

Steinbrecher, Aline, Dogs as Domestic Animals in the Eighteenth Century, in: Joachim Eibach / Margareth Lanzinger (Hg.), The Routledge History of the Domestic Sphere in Europe: 16th to 19th Century, London 2020, S. 495–508

Steiner, Gustav, Das ‚alte' Binninger Pfarrhaus 1708–1938, in: Basler Stadtbuch 1939, S. 142–69

Sting, Stephan, Freundschaft als soziale Utopie. Zur Entstehung bürgerlicher Gesellungsformen im 18. Jahrhundert, in: Meike Sophia Baader u. a. (Hg.), Die Kultur der Freundschaft. Praxen und Semantiken in anthropologisch-pädagogischer Perspektive, Weinheim 2008, S. 60–69

Stollberg-Rilinger, Barbara, Rituale, 2. Aufl., Frankfurt am Main 2019

Streissler, Agnes, Die Inzersdorfer Ziegelarbeiter. Eine sozialstatistische Fallstudie zur Industrialisierung im Raum Wien, Dipl.arbeit, Univ. Wien 1991

Studer, Brigitte, Familialisierung und Individualisierung. Zur Struktur der Geschlechterordnung in der bürgerlichen Gesellschaft, in: L'Homme. Z.F.G., 11 (2000), 83–104

Suter, Mischa, Rechtstrieb. Schulden und Vollstreckung im liberalen Kapitalismus 1800–1900, Konstanz 2016

Tadmor, Naomi, The Concept of the Household Family in Eighteenth-Century England, in: Past & Present, 151 (1996), S. 111–40

Tadmor, Naomi, Family and Friends in Eighteenth-Century England. Household, Kinship and Patronage, Cambridge 2001

Tanner, Albert, Arbeitsame Patrioten – Wohlanständige Damen. Bürgertum und Bürgerlichkeit in der Schweiz 1830–1914, Zürich 1995

Teuteberg, Hans-Jürgen, Von der Hausmutter zur Hausfrau: Küchenarbeit im 18. / 19. Jahrhundert in der zeitgenössischen Hauswirtschaftsliteratur, in: ders. (Hg.), Die Revolution am Esstisch. Neue Studien zur Nahrungskultur im 19. / 20. Jahrhundert, Stuttgart 2004, S. 101–22

Tolkemitt, Brigitte, Knotenpunkte im Beziehungsnetz der Gebildeten, in: Ulrike Weckel u. a. (Hg.), Die gemischte Geselligkeit in offenen Häusern der Hamburger Familien Reimarus und Sieveking, Göttingen 1998, S. 167–202

Tosh, John, A Man's Place. Masculinity and the Middle-Class Home in Victorian England, New Haven 1999

Tosh, John, Manliness and Masculinities in Nineteenth-Century Britain. Essays on Gender, Family and Empire, Harlow 2005

Trepp, Anne-Charlott: Anders als sein ,Geschlechtscharakter'. Der bürgerliche Mann um 1800 – Ferdinand Beneke (1774–1848), in: Historische Anthropologie, 4 (1996a), S. 57–77.

Trepp, Anne-Charlott: Männerwelten privat: Vaterschaft im späten 18. und beginnenden 19. Jahrhundert, in: Thomas Kühne (Hg.), Männergeschichte – Geschlechtergeschichte. Männlichkeit im Wandel der Moderne, Frankfurt am Main 1996b, S. 31–50

Trepp, Anne-Charlott, Sanfte Männlichkeit und selbstständige Weiblichkeit. Frauen und Männer im Hamburger Bürgertum zwischen 1770 und 1840, Göttingen 1996c

Trepp, Anne-Charlott, Emotion und bürgerliche Sinnstiftung oder die Metaphysik des Gefühls: Liebe am Beginn des bürgerlichen Zeitalters, in: Manfred Hettling / Stefan-Ludwig Hoffmann (Hg.), Der bürgerliche Wertehimmel. Innenansichten des 19. Jahrhunderts, Göttingen 2000, S. 23–55

Trepp, Anne-Charlott, Zwischen Ungleichheit, Unterordnung und Selbstbehauptung: Handlungsspielräume von Frauen in bürgerlichen Paarbeziehungen um 1800, in: Julia Frindte (Hg.), Handlungsspielräume von Frauen um 1800, Heidelberg 2005, S. 91–118

Ulbrich, Claudia u. a., Selbstzeugnis und Person. Transkulturelle Perspektiven, in: Dies. (Hg.), Selbstzeugnis und Person. Transkulturelle Perspektiven, Köln 2012, S. 1–19

Vickery, Amanda, Golden Age of Separate Spheres? A Review of the Categories and Chronology of English Women's History, in: The Historical Journal, 36 (1993), S. 383–414

Vickery, Amanda, The Gentleman's Daughter. Women's Lives in Georgian England, New Haven 1998

Vickery, Amanda, Behind Closed Doors: At Home in Georgian England, Yale 2009

Wadauer, Sigrid, Die Tour der Gesellen. Mobilität und Biographie im Handwerk vom 18. bis zum 20. Jahrhundert, Frankfurt am Main 2005

Wall, Richard, Ideology and Reality of the Stem Family in the Writings of Frédéric Le Play, in: Antoinette Fauve-Chamoux / Emiko Ochiai (Hg.), The Stem Family in Eurasian Perspective, Bern 2009, S. 53–80

Weckel, Ulrike, Zwischen Häuslichkeit und Öffentlichkeit. Die ersten deutschen Frauenzeitschriften im späten 18. Jahrhundert und ihr Publikum, Tübingen 1998

Wegelin, Peter (Hg.), Ulrich Bräker. Die Tagebücher des Armen Mannes im Toggenburg als Geschichtsquelle (118. Neujahrsblatt, hg. vom Historischen Verein des Kantons) St. Gallen 1978

Wehler, Hans-Ulrich, Deutsche Gesellschaftsgeschichte, Bde. 1–3, München 1987–1995

Weiß, Stefan, Otto Brunner und das Ganze Haus oder die zwei Arten der Wirtschaftsgeschichte, in: Historische Zeitschrift, 273 (2001), S. 335–69

Westphal, Siegrid u. a. (Hg.), Venus und Vulcanus. Ehen und ihre Konflikte in der Frühen Neuzeit, München 2011

Whittle, Jane, A Critique of Approaches to ‚Domestic Work': Women, Work and the Pre-Industrial Economy, Past & Present, 243 (2019), S. 35–70

Whittle, Jane, Gender and Consumption in the Household Economy, in: Joachim Eibach / Margareth Lanzinger (Hg.), The Routledge History of the Domestic Sphere in Europe: 16th to 19th Century, London 2020, S. 199–217

Widmer, Eric D., Family Configurations. A Structural Approach to Family Diversity, Farnham 2010

Wienfort, Monika, Verliebt, Verlobt, Verheiratet. Eine Geschichte der Ehe seit der Romantik, München 2014

Wischermann, Clemens, Mythen, Macht und Mängel; Der deutsche Wohnungsmarkt im Urbanisierungsprozeß, in: Jürgen Reulecke (Hg.), Geschichte des Wohnens, Bd. 3: 1800–1918: Das bürgerliche Zeitalter, Stuttgart 1997, S. 333–502

Wittwer Hesse, Denise, Die Familie von Fellenberg und die Schulen von Hofwyl. Erziehungsideale, ‚häusliches Glück' und Unternehmertum einer bernischen Patrizierfamilie in der ersten Hälfte des 19. Jahrhunderts, Bern 2002

Wittwer Hesse, Denise, Die Bedeutung der Verwandtschaft im bernischen Patriziat, in: André Holenstein (Hg.), Berns Goldene Zeit. Das 18. Jahrhundert neu entdeckt, Bern 2008, S. 149–53

Wölfle, Sylvia (Hg.), Kunst & Liebe im Aufbruch. Paula & Otto, Ausstellungskatalog, Lindau 2020a

Wölfle, Sylvia, Kunst & Liebe im Aufbruch – Paula Modersohn-Becker und Otto Modersohn, in: dies. (Hg.), Kunst & Liebe im Aufbruch. Paula & Otto, Ausstellungskatalog, Lindau 2020b, S. 12–27

Wrightson, Keith, The ‚Decline of Neighbourliness' Revisited, in Norman Jones / Daniel Woolf (Hg.), Local Identities in Late Medieval and Early Modern England, New York 2007, S. 19–49

Wunder, Bernd, Vom Dorfschulmeister zum Staatsbeamten. Die Verbeamtung der badischen Lehrerschaft im 19. Jahrhundert, Bühl 1993

Wunder, Heide, ‚Er ist die Sonn', sie ist der Mond'. Frauen in der Frühen Neuzeit, München 1992

Wydler, Andreas, ‚Wie könnte ich euch vergessen, euch, die ihr mir alles seyd!' Die Entstehung eines neuen Typus von Freundschaft in der Sattelzeit und dessen Bedeutung für Franz Schubert, MA-Arbeit, Univ. Bern 2019

Zeeb, Annette, Art. Hartmann, Joseph, (1812), in: Allgemeines Künstlerlexikon – Internationale Künstlerdatenbank, hg. von Andreas Beyer u. a., 69 (2010), S. 511.

Zimmermann, Clemens, Wohnen als sozialpolitische Herausforderung. Reformerisches Engagement und öffentliche Aufgaben, in: Jürgen Reulecke (Hg.), Geschichte des Wohnens, Bd. 3: 1800 – 1918: Das bürgerliche Zeitalter, Stuttgart 1997, S. 503 – 636

Zucca Micheletto, Beatrice, Husbands, Masculinity, Male Work and Household Economy in Eighteenth-Century Italy: The Case of Turin, in: Gender & History, 27 (2015), S. 752 – 72

Zucca Micheletto, Beatrice, Paid and unpaid work, in: Joachim Eibach / Margareth Lanzinger (Hg.), The Routledge History of the Domestic Sphere in Europe: 16th to 19th Century, London 2020, S. 101 – 19

Zurbuchen, Simone, Patriotismus und Kosmopolitismus. Die Schweizer Aufklärung zwischen Tradition und Moderne, Zürich 2003

Personenregister

https://doi.org/10.1515/9783110749496-013

Sachregister

https://doi.org/10.1515/9783110749496-014

Männlicher Ernährer / Male Breadwinner 161, 167, 253

Mieter / Vermieter / Untermieter 136, 137, 149, 152, 162, 172, 194, 255, 256

Mitgift / Aussteuer / Heiratsgut 85, 87, 114, 157, 158, 204, 207, 223

Moral / Moralität 15, 20, 33, 45, 51, 103, 180, 200

Nachbar, -in / Nachbarschaft 24, 30, 78, 101, 121, 137, 147, 149, 173, 183, 192, 256

Offenes Haus / Offene Häuslichkeit 13, 20, 68, 101, 118, 121, 122, 146, 147, 256–258

Pietismus / Pietist, -in 4, 12, 16, 17, 22, 39, 45, 48, 53, 55, 59, 104, 105, 122, 176, 200, 219, 242, 243
– *Siehe auch:* Frommes Haus etc.

Privatheit / Privatsphäre 13, 48, 61, 63, 90, 98–100, 108, 121, 133, 134, 137, 138, 146, 149, 172, 189, 193, 195, 230, 245, 255–257

Resilienz, resilient 80, 153, 163, 239, 240

Romantik / Romantiker, -in 4, 6, 12, 15, 17, 26, 27, 35, 71, 87, 176, 226, 238, 240, 242, 243, 246, 247

Salon / Salonkultur 58, 59, 160, 172, 196, 253

Scheidung / Ehetrennung 6, 8, 9, 18, 34, 174, 217, 230, 231, 234, 235, 238

Schlafgänger / Bettgeher 13, 163, 172, 194, 196, 255

Separate Spheres / Getrennte Sphären 12, 90, 20, 53, 58, 89, 115, 121, 167, 226, 230, 247, 251

Sexualität / Sex, Sexuell 25, 84, 175, 198, 208, 232, 233

Sittlichkeit 2, 4, 88, 141, 208, 240, 246

Studierstube / -zimmer / Arbeitszimmer 78, 79, 91, 108, 110, 115, 189, 247, 248, 253

Subjekt
– Hybrides Subjekt / Subjektivität 14, 15, 22, 45, 128, 212, 245
– Subjektkultur 14, 15, 20

Technik / Technologie des Selbst 14, 17, 39, 71, 153, 232

Two Supporter-Modell 167, 253

Verhäuslichung 4, 112, 113, 255

Verlobung / Eheversprechen 25, 54, 80, 86, 88, 143, 204, 206, 210, 217, 219–223, 230, 244

Vertrauen / Vertrautheit / Vertrauenskommunikation 7, 56, 115, 117, 123, 139, 141, 229, 237, 248

Visite / Soiree / Visitenkultur 42, 43, 58–63, 100, 101, 105, 107, 121, 122, 124, 130, 142, 143, 147, 148, 172, 196, 238, 254
– *Siehe auch:* Besuchskultur etc.

Wohnstube / -zimmer 1, 58, 76, 79, 108, 133, 172

Dank

Dieses Buch hat eine lange Geschichte. Eigentlich beginnt sie schon im Sommer 1983 mit einem ziemlich zufälligen Aufenthalt bei der Familie von Antonio Alfonso Alves in dem Dorf Padornelos in Nordportugal. Haus und Familie wurden dort ganz anders gelebt, als ich es kannte. Während meiner akademischen Laufbahn beschäftigte ich mich dann mit verschiedenen Themen. Die Geschichte von Haus und Familie rückte im Jahr 2001 in den Vordergrund, mit meiner Antrittsvorlesung an der Universität Gießen. Bei der Materialbeschaffung und in der Lehre unterstützte mich damals Sonja Finkenzeller. Die Auseinandersetzung mit der Thematik nahm 2008 auf dem Deutschen Historikertag in Dresden durch die Gründung des Arbeitskreises ‚Haus im Kontext' mit Inken Schmidt-Voges Fahrt auf. Der Artikel über ‚Das offene Haus' von 2011 entwickelte sich zu einem viel zitierten Text und zum Dosenöffner für weitere Forschung. Einen generösen Rahmen erhielt diese durch das 2014 vom Schweizerischen Nationalfonds bewilligte Sinergia-Projekt ‚Doing House and Family', das ich beantragte und gemeinsam mit Sandro Guzzi-Heeb, Jon Mathieu und Claudia Opitz-Belakhal über vier Jahre leitete. Der Funke der Inspiration sprang über auf meine Doktoranden Maurice Cottier, Arno Haldemann und Eric Häusler. Über ‚häusliche Sphären' und ‚offene Häuser' ergaben sich sodann fruchtbare Kooperationen mit Margareth Lanzinger und auch Raffaella Sarti.

Dass dieses Buch nach langen Vorarbeiten auf einmal, Kapitel für Kapitel, wie am Schnürchen geschrieben werden konnte, ist der Covid 19-Pandemie ab dem Frühjahr 2020 zuzurechnen. Das Virus hat großes Unheil in der Welt angerichtet. Aber durch die Entschleunigung und Verhäuslichung des Lebens ergab sich plötzlich eine günstige Situation, um ein Buch zu schreiben. Dabei profitierte ich sehr von den Hinweisen auf aussagekräftige Selbstzeugnisse während Tagungen oder zwischen Tür und Angel, namentlich von Norbert Furrer, Frank Hatje, Kaspar von Greyerz, Peter Paul Bänziger, Margareth Lanzinger sowie Matthias Ruoss. Frank Hatje ist auch ein nie versiegender Quell und Gesprächspartner für alle Fragen rund um die Geschichte des Hamburger Ehepaars Ferdinand und Caroline Beneke. Herr Kantor i.R. Erhard Franke steuerte unverhofft Informationen aus den Kirchenbüchern der sächsischen Gemeinde Hartenstein zum Umfeld des Buchdruckergesellen Friedrich Anton Püschmann bei. Auch bei der Recherche des Bildmaterials ergaben sich wertvolle Kontakte zu mir bis dato unbekannten Forschenden. In dieser Beziehung danke ich Jan Arni, Li Gerhalter, Bernadette Hagenbuch, Urs Held, Karin M. Hofer, Matthias John und Nikola Langreiter sowie der Firma Wienerberger, der Paula Modersohn Becker Stiftung in Bremen und der Otto Modersohn Stiftung in Fischerhude.

https://doi.org/10.1515/9783110749496-015

Viele Studierende an der Universität Bern teilten und teilen meine Begeisterung für Tagebücher als Quelle der Familiengeschichte. Unschätzbare Unterstützung bei der Erschließung der Quellen leisteten meine studentischen Assistierenden Amanda Kaufmann, Maximilian Lederer, Lena-Sophie Margelisch und Maria Schmidlin. Für ihren Sinn für Kollegialität danke ich gern Heinzpeter Znoj, Tobias Haller, Thomas Späth, Christian Büschges und gewiss nicht zuletzt Julia Richers. Und wenn es beim Schreiben einmal zu Baissen der Motivation kam, rüttelten mich Paul Klees *Ungeheuer in Bereitschaft* wach. Ein interdisziplinäres Seminar mit Yahya Elsaghe über die *Buddenbrooks* führte am Ende dann doch nicht zu einem Buchkapitel, wartet also noch auf eine angemessene Publikation. Jon Mathieu las und kommentierte das gesamte Manuskript innert weniger Tage. Schließlich billigten drei anonyme Peers den Schrieb auf sehr geneigte Weise. Zuletzt noch spendete der belesene Pianist Rudi Spring ein Lob für die Musikalität des Obertitels. *Fragile Familien* haben ihren eigenen Rhythmus.

Aus vielen Gründen danke ich Anna Heier-Eibach, nicht zuletzt für ihr auch nach vielen Jahren noch immer sehr erfrischendes Desinteresse an meiner Forschung. Dabei steckt von ihr mehr in diesem Buch, als sie weiß, vielleicht sogar mehr, als der Autor weiß...

www.ingramcontent.com/pod-product-compliance
Lightning Source LLC
Chambersburg PA
CBHW071010140426
42814CB00004BA/179